따뜻한 **교육공동체** 구축을 위한

학교에서의 信賴
신　　뢰

김대현 저

학지사

이 저술 연구는 2017년 교육부의 재원으로
한국연구재단의 지원(NRF-2017S1A3A2067778)을 받아 제작되었습니다.

서문

　신뢰란 믿고 의지한다는 말이다. 신뢰가 높은 사회란 서로 믿고 의지할 수 있는 사회란 뜻이다. 신뢰가 높은 사회가 경제적으로 번영하고 정치적으로 민주주의를 실현하고 있다는 증거가 많다.

　교육에 있어서도 신뢰는 매우 중요한 가치를 지닌다. 시민들이 국가의 교육정책이나 학교의 교육 실제를 신뢰하지 않는다면 교육의 성과를 기대하기 어렵다. 학생과 학부모가 교사를 신뢰하지 않는다면 학생의 성장을 위한 온갖 노력이 허사가 될 수 있다.

　시대·사회가 급속도로 변함에 따라 학교 혁신이 어느 때보다 강조되는 시점에서 학내 구성원 간의 신뢰가 없으면 어떤 혁신도 시작조차 하기 어렵다. 신뢰가 없으면 진정한 의미에서의 협력이 일어나지 않고, 협력이 없이는 어떤 변화도 기대할 수 없기 때문이다.

　연구자는 학교 혁신에 관심이 많다. 2012년 한국연구재단의 지원을 받고 시작한 SSK 사업단에 참여하면서, 학교 혁신을 위해서는 학교에서의 신뢰와 협력에 관한 연구가 제대로 이루어져야 한다고 생각했다.

　사업단이 2014년 중형으로 성장하고, 2017년 대형으로 확대되고, 연구 과제가 '따뜻한 교육공동체의 구축과 실현'으로 나아가는 과정에서, '학교에서의 신뢰'에 줄곧 관심을 가지고 지속적으로 연구를 해 왔다.

　학교에서의 신뢰는 학교 바깥의 정책, 제도, 문화와 깊이 연결되어 있지만, 여기서는 주로 구성원 간의 신뢰를 중심으로 연구를 하였다. 연구 과정에서 교사, 학생, 학부모, 학교 관리자를 무수히 면담하였으며, 이를 토대로 신뢰 도구를 만들기도 하고, 학교별 신뢰 수준을 측정하기도 했다.

이 책은 이러한 과정의 산물이다. 제Ⅰ부에서는 신뢰와 학교에서의 신뢰에 대한 개념과 이론을 정리하고, 제Ⅱ부에서는 대학원생과 같이한 연구 결과 중에서 학술지에 발표한 논문들을 추려 실었다.

작업 과정에서 최류미, 권다남, 채다영 학생이 도와주었다. 한국직업능력개발원의 박화춘 박사의 도움도 있었다. 이 자리를 빌려 감사드린다. 특히 인터뷰에 참여하고 전사하고 원고를 편집해 준 최류미 양에게는 특별히 고마움을 표한다.

갈수록 축소되는 어려운 출판 여건 속에서도 학술 서적을 내어 주신 학지사의 김진환 사장님, 김은석 이사님, 김준범 부장님께도 감사하다는 말씀을 드린다. 이 책이 최근 들불처럼 번지고 있는 우리나라의 학교 혁신에 조금이라도 도움이 되었으면 한다.

2020. 12.
부산대학교 연구실에서

차례

📄 서문

제I부 / 학교에서의 신뢰 개념과 통합 모형

제Ⅱ부 / 학교 구성원 간의 신뢰

제3장 교장의 자율권과 그 행사 방식에 대한 두 가지 시선 —— 91

제4장 교장에 대한 교사의 신뢰 ———————— 123

제5장 교사에 대한 교장의 신뢰 ———————— 151

학교에서의 신뢰 개념과 통합 모형

제1장
신뢰의 개념과 통합 모형

1. 신뢰의 개념

신뢰란 한자말이다. 믿고(信) 의지한다(賴)는 뜻이다. 믿고 의지하는 주체는 사람이고, 믿고 의지하는 대상은 사람일 수 있지만, 조직이나 시스템과 같은 무생물이 될 수도 있다. 예를 들어, "나는 당신을 신뢰한다."라는 말과 마찬가지로 "나는 우리 회사를 신뢰한다."라는 말도 잘못된 표현이 아니다.

신뢰에서 믿고 의지한다는 것은 '신뢰의 대상이 나에게 선한 의지를 가지고 행동할 것이라는 긍정적인 기대를 바탕으로 손해를 입을 가능성을 수용하는 심리 상태'를 가리킨다. '나는 친구를 신뢰한다'는 말은 친구가 나에게 선한 의지를 가지고 행동할 것이라는 기대를 바탕으로 한다. 또한 친구가 둘만이 공유한 사적인 비밀을 다른 사람에게 알려서 망신을 주거나 사기를 쳐서 손해를 입힐 수 있는 위험이 있음에도, 이러한 위험을 수용하면서 친구를 믿고 행동한다는 것을 말한다.

'나는 우리 회사를 신뢰한다'는 말도 회사가 나의 안녕과 복지에 대하여 지속적으로 도움을 줄 것이라는 긍정적 기대를 바탕으로, 해고를 당할 가능

강한 의미의
신뢰

성이 있음에도 불구하고 회사를 믿고 일하는 것을 가리킨다. 이와 같이, 신뢰는 신뢰 대상에 대한 신뢰 주체의 '긍정적인 기대'와 '손해를 받아들일 태도' 그리고 '이러한 기대와 태도에 근거하여 대상을 향한 호의적 행위를 할 가능성'을 포함하는 말이다. 원숙연(2001)은 여러 학자의 견해를 모아서 이를 낙관적 기대(optimistic expectation), 위험의 감수(risk-taking), 자발성(willingness)으로 표현하였다.

신뢰란 '믿고 의지한다'는 뜻을 가진 말이라고 했다. 그런데 믿는 것만으로 신뢰 관계가 형성될 것 같지는 않다. 사람들 간의 신뢰에서 '믿기는 하지만 의지하지는 않는 상황'을 그려 볼 수 있다. 또한 '믿지는 않지만 의지하는 장면'도 생각할 수 있다. 물론 믿지도 의지하지도 않는 관계는 당연히 신뢰 관계가 아니다.

예를 들어, '우리가 함께 해야 할 일에서 나는 저 사람이 성의를 다할 것으로 믿지만, 능력 면에서 해낼 것 같지 않다'는 말을 할 수 있다. 이 말은 '나는 상대방의 성실성에 대한 믿음은 갖지만, 이 일을 할 수 있는 능력이 부족하기 때문에 의지할 수 없다'는 것을 가리킨다. 이 말은 나는 상대방을 '온전히' 신뢰하지 않는다는 뜻이다.

거꾸로 "우리가 함께 해야 할 일에서 저 사람이 성의를 다할 것 같지는 않지만, 능력으로 보면 해낼 것이다."라는 말을 할 수 있다. 이 말은 '상대방의 성실성에 대한 믿음은 없지만, 이 일을 할 수 있는 능력 때문에 저 사람에게 기댈 수도 있다'는 것을 의미한다. 하지만 성실성이 부족하다면 일을 마무리하지 못할 가능성이 적지 않기 때문에, 상대방을 신뢰한다고 '자신 있게' 말할 수 없다. 이런 점에서, 신뢰한다는 말은 믿거나 또는(or) 의지하는 것이 아니라, '믿고(and) 의지해야 하는 관계'라고 할 수 있다. 즉, "저 사람이 그 일의 적임자."라는 말은 그/그녀가 그 일에 있어서 성실성과 수행 능력을 가지고 있다는 뜻이다.

여기서 나는 신뢰를 강한 의미의 신뢰와 약한 의미의 신뢰로 구분하고자 한다. 강한 의미의 신뢰는 위에서 말한 바와 같이 신뢰하는 자가 신뢰 대상에 대하여 낙관적 기대, 위험의 감수, 자발성 등을 가져야 한다. 하지만 우리가 발을 딛고 서 있는 현실 세계에서는 강한 의미의 신뢰보다는 약한 의미의 신뢰 관계가 더욱 일상적인 것 같다. 약한 의미의 신뢰는 신뢰자와 신뢰 대상자의 관계가 무엇을 신뢰하는가(내용), 어느 범위까지 신뢰하는가(범위), 어느 정도(수준)로 신뢰하는가 등 양자가 처한 맥락에 따라 믿음이나 의지의 정도가 달라질 수 있다는 것이다. 아래는 약한 의미의 신뢰를 가리킨다.

첫째, 의지한다 또는 보다 구체적으로 '불확실한 상황 속에서 손해를 입을 가능성이 있음에도 기꺼이 상대를 믿고 따른다'는 것이 신뢰를 구성하는 결정적인 요소인가 하는 점은 의심할 필요가 있다. "우리 회사의 저 부장은 같은 부서에 근무한 적은 없지만 신뢰할 만한 사람이야."라는 말을 쓸 수 있다. 이 말 속에는 해당 부장이 도덕적이고 합리적이며 공정하게 업무를 보고, 상사와 부하 직원들에게는 성의를 다하고, 회사의 이익뿐만 아니라 사회의 이익을 위해서도 일을 하시는 분이라는 뜻으로 받아들일 수 있다.

이 경우에 해당 부장이 부서가 다른 나에게 호의를 가지고 행동할 가능성이 없고 내가 손해를 입을 여지도 없지만, 신뢰할 만한 사람이라고 생각할 수는 있다. 이때 신뢰는 신뢰 주체인 나에게 선한 의지를 가지고 도움을 줄 것이라는 기대나 손해를 입을 가능성과는 관계없이, 조직이나 일반 사회의 존속과 발전에 필요한 규범적 기준을 충족하였을 때 붙이는 말이다. 여기서 규범적 기준은 조직이나 사회의 이익을 추구하고, 합리적이고 공정하게 일을 처리하며, 사람들을 인격적으로 대우한다는 말이다. 이처럼 신뢰는 신뢰 주체인 나의 이익이나 불이익과는 무관하게 사용되는 말이기도 하다. 이러한 유형의 신뢰를 '일반 신뢰'나 '제도에 대한 신뢰'에서 논의하려고 한다.

둘째, 신뢰는 약화되거나 깨질 수도 있다. "나는 당신을 더 이상 신뢰하지 않는다."라는 말을 할 수 있다. 당신의 최근 말과 행동을 볼 때 '나에게 선한 의지를 가지고 행동할 것이라고 보기 어렵기 때문에, 나에게 있을 손해를 감수하면서까지 당신을 믿고 함께 하기 어렵다'는 뜻이다. 이런 점에서 Shaw(김영구, 2006: 26)는 '신념'이란 반대의 정보나 사상에 대해 굴하지 않고

약한 의미의 신뢰

이성을 초월한 굳은 믿음인 반면, 신뢰는 깨지거나 철회하는 믿음이라고 보았다.

셋째, 신뢰는 수준과 정도로 표시할 수 있다. "나는 당신을 완전히 신뢰하는 것은 아니다."라는 말을 할 수 있다. 신뢰가 전혀 없는 것은 아니지만, 전적으로 신뢰하는 것은 아니라는 뜻이다. 당신의 말과 행동을 볼 때 나에게 호의적으로 행동할 가능성이 높지만, 손해를 감수할 정도의 신뢰를 하는 것은 아니라는 뜻이다.

예를 들어, "나는 저 사람을 신뢰할 수 있다."라는 말은 매우 복합적인 표현이다. '나는 저 사람이 하는 말을 진실이라고 믿고 나의 것을 저 사람의 처분에 맡긴다'는 뜻으로 사용할 수 있다. 하지만 인간관계에서 '완전한' 신뢰란 기대하기 어렵다는 점에서, 신뢰란 정도의 문제로 보는 것이 타당하다. 즉, 신뢰란 '나는 저 사람이 하는 모든 말을 진실이라고 믿고 나의 모든 것을 저 사람의 처분에 맡긴다'가 아니라, '나는 저 사람이 하는 대부분의 말을 진실이라고 믿고, 나의 대부분의 것을 저 사람의 처분에 맡긴다'로 보는 것이 현실적이다.

넷째, 또한 신뢰라는 말은 내용과 범위 면에서 다양성을 가진다. "나는 아내를 도덕적인 면에서 신뢰하지만 살림을 꾸리는 데는 신뢰할 수가 없다."라는 말을 할 수 있다. 아내가 부부나 자녀 관계에서 또는 사회생활에서 도덕적으로 모범적인 삶을 살기 때문에 그 부분을 믿고 수용하지만, 수입과 지출 관리를 잘 하지 못하여 가정 경제 부분은 아내를 믿고 의지하기 어렵다는 뜻이다. 이것을 Tschannen-Moran(2014: 40)는 "어떤 사람의 어떤 점은 신뢰하지만 다른 점은 신뢰하지 않을 수도 있다."로 표현하였다.

즉, 신뢰라는 말은 특정한 상황 속에서 특정한 일의 수행과 관련하여 쓸 수 있는 말이다. '나는 저 사람을 신뢰하지만 이 일만큼은 신뢰하기 어렵다'는 말도 모순되는 것은 아니다. 저 사람이 가진 능력, 나에게 베푸는 호의, 성실성 등을 고려할 때 충분히 신뢰할 만한 사람이지만, 특정한 이 일과 관련해서는 부족함이 있다는 뜻이다. 이와 같이, 약한 의미의 신뢰란 그 말이 사용되는 맥락에 따라 의미를 달리하며, 신뢰의 내용(무엇을)과 범위(어디까지), 수준(어느 정도)이 다를 수 있는 것이다.

- 강한 의미의 신뢰는 신뢰 대상에 대한 신뢰 주체의 '긍정적인 기대'와 '불이익을 받아들일 태도' '기대와 태도에 기반을 두고 대상을 향한 행위'를 포함하는 말이다.
- 강한 의미의 신뢰는 대개 믿거나 혹은(or) 의지하는 것이 아니라, 믿고(and) 의지해야 하는 관계라고 할 수 있다.
- 약한 의미의 신뢰는 때에 따라 신뢰 주체인 나의 이익이나 불이익과는 무관하게 사용될 수 있는 말이다.
- 약한 의미의 신뢰는 형성되기도 하고, 약화되거나 깨질 수도 있다.
- 약한 의미의 신뢰는 주체와 대상, 그것들을 둘러싸고 있는 맥락에 따라 내용(무엇을)과 범위(어디까지), 수준(어느 정도)을 달리한다.

2. 신뢰의 유형

믿고 의지하는 신뢰는 믿고 의지하는 '주체'가 있고, 믿음의 대상이 되는 '객체'가 있다. 믿음의 주체는 사람이 되겠지만, 대상은 사람, 조직, 시스템이 될 수 있다.

예를 들어, "나는 너를 신뢰한다."라는 말을 할 수 있다. '나'라는 개별적인 주체가 '너'라는 개별적인 대상을 믿고 의지한다는 뜻이다. 이와 달리, "우리나라 국민은 서로 신뢰하는 편이다."라고 말할 수 있다. 이때 신뢰의 주체와 대상은 개별적인 내가 아니라 '집합적인 의미'에서의 국민이며, 주체와 객체의 관계가 아니라 상호 주체의 관계로 나타난다.

"나는 우리 조직을 신뢰한다."라는 말을 할 수 있다. 또한 "나는 나의 국가를 신뢰한다."라는 말을 할 수 있다. 나라는 주체가 내가 속한 조직이나 국가와 같은 추상적인 대상을 믿고 의지한다는 뜻이다. "나는 우리나라 교통에 관한 법체계를 신뢰한다."라고 말을 할 수 있다. 나는 사회를 구성하고 유지하는 근간이 되는 제도나 운영 시스템을 믿고 의지한다는 뜻이다.

이와 같이, 신뢰는 사람들 간의 신뢰와 사람과 조직/시스템에 대한 신뢰로 구분할 수 있다. 사람들 간의 신뢰는 또다시 특수화된 신뢰, 일반화된 신뢰, 조직 속에서의 관계적 신뢰 등으로 구분할 수 있으며, 조직 및 시스템의 신뢰는 기업이나 정부, 법규와 제도 등의 신뢰로 구별할 수 있다. 이와 함께 개별적 신뢰, 도덕적 신뢰, 사회적 신뢰, 전략적 신뢰, 위계적 신뢰, 수평적 신뢰 등과 같은 용어도 사용된다.

우선 사람들 사이의 신뢰(interpersonal trust)는 특정한 관계의 신뢰(particularized trust)와 일반 신뢰(generalized trust), 조직 내에서의 관계적 신뢰(relational trust)로 구분된다.

특정한 관계의 신뢰에서 사용하는 particularized는 '전체의 일부'를 가리키는 라틴어의 particularis에서 유래하였으며, '한 가지나 한 사람에 관한'이라는 불어의 고어인 particuler(14세기 Modern French particulier)의 동사형이다. 오늘날 '특정한(particularized)'이라는 말은 어원에 충실하게 '한 개 혹은 한 사람 또는 전체의 특정한 일부를 자세히 다룬다'는 뜻을 지닌다. 이런 의미에서 특정한 관계의 신뢰는 한 사람과 한 사람의 개별적 관계 속에서 생기는 신뢰나 특정한 소집단 내에서 생기는 신뢰를 포함한다.

먼저, '특정한 관계의 신뢰' 중에서 '개인 간 신뢰'는 직접적이고 지속적인 상호 작용을 하는 사람들 사이에서 생기는 신뢰를 가리킨다. 대상이 누구인지 관찰할 수 있고, 느낄 수 있으며, 주체가 대상에게 신뢰 형성과 관련되는 행위를 선제적으로 하거나 후속적으로 한다. 이러한 신뢰는 가족이나 친구, 조직 속의 특정한 구성원과의 관계에도 나타난다.

그런데 특정한 관계의 신뢰는 직접적인 상호 작용 없이도 생길 수 있다. 혈연이나 혼인을 통하여 이루어진 친척과 인척, 고향 사람, 같은 학교 출신 등에서의 신뢰가 이에 해당한다. 몇 번 만난 적은 없지만, 이러한 혈연(血緣), 지연(地緣), 학연(學緣) 등의 연줄로 신뢰가 형성된다. 이러한 신뢰를 '특정한

특정한 관계의 신뢰

관계의 신뢰 중에서 특정한 소집단의 신뢰'라고 부를 수 있다.

그런데 개인 간 신뢰와 소집단의 신뢰는 부도덕한 목적을 지향할 수 있기 때문에, 신뢰가 높다고 해서 늘 바람직한 것은 아니다. 비행 청소년이나 깡패들 세계 속의 의리는 이러한 신뢰에 속한다.

특히 연줄을 바탕으로 하는 특정한 집단 속의 신뢰는 사회적으로 문제가 되기도 한다. Uslaner(박수철 역, 2013: 61)는 이러한 신뢰를 '개별적 신뢰'라고 불렀는데, 개별적 신뢰 관계에 있는 사람들이 자신과 같은 부류의 사람들만 믿는다는 것이다. 그들은 사람들을 내집단(in-group)과 외집단(out-group)으로 구분하고, 내집단을 긍정적 시각으로, 외집단에 대해서는 부정적 시각으로 바라본다. 그들은 가족, 친구, 이웃 사람, 같은 교회에 다니는 사람, 동호회의 회원 등에 대하여 무조건적인 신뢰를 보낸다. 개별적 신뢰의 가장 극단적인 형태는 자신의 생각만이 옳고 타인의 생각은 틀렸을 뿐만 아니라 위험하고 심지어 이단적이라고 간주하는 종교적 근본주의자에게서 나타난다. 개별적 신뢰의 문제는 특정 집단에 대해서는 맹목적인 신뢰를 보내고, 그렇지 않은 집단에 대해서는 편견을 가지고 대하는 것이다. 우리나라 정치에서 보수와 진보를 엄격하게 구분하는 '진영 논리'도 이에 해당한다고 할 수 있다.

대다수의 사회과학자가 관심을 갖는 것은 '일반 신뢰'이다. 일반 신뢰에서 사용하는 generalized는 '모든 것에 관계되는'이라는 라틴어 generalis에서 유래된 general의 동사형이다. 일반 신뢰란 특정한 대상이나 집단에 속한 것이 아니라, '모든(또는 대다수) 사람에 대한 신뢰'를 가리킨다.

일반 신뢰

일반 신뢰는 종종 대부분의 연구에서 "일반적으로 대부분의 사람을 신뢰할 수 있다고 생각하는가 아니면 조심해야 한다고 생각하는가(generaly speaking, would you say that most people can be trusted or that you can't be to careful in dealing with people?)"라는 문항에 대한 응답을 통해 측정한다. 이 문항은 그동안 우리가 인지하는 일반적 의미의 신뢰 수준을 측정하는 가장 보편적인 문항으로, 사회과학 분야의 다양한 연구에서 폭넓게 사용되어 왔다(강혜진·이민이, 2019: 332-333).

일반 신뢰는 특정한 인물이나 집단과의 지속적이고 직접적인 상호 작용을 통하여 형성되는 것이 아니라, 모든(또는 대다수의) 사람이 사회적 규범을 지킬 것이라고 믿음에 기반을 두고 있다. 사람들이 운전을 하고 두려움 없이 목적지로 이동할 수 있는 것은 다른 운전자와 보행자가 「도로교통법」을 지킬 것이라는 믿음이 있기에 가능하다. 이 경우에 규범을 지키지 않는 운전자와 보행자가 간혹 있다 하더라도, 이러한 믿음을 철회하지는 않는다. 박종민과 김왕식(2006)은 일반 신뢰를 다음과 같이 규정하였다.

> 일반 신뢰는 사회 구성원들이 동료 시민들에 대해 갖는 집합적 태도로서, 다른 동료 시민들이 자신들의 이익을 위해 우리를 속이거나 해를 주지 않을 것이라는 신념을 포함한다. 여기에는 사회적 불확실성이 존재하고 있음에도 불구하고, 상대의 '선함'과 '정직성'에 대한 믿음을 기초로, 동료 시민들을 '선'하고 '정직'하게 대할 것이라는 기대가 들어 있다(박종민·김왕식, 2006: 152).

Uslaner(박수철 역, 2013: 58-61)는 일반 신뢰의 기반이 도덕적 신뢰라고 보았다. 사람들은 선하고 정직하기 때문에 다른 사람들을 속이거나 해치지 않는다는 것이다. 하지만 일반 신뢰는 영속적이지 않으며 보편적이지 않다는 점에서 도덕적 신뢰와 구별된다고 하였다.

나는 일반 신뢰와 도덕적 신뢰의 관계를 Uslaner와 다르게 생각한다. 일반 신뢰가 도덕적 신뢰에 기반을 두기도 하지만, 그렇지 않을 수도 있기 때문이다. 일반 신뢰는 모든(또는 대다수의) 사람이 믿을 만하다는 것을 전제로 한다. 그것은 사람들이 사회를 지탱하고 발전시키는 데 필요한 사회적 규범을 지킬 것이라는 기대를 가리킨다. 하지만 사람들이 사회적 규범을 지키는 것은 사람들이 반드시 선하고 정직하기 때문(도덕적 신뢰)은 아니다. 정직하면 믿음을 주고, 착하면 해를 끼치지는 않겠지만, 정직하지 않고 착하지 않더라도 '관습'에 의해서 또는 '처벌'이 두려워서, 사회적 규범을 준수하고 살아가는 사람도 적지 않다.

이런 점에서 일반 신뢰가 '반드시' 도덕적 신뢰에 기반을 둔다고 말하기는 어렵다. 여하튼 일반 신뢰는 도덕적 신뢰에 기반을 두든 두지 않든 간에, 특정한 대상이나 집단을 대상으로 하는 것이 아니라 '모든(또는 대다수) 사람에 대한 신뢰'를 가리킨다.

조직 내에서의 관계적 신뢰(relational trust in organizations)는 조직 내의 신뢰를 말한다. 조직이란 특정한 목적을 달성하기 위하여 여러 개체나 요소를 모아서 만든 체계를 갖춘 집단을 가리킨다. 조직은 소유자가 주요한 수혜자가 되는 사업 조직과 일반 대중이 주요 수혜자가 되는 공익 조직으로 나눌 수 있다. 조직 속에서의 관계적 신뢰는 사업 조직이나 공익 조직에 두루 적용된다.

조직 내에서의 신뢰

Bryk과 Schneider(2002)는 매일 매일의 사회적 관계 속에서 신뢰가 어떻게 형성되고 증진되는지를 설명하기 위하여 '관계적 신뢰(relational trust)'라는 개념을 제안하였다. 사람들은 자신의 역할을 이해하고 다른 사람의 역할에 대한 기대를 가지고 있다. 관계적 신뢰는 신뢰의 공동 주체가 각자 자신에게 주어진 역할을 기대에 맞게 수행했을 때 생긴다.

나는 조직 내에서의 관계적 신뢰와 Bryk과 Schneiderd의 관계적 신뢰를 구분하고자 한다. 조직 내에서의 관계적 신뢰에서 '관계적'이라는 말은 직접적인 상호 작용이 일어나는 것만을 의미하지 않는다. 하지만 Bryk과 Schneider가 말한 관계적 신뢰는 신뢰 주체와 대상 간에 지속적이고 직접적인 상호 작용이 일어나는 개인 간 신뢰를 가리킨다.

하지만 조직 내 관계적 신뢰 속에는, 지속적이고 직접적인 상호 작용은 빈약하지만, 신뢰 관계가 형성되는 경우가 있다. 즉, 조직 내에서 거의 상호 작용이 없는 다른 구성원에 대한 일반 신뢰도 포함된다. 다시 말하면, 조직 내에서의 관계적 신뢰는 특정한 관계 신뢰의 두 유형인 개인 간 신뢰와 소집단 내의 신뢰뿐만 아니라, 조직 내 상호 작용이 거의 없는 일반적인 사람들에 대한 신뢰를 포함한다는 것이다.

전략적인 신뢰

한편, '전략적인 신뢰'는 특정한 관계의 신뢰 속에서 개인 간 신뢰와 관련이 있다. 조직 속에서의 관계적 신뢰에서도 발견된다. 전략적 신뢰는 사람들이 어떻게 행동할지에 대한 기대를 바탕으로 신뢰 형성이 이루어지는 것으로 본다. Uslaner(박수철 역, 2013: 44-45)는 전략적 신뢰는 위험을 전제로 하므로, 상대방이 믿을 만한 사람인지 아닌지를 판단할 때를 알려 주는 처방전이라고 하였다. 즉, 전략적 신뢰는 자신이 이익을 보거나 손해를 입지 않을 가능성을 토대로 상대방과의 신뢰 관계를 쌓는 것을 말한다.

조직에 대한 신뢰

조직에 대한 신뢰는 조직 구성원이나 일반인들에 의하여 형성된 조직에 대한 신뢰를 가리킨다. 조직은 앞에서 말한 바와 같이 사업 조직과 공익 조직으로 나눌 수 있다. 조직 구성원의 사업 조직에 대한 신뢰는 대개 사업 성과(기업의 유지와 성장)와 경영인이나 상사에 대한 신뢰로 나타나며, 일반인의 사업 조직에 대한 신뢰는 조직의 성과, 브랜드, 기업 윤리 등과 관련이 있다.

"나는 현대자동차(기업)를 신뢰한다."라는 것은 조직 구성원의 경우에는 현대 자동차라는 기업의 지속 가능성과 거기에 따른 나의 신분의 안정성, 회장을 포함한 임원 및 상사에 대한 신뢰를 가리킨다. 하지만 일반인의 경우에는 현대자동차라는 기업의 성과, 제품의 품질, 기업의 투명한 운영과 사회적 책임 등을 신뢰의 기준으로 삼는다.

공익 조직의 경우에도 조직 구성원의 신뢰와 주요 수혜자라고 할 수 있는 일반 시민의 신뢰는 구분된다. 조직 구성원의 신뢰는 사업 성과와 운영의 효과성, 과정의 공정성과 투명성 등이 중요하다. 하지만 일반 시민의 신뢰는 조직 운영의 공익성, 목표 달성을 위한 실행 능력, 도덕적 책임 등이 신뢰를 평가하는 기준이 된다.

공익 조직에 대한 신뢰를 주제로 하는 연구 중에서 국가에 대한 신뢰 연구가 매우 많다. 국가 부문에 대한 신뢰에 관심을 두는 이유는 국가 부문이 다른 영역을 주조하며 전반적인 질서의 틀을 구성하는 데 결정적 역할을 한다고 보기 때문이다(이수인, 2010: 166).

국가 부문에 대한 신뢰도 행정부, 국회, 정당, 법원, 대통령 등의 주요 기관에 대한 신뢰와 이들 기관에서 개발하는 주요 정책과 제도 등에 신뢰로 구분할 수 있다. 우리나라의 경우에는 중앙 정부(행정부)에 대한 신뢰 연구가 압도적으로 많다. 정부의 신뢰는 정부가 얼마나 정직하고 깨끗한가의 도덕적 태도 또는 도덕적 의도에 관한 차원과 정부의 실행 능력과 같은 기술적 능력 차원의 신뢰가 존재한다(이수인, 2010: 167).

이하영(2016: 458)은 정부 신뢰를 정부가 산출하는 정책이나 가시적인 성과에 대한 신뢰(specific support)와 정부의 일반적인 규범적 역할과 도덕적 태도에 대한 신뢰(diffuse support)로 구분하였다. 정부 신뢰를 '정부의 공공 정책 산출물과 그 성과에 대한 평가'로 보는 Easton(1965), Muller와 Jucam(1977)의 정의는 전자에 해당하고, '시민의 규범적 기대에 부응하여 정부가 운용되고 있는가에 대한 평가'(Miller 1974)로 정부 신뢰를 개념화하는 Miller(1974)는 후자에 해당한다. 정부의 구체적 성과에 대한 평가와 규범적 기대를 바탕으로 한 평가 모두 정부 신뢰를 구성하는 중요한 요소라는 점에서, 많은 연구는 정부 성과라는 기능적 측면과 도덕적 태도라는 윤리적 측면의 두 차원을 포괄하여 정부 신뢰를 정의한다.

그런데 일부 학자들은 정부 신뢰는 엄격한 의미에서 신뢰가 아니라 정부에 대한 일반적 기대를 의미하는 '신임'이라고 본다(이수인, 2010: 166). 이와 함께 Uslaner(박수철 역, 2013: 27-28)는 정부에 대한 신뢰는 얼마나 제대로 기능을 하는가뿐만 아니라, 정부의 정책이나 권력자를 좋아하는가에 의하여 결정된다고 보았다. 즉, 정부에 대한 신뢰는 정권의 정책에 대한 동의 여부와 권력자들과 정부 기관에 대한 호감 여부에 따라 달라진다는 것이다. 정치는 본질적으로 편향성을 띠게 마련이고, 정치란 진영을 선택하는 문제이며, 아울러 어떤 이념 대신 다른 이념을 선택하는 문제이기 때문이다.

제도와 시스템에 대한 신뢰

제도란 형식을 갖춘 법률이나 오랜 시간에 걸쳐 형성된 관습 등을 포함하는 사회적 규범을 가리킨다. 가족제도, 정치제도, 교육제도는 가족, 정치, 교육과 관련된 법령이나 오랜 시간을 통하여 굳어진 관습들을 가리킨다. 제도를 신뢰한다는 것은 이러한 사회를 지탱하는 여러 법령이나 관습을 신뢰한다는 것을 의미한다. 종종 제도에 대한 신뢰는 정치제도, 경제제도, 교육제도에 대한 신뢰를 묻는 형태로 나타난다.

시스템이란 어떤 목적을 달성하기 위하여 필요한 요소들이 유기적으로 결합된 산물을 가리킨다. 사회 시스템이란 사회의 존속과 변화에 필요한 요소들(예를 들어, 정치제도, 경제제도, 교육제도 등)이 유기적으로 결합되어 있는 상태를 의미한다. 시스템에 대한 신뢰는 시스템을 구성하는 개별 요소들과 이들의 결합 상태에 대한 목적과 기능에 대한 신뢰를 의미한다. 대개 시스템에 대한 신뢰 연구는 제도와 마찬가지로 정치, 경제, 교육 등에 대한 신뢰를 묻는 형태로 나타난다.

사회적 신뢰

사회적 신뢰(social trust)라는 말은 조직이나 체계에 대한 신뢰보다는 사람들 간의 신뢰를 가리키는 말로 사용된다. 사회적 신뢰 속에는 특정한 관계의 신뢰가 포함될 수 있지만, 대개는 '일반 신뢰'를 가리키는 말로 많이 사용된다. '사회적 신뢰가 높은 국가가 정치적으로 민주적이고 경제적으로 부유하다'는 것은 사회적 신뢰를 일반 신뢰와 같은 의미로 사용하는 것이다.

위계적 신뢰와 수평적 신뢰

위계적 신뢰(vertical trust)와 수평적 신뢰(lateral trust)는 특정한 관계의 신뢰나 조직 속에서의 관계 신뢰에서 발견된다. 위계적 신뢰는 신뢰 주체들 간의 권력의 차이가 존재하는 상급자와 하급자 사이의 신뢰 관계를 말하며, 수평적 신뢰는 권력 차이가 없는 동료 간의 신뢰 관계를 의미한다. 하지만 현실 세계에서는 제도적으로 주어진 권력뿐만 아니라 인종, 민족, 계급, 계층, 학력, 재산, 연령 등의 많은 측면에서 상하 관계가 형성되어 있으므로, 엄격하게 말하면, 단순히 제도적으로 주어진 권력만으로 위계와 수평적 신뢰 관계를 구분하는 것은 한계가 있다.

이상과 같은 신뢰의 여러 유형을 다음과 같이 그림과 말로 정리할 수 있다.

[그림 1-1] 신뢰의 유형

• 특정한 관계의 신뢰 속에서 개인 간 신뢰는 지속적이고 직접적인 상호 작용을 하는 사람들 사이에서 생기는 신뢰를 가리킨다. 이러한 신뢰 속에는 자신이 이익을 보거나 손해를 입지 않을 가능성을 토대로 상대방과의 신뢰 관계를 쌓는 전략적 신뢰가 나타날 수 있다.

• 특정한 관계의 신뢰 중에서 특정한 소집단의 신뢰는 지속적인 상호 작용은 없지만, 혈연이나 혼인을 통하여 이루어진 친척과 인척, 고향 사람, 같은 학교 출신 등을 통하여 형성되는 신뢰를 가리킨다. Uslaner는 이러한 신뢰를 개별적 신뢰라고 불렀으며, 원숙연은 연줄에 의한 신뢰로 이름 지었다.

• 일반 신뢰란 도덕적 신뢰에 기반을 두든 두지 않든 간에, 특정한 대상이나 집단에 속한 것이 아니라 '모든(또는 대다수) 사람에 대한 신뢰'를 가리킨다.

• 도덕적 신뢰는 '모든 사람은 선하고 정직하다'는 믿음을 가지고 사람들을 조건 없이 믿는 것을 가리킨다. 도덕적 신뢰는 일반 신뢰의 기반이 되기도 한다.

• 조직 내에서의 관계적 신뢰는 특정한 관계 신뢰의 두 유형인 개인적 신뢰와 특정 소집단 내의 신뢰뿐만 아니라 조직 내 상호 작용이 거의 없는 일반적인 사람들에 대한 신뢰를 포함한다.

- 조직에 대한 신뢰는 조직 구성원이나 일반인들에 의하여 형성된 조직에 대한 신뢰를 가리킨다. 공익 조직에 대한 신뢰에 대한 연구는 국가나 중앙 정부의 신뢰에 초점을 많이 맞추고 있다.
- 제도나 시스템에 대한 신뢰는 대개 사회를 지탱하는 핵심적인 요소들과 그들의 결합 관계에 대한 신뢰로서, 정치, 경제, 교육 등에 대한 신뢰를 묻는 형태로 나타난다.
- 위계적 신뢰는 신뢰 주체들 간의 권력의 차이가 존재하는 상급자와 하급자의 신뢰 관계를 말하며, 수평적 신뢰는 권력 차이가 없는 동료 간의 신뢰 관계를 나타낸다.

3. 신뢰에 관심을 갖는 이유

Simmel(박현주, 2016: 17)은 "사람들이 서로에 대하여 갖는 일반적인 신뢰가 없다면 사회 전체는 와해되고 말 것"이라고 말하며, 오래전 신뢰를 연구 주제로 삼고 의미 있는 연구성과를 생산하였다. 이후 신뢰에 대한 연구는 심리학, 사회학, 경영학, 정치학, 교육학 등의 다양한 분야에서 이루어져 왔다. 국내의 경우에도 신뢰에 대한 연구가 수천 건에 달한다. 여러 분야의 학자가 신뢰라는 주제에 관심을 두는 것은 신뢰가 개인이나 조직, 제도나 시스템 운영에 중요한 영향을 주기 때문이다.

개인과 조직의 안정

먼저, 특정한 관계의 신뢰와 조직 속에서의 관계 신뢰는 개인의 삶을 안정시킨다. 신뢰는 독일어인 trost에서 비롯된 말로 편안함을 상징한다. 상대방을 신뢰하는 것은 상대방을 대할 때 편안함을 느낀다는 것이다. 매일 만나는 가족 중에서 신뢰가 가지 않는 사람이 있다면, 그를 대하는 것이 매우 조심스럽고 불편할 것이다. 가정의 중요한 문제를 터놓고 의논하기 어렵고 그에게 도움을 요청할 수도 없다. 이와 같이, 신뢰 주체가 상대방을 신뢰하게 되면 의심, 불안, 경계하는 데서 벗어나서 상대방을 숨김 없이 대하며 편안한 관계를 유지하게 된다.

조직 속의 관계 신뢰는 조직의 안정과 성과와도 관련이 있다. 조직 구성원들 간의 신뢰는 조직을 안정시키는 주요한 장치이다. 구성원들이 의심과 경계를 거두고 서로 마음을 터놓을 정도로 평안함을 느끼게 되면 조직이 안정적으로 운영된다.

또한 조직 속의 신뢰는 조직의 생산성을 높인다. 부서 구성원들이 서로를 신뢰하게 되면 생산에 관계된 정보와 기능을 공유하여 효율성이 높아진다. 의사소통이 활발해지고 협력하는 관계가 형성되어 공동 목표 달성이 용이하고, 혁신적인 제안도 수용 가능성이 높아져 변화와 개혁을 촉진시킨다.

조직의 생산성

Mayer 등(1995: 709-710)은 조직 연구자들이 신뢰에 주목하게 된 것은 조직의 성격이 달라졌기 때문이라고 보았다. 이전에는 조직을 구성하는 직원들의 출신 배경이 유사하고 그에 따라 공통점이 많았던 반면에, 지금의 조직은 인종과 민족을 포함하여 다양성을 지닌 매우 이질적인 집단이라는 것이다. 직원들 간에 공통점이 적기 때문에 상호 이해가 부족하고 융화가 어려우며 협력이 힘들어졌다는 것이다. 또한 이전의 조직이 지시, 명령, 감독, 보상, 처벌과 같은 방식으로 관리되었다면, 오늘날에는 직원들이 직접 조직 운영에 관여하고, 조직을 구성하는 팀들이 권한과 책임을 가지고 자율적으로 활동하는 방식으로 운영된다는 것이다.

이와 같이 조직을 구성하는 집단의 성격과 조직 운영 방식이 달라졌기 때문에, 조직의 생산성을 유지하거나 높이기 위해서는, 기존의 지시, 명령, 감독의 방식이 아니라 직원들 간에, 그리고 팀들 간의 신뢰를 높이는 데 주목해야 한다는 것이다.

국내에서 이루어진 경영학과 교육학 분야의 여러 연구(김영구, 2006; 양석곤 · 김성용 · 안성익, 2017; 이쌍철 · 홍창남 · 송영명, 2011; 조상리, 2019)는 조직 내에서 형성된 상사-부하 간의 위계적 신뢰와 동료 간의 수평적 신뢰가 조직의 성과에 미치는 영향이 크다고 보고하고 있다.

또한 일반 신뢰(사회적 신뢰)는 정치 및 경제를 포함한 국가 발전에 긍정적인 영향을 주는 것으로 알려져 있다. 신뢰가 사회적 자본(social capital)의 하나라는 것이다. 사회적 자본이란 인적 자본과 물적 자본이라는 전통적 의미

국가 발전

의 자본 개념을 확대하여 붙인 이름으로, 인적 자본 및 물적 자본과 마찬가지로 생산 활동에 기여한다는 점에서 '자본'이라는 것이다.

　Coleman(1988)은 사회적 자본을 물적 자본이나 인적 자본과 비교하여 정의하였다. 물적 자본은 도구, 기계, 생산 설비와 같은 관찰 가능하고 조작할 수 있는 대상이며, 인적 자본은 개인이 가진 지식과 기술을 가리키는 반면에, 사회적 자본은 사람들이 맺는 관계 속에서 생기며, 사회적 자본의 하나로 신뢰는 사람들 간에 정보를 공유하고 윤리에 따라 행위를 하며 감시와 통제 비용(거래 비용)을 줄이고, 협력을 촉진시키는 기능을 한다.[*]

　Putnam(1993)과 Fukuyama(1995)는 신뢰가 정치 또는 경제 발전을 이끄는 동력으로 보았다. Putnam은 정치와 경제 발전은 시민공동체(civic community)의 산물이며, 시민공동체는 소규모 사회 속에서 이루어지는 시민들의 신뢰, 호혜적인 기대와 사회적 규범, 자발적 결사체의 참여와 그 속에서의 협력의 네트워크로 보았다. 그는 공식적이든 비공식이든 지역의 사회 단체에 가입하고 활동하는 것이 신뢰, 관용, 연대감 등을 길러 주며,[**] 이 과정에서 사람들이 더 나은 시민으로 성장한다고 보았다.

　그는 이탈리아의 북부 지역(세 곳)이 남부 지역(세 곳)에 비하여 경제적으로 번영하고 민주주의가 발전한 것은 사람들 사이에 신뢰가 높은 것과 관련이 있다고 생각했다. 그는 규모가 작은 사회적 결사체에서 생긴 신뢰는 국가와 같은 대규모 조직에 대한 신뢰로 연결된다[***]고 보았다.

　Fukuyama(1995)는 경제 성장에서 문화적 요인이 중요하다고 보았다. 한 국가의 경제 성장과 산업 구조와 대규모 조직 설립은 신뢰와 관련이 있다는 것이다. 그는 신뢰를 개인보다는 집단의 이익을 추구할 것이라는 집단의 기

---

[*] Yee(2015). Social Capital in Korea: Relational Capital, Trust, and Transparency. *International Journal of Japanese Sociology, March 2015, 24*(1), p. 31.

[**] 어떤 단체에 가입하며, 그 속에서 어떤 활동을 통하여 협력을 하는가가 관건이 된다.

[***] 소집단 속에서 생기는 신뢰가 대규모 집단에 대한 신뢰로 전이되는가에 대해서는 논란이 적지 않다. 이러한 주장을 입증하는 연구도 있지만, 상반되는 결과를 제시한 연구도 적지 않게 발표되었다. [노진철(2014). 불확실성 시대의 신뢰와 불신, p. 109]

대로 보고, 사람들이 정상적이고 정직한 행위를 할 것이라는 도덕적 가치를 가질 때 생긴다[****]고 보았다. 그는 중국, 이탈리아, 프랑스, 한국을 가족 중심 사회(familistic societies)로서 신뢰가 낮으며, 일본과 독일을 신뢰가 높은 사회로 보았다.[*****] 그는 신뢰가 없으면 협상을 통하여 정한 규칙에 따라서만 협력이 이루어지므로 거래 비용이 커지며 경제 성장에 부정적인 영향을 미치지만, 신뢰는 사람들을 결속시키고 협력하게 하는 사회적 자본으로서 경제적 가치를 만들어 낸다고 보았다.

요약하면, 일반 신뢰는 사회의 안정, 경제 발전, 민주주의의 원동력이라고 할 수 있다. 일반 신뢰는 모든(대다수의) 사람이 사회적 규범을 지킬 것이라는 믿음을 바탕으로 하기 때문에, 의심과 경계보다는 솔직하고 개방적으로 사람을 대하므로 도덕적이고 따뜻한 안정된 사회를 가져온다는 것이다.

또한 일반 신뢰는 경제 발전을 가져온다는 것이다. 사람들이 일반 신뢰를 가지면 다른 사람들이 지닌 지식과 기능 등의 인적 자본에 접근하기 쉽고, 물적 자본을 가진 사람들의 지원을 이끌어 내기 쉽다. 사람들이 신뢰한다면 의심과 경계에서 비롯된 위험을 줄이기 위하여 법적·제도적 장치를 마련하는 데 들이는 비용을 절감하는 이득도 있다.

일반 신뢰는 민주주의를 발전시킨다. 사람들 간에 의사소통이 확대되고 질이 깊어지며, 이를 통하여 상대방의 입장에 대한 깊은 이해가 가능하게 된다. 이질적인 집단에 대한 인정, 관용, 포용, 화합의 정신이 확대되고 확산된다. 일반 신뢰는 의심으로 인한 방어적인 자세를 버리기 때문에 협력이 촉진되고, 이것은 다양한 형태의 결사체 참여를 촉진하여 민주주의를 발전시키는 데 기여한다.

[****] Trust arises when a community shares a set of moral values in such a way as to create expectations of regular and honest behavior (Fukuyama, p. 153).

[*****] Fukuyama의 이러한 주장에 대하여 비판적인 연구 결과가 많이 발표되었다.

> • 특정한 관계의 신뢰와 조직 속의 관계적 신뢰는 신뢰 당사자 모두에게 의심과 불안에
>   서 벗어나 안정감을 갖게 하고 지속적인 관계를 유지시켜 준다.
> • 조직 속의 관계 신뢰는 조직의 안정과 생산성을 높인다.
> • 일반 신뢰(사회적 신뢰)는 사회적 자본으로 역할을 하며, 정치 및 경제를 포함한 국가
>   발전에 긍정적인 영향을 준다.

4. 신뢰 주체의 인식, 정서, 행위

　신뢰는 인지, 정서, 행동이 통합된 사회적 경험이다. 신뢰가 일어나기 위해서는 인지적 판단이 있어야 하고 정서적 교감이 이루어져야 하며, 이들을 바깥으로 드러내는 행위가 뒤따라야 한다. 인지와 정서와 행위는 각기 분리된 것이 아니라, 신뢰라는 관계가 우리 속으로 들어올 때 하나의 통합된 경험으로 받아들이는 것이다. 또한 신뢰는 개인의 내밀한 경험이 아니라 일대일의 인간관계, 집단 속에서의 다수 관계, 그리고 사회 체제와의 관계와 관련된다는 점에서 사회적 경험이라고 할 수 있다.

　신뢰에서 인지적 측면은 신뢰할 수 있는 사람, 신뢰할 수 없는 사람, 신뢰 여부를 판단할 정보가 없는 사람을 구별하는 데 적용된다. 신뢰는 대상을 완전히 알거나 완전히 모를 때는 생기지 않는다. 대상을 완전히 알 때는 신뢰가 아니라 확신(complete certainty)의 상태이고, 모를 때는 신뢰를 말하기가 어렵다. 신뢰는 대상에 대한 사전 지식(신뢰 대상의 선한 의지와 능력 여부)을 기반으로 하지만, 대상에 대한 완전한 지식을 가진 것은 아니므로 인지적 도약(cognitive leap)이 개입된다(Lewis & Weigert, 1985: 970).

　신뢰에서 정서적 측면은 관계를 맺고 있는 사람들 간의 정서적 결합(emotional bond)을 가리킨다. 정서적 측면은 가족이나 친구와 같이 친밀한 관계에서 강하게 작용한다. 즉, 공직자들이 저지르는 비리와 부정이 사적인 이익보다는 친밀한 관계를 맺어 왔던 사람들 간의 정서적 유대를 해치지 않

으려는 의도 때문에 일어나기도 한다.

　신뢰에서 행동적 측면은 신뢰 관계를 맺고 있는 사람들이 선한 의지와 실천 능력을 가지고 행동할 것이라고 믿고 하는 행동(behavioral enactment)을 가리킨다. 신뢰의 행동적 측면은 신뢰 주체가 대상이 자신에게 선의를 가지고 행동할 것이라는 기대 속에서 신뢰 대상에게 자신의 믿음을 전달하는 행위라고 할 수 있다. Clark와 Payne(김동현 역, 2016: 46)은 신뢰 행동의 특징을 다음과 같이 기술하였다.

　　첫째, 상대방을 신뢰한다는 것은 그/그녀에게 보다 많은 정보를 제공하고자 하는 의지를 표현한다. 둘째, 자신의 이익에 관계된 다양한 결정 사항을 상대방에게 의존하겠다는 의지의 표현으로 자신의 의사 결정권을 전폭적으로 상대방에게 위임한다. 셋째, 신뢰가 형성되면 관리 감독의 필요성은 약화되고, 나의 것의 대부분 또는 전부를 위임하고도 불안하지 않은 상태라고 할 수 있다.

　Lewis와 Weigert(1985)는 신뢰가 일어나는 데는 인지, 정서, 행동적 측면이 모두 작동하지만, 인지적 측면이 우세하면 인지적 신뢰(cognitive trust), 정서적 요인이 지배적이면 정서적 신뢰(emotional trust)라고 불렀다. 그는 신뢰 형성에서 인지와 정서의 높고 낮음 그리고 둘 다가 없을 경우를 조합하여 신뢰 유형을 다음 [그림 1-2]와 같이 제시하였다.

　신뢰 관계에서 정서적 측면은 가족, 친구, 이웃과 같이 친밀한 관계인 일차 집단에서 높고, 인지적 측면은 학교, 기업, 관공서와 같이 인간관계가 간접적 형식적으로 일어나는 이차 집단에서 중요하게 작용한다. 사회가 근대화되고 산업화되어 조직 규모가 커지고 사회 구조가 분화되는 속에서 사회 관계의 빈도가 늘어나고 복잡해짐에 따라 정서적 측면보다 인지적 측면에 기반을 둔 신뢰가 많이 나타난다(Lewis & Weigert, 1985: 973).

		정서성		
		높음	낮음	사실상으로 부재
합리성	높음	이데올로기적 신뢰	인지적 신뢰	합리적 예측
	낮음	인성 신뢰	통상적 신뢰	상당한 기대
	사실상으로 부재	신앙	운명	불확실성, 혼란

[그림 1-2] Lewis와 Weigert(1985)의 신뢰의 기반과 유형

하지만 신뢰 형성에서 인지와 정서를 완전히 독립된 실체로 간주하는 것은 인지심리학의 최근 연구성과를 무시하는 일이 된다. 실제 인지와 정서를 구분하여 측정을 시도한 연구들은 공통적으로 두 요인이 독립적인 영향을 준다고 보기 어려울 만큼 매우 높은 상관관계를 보인다(이쌍철, 2013: 34).

미국의 교육 연구자인 Eisner(1992)는 인지에 대한 새로운 접근이 필요하다고 보았다. 인지를 합리성으로 보는 것은 인지를 좁은 통에 가두는 일이며, 인지란 사람과 환경의 전체적인 교호 작용(transaction)이라는 것이다. 이것은 개인의 내적 조건과 환경의 특질이 그 개인이 지니게 되는 경험에 영향을 주고 이것이 인지(개념 형성)를 결정한다는 것이다(김대현·이영만 역, 1994: 94).

예를 들어, 어떤 사람이 한 송이의 장미꽃을 대할 때 그는 자신의 내적 조건(사전 경험과 욕구 등)과 장미가 가진 다양한 특질(향기, 색깔, 꽃잎의 결 등) 그리고 이들을 둘러싸고 있는 특정한 환경 속에서 총체적인 경험을 통하여 장미를 인지하는 것이다.

신뢰의 관계도 다르지 않다. 신뢰의 주체, 신뢰의 대상 그리고 이 둘을 둘러싼 특정환 환경 속에서 교호 작용을 통한 총체적인 경험을 통하여 신뢰가 형성된다. 신뢰 주체의 인지와 정서적 기반을 소홀히 할 수는 없지만, 신뢰

는 특정한 환경 속에서 주체가 신뢰 대상을 총체적으로 만나는 과정에서 형
성되므로 좁은 의미의 인지와 정서로 구분하는 것은 한계가 있다. 이런 점에
서 신뢰는 양으로 측정하기 어렵고, 말이나 글로써 관계를 표현하기 어렵다.

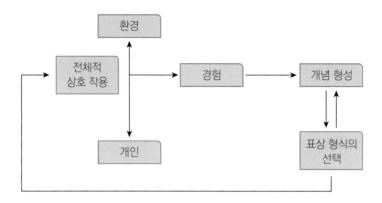

[그림 1-3] Eisner의 구성주의 인식 이론 모형(Eisner,1994)

5. 신뢰 대상의 특성

　신뢰는 신뢰 대상자에 대한 신뢰 주체의 합리적 판단, 정서적 반응, 호의
적인 행동으로 구성된다. 그러나 신뢰 대상자가 신뢰를 받기 위한 특성을 갖
지 못하면 신뢰 관계는 일어나기 어렵다. 이와 같이, 신뢰 대상자가 신뢰를
받기 위하여 가진 특성을 '신뢰성(trustworthiness)'이라고 부른다.

　하지만 신뢰성을 정확히 규정하면, '신뢰 대상이 하는 말이나 보이는 행위
를 통하여 신뢰 주체가 신뢰 대상에게 있다고 판단하고 느끼는 것들'이라고
할 수 있다. 즉, 신뢰성은 신뢰 대상이 가진 특성이라기보다는 신뢰 주체가
신뢰 대상이 가졌다고 지각하고 판단하고 느끼는 특성이다.

　연구자들 중에는 신뢰성을 신뢰를 구성하는 요인이 아니라 신뢰 형성의
선행(先行) 요인으로 보는 이들도 있다(김영구, 2006; 이쌍철, 2013). 선행이란

신뢰성의 개념

말 그대로 '앞서 있음'을 나타내는 말이다. 신뢰는 신뢰 주체가 갖는 주관적인 심리 상태라는 입장에서 보면, 신뢰성은 이러한 심리 상태를 유발(誘發)하는 요인으로 선행 요인이라고 할 수 있다. 하지만 신뢰를 신뢰 주체와 대상 사이에서 생기는 관계적 산물이라는 관점에서 보면, 신뢰성은 선행 요인이 아니라 신뢰를 구성하는 요인의 하나라고 볼 수 있다. 신뢰성을 선행 요인 또는 구성 요인으로 규정하는 것은 관점의 차이일 뿐 어느 쪽이 맞고 틀리다고 할 수는 없다.

신뢰성의
구성 요인

일반적으로 신뢰성을 구성하는 주요 요인으로 능력(ability), 선한 의지(benevolence), 성실(integrity) 등이 제시되고 있다.

첫째, 능력이다. Mayer 등은(1995) 신뢰 대상이 가진 능력은 '특정한 분야'에서 신뢰하는 사람에게 영향을 미치는 기능(skills), 역량(competencies), 특성(charateristics)으로 보았다. 이 말은 신뢰 관계에서의 능력은 '특정한 과제의 수행이나 상황과 관련하여 영향을 미치는 힘'이라는 것이다. 예를 들어, 작가에 대한 신뢰가 요리하는 능력과 관련이 없듯이, 운전기사에 대한 신뢰가 피아노 악보를 읽을 수 있는 능력과 무관하다는 것이다. Zand(1972)도 "신뢰는 특정한 상황과 관련하여 사용하는 말"이라고 하였다. 신뢰를 연구하는 많은 학자는 능력을 신뢰를 구성하는 핵심적인 요인으로 보고 있다. 그러나 학자들 중에는 능력이라는 용어 대신에 역량(competence), 전문 지식이나 기술(perceived expertise), 능통이나 숙련(expertness)이라는 용어를 사용하는 사람도 있다(Mayer et al., 1975: 717-718). 여기서는 능력을 신뢰 대상이 특정한 상황 속에서 자신에게 맡겨진 과업을 수행할 수 있는 힘을 가리키며, 과업 수행에 필요한 지식과 기술 등의 기능적 역량과 대인 관계의 기술과 태도를 포함하는 사회관계적 역량을 포함하는 의미로 사용한다.

둘째, 선한 의지이다. 선한 의지를 나타내는 영어의 benevolence는 bene(good: 선)과 vol(volition: 의지)의 합성어이다. 신뢰 대상이 선한 의지를 가졌다는 것은 신뢰 주체에게 이로운 행위를 할 것이며, 손해를 입히지 않으려는 마음가짐을 가리킨다. Mayer 등(1995: 718)은 선한 의지를 신뢰 대상이 신뢰자에게 갖는 애정이나 애착(attachment)으로 보았다.

셋째, 성실이다. 성실을 나타내는 영어의 integrity는 성실성, 정직성, 원칙 고수 등의 다양한 용어로 번역되고 있으나, 성실이라는 말이 가장 적합하다고 생각한다. integrity는 '완전한' 혹은 '전체적인'을 가리키는 integer의 명사형으로, 사람에게 붙일 때는 인간으로서 완전함(personal integrity)을 나타내는 말이므로, 사람이 지닌 일부의 특성을 나타내는 정직성이나 원칙 고수보다는 '모든 일을 정성스럽고 참되게 하다'는 성실이라는 말이 적합할 것 같다. 신뢰의 측면에서 성실은 신뢰 대상이 신뢰 주체에게 매사에 정성을 가지고 참되게 말과 행동을 한다는 뜻을 가진다. Mayer 등(1975: 719)은 성실을 신뢰 대상자가 지닌 일관성 있는 행위, 믿을 수 있는 의사소통, 정의감, 말과 행위의 일치로 보았다.

Mayer 등(1995)은 능력, 선한 의지, 성실 등이 신뢰 대상의 특성(신뢰성)을 구성하는 주요 요인이라는 점을 주장한 데 이어, 측정 도구를 개발하고 이를 증명하고자 하였다. Mayer와 Davis(1999)는 능력, 선한 의지, 성실 등이 신뢰성을 구성하는 주요 요인이라는 점을 실증 연구를 통하여 밝혔다. 이후 Mayer와 Gavin(2005)의 연구에서도 능력, 선한 의지, 성실 등이 신뢰성을 구성하는 주요한 요인이라는 것을 다시 한번 확인하였다(양석곤·김성용·안성익, 2017: 138-139).

이와 같이 신뢰 대상자가 신뢰하는 자에게 신뢰를 받으려면 능력, 선한 의지, 성실 등의 세 요인을 모두 갖추어야 한다. 어느 한 요인이라도 빠지면 신뢰가 생기지 않거나 이미 생긴 신뢰도 약화되기 쉽다. 하지만 신뢰는 확신이나 맹목적 믿음과 달리 '있다-없다'의 차원이 아니라 '높다-낮다'의 연속선 위에 있다고 본다. 즉, 신뢰를 구성하는 요인 중에서 일부 요인의 수준이 다소 미흡하더라도 신뢰 관계는 형성된다. 예를 들어, 능력이 다소 부족하거나 성실성에 문제가 있다고 하더라도 신뢰자와 신뢰 대상자 간에 신뢰 관계가 존재할 수 있다. 그러나 신뢰자가 신뢰 대상자의 선한 의지를 의심한다면, 신뢰 관계는 성립되지 않는다.

신뢰성에 영향
을 주는 요인

한편, 신뢰성을 구성하는 요인들은 신뢰 주체와 대상의 관계에 따라 영향력이 달라진다. 가족이나 친구와 같이 절친하여 빈번하게 개인적인 접촉을 하며 이해관계가 덜한 일차 집단에서는 능력보다는 선한 의지와 성실 등이 신뢰성의 형성에 더 큰 영향을 미친다. 반면, 특정한 목적 달성을 위하여 인위적으로 결합되고 이해관계가 개재된 이차 집단의 경우에는 선한 의지와 성실과 마찬가지로 능력이 주요 요인으로 간주된다. 신뢰성을 구성하는 요인 중에서 선한 의지와 성실은 모든 신뢰 관계에서 중요한 요인으로 작동하지만, 능력의 경우에는 신뢰와 관련되는 과업의 성격에 따라 영향력이 일정하지 않을 수 있다.

또한 신뢰성을 구성하는 요인들은 신뢰 형성의 시기에 따라 중요도가 달라질 수 있다. 신뢰 형성의 초기 단계에서는 신뢰 대상자가 선한 의지를 가지고 있다는 충분한 정보가 없기 때문에 성실이 큰 영향을 주지만, 당사자 간에 관계가 깊어질수록 선한 의지가 신뢰에 더욱 큰 영향을 준다(Mayer, 1995: 722).

신뢰 주체와 신뢰 대상의 관계가 위계적인가 아니면 수평적인가에 따라 신뢰성을 구성하는 요인의 영향력이 달라질 수 있다. 이런 점에서, 상사에 대한 부하의 신뢰와 부하에 대한 상사의 신뢰를 구분할 필요가 있다. 상사에 대한 부하의 신뢰에서는 능력, 선한 의지, 성실 등이 모두 영향을 주지만, 부하에 대한 상사의 신뢰는 선한 의지보다는 능력이나 성실의 영향력이 클 것으로 보인다.

또한 상사와 부하 간의 신뢰는 그들이 어떤 인물이며 평소 어떤 관계에 있는지에도 영향을 받는다. 상사가 과업 지향적인지 또는 인간관계 지향적인지, 또 상사와 부하가 친밀한 관계인지 아닌지에 따라 차이가 있을 것이다. 즉, 상사가 과업 지향적일 때는 부하의 능력과 성실을 중요한 요인으로 간주하고, 인간관계 지향적이면 선한 의지를 더욱 중시할 가능성이 높다. 상사와 부하가 친밀한 관계일 때 부하는 상사의 선한 의지를 중요하게 여기지만, 그렇지 않을 때는 상사의 업무 능력과 성실성을 신뢰를 판단하는 중요한 기준으로 삼게 된다.

이와 함께 과업의 중요성, 복잡성, 수행 가능성 등도 신뢰성의 중요도에 영향을 미칠 수 있다. 과업이 복잡하고 수행에 어려움이 있을 때는 신뢰 주체가 대상에게 기대하는 바는 선한 의지와 성실보다는 능력의 요소가 강조된다.

이와 같이, 신뢰 관계 형성에서 신뢰성을 구성하는 세 가지 요소가 모두 중요하지만, 신뢰 주체와 대상의 관계, 신뢰 형성의 시기, 과업의 중요성과 수행 가능성 등에 따라 그 중요도가 다르다고 할 수 있다.

다음은 기업에서 상사(신뢰 대상)가 부하(신뢰 주체)들에게 신뢰를 받기 위하여 가져야 할 특성을 제시한 것이다(현경택, 2014: 7-10).

첫째, 믿음(credibility)이다. 믿음은 상사의 의사소통 역량, 사업 추진 역량, 윤리 의식을 포함한다. 경영진과 상사가 구성원으로부터 신뢰받기 위해서는 명확한 의사 전달과 함께 구성원의 이야기에 귀를 기울이는 의사소통 역량을 가져야 한다. 조직의 비전을 명확히 제시하고 이를 달성하기 위한 전략을 구사할 줄 아는 사업 추진 역량을 가져야 한다. 또한 구성원들의 존경을 받고 그들이 조직에 헌신할 수 있도록 도덕 윤리 의식을 가져야 한다.

둘째, 존중(respect)이다. 존중은 조직 구성원들이 상사로부터 존중받고 있다고 느끼는가를 나타내는 것으로, 정신적·물리적 지원, 참여, 관심과 애정을 포함한다. 경영진과 상사는 구성원들이 존중을 받고 있다는 것을 느낄 수 있도록 정신적·물리적 환경을 제공하고 지원해야 한다. 또한 구성원들이 조직 내에서 자신의 존재 가치를 깨닫고 자발적인 헌신과 몰입을 할 수 있도록 구성원들이 회사의 중요한 의사 결정에 참여하도록 해야 한다. 또한 조직이 자신을 인격적으로 충분히 배려하고 있다고 구성원이 느끼도록 상사와 경영진은 관심과 염려하는 자세를 보여야 한다.

셋째, 공정성(fairness)이다. 공정성은 구성원이 회사 혹은 상사로부터 느끼는 공평한 보상(equity), 편애가 없는 공명정대함(impartiality), 조직 내 정의 구현(justice)을 포함한다. 구성원이 달성한 성과에 대하여 공평하게 정신적 · 물리적 보상을 하고. 특정인에 대한 편애와 여러 가지 편견(예: 학연, 지연, 성별, 나이 등)에서 벗어나서 공명정대해야 한다.

6. 신뢰 주체와 대상의 관계

주체와 대상 간에 신뢰가 형성되는 것은 여러 가지 이유가 있다. 주체의 신뢰 성향, 주체와 대상의 일체감과 유사성, 상호 교섭의 기간과 질, 이익을 꾀하고 손해를 줄이고자 하는 이해관계(利害關係), 공식적인 제도, 도덕성의 여부, 집단 가입과 활동 등을 이유로 들 수 있다.

신뢰 성향

신뢰는 어릴 적 가족이나 의미 있는 중요한 타자와의 지속적인 관계를 통하여 형성된다. 이후 생활 반경이 확대됨에 따라 친구, 이웃, 교사, 직장 동료와 상사 그리고 각종 단체의 회원 등과 신뢰를 쌓는다.

심리학자 Erikson(1963)은 출생 후 1년 동안의 시기에 사람은 기본적 신뢰와 불신을 경험한다고 하였다. 자신을 돌보는 사람(특히, 어머니)이 따뜻하고 수용적이며 일관성 있는 행동을 한다면 신뢰가 형성되며 삶을 긍정적으로 보고 타인에게 개방적이 된다. 하지만 이 시기에 신뢰가 형성되지 않으면 이후에도 자신, 타인, 세상을 신뢰하는 데 어려움을 겪게 된다. 이와 같이, 신뢰는 신뢰 주체가 사회화 과정(돌보는 사람과의 상호 작용)을 통하여 터득하는 기대, 태도, 행위 등을 가리킨다.

이러한 태도는 한 번 형성되면 잘 변하지 않는다는 점에서 신뢰 주체가 가진 신뢰 성향(propensity to trust)이라고 부른다. 사람에 따라 타인과 신뢰 관계를 잘 맺는 사람이 있고 그렇지 못한 사람이 있는데, 이것은 신뢰 주체인 당사자가 가진 신뢰 성향 때문이다. 이러한 신뢰 성향에 따르면, 신뢰 관계는 대상자보다는 신뢰 주체에 좌우된다.

발달심리학자들은 이러한 신뢰 성향이 신뢰 주체의 사회화 과정을 통하여 형성되는 것이라고 보지만, 이러한 성향이 유전에 의한 것일 수도 있다. 비슷한 환경 속에서 자란 사람들도 신뢰 성향을 달리할 수 있다는 점에서, 신뢰가 반드시 경험을 통하여 획득된 것이라고만 단정할 수 없다. 신뢰 성향이 유전에 의한 것인지 아니면 경험을 통하여 획득한 것인지를 알기는 어려우며, 유전과 경험이 결합되면서 형성된다는 것이 보다 타당한 주장이라고 할 수 있다.

신뢰는 또한 주체와 대상 간의 '일체감'으로 인하여 형성된다. 오늘날 세상이 많이 달라졌음에도 불구하고 부모와 자녀, 형제와 자매는 신뢰 관계에 있다고 할 수 있다. 가족 중의 누군가가 신뢰받을 말이나 행위를 하지 않음에도 불구하고, 이를 애써 외면하고 손실을 각오하고도 믿음을 갖는 것이 가족이다. 가족 내의 신뢰는 고락(苦樂)을 같이하는 공동체 의식에 기반을 두고 있다.

`일체감`

주체와 대상 간의 '유사성'도 신뢰 형성에 영향을 준다. 동네 주민이나 고향 사람, 학교 동문, 사회 계층이나 지위, 연배가 비슷한 사람들 간에 신뢰 형성이 잘 되는 것은 사실이다. 이러한 신뢰는 그 집단에 속한 사람들이 서로 간에 유사성을 가지기 때문에 일어난다. 하지만 유사성은 신뢰 형성에 영향을 미치는 간접적인 원인은 될지 모르지만, 그 자체가 신뢰 형성의 충분한 원인은 아니다.

`유사성`

주체와 대상 간의 '상호 교섭의 기간과 질'은 신뢰 형성에 영향을 미치는 매우 중요한 요인이다. 특정한 관계의 신뢰와 조직 속에서의 관계 신뢰는 신뢰 주체와 대상 간의 접촉 빈도(상호 작용 빈도와 관계 형성 기간 등)와 질(상호 작용의 질)이 영향을 준다. 신뢰란 한 번에 형성되기 보다는 지속적인 상호 작용과 교환 과정을 거치면서 형성된다. 신뢰가 형성되기 위해서는 신뢰 주체들 간의 접촉 빈도가 높고 기간이 길어야 할 뿐만 아니라, 접촉의 질이 긍정적이어야 한다. 접촉이 잦고 기간이 길며 접촉을 통하여 신뢰 대상자가 보이는 호의를 가진 말과 행동을 자주 접하게 되면, 신뢰가 형성된다.

`상호 교섭의 기간과 질`

신뢰는 '이해관계' 때문에 생길 수도 있다. 신뢰 관계는 종종 제재나 벌을

`이해관계`

피하고 이익을 얻기 위한 방편에서 생긴다. 1950년대와 1960년대 행동주의 심리학자들은 실험실에서 죄수 딜레마 게임(prisoner's dilemma game: PD game) 등을 활용하여 신뢰 행동을 연구했다. 게임에서 신뢰는 게임을 하는 사람들이 보이는 협력하는 행동으로 정의된다. 이 게임은 피험자들이 상대방을 신뢰하면 자신의 행위에 대하여 주어지는 벌(형량)을 최대한 줄일 수 있음에도 불구하고, 개인적인 욕심으로 손해가 되는 선택을 한다는 것이다. 이와 같이, 신뢰는 제재나 벌을 피하거나 줄이기 위한 방편으로 선택하는 행동을 가리킨다.

Shapiro 등은 이를 '제재 기반 신뢰(deterrence based trust)'로 불렀다. Shapiro 등은 업무 관계에서의 신뢰는 관계의 상실과 같은 제재를 피하기 위한 행위로 보았다. 그들이 주장한 제재 기반 신뢰는 자신이 했던 약속을 지키는 행위(말과 행위의 일치, 일관성)를 가리키며, 만일 약속을 지키지 않으면 관계의 상실과 같은 불이익을 받게 된다는 것이다(Lewicki & Bunker, 1996: 118). 즉, 제재 기반 신뢰는 불이익을 피하기 수단으로 약속한 것을 지키는 행위를 가리킨다.

Lewicki와 Bunker(1996: 119-121)는 제재 기반 신뢰를 확장시켜서 '계산 기반(calculus-based) 신뢰' 유형을 제시했다. 그들은 Shapiro 등이 제시한 제재 기반 신뢰가 사실은 신뢰 상실에 따른 불이익의 위험뿐만 아니라 약속을 지키는 행위를 통하여 얻게 되는 이익과도 관련이 있다는 것이다. 즉, 신뢰는 신뢰 관계를 유지함으로써 얻을 수 있는 보상에 대한 경제적 계산에 의해 형성된다는 것이다. 즉, 신뢰를 유지하거나 깨뜨리는 비용과 신뢰를 창출하고 지속시킴으로써 얻게 되는 이익에 대한 경제적 계산에 의해서 신뢰가 형성된다는 것이다(현경택, 2014: 29).

하지만 Williamson(1993)은 계산적 신뢰는 용어 자체로 모순이며, 이러한 신뢰는 거래 비용 학파에서 사용하는 '위험'이라는 개념으로 대치해야 하며, 신뢰는 비계산적인 특징의 개인 관계로 제한해야 한다고 주장하였다(김성은, 2009: 20). Lewis와 Weigert(1985: 975-976)도 계산적 접근 방식은 신뢰가 인지, 정서, 행동의 다양하고 복합적인 관계 경험이라는 측면을 무시하고, 신뢰가 일어나는 구체적이고 복잡한 현실을 단순화하는 위험이 있다고 보았다.

또한 신뢰는 '상황'의 영향을 받는다. 신뢰자가 자신에게 주어진 상황을 어떻게 지각하고 해석하는가에 따라 신뢰의 필요성과 신뢰 대상자가 가진 특성의 중요성을 달리 생각한다. 예를 들어, 통제 시스템이 강한 조직에서는 신뢰 형성이 일어나기 어렵다. 신뢰자는 신뢰 대상자의 행위를 신뢰받을 특성 때문이 아니라 통제에 대한 반응으로 해석할 가능성이 있기 때문이다 (Mayer, 1995: 727).

상황의 지각

신뢰는 '사회제도'에 의해서 형성되기도 한다. 신뢰는 개인이나 집단에게 신뢰를 제공하는 공식적인 인증제도에 의해서 형성된다. 정확하게 말하면, 이 경우에 신뢰는 형성되는 것이 아니라 사회 속의 공적인 제도를 믿고 따르는 것이다. 이러한 신뢰를 '제도에 의해서 생기는(institution based) 신뢰'라고 부른다. 우리는 아프면 병원에 간다. 병의 원인에 따라 각기 다른 전문 의사를 찾는데, 대개의 경우 의사의 진료를 받고 처방을 수용한다. 이것은 의사 개인을 신뢰하기보다는 의사라는 자격증을 신뢰하는 것이다. 우리는 버스를 탈 때 운전기사가 어떤 사람인지 확인하는 일은 거의 없다. 운전자 개인을 믿는 것이 아니라 운전자가 가진 면허증과 버스 회사의 자격 심사를 신뢰하는 것이다.

사회제도

신뢰는 나와 고락을 같이하거나 오랫동안 긍정적인 교제를 하는 가운데서 생기기도 하지만, 전혀 접촉이 없는 가운데서도 생길 수 있다. 일반화된 신뢰는 직접적인 접촉이 없는 불특정한 다수를 향한 신뢰이다. 일반화된 신뢰는 낯선 사람들에 대한 신뢰로서, 신뢰 대상이 지닌 신뢰성에 근거를 둘 수 없다.

도덕적 신뢰도 사람들 간의 접촉과는 관련이 없다. 특정한 사람들이나 특정 집단에 대한 믿음을 얘기하는 게 아니다. 도덕적 신뢰는 인간 본성에 대한 보편적인 관점으로, 전략적 신뢰와 달리 개인적 경험에 좌우되지도 않으며, 다른 사람이 믿을 만한 존재일 것이라는 가정에 의존하지도 않는다. 도 덕적 신뢰는 '사람들을 마치 믿을 만한 존재인 양 대우하라는 명령'이다. 도 덕적 신뢰의 바탕은 다른 사람의 선의에 대한 믿음으로, 도덕적 신뢰의 어법 은 단지 "A는 믿는다."이다(박수철 역, 2013: 44-51).

집단 가입과
활동

신뢰는 '집단 가입과 활동'으로 생길 수 있다. 시민들이 공적이나 비공적인 단체에 가입하거나 그 속에서 활동을 하게 되면 일반 신뢰(사회 신뢰)가 높아 지며, 그 결과 정치적 민주주의가 촉진된다고 한다. 하지만 단체 가입이나 활동이 일반 신뢰를 높이지 않는다는 주장도 있다. 또한 역으로 정부 신뢰와 같은 공적인 조직에 대한 신뢰가 일반 신뢰를 높인다는 연구 결과도 있다. 하지만 특정한 관계의 신뢰, 일반 신뢰, 조직이나 시스템에 대한 신뢰들 간 의 관계에 대해서는 더욱 많은 연구물이 축적되어야 신빙성 있는 결론을 내 릴 수 있다.

7. 신뢰 형성의 통합 모형

신뢰는 주체, 대상, 그들 상호 간의 관계적 성격에 의하여 형성된다. 신뢰 형성의 통합 모형은 이 점을 잘 보여 준다. [그림 1-4]에서 보는 바와 같이, 신뢰 주체는 자신의 신뢰 성향을 바탕으로 신뢰 대상자가 지닌 능력, 선한 의지, 성실성 등을 지각(인식)하고 느낌으로써 신뢰 관계가 형성된다. 이러 한 신뢰 관계는 자신에게 불이익이 될 수도 있는 위험을 지각하면서도 스스 로 자신을 신뢰 대상자에게 의탁하는 행동을 하게 된다. 그 결과, 신뢰 대상 자의 행위가 자신의 기대와 일치할 때 신뢰 관계가 공고히 되며, 그렇지 않 을 때는 신뢰 관계가 약화되거나 깨어질 수 있다. 이 모형은 신뢰 주체와 대 상, 그들 간의 관계 속에서 신뢰 관계가 어떻게 형성되는가를 잘 보여 준다.

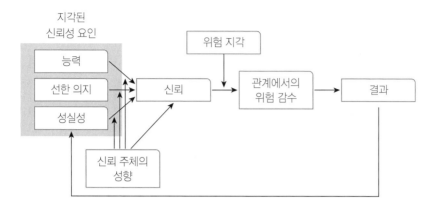

[그림 1-4] Mayer 등이 제시한 신뢰의 통합 모형

출처: Mayer, Davis, & Schoorman (1995). *An Integrative Model of Organization Trust*, 175.

　하지만 신뢰 관계를 신뢰 주체와 신뢰 대상과의 관계만으로 설명하는 것은 한계가 있다. Mayer 등(1995)은 신뢰 주체와 대상 그리고 그들 간의 관계적 특성을 보다 구체화하고, 이들에 영향을 미치는 구체적·미시적 맥락과 문화와 제도의 거시적 환경을 살펴볼 필요가 있다고 하였다.

　Bronfenbrenner(강윤정·김갑성, 2010: 65-162)가 제시한 생태학적 이론은 신뢰 모형을 구체화하는 데 도움이 될 수 있다. 그는 인간이 발달하는 데 영향을 주고받게 되는 환경 체계를 미시 체계, 중간 체계, 외 체계, 거시 체계, 시 체계 등으로 설명하였다.

　미시 체계(microsystem)란 한 개인이 직접적으로 영향을 주고받는 관계들의 복합체를 의미한다. 가정이나 학교, 또래나 친구 집단 등이 미시 체계에 속한다. 미시 체계에서의 상호 작용은 매우 즉각적이며 직접적이기 때문에, 인간의 성장과 발달에 기본이 된다.

　중간 체계(mesosystem)는 개인이 능동적으로 참여하는 두 개 또는 그 이상의 시스템 또는 시스템들 사이에 존재하는 상호 관련성을 의미한다. 예를 들어, 가정은 미시 체계인데, 부모와 자녀 사이의 관계는 부모의 수입, 출·퇴근 시간, 업무 형태나 특성, 육아휴직의 유무 등의 영향을 받는다. 이와 같은 영향력을 주는 관계를 중간 체계라고 부른다.

외 체계(exosystem)는 태어나면서 죽음에 이르기까지 평생 동안 발달해 가는 개인을 둘러싼 하나 이상의 환경 등을 말한다. 비록 개인들은 이러한 환경에 적극적인 참여자는 아니지만 그 환경 내에서 발생하는 사건들에 영향을 주기도 하며 받기도 한다. 아동이나 청소년의 경우에 지역 사회와 시민 사회, 국가 등을 외 체계로 볼 수 있다.

거시 체계(macrosystem)는 인간을 둘러싸고 있는 시스템 중 가장 광범위하고 거대한 조직 체계를 말한다. 중간 체계와 외 체계를 포괄하는 체계로서, 각 문화권의 가치, 신념, 태도, 이데올로기나 관습 등이 여기에 속한다.

시 체계(chronosystem)는 출생에서 죽음에 이르기까지 평생에 걸쳐 인간의 발달에 영향을 주며, 삶의 큰 전환점을 가져올 만한 시점 또는 사건을 의미한다. 이러한 시점과 사건들은 인간의 발달 단계별로 서로 다른 특징과 양상을 가지게 한다. 예를 들어, 가정 폭력이나 이혼, 부모 사업의 실패 등은 심각할 경우 자녀로 하여금 정신적인 장애를 초래할 정도의 부정적인 영향을 준다.

이러한 Bronfenbrenner의 이론을 신뢰 관계의 형성, 약화, 철회 등에 적용하면 여러 가지 통찰력을 얻을 수 있다. 신뢰 관계는 조직이라는 미시 체계 속에서 신뢰 주체와 대상 간에 이루어지는 관계이다. 하지만 신뢰 주체와 대상이 지닌 여러 기질이나 성향, 연령, 성별, 직업, 지위 등의 여러 배경 요인들은 신뢰 관계의 형성에 영향을 미치는 중간 체계라고 할 수 있다. 이와 함께 조직 내에서의 신뢰 관계는 지역 사회의 특성, 시민 사회의 성격, 국가 정책 등의 외 체계의 영향을 받으며, 사회의 문화와 시민들의 가치관과 편견 등의 거시 체계의 영향력에서 자유로울 수 없다. 신뢰 관계는 특히 불이익이라는 위험의 감수를 포함하는 관계이므로, 발달 과정에서 겪는 매우 특별한 사건의 영향을 강하게 받는다. 이런 점에서 신뢰 통합 모형은 신뢰 주체와 대상 간의 관계를 넘어서서 확장될 필요가 있다. 여기서는 Bronfenbrenner가 제시한 생태학적 이론을 참고하여 [그림 1-5]와 같은 신뢰 통합 모형을 제시한다.

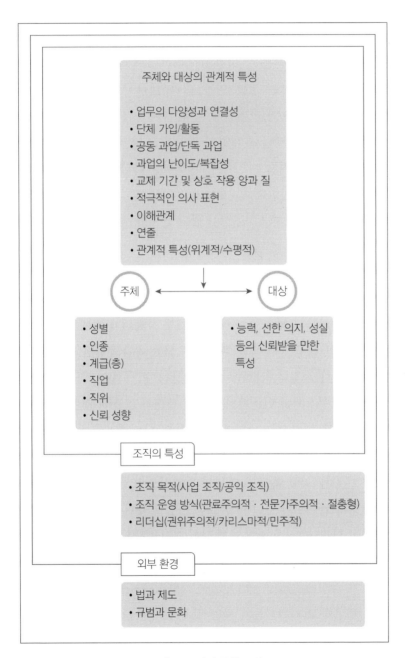

[그림 1-5] 신뢰 통합 모형

[그림 1-5] 모형에서 보는 바와 같이, 신뢰 주체는 타고난 기질과 성장 과정에서의 경험을 통하여 형성된 신뢰 성향을 가지고 있으며, 대부분의 사람은 선하거나 사회적 규범을 잘 지킬 것이라는 도덕적 신념을 가지고 있거나 아닐 수 있다. 신뢰 주체는 성별, 인종, 민족, 계급(층), 직업, 직위 등의 다양한 인구 및 사회 배경을 가지고 있다. 신뢰 주체는 신뢰 대상을 포함하여 신뢰가 발생하는 구체적 맥락에 대하여 다양한 표상 형식을 사용하여 인지와 정서를 포함하여 총체적으로 인식하고, 그것을 다양한 표상 형식을 통하여 소극적/적극적으로 표현한다.

신뢰 대상은 능력, 선한 의지, 성실 등의 신뢰를 받을 만한 특성을 지니고 있을 뿐만 아니라, 신뢰 주체가 이를 지각하고 느낄 수 있도록 표현할 수 있어야 한다. 특히 신뢰 주체가 보이는 신뢰에 따른 행위에 대한 적극적인 피드백이 동반될 때 상호 간에 신뢰가 높아진다고 할 수 있다.

신뢰 주체와 대상 사이에 놓인 여러 관계적 상황이 신뢰에 큰 영향을 미친다. 신뢰 주체와 대상 사이에 이루어지는 상호 작용의 빈도와 질은 신뢰의 형성과 관련이 매우 깊다. 신뢰 주체와 대상이 혈연, 지연, 학연 등의 다양한 연줄에 의하여 연결되어 있는가도 신뢰의 형성과 강도에 영향을 준다. 신뢰는 자신의 이익을 꾀하고 불이익을 줄일 수 있는 이해관계 속에서 형성될 수 있다. 신뢰는 신뢰 주체와 대상이 담당하는 업무의 성격과도 무관하지 않다. 단독으로 일을 해야 할 때보다 업무의 연관성으로 공동 과업이 많을 때, 업무의 복잡성과 난이도가 높아서 상호 의존성이 높아질 때 신뢰 관계가 형성될 가능성이 커진다. 신뢰 주체와 대상이 상사-부하 간의 위계 관계인지, 동료들 간의 수평 관계인지는 신뢰 형성에 중요한 요인이다. 이러한 관계성은 신뢰 형성과 강도에 영향을 줄 수 있는 개연성을 나타낼 뿐이며, 실제로 신뢰 관계로 발전하고 지속되는가 하는 것은 신뢰 주체와 대상의 특성, 신뢰가 이루어지는 구체적인 맥락과 거시적인 제도 및 문화의 영향을 받는다고 보아야 한다.

조직의 특성과 문화는 신뢰 형성의 구체적인 환경이 된다. 조직이 사업 조직인지 공익 조직인지는 신뢰 형성에 영향을 준다. 조직 운영의 방식이 관료주의적인지 전문가주의적인지, 아니면 이들의 절충형인지도 신뢰 형성과 무관하지 않다. 또한 조직 운영 방식이 권위주의적인지 아니면 참여를 보장하는 자율적이고 민주적인 방식인지도 영향을 준다. 조직의 리더십이 권위주의적인지 카리스마적인지 민주적인지도 영향을 준다.

　신뢰 형성은 거시 체계인 사회의 주요 제도와 문화 등과 무관하지 않다. 시민들의 일반적인 삶에 주요한 영향을 미치는 일반적인 정치와 경제 제도뿐만 아니라 사회 운영의 기본 원칙이 되는 규범과 문화 등은 신뢰 주체와 대상 간에 이루어지는 구체적인 환경인 조직의 운영에 직·간접으로 영향을 준다. 특히 특정한 조직 속에서의 주체와 대상 간의 신뢰는 그와 관련이 있는 정책이나 제도, 관습과 문화가 적지 않은 영향을 미친다.

제2장
학교에서의 신뢰 개념과 통합 모형

1. 학교에서의 신뢰 개념과 유형

신뢰라는 말은 학교(교육)과 관련하여 사용할 수 있다. "교사는 학생을 신뢰하는가?" "학부모는 교사를 신뢰하는가?" 등과 같이 사람들 간의 신뢰를 말할 수 있다. 이와 함께 "학부모는 학교를 신뢰하는가?" "교사는 교육 당국이 발표한 최근의 교육정책(예를 들어, 대학 입시 정책)을 신뢰하는가?"라는 말을 할 수 있다. 조직에 대한 신뢰나 제도에 대한 신뢰를 물을 수 있는 것이다.

신뢰가 조직 내 구성원 간의 관계를 뜻할 때는 '긍정적인 기대'와 '불이익을 받아들일 태도' '이러한 기대와 태도에 기반을 두고 상대를 향한 호의적 행위'를 포함하는 말이다. 학교 교육과 관련된 인물들 즉, 관리자, 교사, 학생, 학부모들 간의 신뢰는 이러한 성격을 가진다. 이와 함께 신뢰는 구성원들을 둘러싸고 있는 맥락에 따라 내용(무엇을)과 범위(어디까지), 수준(어느 정도)을 달리하며 생기기도 하고 약화되기도 하는데, 학교에서의 신뢰도 이러한 성격을 가진다.

학교에서의 신뢰는 조직 내에서의 관계적 신뢰 형식을 띤다고 할 수 있다.

조직 내에서의 관계적 신뢰는 특정한 관계 신뢰의 두 유형인 개인적 신뢰와 소집단 내의 신뢰뿐만 아니라, 조직 내 상호 작용이 거의 없는 구성원에 대한 일반 신뢰를 포함한다.

학교에서는 지속적이고 직접적인 상호 작용을 하는 사람들 사이에서 생기는 개인 간 신뢰 양상이 나타나며, 자신이 이익을 보거나 손해를 입지 않을 가능성을 토대로 상대방과의 신뢰 관계를 쌓는 전략적 신뢰의 모습도 보인다. 또한 학교에서는 학연이나 지연, 성별, 계급이나 계층 등을 기반으로 하는 특정한 집단의 신뢰 모습도 찾을 수 있다.

학교에서는 실질적인 상호 작용은 거의 없지만, 모든(대다수) 사람이 조직과 사회 규범을 지킬 것이라는 믿음 속에서 타인을 신뢰하는 일반 신뢰 형식도 나타난다. 실지로 교과 담임의 성격이 매우 강한 중·고등학교의 교사와 학생 간의 관계나 자녀의 학교에 거의 모습을 드러내지 않는 학부모와 교사의 관계는, 직접적인 상호 작용이 많지 않다는 점에서 개인 간의 신뢰라기보다는 일반 신뢰에 가깝다.

또한 학교에서의 신뢰는 위계적 신뢰와 수평적 신뢰가 동시에 나타난다. 학교에서는 관리자-교사, 교사-학생 간의 위계적 신뢰 관계가 나타나며, 교사들 간, 학생들 간에는 수평적 신뢰 관계에 있다. 하지만 최근 학교의 민주적·자율적 운영이 강조되는 상황 속에서, 관리자와 교사, 교사와 학생의 관계를 단순히 위계적·수평적으로 구분하여 논의하는 것은 위험이 따른다.

2. 학교에서의 신뢰에 관심을 갖는 이유

학생이 학교와 교사를 신뢰하지 않는다면 교사와 학생 간의 상호 존중과 협력을 기반으로 하는 제대로 된 배움이 일어날 수 없다. 학부모가 학교와 교사를 신뢰하지 않을 때도 학교 교육의 바람직한 성과를 기대하기 어렵다.

학교에서 신뢰에 관심을 갖는 이유는, 첫째, 개인의 측면과 조직의 측면에서 생각할 수 있다. 신뢰는 개인의 삶을 안정시키는 역할을 한다. 교사들 간에 신뢰가 없다면 서로 간에 경계와 의심으로 직장 생활이 불편해진다. 학부모가 교사와 학교를 믿지 못하면, 자녀의 학교생활을 불안한 마음으로 지켜보게 된다. 학교에서의 신뢰는 교사, 학생, 관리자, 학부모 모두를 불안에서 벗어나서 안심하게 한다.

학교에서의 신뢰는 개개인의 역량을 증진시키기도 한다. 교사가 동료 교사를 신뢰함으로써, 그 교사가 가지고 있는 교과 내용과 교수 방법에 대한 지식과 기술을 배우고 교육에 대한 헌신적인 태도를 학습할 기회를 얻는다. 학부모가 교사를 신뢰함으로써, 자녀 교육에 필요한 지식과 기능을 습득하고 올바른 교육관을 세울 기회를 갖게 된다. 학교에서 신뢰를 통한 개개인의 역량 증진은 나아가 학교의 교육 성과를 높이는 역할을 한다.

조직의 차원에서 신뢰는 학교라는 사회를 안정화시키는 역할을 한다. 신뢰는 구성원들을 접합시키는 풀(glue)과 같은 역할을 한다. 학교에서 교사들 간에 반목과 대립이 생기면 학교 운영이 어려움에 처한다. 학부모들이 학교의 교육 방침과는 다른 입장을 가지면, 학교의 안정적 운영은 위협을 받는다. 학생들이 생활 지도 면에서 교사와 생각을 달리하면, 훈육과 생활 지도에 어려움이 늘어난다. 이와 같이, 학교에서의 구성원들 간에 신뢰는 조직 자체의 안정에 도움을 준다.

신뢰는 또한 조직의 생산성을 높이는 역할을 한다. 신뢰가 사회적 자본으로서의 역할을 한다는 것이다. 학교 구성원들이 서로를 신뢰하게 되면 정보와 기능을 공유하게 될 뿐만 아니라, 의사소통이 활발해지고 협력적 관계가 형성되어 학교 교육의 목표 달성이 용이해진다. 신뢰가 학교 효과를 높이는 데 긍정적인 역할을 한다는 것은 실증적인 연구를 통하여 입증되고 있다. Payne과 Kaba는 다음과 같은 연구 결과를 발표하였다.

시카고 지역학교연구컨소시엄에서 매우 유익한 연구를 발표했다. 이 지역에서 개선되는 학교의 특징을 알아보기 위해 210개 학교의 교사들을 대상으로 비교 조사를 했다…. 성과가 좋은 상위 30개 학교에서는 교사들이 다른 교사들로부터 많은 신뢰를 느꼈다. 반대로, 하위 30개 학교에서는 교사들이 서로 신뢰를 하지 않았다(서용선 역, 2014: 105).

Bryk과 Schneider(2002)는 비슷한 종류의 학생들을 가르치는 시카고의 공립 학교 중에서 보다 높은 성취 수준에 도달한 학교들에서 교사와 학생, 학부모, 행정가, 동료들 간의 신뢰가 높다는 사실을 밝혔다. Leana(2011)도 인적 자본이 낮더라도 사회적 자본이 높은 교사들이 있는 학교에 근무하는 교사들이 더 잘 가르치며, 학생들의 수학 성적도 더욱 크게 향상되었다고 하였다.

국내에서도 학교 내 구성원 간의 신뢰가 조직 효과성, 구성원의 효능감, 몰입도, 만족도, 학생들의 학업 성적 등에 영향을 미친다는 연구가 많다. 먼저, 강경석과 강경수(2007)는 교사의 학교장 신뢰와 동료 교사 신뢰는 학교 조직 효과성과 정적인 상관이 있다는 것을 밝혔다. 이쌍철과 홍창남, 송영명 (2011)도 교장에 대한 교사의 신뢰는 교사의 사기 및 학교 만족도와 정적인 상관이 있다고 하였다. 송운석(2015)도 국·공립 보육 시설에서 교사의 조직 신뢰와 학부모 신뢰는 교사의 직무 만족에 영향을 미치며, 이쌍철(2013)은 신뢰가 높은 학교에서는 교사의 혁신 지향적 행동, 학교 조직 헌신, 전문적 공동체 형성, 지역 주민 및 학부모에 대한 전문가로서 책임 이행 정도가 높다고 예측하였으며, 유종열(2018)도 교사의 신뢰 수준이 높은 집단은 그렇지 않은 집단에 비하여 수업 개선과 협력적 교수 활동에 적극적이라는 사실을 밝혀내었다.

다음으로, 학교 신뢰는 매개 변인으로 조직 효과성, 교과 효능감, 조직 몰입에 영향을 준다. 유학근과 이정렬(2012)은 중등학교 교장의 변혁적 리더십은 학교장 신뢰를 통하여 조직 효과성에 영향을 미친다고 하였다. 이숙정 (2008)은 교장의 리더십과 교사 협력은 교사 신뢰를 매개로 교사 효능감에 간접적인 영향을 준다고 하였다. 김혁동(2010)도 초등학교 구성원 간의 신뢰는 조직 몰입에 큰 영향을 미친다고 하였으며, 이현주와 배상훈(2018)은 교장의 변혁적 리더십이 교사의 교장 신뢰 수준을 매개로 하여 교사의 조직 몰입에 영향을 준다고 하였다.

마지막으로, 학교 신뢰는 학생들의 학습 동기와 학업 성취도를 높인다는 것이다. 홍창남과 이쌍철, 정성수(2010)는 교사와 교장 간 신뢰는 학생의 학업 성적에 긍정적인 영향을 준다는 사실을 밝혔다. 즉, 교사와 교장 간 신뢰가 높은 학교일수록 학생의 읽기, 수학, 과학 점수가 높아진다는 것이다. 이숙정(2008)은 교사에 대한 신뢰 수준이 높은 학생은 그렇지 않은 학생보다 자아존중감이 더 높고 내적ㆍ외적 학습 동기도 더 높으며, 학급 풍토도 더 자율적인 분위기로 지각한다고 하였다. 또한 학생의 교사 신뢰는 정의적ㆍ학교 환경적 변인에 직접적인 영향을 주고, 학업 성취에는 정의적 변인과 학교 환경 변인을 매개로 간접적인 영향을 준다고 하였다.

결론적으로, 우리가 학교의 신뢰에 주목하는 이유는 크게 세 가지로 볼 수 있다. 첫째, 학교에서의 신뢰는 교사, 학생, 관리자, 학부모의 개인적 안정과 역량을 증진시킨다. 조직의 측면에서는 교사들의 조직 몰입, 효능감, 만족감 등에 영향을 미치며, 학생들의 학업 성취도, 자아존중감, 학습 동기 등을 신장시킨다. 학교에서의 신뢰가 개인과 조직을 안정시키고 학교 효과를 높인다는 것이다.

학교에 대한 신뢰에 관심을 갖게 되는 두 번째 이유는 학교라는 조직의 특성과 관련이 있다. 학교는 사기업이나 공기업 또는 다른 공공 기관과 달리 성취하고자 하는 목표들이 매우 다양하고(multiple) 서로 연계되어(interrelated) 있다. 기업은 새로운 제품의 개발이나 기존 제품의 품질 제고 등의 비교적 눈에 보이고 측정 가능한 목표를 설정하지만, 학교에서 기르고자 하는 (학생의) 인간상(건강한 사람, 자주적인 사람, 창의적인 사람, 도덕적인 사람 등)은 다양하다. 기초학력 제고, 진로 교육, 인성 교육 등 사회적으로 충족해야 할 요구도 적지 않다. 또한 학교의 교육 목표는 달성에 오랜 시간이 필요하고, 측정하기 어려운 것도 많으며, 학교 성과를 만들어 내는 요인도 다양하고 그들의 작동이나 연계 방식을 알기 어렵다.

이와 같이, 교육 목표가 다양하고 복합적이며, 이를 달성하기 위한 기제가 복잡하고 서로 연결되어 있는 학교 조직에서는, 과거와 같은 지시나 통제보다는, 신뢰와 같은 사회적 자본 활용이 성과 도출에 효과적이다. 더욱이 학교는 영리를 목적으로 하는 조직과 달리 교육적 · 사회적 가치를 지향하는 조직이다. 이러한 가치는 목표 설정뿐만 아니라 목표 달성을 위한 방법 면에서도 심각하게 고려되어야 한다. 이런 점에서, 학교는 구성원들의 자기 계발과 반성, 구성원 간의 집단적인 숙의와 협력이 요구되는 조직이다. 신뢰는 구성원들의 안정과 자기반성과 구성원 간의 협력을 이끌어 내는 기반이라는 점에서 주목의 대상이 되고 있다.

셋째, 오늘날 학교는 안과 밖에서 변혁과 혁신을 요구받고 있다. 그러나 조직의 변화는 구성원들에 위협이 된다. 불확실성에 대한 두려움, 피해를 입을 수 있다는 염려, 혁신 참여라는 새로운 것에 대한 익숙하지 못함 등이 구성원들을 불안으로 몰고 조직의 안정과 생산성을 떨어뜨릴 수 있다. 신뢰는 혁신이나 변혁이 요구되는 상황에서 조직의 안정과 구성원 간의 협력을 통한 조직의 목표 달성에 기여할 수 있는 사회적 자본으로서의 역할을 한다.

신뢰는 이러한 학교 변화, 학교 혁신의 요구를 해결할 수 있는 중요한 열쇠로 볼 수 있다. 신뢰는 학교라는 조직을 유지시키고 발전시킨다. 신뢰는 학교를 안정시키고, 학교 안팎의 구성원들을 결속시키며, 그들 간의 협력을 증진시켜 학교의 안정과 발전을 꾀한다. 이쌍철(2013)은 이를 다음과 같이 서술하고 있다.

> 학교 개선과 조직 변화는 구성원에게 위험을 감수해야 하는 상황의 직면을 의미한다. 관계적 신뢰는 구성원이 느끼는 불확실성과 취약성을 완화시켜 주며 기꺼이 새로운 변화를 시도할 수 있도록 하며, 의사 결정과 관련한 기회비용을 감소시켜 줌으로써 신속한 문제 해결을 촉진한다(이쌍철, 2013: 27).

이와 같이, 학교에서의 신뢰는 개인과 조직의 안정과 발전, 조직 자체의

특성, 시대와 사회의 요청에 따른 변화에 대한 요구 등으로 주목의 대상이
되고 있다. 특히 신뢰가 높은 학교들이 학생의 학업 성취, 자아존중감, 학습
동기 등이 높고 교사 간의 협력도 높게 나타나고 있다.

3. 학교에서의 신뢰 형성

학교에서 신뢰 관계를 가지는 신뢰 주체와 대상은 매우 다양하다고 볼 수
있다. 학교에서의 신뢰를 다룬 많은 연구물이 교사의 관리자 신뢰, 학생의
교사 신뢰 등을 다루고 있지만, 신뢰 관계를 맺는 주체와 대상은 다음과 같
이 여러 쌍으로 묶어서 제시할 수 있다. 같은 쌍에서도 방향에 따라 신뢰 관
계의 형성 요인과 과정에 차이가 있다. 예를 들어, 관리자에 대한 교사의 신
뢰와 교사에 대한 관리자의 신뢰는 상대방에 대한 역할 기대가 다르므로 동
일한 신뢰로 보기 어렵다. 이런 점에서 신뢰 관계는 개별 쌍과 누구를 주체
로 하고 누구를 대상으로 하는가에 따라 달리 규명될 필요가 있다.

- 교사와 관리자
  - 관리자에 대한 교사의 신뢰
  - 교사에 대한 관리자의 신뢰

- 교사와 학생
  - 학생에 대한 교사의 신뢰
  - 교사에 대한 학생의 신뢰

- 교사와 학부모
  - 학부모에 대한 교사의 신뢰
  - 교사에 대한 학부모의 신뢰

- 동료 교사 간의 신뢰

- 교육 정책, 제도, 당국에 대한 신뢰

학교에서 신뢰 주체는 기질과 사회화 과정을 통하여 형성된 신뢰 성향을 가지고 있다. 하지만 신뢰 주체는 이러한 신뢰 성향 이외에도 자신에게 부여된 법적인 지위와 그에 따른 역할, 문화와 관습에 따른 역할, 신뢰 대상자와의 유사성, 친밀성 등에 의하여 신뢰 관계를 형성한다.

이숙정(2008)은 학교에서 신뢰 대상자가 가지는 주요한 특성(trustworthness)을 능력, 개방성, 믿음, 친밀감, 돌봄, 성실성, 존중, 협동 등의 여덟 가지로 제시하였다. 여기서 신뢰 주체는 학생이고 신뢰 대상자는 교사라는 점에서, 신뢰받는 교사의 특성을 제시한 것으로 볼 수 있다.

이쌍철(2013)은 교사와 교장, 교사와 교사 간의 신뢰 관계를 분석하면서, 신뢰 대상자가 갖는 특성을 능력, 호의성, 진실성 세 가지로 제시하였다. 이들 변인 중에서 호의성 변인이 교사와 교장, 교사와 교사 신뢰에 가장 영향이 큰 요인이라는 점을 밝히고, 능력과 진실성 변인은 동료 교사를 판단할 때보다는 교장을 판단할 때 더욱 중시된다고 하였다.

Tschannen-Moran(2014)은 학교 구성원들 간의 신뢰는 선의(benevolence), 정직(honesty), 개방성(openness), 일관성(reliability), 능력(competence) 등의 다섯 가지 요소와 관련이 있다고 하였다. 선의는 상대방이 나에게 이익이 되는 행위를 할 것이고, 알면서, 그리고 고의적으로 나에게 해를 끼치지는 않을 것이라는 기대를 나타낸다. 정직은 상대방이 하는 말이 진실하고 사실과 합치되며, 자신이 한 말과 행동이 일치하고(integrity), 조작이나 연기를 하지 않고 '있는 그대로 보여 주는 것(authenticity)'을 가리킨다. 개방성은 정보를 공유하고 의사 결정 과정에 참여시키며, 권력을 이양하거나 위임하는 것을 의미한다. 일관성은 사람들이 기대한 바와 같이 말하고 행위를 하는 것을 뜻한다. 능력은 기대한 대로 맡은 업무를 수행할 수 있는 능력이 있다는 것을 가리킨다.

Tschannen-Moran(2013: 39)은 학교 구성원들이 신뢰 관계에 들어서기 위해서는 앞에서 제시한 다섯 가지의 요소가 중요하다고 보았다. 하지만 요소별 중요도는 신뢰 당사자 간의 관계에 따라 달라지며, 신뢰 형성에서 다섯 가지 요소가 모두 높은 수준이어야 할 필요는 없다고 하였다.

　　Bryk과 Schneider(2002)는 학교 구성원 간 신뢰의 기반을 존중(respect), 능력(ability), 선의(benevolence), 성실(integrity)의 네 가지로 보았다. 존중은 서로의 말에 귀를 기울이는 것(경청)을 포함하여 상대방을 높이는 것을 가리킨다. 학교는 구성원들 간의 장기적이고 지속적인 관계 형성이 이루어지는 곳으로 상호 존중이 신뢰 형성의 기반이라는 것이다. 능력은 원하는 목표를 달성하는 데 필요한 역량을 가리킨다. 학교는 달성해야 할 목표가 다양하고 목표 달성에 이르는 기제가 복잡하고 실행을 위한 자원이 부족한 곳이라는 점에서, 구성원이 가진 능력이 신뢰의 중요한 기반이 된다. 선의는 자신에게 주어진 역할을 넘어서서 타인을 위하여 행위를 하는 것을 말한다. 성실성은 말과 행위의 일치를 가리키고, 매사에 성의를 다하는 것을 나타낸다. Bryk과 Schneider는 학교 구성원 간에 신뢰가 형성되려면 네 가지 모두가 필요하며, 어느 한 가지가 부족한 것은 무방하지만 완전히 빠지면 신뢰 형성이 어렵다고 보았다.

　　여기서는 여러 학자의 견해를 종합하여, 학교 구성원들이 신뢰 관계를 갖기 위해서 구성원 쌍방이 또는 신뢰받는 사람이 지녀야 할 능력과 태도를 네 가지로 제시하려고 한다.

　　첫째, 능력이다. 능력은 지위에 부여된 과업을 수행할 수 있는 정도를 가리킨다. 과업과 관련된 지식과 기술 등의 기능적 역량과 대인 관계 기술을 포함하는 소통의 능력이 이에 해당한다. 조직의 비전을 설정하고 이를 달성하기 위한 효과적인 전략 구사 능력과 인재를 적절히 배치하고 그들의 성장을 돕고, 성과를 낼 수 있도록 지도하는 능력과 의사 전달이 명확하고 쌍방향으로 소통하는 능력을 가리킨다.

　　둘째, 선한 의지와 존중이다. 선한 의지는 나에게 이로운 행위를 하고, 알면서 그리고 고의적으로 나에게 해를 끼치지는 않을 것이라는 기대를 나타낸다. 존중은 존중받고 있다는 생각과 느낌이 들도록 정신적으로 지지하고 물질적으로 지원하며, 존재의 가치를 느껴서 자발적인 헌신과 몰입을 하도록 하고, 상대에게 관심과 애정을 표현하는 것을 말한다.

셋째, 성실성이다. 성실성은 모든 일을 정성스럽고 참되게 하는 것을 말한다. 이 속에는 상대방이 하는 말이 진실하고 사실과 합치되며(honesty), 자신이 한 말과 행동이 일치하고(integrity), 조작이나 연기를 하지 않고 있는 그대로 보여 주는 것(authenticity)을 포함한다. 이것은 자신에 대한 엄격한 윤리 의식을 가리킨다.

넷째, 개방성과 공정성이다. 개방성은 정보를 공유하고 의사 결정 과정에 참여시키며, 권력을 이양하거나 위임하는 것을 의미한다. 공정성은 성과에 따른 공평한 보상, 연줄과 개인적 · 사회적 배경에 따른 편견에 매이지 않는 공명정대함 그리고 사회의 보편적인 정의에 합치하는 행위 등을 가리킨다.

그런데 이러한 신뢰의 기반은 신뢰 당사자들의 법적 지위와 사회 및 문화적 관습에 따른 역할에 따라 구성 요소와 그 중요도가 달라진다. 예를 들어, 교장의 능력 중에는 교육청이나 지역 사회와의 지원과 협력, 조직 내 구성원 간의 갈등 해결 등을 포함하는 관계 능력이 중요하지만, 교사에게는 이러한 영역의 능력 발휘는 부차적인 것이 된다. 또한 교사는 수업과 학생 지도 등에서 전문적인 능력을 지니고 있어야 학생의 신뢰를 받기 쉽지만, 관리자가 이러한 능력을 반드시 가져야 하는 것은 아니다.

이와 같이, 학교에서 신뢰 대상이 가지는 신뢰받을 만한 특성은 그 대상이 지닌 역할과 관련하여 구성 요소와 중요도 등에서 차이가 있다. 아래에서는 신뢰 주체와 대상의 다양한 쌍을 중심으로 신뢰 형성의 기반을 신뢰받을 만한 특성을 중심으로 제시한다.

4. 교사와 관리자의 신뢰

학교의 관리자는 교장이나 교감을 포함한다. 교감은 교장을 보좌하는 역할을 한다는 점에서 여기서 관리자는 교장을 가리키는 말로 제한하고자 한다. 교장은 초등학교·중학교·고등학교 및 이에 준하는 각종 학교 등 각급 학교를 관리하고 운영하는 최고 책임자이다.

교사와 교장의 신뢰는 교사가 신뢰하는 교장과 교장이 신뢰하는 교사라는 양 측면을 갖는다. 먼저, 교사가 신뢰하는 교장을 살펴보자. 신뢰의 기반이 되는 구성 요소는 교장의 역할과 관련이 있으므로 교장의 주요한 직무를 살펴볼 필요가 있다.

교사가 신뢰하는 교장

「초·중등 교육법」 제20조 제1항에서는 '교장은 교무를 통할(統轄)하고, 소속 교직원을 지도·감독하며, 학생을 교육한다'로 규정하고 있다. 교장의 기본적인 직무를, '직무 통할' '교직원 지도·감독' '학생 교육'으로 본 것이다. 이를 구체적으로 제시하면, ① 지도적 직무: 학교 경영 관리 계획에 관한 직무, 교육과정 운영에 관한 직무, 생활 지도에 관한 직무, ② 관리적 직무: 학생 관리에 관한 직무, 보건 및 환경 관리에 관한 직무, 인사 관리에 관한 직무, 사무 관리에 관한 직무, 재무 관리에 관한 직무, 부수 활동에 관한 직무, ③ 섭외적 직무: 시·도 교육청과 관계되는 직무, 연구 기관 및 교직 단체와 관계되는 직무, 지역 사회와 관계되는 직무 등이다.

첫째, 교사의 신뢰를 받는 교장은 자신의 지위에 부여된 업무를 수행할 수 있는 능력을 가지고 있어야 한다. 교장은 직무 통할, 직원 감독, 학생 교육의 직무를 수행하며, 구체적으로는 지도적 직무, 관리적 직무, 섭외적 직무를 수행할 수 있는 지식과 기능을 가지고 있어야 한다. 교사들이 교장에게서 이러한 직무를 수행할 수 있는 능력이 있다고 판단하면, 교장을 신뢰하게 된다.

또한 교장은 교사들에게 자신의 의사를 명확하게 전달하고 교사의 의견을 귀담아 들어서 학교 운영에 반영하는 쌍방향의 소통 역량을 가지고 있어야 한다. 특히 학교의 민주적 운영이 강조되는 오늘날에는 교사들을 의사 결정에 직접 참여하게 하는 것이 중요하다. 교사들이 학교 행정에 직접 참여하는 기회를 가짐으로써 주인 의식과 만족감이 높아지고 책임감이 커진다. 최근에는 학교 혁신의 요구로 학교의 비전을 설정하고 이를 달성하는 데 효과적인 전략을 구사하며 강력한 추진력을 행사하는 교장의 모습이 선호되고 있다. 비전의 독단적인 설정과 전략의 개발이 아니라, 교사들과 함께 설계하며 실행에 있어서는 심리적 지지와 물질적 · 행정적 지원을 하는 교장이 교사의 신뢰를 받을 수 있다.

둘째, 교장은 교사에게 도움을 주며 고의적으로 해를 끼치지 않을 것이라는 믿음을 주어야 한다. 교장은 교사들이 존중받고 있다는 생각과 느낌을 가질 수 있도록 정신적으로 지지하고 물리적으로 지원해야 한다. 그리고 교사 개개인에게 관심과 애정이 있다는 것을 표현하되, 학연과 지연 등의 연줄에 매이지 않고 교사들의 경제적 · 사회적 배경에 대한 편견을 갖지 말아야 한다. 교장은 교사들과 정보를 공유하고 교사들을 주요한 의사 결정에 참여시키며, 부서나 팀에게 권력을 이양하고 위임해야 한다. 교사들의 성장을 돕고 개인의 행복이나 학교의 목표 달성에 도움이 되도록 지원해야 한다.

셋째, 교장은 성실성을 보여야 한다. 교장의 말은 진실하고 사실과 합치되며, 말과 행동이 일치하고, 조작이나 연기를 하지 않고 있는 그대로를 보여 주어야 한다.

넷째, 교장은 인사 관리를 공정하게 해야 한다. 교원들에게 제공되는 각종 보직과 보상을 공정하게 하고, 그 절차를 합리적으로 해야 한다. 학내 보직과 부서별 지원을 공정하게 운영해야만 교사들의 신뢰를 얻을 수 있다.

교사들이 겪는 큰 어려움 중의 하나는 학교 폭력 처리와 학부모의 민원이다. 교장이 원칙에 입각하여 합리적으로 처리하되, 교사의 고충에 공감하고 함께 해결해 가는 동지로서의 역할을 하는 것이 중요하다. 교육부와 교육청, 그리고 교사 단체나 시민 단체 등의 부당한 지시나 압력에 대해서는 교사들과 함께 문제점을 파악하고 시정을 요구하는 자세를 보일 때 교사들의 신뢰를 얻을 수 있다.

결론적으로, 교사들에게 신뢰받는 교장은 기본적으로 자신에게 주어진 직무를 수행할 수 있는 능력이 있어야 하고, 교사들을 존중하고 학교 일에 주체로서 참여하게 하며, 교사가 하는 일을 심리적으로 지지하고 행·재정적으로 지원하며, 교사의 고충을 파악하여 동감하는 것과 이를 책임지고 해결해 나가는 사람이다. 이들 중에서 어느 요인이 교사의 신뢰를 받는 데 가장 강력한 요인인가는 실증적인 연구를 통하여 밝혀 나가야 한다.

교장은 학교를 관리하고 경영하는 최고 책임자이지만, 교사들의 협력 없이는 교육 성과를 거두기 어렵다. 교사는 학교에서 교과 지도 및 창의적 체험 활동, 생활 지도 및 학급 경영, 각종 행정 업무 및 사업 업무, 학교 행사 및 연수 등의 업무를 맡고 있다. 이에 따라, 첫째, 교사는 자신의 지위에 부여된 역할을 수행할 수 있는 능력을 가지고 있어야 한다. 교장은 교사가 이러한 직무를 수행할 수 있는 능력이 있다고 판단하면 신뢰를 보낸다. 최근에는 학교 혁신의 요구로 학교의 비전을 설정하고 이를 달성하는 데 적극적으로 참여하여 의견을 개진하고 실행을 위한 노력을 기울이는 교사를 신뢰한다.

교장이 신뢰하는 교사

둘째, 교사는 교장에게 자신의 의사를 명확하게 전달하고 교장의 의견을 존중하는 자세를 가지고 있을 때 신뢰를 받을 수 있다. 교사가 교장이 맡은 직무의 복잡성과 책임의 엄중함을 이해하는 자세를 보이고, 개인적인 고충까지도 공감하는 태도를 보일 때 신뢰가 높아진다.

맡은 직무에는 성실하지 않고, 동료 교사와 관계가 좋지 않으며, 학생이나 학부모들과 갈등을 자주 빚는 교사를 교장이 신뢰하기는 어렵다. 교장의 직무상의 권위를 인정하지 않고 공개적인 자리에서 망신을 주거나 뒤에서 험담을 하는 교사도 신뢰하지 않는다.

셋째, 교사는 성실성을 보여야 한다. 교사의 말은 교장, 학생, 학부모를 대할 때 진실하고 사실과 합치되며, 말과 행동이 일치하고, 조작이나 연기를 하지 않고 있는 그대로 보여 주어야 한다. 교장은 직접적으로 또는 학생들이나 학부모를 대하는 태도를 통하여, 교사의 성실성을 살피고 이에 근거하여 신뢰를 결정한다.

결론적으로, 교장에게 신뢰받는 교사는 기본적으로 자신에게 주어진 직무를 수행할 수 있는 능력이 있어야 하고, 학교 일에 주체로서 참여하고 헌신하며, 교장이 하는 일을 이해하고 고충에 대하여 공감하며, 공적이나 사적인 자리에서 존중하는 자세를 보일 때 신뢰를 받을 가능성이 높다. 또한 교장, 학생, 학부모를 대할 때 진실하고 사실과 합치되며, 말과 행동이 일치하고, 조작이나 연기를 하지 않으며 있는 그대로 보여 주는 성실성이 있어야 한다. 이들 중에서 어느 요인이 교장의 신뢰를 받는 데 가장 강력한 요인인가는 실증적인 연구를 통하여 밝혀 나가야 한다.

5. 교사와 학생의 신뢰

교사는 하루 종일 학생들과 함께 생활을 한다. 교사가 학생을 믿지 못하고 학생이 교사를 신뢰하지 못하면, 둘 사이를 교육적 관계라고 말할 수 없다. 이러한 관계 속에서는 학생의 성장을 기대할 수 없고, 교사나 학생 모두 학교생활이 행복할 수 없다.

학생에 대한 교사의 신뢰

그렇다면 교사는 학생을 신뢰하는가? 초등학교는 학급 담임제로서 영어나 체육과 같은 전담 교사가 아니라면 교사가 한 해 동안 학생들과 생활을 같이 하게 된다. 이런 상황에서는 교사가 학생 한 명 한 명을 깊이 있게 파악할 수 있는 기회가 있으며, 장기간의 만남으로 친밀감이 높아져서 교사와 학생 간에 신뢰를 쌓기 쉽다.

하지만 교과 담임제로 운영되는 중학교나 고등학교의 경우, 교사가 학생 개개인을 일일이 파악하고 그들의 삶을 온전히 이해하기는 어렵다. 담임 교사의 경우도 학생들에 대하여 특별한 관심과 애정으로 자신의 삶을 오로지 학생 지도에 쏟는 분이 아니라면, 조례와 종례와 학급 업무를 맡는다고 해서 학생들 한 명 한 명을 온전히 파악하고 이해할 수는 없다. 또한 학생도 수업 시간마다 바뀌는 교사와 깊이 있는 관계를 가진다고 보기 어렵다.

이런 점에서, 교사와 학생의 신뢰 관계는 초등학교와 중·고등학교의 차이가 있을 것이다. 여기서는 초등학생이나 중·고등학생을 막론하고 교사의 신뢰를 받을 가능성이 높은 학생의 공통적인 특성을 다음과 같이 제시한다.

교사는 책임감이 강한 학생을 신뢰한다. 교사가 내어 준 과제를 성의를 다하여 한다든지, 교사가 시킨 일을 불평 없이 하며, 자신이 맡은 일에 책임을 지고, 일이 잘못되었을 때도 변명을 하기보다는 솔직히 자신의 잘못을 인정하는 학생을 신뢰한다.

여기에 덧붙여 교사에게 자신의 의사를 명확하게 전달하고 교사의 의견을 존중하는 자세를 보일 때 신뢰를 받을 수 있다. 학생이 교사가 맡은 업무의 다양성과 과중함을 이해하는 자세를 보이고 개인적으로 관심을 보인다면 신뢰가 높아질 수 있다.

학생은 성실성을 가지고 있어야 한다. 학생은 교사나 친구를 대할 때 진실하고 사실과 합치되며, 말과 행동이 일치하고, 조작이나 연기를 하지 않고 있는 그대로 보여 주어야 한다. 교사는 학생과 직접적으로 접촉함으로써, 그리고 다른 학생과의 관계를 통하여 학생의 성실성을 살피고 이에 근거하여 신뢰를 결정한다.

수업이나 생활 면에서 성실하지 않고, 친구와의 사이가 좋지 않으며, 교사와 갈등을 자주 빚는 학생을 교사가 신뢰하기는 어렵다. 교사의 직무상 권위를 인정하지 않고 공개적인 자리에서 대들거나 뒤에서 험담을 하는 학생을 신뢰하는 일은 없다.

학생에 대한 교사의 신뢰는 학생의 사회·경제적 배경의 영향을 받기도 한다. 교사는 자신과 같은 계층, 같은 인종, 같은 민족 등에 대하여 신뢰가 높을 것이라고 생각할 수도 있다. 중산계층 출신의 교사들은 가난한 집안의 아이들에 대한 이해가 부족하고, 인종 및 민족에 대한 편견이 있는 교사는 다문화 가정 출신의 아이들을 선입견을 가지고 봄으로써 신뢰를 형성하지 못할 수 있다. 교사는 자신과 마찬가지로 공부를 잘 하는 학생, 자신의 말을 잘 듣는 학생, 자신이 살아온 세상과 비슷한 환경에 사는 학생 등을 좋아하고 그들에게 더 많은 신뢰를 보낼 수 있다. 이와 같은 유유상종(類類相從)

의 심리적 원칙에 기반을 두고 이루어지는 신뢰는 궁극적으로 학생들의 삶
에 영향을 미친다.

결론적으로, 교사에게 신뢰받는 학생은 성실하고 책임감이 강하다고 볼
수 있다. 학생이 정직하게 행동하고 말과 행동이 일치하며 있는 그대로의 모
습을 솔직히 보여 줄 때 신뢰를 받게 된다. 또한 자신에게 주어진 일에 성의
를 다하고 결과에 대하여 책임을 지는 모습을 보일 때 신뢰를 얻는다. 또한
교사가 하는 일이나 삶에 관심을 보이고 어려움을 이해하며 공감을 보낼 때
신뢰를 받는다.

**교사에 대한
학생의 신뢰**

학생은 교사를 신뢰하는가? 학생은 어떤 교사를 신뢰하는가? 학교 급에
따라 교사 신뢰에 차이가 있는가?

학생에 대한 교사 신뢰와 마찬가지로 등교에서 하교에 이르기까지 온종일
담임 교사와 함께 생활하는 초등학생의 경우에 교사를 신뢰할 가능성이 높
다. 교사가 성실성을 가지고 자신에게 주어진 직무를 성의껏 하면 학생의 신
뢰를 받기 쉽다. 교사가 학생들에게 진실하게 대하고, 말과 행동이 일치하
며, 있는 그대로의 모습을 보여 주는 성실성은 신뢰에 영향을 준다. 이와 함
께, 학생들에게 관심과 애정을 가지고 교과 지도와 생활 지도를 하는 교사를
신뢰한다.

초등학생들이 교과 지도 능력이나 생활 지도의 기술, 학교 행사의 능숙한
운영 등의 능력 요인을 바탕으로 교사 신뢰를 결정할 것 같지는 않다. 교사
가 교과 내용을 제대로 이해하지 못하고 있거나, 교수 기술이 현저하게 떨어
져서 학습 지도에 어려움을 주는 경우가 아니라면, 이를 두고 신뢰를 결정할
것 같지도 않다. 오히려 교사가 행하는 교과 지도, 생활 지도, 학교 행사 등
에서 성실한 자세를 보이지 않을 때 교사의 신뢰는 의심을 받게 된다.

초등학생의 교사 신뢰는 부모의 영향을 받을 가능성이 높다. 부모가 교사
를 신뢰하지 않을 때, 자녀인 학생들도 교사를 신뢰하지 않는 경우가 많을
것이다. 부모가 편견을 가지고 교사를 신뢰하지 않는 경우도 있지만, 자신의

학창 시절 체험과 자녀들을 학교에 보낸 이후 갖는 교사와의 경험, 주변 학부모들이 제공하는 각종 정보들은 교사에 대한 신뢰에 영향을 주고, 이것이 교사에 대한 학생의 신뢰 형성에도 영향을 미친다.

상급 학교 진학이 중요하고, 인지 능력이 발달했으며, 자기정체성 형성이 이루어지는 시기의 중학교와 고등학교의 경우, 교사에 대한 학생의 신뢰는 초등학교와 그 내용을 달리할 수 있다. 중학교와 고등학교 학생들은 교과 지도 능력을 교사가 가져야 할 능력 중에서 가장 중요한 요인으로 꼽을 수도 있다. 특히 대학 입학과 관련하여 많은 스트레스를 받는 고등학생의 경우에 소위 '실력 있는' 교사를 신뢰할 가능성이 높다. 여기서 실력이 있다는 것은 내용을 이해하기 쉽도록 가르쳐 주고, 다가오는 대학 입시에 효율적으로 대응할 수 있도록 지도하는 교사를 가리킨다.

중학교와 고등학교 학생들은 교사의 성실성을 신뢰의 주요한 척도로 생각할 수 있다. 학생과 학부모를 대할 때 진실하고, 말과 행동이 일치하며, 조작이나 연기를 하지 않고 있는 그대로의 모습을 보여 주는 교사를 신뢰한다.

책임감이 강한 교사가 신뢰를 받을 가능성이 높다. 학생은 맡은 일에 책임을 지며 일이 잘못되었을 때도 변명을 하기보다는 솔직하게 자신의 잘못을 인정하는 교사를 신뢰한다. 여기에 덧붙여 자신의 의사를 명확하게 전달하고 학생의 의견을 존중하는 자세를 가지고 있을 때 신뢰를 받을 수 있다.

교사가 학생에게 관심과 애정을 갖고 그들의 성장을 위하여 헌신할 때 신뢰를 받는다. 학생에게 냉담하고 거리를 두는 교사를 신뢰하기는 어렵다. 기회가 있는 대로 학생들과 친밀한 관계를 맺기 위하여 노력하는 교사를 신뢰하며, 학생들을 계층이나 학업 성적·인종이나 국적 등의 이유로 차별하지 않고 공평하게 대하는 교사를 신뢰한다.

결론적으로, 학생에게 신뢰받는 교사는 학교 급을 막론하고 학생들을 인격적으로 대하고, 정직하며, 말과 행동이 일치하고, 꾸밈이 없고, 잘못이 있을 때 인정하는 교사를 말한다. 또한 학생 개인은 물론 모든 학생에게도 관심과 애정을 가지고 이해하려고 하며, 학생들의 성장을 위하여 헌신하고, 맡은 일에 책임을 지는 교사를 신뢰한다. 학생들은 교사의 차별적 대우를 매우 싫어한다. 교사가 사회 계층이나 학업 성적, 성별, 인종과 국적 등을 이유로 차별하지 않고 공평하게 대하는 교사를 신뢰한다. 마지막으로, 교사의 교과 지도 능력은 중등학교, 특히 고등학생의 경우에 교사 신뢰의 중요한 요소가 된다.

6. 학교와 학부모의 신뢰

학부모는 학교 교육의 주요한 주체 중 하나이다. 학교 운영위원회의 설치는 학부모가 단순히 학교 교육을 지지하고 후원하는 것을 넘어서서 직접 학교 운영에 관여하는 길을 열어 놓았다. 「초·중등 교육법」 제31조에는 "① 학교 운영의 자율성을 높이고 지역의 실정과 특성에 맞는 다양하고도 창의적인 교육을 할 수 있도록 초등학교·중학교·고등학교 및 특수학교에 학교 운영위원회를 구성·운영하여야 한다. ② 국립·공립 학교에 두는 학교 운영위원회는 그 학교의 교원 대표, 학부모 대표 및 지역 사회 인사로 구성한다."로 규정하고 있다.

학교 운영위원회는 통상적으로 교장, 교원 대표, 지역 사회 인사를 포함하지만, 학부모 위원이 과반수 이상을 차지하며, 학교 운영 전반에 걸쳐 주요한 결정을 심의하는 권한을 가지고 있다. 학교 운영위원회는, ① 학교 헌장 및 학칙의 제정·개정, ② 학교 예산·결산, ③ 교육과정 운영 방법, ④ 교과용 도서 및 교육 자료 선정, ⑤ 정규 학습 종료 후 또는 방학 기간의 교육 활동 및 수련 활동, ⑥ 공모 교장의 공모 방법, 임용, 평가 등, ⑦ 초빙 교사의 추천, ⑧ 학교 운영 지원비의 조성·운용·사용, ⑨ 학교 급식, ⑩ 대학 입학 특별전형 중 학교장 추천, ⑪ 학교 운동부의 구성·운영, ⑫ 학교 운영에 대한 제안 및 건의 등에 관한 사항을 심의한다.

학부모는 학부모회를 통하여 학교 교육에 관여하기도 한다. 학부모회는 학교 교육 발전에 기여하기 위한 자치 조직으로서, 해당 학교에 재학하고 있는 모든 학생의 학부모로 구성된다. 학부모회는 전체 회의인 학부모총회가 있고, 학년별 학급회로 조직되어 있다. 학부모의 학교 참여를 지원하고, 자녀의 성장을 돕는 부모 교육을 실시하며, 학교 운영에 관한 의견을 제시하는 역할을 한다.

이와 같이 학부모는 학교 운영위원회와 학부모회의를 통하여 학교 교육에 관여하고 있다. 모든 학부모가 학교 운영위원이 되고 학부모회에서 적극적인 활동을 하는 것은 아니지만, 학교 예산과 시설 개선을 지원하는 과거의 육성회와는 달리 학교 교육의 공동 주체로서 학교 교육을 모니터링하고 개선 의견을 제시하며 학교 운영의 주요한 의사 결정에 직접 참여한다.

이와 함께 '참교육을 위한 전국 학부모회'와 '전국학부모단체연합'과 같이 학부모들로 구성된 각종 단체들이 결성되어 있으며, 전국의 많은 학부모가 이들 단체에 가입하여 활동을 하고 있다. 중앙 정부나 지방 자치단체에서 하는 주요한 교육 행사에 초청을 받거나 회의에 참석하며, 교육 현안에 대하여 강력한 목소리를 내고 있다.

하지만 아직도 많은 학부모가 자신이 학교 교육의 주요한 주체라는 인식을 갖고 있지 않으며, 학교 교육에 소극적인 참여와 대응을 하고 있다. 직장생활로 시간을 내기 어렵기도 하고, 교육은 학교에 있는 전문가들의 소관이기 때문에 섣부른 참여와 개입을 자제하는 것이 마땅하다는 생각도 있고, 학교 교육에 대한 심리적 지지와 물질적 지원에 한정되었던 오래된 관행에서 벗어나지 못했기 때문이기도 하다.

이와 함께 학교에 있는 교장과 교사도 학부모의 학교 교육 참여를 적극적으로 권장하는 것은 아니다. 겉으로는 학부모가 학교 교육의 공동 주체라고 추켜세우지만, 이면적으로는 학부모의 적극적인 개입을 불편하게 여기는 경우가 적지 않다. 특히 학교 폭력의 문제가 심각하고 학부모의 민원이 대폭 증가함에 따라 학교 교육에 대한 학부모의 적극적인 참여를 꺼리는 경우가 많다.

교사에 대한
학부모의 신뢰

여기서 "학부모는 학교를 신뢰하는가?"라는 이 물음은 일차적으로 "학부모가 교사들을 신뢰하는가?"라는 질문이며, 다음으로는 "학교를 대표하는 교장을 신뢰하는가?"라는 물음이다. 이와 달리 학교 정책이나 제도와 같은 부문에 대한 신뢰는 이 책의 후반부에서 다룰 것이다.

학부모는 교사를 신뢰하는가? 교사에 대한 학부모의 신뢰는 학부모의 개인적 특성, 자신의 과거 경험, 다른 학부모의 평가, 자녀의 재학 학교나 학년 등에 따라 차이가 있을 수 있다. 학부모가 다른 사람을 잘 믿는 사람이라면 교사에 대한 신뢰도 일반적으로 높을 것이며, 남을 잘 믿지 못하는 사람이라면 교사에 대한 신뢰도 높지 않을 것이다. 자신이 학창 시절에 겪었던 교사와의 관계나 자녀를 학교에 보내면서 가졌던 교사와의 관계는 신뢰 형성에 영향을 준다. 또한 초등학교의 경우에 학년 초 학급 담임이나 중·고등학교에서 교과 담임 등에 대한 정보가 부족한 상태에서는 동료 학부모들이 전하는 각종 정보가 사실 유무를 떠나서 영향을 미칠 것이다.

자녀가 초등학생인 경우와 중·고등학생인 경우에 학교에 대한 학부모의 기대도 다를 수 있다. 초등학생의 경우, 특히 저학년이나 중학년의 학부모는 자녀의 학교생활이 안전하고 행복한 것에 관심을 두지만, 중·고등학교의 경우에는 이에 덧붙여, 때로는 이보다 우선하여, 자녀의 학업 성적, 즉 교과지도에 관심이 높을 수 있다. 이에 따라 교사에 대한 학부모의 신뢰 기반에는 차이가 있을 수 있다.

또한 교사에 대한 학부모의 신뢰는 교사와의 직접 접촉을 통한 신뢰도 있지만, 접촉이 거의 없는 상태에서 형성되기도 한다. 학교 운영위원으로 활동하거나 학부모회 활동을 적극적으로 하는 사람들은 자녀의 담임 교사를 비롯하여 학교 관리자와 부장 교사와 접촉을 할 기회가 많다. 이 과정에서 교사를 가까이서 지켜봄으로써 교사가 하는 일을 알게 되고 현장에서 갖는 갖가지 고충에 대하여 공감을 하기도 한다. 접촉이 긍정적이면 교사와의 접촉이 많을수록 신뢰 수준이 높아진다.

또한 학부모 중에서 자녀가 소속한 학급의 범위를 넘어서서 학교 운영이나 학교 봉사를 하는 학부모들은 학교 사정을 객관적으로 보고 학생 일반의 복지에 관심을 가짐으로써, 교사가 일반 학생을 어떻게 대하는지를 살피고 신뢰 여부를 판단한다.

이와 달리 자기 자녀에게만 관심을 갖는 학부모의 경우에 교사를 신뢰하는 이유는 다를 것이다. 교사가 자신의 자녀에게 얼마나 관심과 애정을 갖는지가 중요하다. 그러나 이런 경우에 부모가 갖는 태도를 교사에 대한 신뢰라고 말하기는 어렵다. 자신의 자녀만을 편애하고 다른 학생을 공정하게 대하지 않는 교사를 '친밀한 관계'로 여길지는 몰라도 (마음속으로) 신뢰하지는 않을 것이기 때문이다.

학부모들 중에는 학교를 거의 찾지 않거나 매우 제한된 수준에서 교사와 접촉하는 사람들이 적지 않다. 학교에 갓 입학하여 자녀의 적응에 관심이 매우 높은 초등학교 저학년이나 자녀의 대학 진학에 관심이 많은 고등학교의 학부모를 제외하고는, 학교를 찾지 않는 부모가 예상 외로 많다. 일 년에 한두 번 학교에서 열리는 학부모총회나 담임 교사와의 만남에 참여하는 일을 제외하고는 학교를 찾지 않는다. 특히 가정 형편이 어렵거나 편부모, 조손 가정인 경우, 부모가 학교를 찾는 일은 상대적으로 적은 것으로 보인다.

이럴 경우, 교사와의 접촉이 거의 없는 상태에서 교사의 신뢰를 묻는 것은 무리가 있다. 이들 부모에게 교사에 대한 신뢰를 평가하라고 하면, 주변 학부모가 제공한 정보나 언론에서 제공하는 여론, 자신의 학교 경험 등을 통하여 하게 된다. 이 중에서 학부모의 판단에 가장 큰 영향을 주는 것은 교사에 대하여 자녀가 전달하는 정보일 것이다. 자녀가 교사를 신뢰하면 학부모도 교사를 신뢰할 가능성이 높다. 물론 학교를 자주 찾고 학교 일에 관심이 많아서 적극적으로 참여하는 학부모의 경우에도, 자녀가 전해 주는 정보를 자신의 직접 체험 못지않게 신뢰 판단의 중요한 근거로 삼는다.

이러한 여러 가지 상황을 염두에 두고, 일반적으로 학부모의 신뢰를 받는 교사는 다음과 같은 특성을 지니고 있을 것이다.

학부모는 자신의 자녀를 포함하여 모든 학생에게 관심과 애정을 갖고 그들의 성장을 위하여 헌신하는 교사를 신뢰한다. 학생에게 냉담하고 거리를 두는 교사를 신뢰하지는 않는다. 기회가 있는 대로 학생들과 친밀한 관계를 맺기 위하여 노력하는 교사를 신뢰하며, 학생들을 계층이나 학업 성적·인종이나 국적 등의 이유로 차별하지 않고 공평하게 대하는 교사를 신뢰한다.

학부모는 성실한 교사를 신뢰한다. 학생이나 학부모를 대하는 교사의 말과 행동이 진실하고 일관성이 있으며, 꾸미지 않고 솔직한 교사를 신뢰할 것이다. 학부모는 자신과 학생을 인격적으로 대우하고 존중하는 교사를 신뢰할 것이다.

학부모는 책임감이 강한 교사를 신뢰할 것이다. 맡은 일에 책임을 지며, 일이 잘못되었을 때는 변명을 하기보다 솔직히 자신의 잘못을 인정하는 교사를 신뢰할 것이다.

중학교와 고등학교의 학부모들 중에는 교과 지도 능력이 뛰어난 교사를 신뢰할 가능성이 있다. 특히 대학 입학과 관련하여 걱정이 많은 고등학교 학부모는 소위 '실력 있는' 교사를 신뢰할 가능성이 높다. 여기서 실력이 있다는 것은 내용을 이해하기 쉽도록 가르쳐 주고, 다가오는 대학 입시에 효율적으로 대응할 수 있도록 진로 지도를 하는 교사를 가리킨다. 이와 함께 학교 폭력 등으로 학교에서의 안전한 생활이 중요한 관심사가 되면서 학급 경영이나 회복적 생활 교육에 지도력이 뛰어난 교사에게 신뢰를 보낼 것이다.

학부모와 교장이 직접 접촉을 하는 경우는 매우 드물다고 본다. 학교 운영위원이거나 학부모회의 주요 임원이 아니면, 학부모가 교장과 직접 접촉을 하는 일은 거의 없다. 때때로 학교 폭력과 같은 특별한 사건이 일어났을 때 학부모와 교장이 만나는 일은 있지만 흔한 일은 아니라고 본다. 이런 점에서 직접 접촉을 하는 학부모는 다음과 같은 교장을 신뢰할 것이다.

학부모들은 성실한 교장을 신뢰할 것이다. 학부모를 대하는 교장의 말과 행동이 진실하고 일관성이 있으며, 꾸미지 않고 솔직해야 할 것이다. 학부모는 자신과 학생을 인격적으로 대우하고 존중하는 교장을 신뢰할 것이다.

학부모는 책임감이 강한 교장을 신뢰할 것이다. 맡은 일에 책임을 지며,

일이 잘못되었을 때도 변명을 하기보다는 솔직히 자신의 잘못을 인정하는 교장을 신뢰할 것이다.

이와 함께 학교 운영위원이나 학부모회의 임원이든 아니면 일반 학부모이든, 교장은 자신에 주어진 직무를 원만히 수행할 뿐만 아니라 변혁의 시기에 맞는 지도성을 보일 때 신뢰를 받을 것이다. 즉, 교장이 '직무 통할' '직원 감독' '학생 교육'의 기본적인 직무를 수행할 때 신뢰를 받을 수 있다. 또한 학교 혁신을 위한 비전과 이를 효과적으로 달성할 수 있는 전략을 가지고 있을 때, 이를 동료 교사와 학생, 학부모를 동참시켜서 함께해 가는 민주적인 운영을 할 때 신뢰를 받는다. 이와 함께 학생이 성장하고 학부모가 안심할 수 있는 학교를 만들어 주는 교장이 신뢰를 받을 것이다.

한편, 교사는 학부모를 신뢰하는가? 교사가 직접 접촉을 하는 학부모는 그 수가 많지 않다. 학부모회의 임원으로 활동하는 학부모나 학교에 자원 봉사를 하는 학부모를 제외하고는 일 년에 한두 차례 열리는 학부모 면담일이나 수업을 공개하는 날에 학교를 찾아오는 학부모를 만나게 된다. 학부모에 대한 교사의 신뢰는 대개 이와 같이 제한된 학부모와의 신뢰를 가리킨다.

> 학부모에 대한 교사의 신뢰

때에 따라서 학교에서 신뢰가 주목을 받는 것은 학교 폭력이나 기타 문제를 일으킨 학생을 지도하거나 처벌하는 과정에서 학부모와의 장기적이고 잦은 접촉을 하는 가운데서 생기는 특정한 학부모와의 신뢰를 가리키기도 한다. 학교 폭력을 비롯하여 특별한 사건이 생기면 담임 교사나 해당 보직 교사는 해당 학부모를 지속적으로 만나게 된다. 물론 직접 대면하는 것은 아니지만 학생 문제로 의논할 일이 있거나 학교 행사 등 정보를 제공할 일이 생길 경우, 교사가 학부모에게 전화를 하거나 학부모가 전화를 걸어서 교사와 대화를 하는 경우도 있다. 이들을 제외하면 학부모에 대한 교사의 신뢰는 교사의 신뢰 성향이나 과거 학부모와의 관계에 대한 자신의 체험이나 동료 교사가 전하는 내용을 바탕으로 형성된다.

하지만 무엇보다 학부모의 역할에 대한 교사의 신념이 학부모에 대한 신뢰 형성에 중요한 영향을 미친다. 학부모는 학교 교육을 이끌어 가는 공동 주체의 하나라는 주장이 이미 오래전부터 있어 왔고 근래 들어 교육청마다 이러한 내용을 슬로건으로 내걸고 있지만, 교사들은 학부모의 학교 참여에 대해서 여전히 부정적인 시선을 거두지 않고 있다. 학교가 하는 일에 심리적인 지지를 하고 각종 봉사를 통하여 지원을 하는 것은 환영하지만, 학교 운영에 관여하는 것은 교직의 전문성을 위협하는 일이라는 시각이 없지 않다. 학부모는 가정에서 학생들을 안전하게 돌보고 숙제를 포함하여 학교에서 하는 교육을 지원하는 역할을 하는 것으로 충분하며, 교육과정, 수업, 평가, 생활 지도, 학교 시설이나 예산 등에 관여하는 것은 학부모의 역할을 넘어서는 것이라고 인식한다. 이러한 시각 차이가 학부모에 대한 교사의 신뢰 형성에 영향을 준다.

이와 같이 학부모에 대한 교사의 신뢰는 접촉하는 학부모의 수와 기회, 문제 학생 지도를 위한 특정한 학부모와의 접촉, 학부모의 역할에 대한 교사의 고정 관념 등이 영향을 준다고 할 수 있다. 이러한 변수를 논외로 하고, 일반적인 의미에서 교사들의 신뢰를 받는 학부모의 특성은 다음과 같다.

교사는 자녀 교육에 관심이 많고 학교가 하는 일에 협조적인 학부모를 신뢰할 것이다. 학교에 와서 자신의 자녀에 대한 특별한 대우를 요구하거나 자녀의 말만 믿고 올바른 판단을 하지 못하고 떼를 쓰는 학부모를 신뢰하지는 않는다.

자녀가 문제를 일으켰을 때 객관적으로 판단하고 합리적으로 해결하려는 의지를 보이는 학부모를 신뢰할 것이다. 때로는 자녀의 잘못을 인정하고 책임을 지려는 학부모를 신뢰할 것이다. 교사와 논의 과정에서 자신의 주장을 관철하기보다는 합리적 의견이라면 수용하는 학부모를 신뢰할 것이다.

교사는 성실한 학부모를 신뢰할 것이다. 말과 행동이 진실하고 일관성이 있으며, 꾸미지 않고 솔직한 학부모를 신뢰할 것이며, 교사를 존중하는 학부모를 신뢰할 것이다.

7. 동료 교사 간의 신뢰

　황지우(1992)는 한국 초등학교의 교직 문화를 과거의 개인적 경험과 관행을 중시하는 보수주의, 개인적 고립을 특징으로 하는 개인주의, 교수 활동의 즉시성과 긴박성으로 인한 현재주의, 특별한 것을 도모하지 않는 보신주의 문화로 규정하였다. 이정선(2002) 역시 초등학교의 교직 문화를 전문적 기술 문화의 부재, 개인주의, 현재주의, 보수주의, 교직의 이중적 성격 등으로 규정하였다. 여기서는 교직 문화를 개인주의, 보수주의, 현재주의를 중심으로 그 성격을 규명하고자 한다.

　교직의 개인주의 문화는 학교가 관료제적 직제를 가지고 있음에도 교직의 전문성을 인정하는 데서 출발한다. 초등학교 교사들은 동 학년에 소속되어 있기는 하지만 각기 자신이 관할하는 독립된 학급을 가지며, 행정 업무의 경우에도 역할 분담이 끝나면 자신이 맡은 일에 책임을 지는 구조로 되어 있다. 학교는 부서 간이나 부서 내의 구성원 간에 긴밀한 협력 없이는 운영이 불가능한 조직이 아니라, 교사들이 각기 맡은 직무를 충실히 이행하면 운영에 큰 어려움이 없는 조직이라는 것이다.

　중학교나 고등학교의 경우에도 교사는 동 학년이나 교과별 조직에 소속되어 있기는 하지만, 학생들의 교과 지도, 생활 지도, 학급 경영 등에서 자율적인 운영 권한을 갖는다는 점에서 초등학교와 다르지 않다. 이러한 조직 구조의 특성이 교사의 개인주의 문화를 만들어 내는 원인이 된다.

　이러한 개인주의는 자신의 이익을 위하여 교사가 행위를 하는 것이 아니라, 다른 교사가 하는 일을 몰라도 되거나 하는 일을 간섭하지 않는다는 고립주의 문화와 연결된다. 자신이 맡은 일에 충실하면 된다는 생각으로 학교라는 전체 조직의 운영에 관심을 기울이지 않게 된다. 그 결과, 초임 교사들도 선배들의 도움을 받을 기회가 적다. Lortie는 초임 교사들이 혼자서 교직 문화에 적응해야 하는 어려움을 '가라앉느냐 헤엄치느냐'(진동섭 역, 2000:

358)로 묘사하였다.

교직의 보수주의 문화는 교직에 입직하는 사람들의 성향이나 출신 계층과 관련이 있다. 한국의 경우, 직업의 안정성 때문에 교사가 되기를 원하는 사람이 많고, 이로 인하여 여성들의 교직 진출의 비율이 높다. 또한 교직을 희망하거나 교직에 진출해 있는 교사들의 경우에 중산층 출신의 비율이 높다는 것도 현재 지위를 유지하고자 하는 보수주의적 성향과 무관하지 않은 것 같다. 학교라는 조직이 정부나 지역 자치단체에 의해서 해체되거나 해산될 가능성이 없어서 직업의 안정성이 보장된다는 점도 교직의 보수화 성향을 강화시킨다. 이러한 보수주의 문화는 '19세기의 교실에서 20세기의 교사들이 21세기의 학생들을 가르친다'는 말이 나오는 원인이 된다.

교직의 현재주의 문화는 학교의 성과는 단기간에 드러나지 않고 측정하기 어렵다는 점에서 개혁이나 혁신의 요구에서 비교적 자유로울 수 있다는 점과 관련이 있다. 또한 교사의 승진이나 보수, 보직 배정 또한 특별한 경우를 제외하고는 대체로 경력에 따라 배분되기 때문에, 남보다 더욱 노력해야 할 동기를 찾기 어렵다는 점도 교사들이 현재에 매달리는 이유가 된다.

최근 교직의 이러한 개인주의, 보수주의, 현재주의 문화가 큰 도전을 받고 있다. 이러한 도전은 지금까지와는 다른 학교 문화를 요구하고 있다. 우리나라의 경우, 1980년대에 시작된 교사 운동과 1990년대의 열린교육 운동을 거쳐서, 2000년대부터 시작하여 전국적으로 확산되고 있는 혁신학교 운동은 기존의 개인주의, 보수주의, 현재주의 학교 문화를 일신하는 계기가 되고 있다. 특히 혁신 교육의 중추가 되는 전문적 학습 공동체의 결성과 운영은 교사를 개혁 주체로 자리매김하고 교사들 간의 협력을 통하여 수업을 포함하여 학교 교육 전반을 혁신하려는 노력으로 이어지고 있다. 이러한 노력은 교사, 학생, 학부모가 참여하는 학교의 민주적 운영을 통하여 가능할 것이라는 믿음 속에서 '민주 학교'라는 이름으로 추진되고 있다. 여기서는, 특히 교사들의 협력에 주목하여 교사 간의 신뢰를 논할 필요가 있다고 본다.

신뢰가 사회적 자본의 역할을 한다는 것은 전문적 학습 공동체가 제대로 운영되어 성과를 내기 위해서 반드시 필요한 조건이 된다. 전문적 학습 공동체는 교사들이 자신의 전문성을 신장시키기 위하여 자율적으로 참여하는 조직체를 가리킨다. 전문적 학습 공동체에서 전문성의 신장은 각기 가진 개인적인 교육 역량을 공유하고 개인으로서 해결하는 데 한계가 있는 과제를 협력을 통하여 해결하는 과정에서 생긴다. 이와 함께 참여를 통한 친밀감과 주체 의식, 함께한다는 것에 대한 안정감과 소속감, 새로운 변화를 모색하는 과정에서 생기는 도전감과 상호 격려라는 강점을 가진다. 이러한 전문적 학습 공동체는 교사 상호 간의 신뢰에 바탕을 두고 있다. 즉, 전문적 학습 공동체는 신뢰를 자양분으로 하여 성과를 낼 수 있으며, 또한 신뢰는 전문적 학습 공동체의 활동을 통하여 촉진된다.

그런데 동료 교사 간의 신뢰 형성에는 아래와 같은 요인들이 영향을 준다. 학교라는 사회가 다른 조직에 비하여 위계성이 덜하기는 하지만 경력과 보직에 따른 서열 의식이 없지는 않다. 예를 들어, 부장 교사는 신뢰 형성의 기본적인 조건 중에서 해당 학년이나 부서의 교사들이 맡은 바 자기 역할을 책임 있게 하는 것을 신뢰의 가장 중요한 요소로 생각한다. 일반 교사는 부장 교사에게서 책임감과 함께 학년이나 부서의 일을 효과적 · 효율적으로 처리하는 데 필요한 리더십을 신뢰의 중요한 요소로 여긴다.

또한 학교에서의 동료 교사 간의 신뢰는 학교 급에 따라 차이가 있을 수 있다. 한국의 경우, 초등학교는 서울과 경기도 등의 수도권을 제외하면 해당 지역 교육대학 출신자들이 선 · 후배로 구성되는 경우가 많다. 또한 초등학교는 업무 부서도 중요하지만, 동 학년에서 수업이나 학교 행사 등의 주요 업무가 치러지는 만큼 동 학년 내의 교사 간 신뢰가 매우 중요하다. 이런 점에서 동료 교사 간의 신뢰는 주로 공식적 그리고 비공식적인 회의와 모임을 통하여 형성된다. 반면에 중 · 고등학교의 경우에는 출신 대학이 다르고 전공이 다르므로, 학년 조직보다는 교과나 업무를 중심으로 동료 교사 간의 신뢰가 형성된다. 동료 교사 간의 신뢰 형성에 공통적으로 중요한 특성은 다음과 같다.

교사는 자신의 지위에 부여된 역할을 수행할 수 있는 능력을 가지고 있어야 한다. 교사는 교과 지도 및 창의적 체험 활동, 생활 지도 및 학급 경영, 각종 행정 업무 및 사업 업무, 학교 행사 및 연수 등의 직무를 수행할 수 있는 지식과 기능을 가지고 있어야 한다. 교사가 이러한 직무를 수행할 수 있는 능력이 있다고 판단하면 동료 교사의 신뢰를 얻을 수 있다.

최근에는 학교 혁신의 요구로 인하여 학교의 비전을 설정하고 이를 달성하는 데 교사들이 주체적으로 참여하기를 원한다. 교사들이 학교 교육의 비전과 목표를 설정하는 데 주도적으로 참여하고, 이를 달성하는 데 있어서 헌신적인 자세를 보이면 동료 교사들의 신뢰를 받기 쉽다.

교사는 성실성을 보여야 한다. 교사의 말은 교장, 학생, 학부모를 대할 때 진실하고 사실과 합치되며, 말과 행동이 일치하고, 조작이나 연기를 하지 않고 있는 그대로 보여 주어야 한다. 동료 교사는 자신이나 학생들을 대하는 교사의 말과 행위를 보고 신뢰 여부를 결정한다.

교사는 다른 교사를 존중하고 그들의 목소리에 귀를 기울일 때 신뢰를 얻게 된다. 직무와 관련된 일은 물론이고 개인 사생활까지도 공유할 때 신뢰 수준은 더욱 높아진다. 특히 직무와 관련하여 교장이나 다른 교사와의 갈등을 빚을 때 같이 염려하고 공감하는 자세를 보이는 것은 동료 교사의 신뢰를 얻는 데 큰 도움이 된다. 반면에 공개적인 자리에서 동료 교사에게 모욕을 주거나 뒤에서 험담을 하는 행위는 신뢰를 해친다.

학교 일이나 학생들을 대할 때 합리적이고 공정한 자세를 취하는 교사들이 신뢰를 받을 가능성이 높다. 자신의 이익을 위하여 행위를 하거나 그릇된 신념이나 판단을 고집스럽게 우길 때 동료 교사들은 곁을 떠나게 된다. 교사들은 자신에게 잘해 주는 것만으로 동료 교사를 신뢰하는 것 같지는 않다. 학교 일을 사심 없이 공정하게 처리하는 모습을 보일 때 신뢰를 보낸다.

결론적으로, 동료 교사에게 신뢰를 받는 교사는 기본적으로 자신에게 주어진 직무를 수행할 수 있는 능력이 있어야 하고, 학교 일에 주체로서 참여하고 헌신하며, 동료 교사가 하는 일을 이해하고 고충에 대하여 공감을 하며 공적이나 사적으로 존중하는 자세를 보이는 사람이다. 또한 동료 교사나 학생을 대할 때 진실하고 사실과 합치되며, 말과 행동이 일치하고, 조작이나 연기를 하지 않고 있는 그대로 보여 주는 성실성이 있는 사람이다. 나아가서 교육적인 가치를 바르게 판단하고, 합리적이고 공정하게 일을 처리하고, 교사나 학생들을 따뜻하게 대하는 교사이다. 이들 중에서 어느 요인이 동료 교사의 신뢰를 받는 데 가장 강력한 요인인가는 실증적인 연구를 통하여 밝혀 나가야 한다.

8. 교육 정책, 제도, 당국에 대한 신뢰

한국의 교육정책 중에서 대학 입학에 관한 정책은 해방 후 40여 차례의 변화가 있었다. 2022학년도 대학 입시에 관한 정책을 마련하기 위하여 2018년 국가교육회의 주관으로 공론화 위원회까지 구성하여 운영하였지만, 교사와 학부모 모두 이에 불만을 표시하였다. 입시 정책의 잦은 변경은 그 자체로 국민의 신뢰를 받지 못한 정책이라는 것을 반증하는 사례로 보인다.

이와 달리 1969년에 실시한 중학교 평준화 정책에 대해서는 반론이 거의 없으며, 국민의 만족도가 높다. 중학교 입시가 치열했던 시절 초등학교 교육이 현재의 고등학교와 같이 입시 준비 기관의 역할을 하고, 초등학생들이 과외를 받기 위하여 학교 바깥을 떠돌던 기이한 현상을 생각하면, 중학교 평준화 정책은 필요하고 성공한 정책으로 보인다.

이와 달리 1973년부터 실시한 고등학교 평준화 정책에 대해서는 찬반이 엇갈린다. '하향 평준화'라는 비난과 함께 평준화 폐지를 위한 집요한 작업이 있었지만, 현재 고등학교에서 벌어지는 입시 경쟁이 중학교에서 또다시 나타난다면 그것이 바로 '국가적 재앙'이라는 반론이 만만치 않다. 하지만 고등학교 평준화 폐지는 그 이후 '고교다양화 300프로젝트' 정책이라는 이름으로 부활한 것으로 보인다. 과학고와 국제고와 같은 특목고는 물론이고, 외국어 고등학교와 자율형 사립고등학교의 확대로 일반계 고등학교가 이류 학교로 전락하게 되고 명문고 진학을 위하여 초등학생까지 학원과 과외로 내몰리는 바람에, 운동장과 놀이터에서 초등학생들이 사라지게 되었다.

대학 입시 경쟁이 초등학교, 심지어 유치원부터 시작한다는 웃픈(슬픈 우스개) 말이 회자되는 시대에 살고 있다. 하지만 자율형 사립고 폐지를 반대하는 집단이 있고 그 목소리의 울림이 작지 않다는 점에서, 같은 정책을 두고도 찬성과 반대가 공존한다는 사실을 알 수 있다. 이것은 교육에 대한 신념이 달라서 일어나는 현상이기도 하고, 특정한 정책이 자신이나 자신이 속한 집단에 유리하기 때문에 편을 드는 현상 때문이기도 하다.

교육제도는 교육정책을 법률로 규정한 지속성을 가진 조직이며, 사회적으로 공인된 교육에 관한 조직이므로, 단순히 교육 법규의 체계만이 아니라 사회의 전통 및 관습과 관련을 맺어 성립하는 것이다. 광의의 개념으로서의 교육제도는 학교·가정·사회의 교육 전반의 것을 의미하나, 협의의 개념으로는 학교 교육제도를 의미한다.

2017년 대통령 선거에서 '국민의당' 안철수 후보는 현재의 6-3-3-4제의 학제를 개편할 것을 공약으로 걸었다. 학제는 학교 교육제도의 준말로서 한 국가 교육의 기본 틀이라고 할 수 있다. 이와 같은 교육제도 또한 시대·사회의 변화에 따라 개편의 대상이 될 수 있다. 유아 교육 단계를 기본 학제에 포함시키고, 초등 교육을 받는 기간을 줄이며, 고등학생들이 진로 선택을 할 수 있는 기회를 주기 위하여 고등학교 기간을 늘리는 방안이 오래전부터 제시되어 왔다. 필요성에는 공감하는 사람들이 적지 않지만, 교사 수급, 학교 시설 확보, 학교 기간의 단축과 확대에 따른 사회적 혼란, 막대한 예산 소요 등으로 도입을 두고 찬반이 적지 않다. 이와 같이 학제와 같은 교육제도 역시 시대·사회의 요구로 변화의 대상이 된다.

교육정책을 수립하고 집행하는 기관은 국가와 지방 자치단체 등과 같은 국가 기관이다. 법률로 제정되고 관행과 관습으로 안정화된 제도 역시 출발은 국가 기관에서 정책으로 추진한 것들이 대부분이다. 이런 점에서 교육정책과 교육제도에 대한 신뢰는 이들을 입안하고 확정하며 집행을 하는 국가 기관에 대한 신뢰로 이어지며, 특히 대통령과 중앙 정부(행정부)에 대한 신뢰로 나타난다.

중앙 정부에 대한 신뢰는 정부의 실행 능력과 성과를 중심으로 한 능력 차원의 신뢰와 정부가 얼마나 깨끗하고 도덕적인가 하는 윤리적 차원의 신뢰가 있다. 특히 정책 과정의 공정성과 공익성이 높을수록 국민의 신뢰가 높다고 할 수 있다. 반면에 이러한 능력이나 윤리와는 무관하게 권력자와 정부 기관에 대한 호감에 따라 신뢰가 결정될 수 있다. 한국에서 벌어지고 있는 망국적인 지역감정은 이러한 정부 기관의 신뢰가 지역적 편향성에 기반을 하고 있음을 나타낸다. 여하튼 정치란 진영을 선택하는 것이며 자신이 선호하는 이념을 선택하는 것이기에, 정부 신뢰에 대한 논의는 한계가 따르기 마련이다.

하지만 국가 기관이 정책의 수립과 실행 능력을 가지고 있으며 성과를 내고 정책 과정의 공정성과 공익성이 높으면, 교육 정책이나 제도에 대한 신뢰도 높아질 가능성이 있다.

9. 학교에서의 신뢰 통합 모형

학교의 구성원들은 모두 타고난 기질과 성장 과정에서의 경험을 통하여 형성된 신뢰 성향을 가지고 있다. 또한 그들은 대부분의 사람이 선하거나 사회적 규범을 잘 지킬 것이라는 도덕적 신념을 가지고 있거나 아닐 수 있다.

학교에서의 신뢰 주체와 대상은 성별, 인종, 민족, 계급(층), 직업적 지위 등의 다양한 인구 및 사회 배경을 가지고 있다. 이 중에서 관리자, 교사, 학생, 학부모 등의 학교에서의 직업적 지위와 그에 따른 역할 기대 등은 신뢰 형성에 영향을 미치는 중요한 요인이다. 교사 자격증 등과 같이 제도적으로 주어진 권위와 그동안 학교를 중심으로 형성된 오랜 관습에 의하여 부여된 역할도 신뢰 형성과 관련이 있다.

예를 들면, 교사의 경우에 교직의 성격에 대한 이념, 전문성에 대한 입장, 학생에 대한 이해, 학부모에 대한 생각 등은 신뢰 형성에 영향을 끼치며, 자기존중감, 교직에 대한 열정과 헌신, 타인에 대한 조건 없는 믿음, 민주적인 태도와 개방적인 자세 등도 신뢰 형성에 영향을 준다. 교사와 마찬가지로 학교 관리자, 학생, 학부모 또한 자신에게 부여된 공식적·비공식적인 역할 기대를 바탕으로 신뢰 대상자와 관계를 형성하며, 사회, 학생, 교육에 대한 일반적인 신념 및 개인적인 경험, 자질, 능력, 태도를 통하여 신뢰를 형성한다. 이와 같이 학교에서의 신뢰는 신뢰 주체와 대상의 인구·사회학적인 배경뿐만 아니라 그들이 가지고 신념과 태도에 바탕을 두고 형성된다.

신뢰 주체와 대상을 둘러싼 학교 내의 여러 관계적 상황이 신뢰에 영향을 미친다. 신뢰 주체와 대상 사이에 이루어지는 상호 작용의 빈도와 질은 신뢰의 형성과 관련이 매우 깊다. 학급 담임제로 운영되는 초등학교 교사와 학생의 신뢰와 교과 담임제의 성격이 뚜렷한 중등학교의 교과 담당 교사와 학생 간의 신뢰는 신뢰 형성 원인과 과정에 차이가 있을 수 있다. 또한 학년제로 운영되는 초등학교 동 학년 교사들 간의 신뢰와, 교과를 중심으로 운영되는 중등학교 교사들 간의 신뢰 형성 원인과 과정이 다를 수 있다.

학교 선배이며 비슷한 교육 경력을 밟아서 관리자가 되는 초등학교에서의 관리자와 교사의 관계는, 학교 연줄의 영향력이 적고 교과가 다르며 관리자가 모든 교과의 교육과정이나 수업에서 전문적 리더십을 발휘하기 어려운 중등학교의 관리자와 교사의 관계와 다를 수 있다.

학교에서의 신뢰도 자신의 이익을 꾀하고 불이익을 줄일 수 있는 이해관계 속에서 형성될 수 있다. 학교의 교육 혁신에 대하여 안과 밖의 압력이 높아질 경우에 일 처리의 효율성을 높이기 위한 과정에서 관리자와 교사, 교사들 간의 신뢰의 필요성이 커진다. 업무의 연관성이 높거나 복잡하여 난이도가 높을 때 신뢰를 위한 환경이 조성될 수 있다. 이러한 경우 학교 구성원들 간에 상호 의존성이 높아져서 신뢰 관계로 이어지기도 한다. 하지만 이러한 이유로 신뢰가 높아질 것이라는 것은 실증적인 증거가 더 필요하다.

　학교에서 신뢰 주체와 대상의 관계가 상사와 부하 간의 위계 관계인지, 동료들 간의 수평 관계인지는 신뢰 형성에 중요한 요인이다. 그러나 이러한 관계성은 신뢰 형성과 강도에 영향을 줄 수 있는 개연성을 나타낼 뿐이며, 실제로 신뢰 관계로 발전하고 지속되는가 하는 것은 신뢰 주체와 대상의 특성, 신뢰가 이루어지는 구체적인 맥락과 거시적인 제도 및 문화의 영향을 받는다고 볼 수 있다.

　학교 조직의 특성과 문화는 신뢰 형성의 구체적인 환경이 된다. 학교 조직이 관료주의적인지 전문가주의적인지, 아니면 이들의 절충형인지도 신뢰 형성과 무관하지 않다. 학교의 조직 운영 방식이 권위주의적인지 아니면 참여를 보장하는 자율적이고 민주적인 방식인지도 영향을 준다. 학교의 관리자와 교사의 리더십이 권위주의적인지 카리스마적인지 민주적인지도 신뢰에 영향을 미친다.

　학교에서의 신뢰 형성은 거시 체계인 사회의 주요 제도와 문화 등의 영향을 받는다. 일반적인 삶에 주요한 영향을 미치는 정치와 경제 제도뿐만 아니라 교육과 관련된 각종 정책과 제도는 학교의 교육이나 행정 전반에 영향을 미쳐서 신뢰 주체와 대상 간에 이루어지는 신뢰 관계에 직접, 그리고 간접적으로 큰 영향을 미친다. 대학 입시제도를 포함하여 국가 교육과정, 학생 평가 및 학교 평가, 교과서 정책 등의 주요 정책과 제도는 학교 내의 주체와 대상과의 신뢰에 영향을 미친다. 마찬가지로, 정치인들의 신념, 언론인들의 시각, 입법 및 법조계의 교육 관련 법안 마련과 판결 등도 학교에서의 신뢰에 적지 않은 영향을 준다. 이 중에서 언론은 일반인 및 학부모의 학교 신뢰에 가장 큰 영향을 미치는 요인 중의 하나라고 할 수 있다.

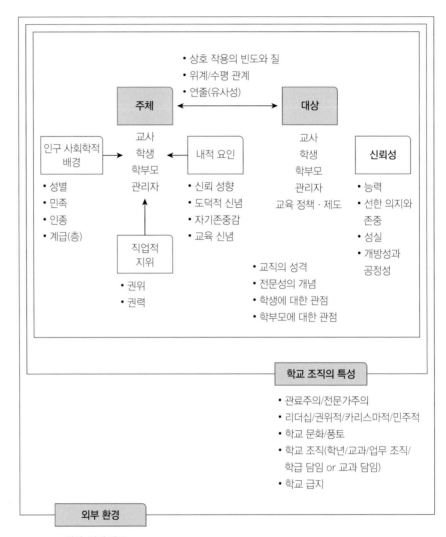

[그림 2-1] 학교에서의 신뢰 통합 모형

제1부 참고문헌

강경석 · 강경수(2007). 교사의 학교장 신뢰와 동료교사 신뢰가 학교 조직효과성에 미치는 영향. 교육문화연구, 13(1), 35-64.

강윤정 · 김갑성(2010). 교육의 생태학적 분석: Bronfenbrenner의 이론을 중심으로. 서울: 강현출판사.

강혜진 · 이민이(2019). 사회신뢰와 대인신뢰가 행복에 미치는 영향에 관한 연구. 한국정책학회보, 28(1), 329-360.

권미경 · 김천기(2015). 교사의 관점에서 본 학부모의 소비자 주권적 태도와 그에 따른 교사의 위축 및 정체성변화. 교육종합연구, 13(3), 83-109.

김대현 · 이영만 역(1994). 표상형식의 개발과 교육과정. 서울: 교육과학사.

김대현 · 최류미(2016). 초등학교 교사들의 동료에 대한 신뢰 형성의 근거와 결과. 교육혁신연구, 26(3), 63-81.

김대현 · 최류미 · 박화춘(2018). 중등학교 교사에 대한 학부모의 신뢰 척도 개발. 교육혁신연구, 28(4), 73-99.

김동현(2016). 서비스 인카운터에서 심리적 거리가 상호작용 편암함과 대인 신뢰에 미치는 영향. 경기대학교 대학원 박사학위논문.

김성은(2009). 리더의 감성지능, 조직공정성, 신뢰와 조직유효성 간의 관련성에 대한 연구. 고려대학교 대학원 박사학위논문.

김숙희 · 정성수(2016). 초등학교 학교윤영위원회의 운영 실태 및 특성 분석. 지방교육경영, 19(1), 22-47.

김영구(2006). 팀 동료에 대한 신뢰가 팀 성과에 미치는 영향에 관한 연구: 신뢰자 개인의 욕구를 중심으로. 전북대학교 대학원 박사학위논문.

김은주(2018). 교권침해 실태와 요인에 대한 초 · 중 · 고등학교 교사의 인식. 학습자중심교과교육연구, 18(17), 167-197.

김이경(2009). 우수 학교장의 인성 및 사고 특성에 관한 질적 분석 연구. 교육행정학연구, 27(3), 163-183.

김인영 편(2002). 한국 사회 신뢰와 불신의 구조: 거시적 접근. 서울: 도서출판 소화.

김의철 · 박영신 · 이상미 역(2001). 신뢰의 구조: 동 · 서양의 비교. 서울: 교육과학사.

김주영 · 장재홍 · 박인우(2018). 전문적 학습공동체 참여 여부에 따른 교사협력정도, 수업개선활동, 교사효능감, 교직만족도 비교 분석. 교사교육연구, 57(1), 1-15.

김재환(2010). 동서양의 신뢰: 비교 연구를 넘어 일반 이론으로. 서울: 아카넷.

김천기·임순일·최원진(2009). 교사의 학교만족도 관련 요인. 교육사회학연구, 19(3), 79-99.

김항중·송선희(2011). 교원능력개발평가의 지표 개발에 관한 연구: 교장평가를 중심으로. 교육방법연구, 23(2), 355-383.

김혁동(2010). 학교조직의 공정성과 구성원간의 신뢰가 조직몰입에 미치는 영향. 한국교육논단, 9(2), 155-178.

김희규·전상훈(2011). 교사의 전문성 개발, 헌신, 지식공유와 교수효과성과의 구조적 관계 분석. HRD 연구, 13(2), 67-86.

김희정 역(2012). 신뢰의 심리학: 불안은 어디서부터 오는가? 서울: 신원문화사.

노자은(2015). 청소년의 신뢰: 구체적 신뢰, 일반신뢰, 공적신뢰. 중앙대학교 대학원 박사학위논문.

노진철(2014). 불확실성 시대의 신뢰와 불신. 서울: 한울아카데미.

문형구·최병권·내은영(2011). 국내 신뢰 연구의 동향과 향후 연구방향에 대한 제언. 경영학 연구, 40(1), 139-186.

박기복·계진아·양은주(2016). 교사의 역할수행과 학교만족도의 관계에서 교사에 대한 인지기반 및 정서기반 신뢰의 매개효과. 한국심리학회지 학교, 13(3), 455-474.

박상완(2017). 신뢰의 개념 구조 및 교유행정 연구에의 적용. 교육행정학연구, 35(2), 123-160.

박선형(2016). 교육정책에 대한 신뢰: 개념 구조와 적용에 대한 토론. 2016년 한국교육행정학회 연차학술대회자료집, 176-183.

박수철 역(2013). 긴뢰의 힘: 신뢰의 도덕적 토대. 서울: 오늘의 책.

박종민·김왕식(2006). 한국에서 사회신뢰의 형성. 한국정치학회보, 40(2), 149-169.

박통희·원숙연(2000). 조직구성원간 신뢰와 "연줄": 사회적 범주화를 중심으로. 한국행정학보, 34(2), 101-120.

박현주(2016). 정부신뢰의 영향요인에 대한 다수준 분석: 고신뢰사회와 저신뢰사회의 비교분석. 고려대학교 대학원 박사학위논문.

박화춘·권다남·한새롬·김대현(2018). 중등학교 교사에 대한 교장의 신뢰 척도 개발. *Journal of the Korean Data Analysis Society*, *20*(4), 2015-2037.

박화춘·김대현·최류미(2019). 학교급과 혁신학교 여부에 따른 학부모의 교사 신뢰 차이. 열린교육연구, 27(2), 243-258.

송경오·최진영(2014). 교사 신뢰, 교사 협력과 학교 효과성 간의 구조적 관계 분석. 교육과학연구, 45(4), 245-273.

송운석(2015). 국·공립 보육시설 교사의 조직신뢰와 학부모신뢰가 직무만족에 미치는 영향. 한국영유아보육학, 90권, 53-77.

서현석·김월섭·진미정(2018). 학부모-교사 간 협력 관계 증진을 위한 교사 연수의 방향, 학습자중심교과교육연구, 15(10), 283-307.

신지승·김규태(2016). 교육책무성 정책에 따른 집단적 교사 효능감, 교사 신뢰, 조직공정성 변화에 대한 초등교사 인식 분석. 교육정치학연구, 23(4), 43-71.

양석곤·김성용·안성익(2017). 상사신뢰가 혁신행동에 미치는 영향: 직무특성의 조절효과를 중심으로. 리더십연구, 8(4), 131-163.

양석곤(2018). 신뢰객체의 신뢰성, 신뢰주체의 신뢰와 행위성과 간의 관련성에 대한 연구. 영남대학교 대학원 박사학위논문.

오중열(2018). 교사가 인식하는 학교책무성과 교사협력의 관계. 한국교육문제연구, 36(3), 31-52.

오지욱(2015). 미디어 사용과 신뢰형성 과정의 관계에 관한 질적 연구. 한양대학교 대학원 박사학위논문.

오지연·최진영·김여경(2016). 초등학교 내 교사 주도 교사학습공동체와 교장 주도 교사학습공동체에 대한 사례 비교 연구. 교원교육, 32(2), 213-242.

원숙연(2001). 신뢰의 개념적·경험적 다차원성; 신뢰연구에 갖는 함의. 한국정책학회보, 10(3), 63-85.

유길한(2012). 교육가치와 교육문제가 수업경영, 교육효과성을 매개로 학부모의 학교신뢰에 미치는 영향 구조분석. 교육행정학연구, 30(4), 199-224.

유미라·김도기(2017). 교장·교감과 교사 간 의사소통 특성에 관한 질적 연구. 교육행정학연구, 35(5), 219-244.

유종열(2018). 9교사의 수업 개선 및 협력적 교수활동과 신뢰 수준 간의 관계. 교육연구, 33(2), 71-92.

유학근·이정렬(2012). 중등학교장의 변혁적 리더십과 조직효과성의 관계에서 학교장신뢰의 매개효과와 조절효과. HRD 연구, 14(2), 163-190.

이경호(2011). 전문가학습공동체 구축을 위한 교장의 역할 탐색. 교육행정학연구, 29(3), 195-221.

이광숙(2010). 초등학교 교사가 지각한 교장의 리더십, 신뢰성, 학교 조직효과성의 관계. 대진대학교 대학원 박사학위논문.

이수인(2010). 일반신뢰와 정부신뢰의 관계와 성별차이에 대한 탐색적 연구. 한국사회학, 44(4), 162-203.

이숙정·한정신(2004). 교사신뢰척도(Trust Scale)의 개발 및 타당화 연구. 교육심리

연구, 18(3), 23-39.

이숙정(2005). 교사가 지각한 신뢰 척도의 타당화. 교육평가연구, 18(3), 117-134.

이숙정(2008). 신뢰와 학교교육. 서울: 한국학술정보.

이숙정(2008). 중등교사들이 지각하는 학교풍토와 교사효능감 간의 관계에 대한 교사신뢰의 매개효과. 교육학연구, 46(1), 31-51.

이쌍철·홍창남·송영명(2011). 교사-교장 신뢰가 교사의 사기 및 학교만족에 주는 효과에 관한 탐색적 연구. 초등교육연구, 24(1), 43-63.

이쌍철·홍창남(2013). 교사 간 신뢰가 교사 효능감과 조직시민행동에 주는 효과 분석. 교원교육연구, 30(2), 147-169.

이쌍철(2013). 학교구성원 간 신뢰에 영향을 주는 요인 분석. 부산대학교 대학원 박사학위논문.

이재무·송영선(2014). 사회연결망분석을 활용한 국공립어린이집 보육교사의 동료신뢰 형성요인 연구. 한국영유아보육학, 85, 19-43.

이정선(2002). 초등학교문화의 탐구. 서울: 교육과학사.

이진원·조주영·박세훈(2009). 교사가 지각한 조직공정성과 신뢰의 관계. 교육종합연구, 7(1), 73-95.

이하영(2016). 사회계층이 정부신뢰에 미치는 영향. 한국사회학회 사회학대회논문집, 6, 457-483.

이현주·배상훈(2018). 대안학교 교장의 변혁적 리더십이 신뢰와 의사소통을 매개로 교사의 조직몰입에 미치는 영향. 열린교육연구, 26(1), 1-29.

조기숙·박혜윤(2004). 신뢰의 측정: 실험과 설문조사의 차이. 한국정치학회보, 38(2), 95-116.

진동섭 역(2000). 교직 사회: 교직과 교사의 삶. 서울: 양서원.

진동섭 역(2014). 교직과 교사의 전문적 자본: 학교를 바꾸는 힘. 서울: 교육과학사.

주철안 역(2004). 학교 공동체 만들기: 배움과 돌봄을 위한 도전. 서울: 에듀케어.

최류미·김대현(2016). 학생에 대한 교사의 신뢰 인식과 실천. 교육사상연구, 30(3), 177-197.

최서영·이대균(2014). 사립유치원 교사와 학부모간 신뢰와 협력 증진과정에서의 어려움과 노력. 유아교육학논총, 18(2), 159-186.

현경택(2014). 조직신뢰가 자부심과 동료애에 미치는 영향: 긍정심리자본의 조절효과를 중심으로. 동명대학교 대학원 박사학위논문.

홍창남·이쌍철·정성수(2010). 교사-교장 간 신뢰가 학생의 학업성취에 미치는 영향에 관한 탐색적 연구. 교육행정학연구, 28(4), 327-350.

황기우(1992). 한국 초등학교의 교사문화에 대한 해석적 분석. 고려대학교 대학원 박사학위논문.

황연성(2011). 학교장의 인사공정성, 행동특성, 교사와 학교장에 대한 신뢰 및 학교 조직 효과성 간의 관계. 건국대학교 대학원 박사학위논문.

황준성(2005). 사회적 자본으로서의 신뢰와 한국 경제. 신뢰연구, 15(2), 4-14.

황철형 · 최류미 · 김대현(2019). 학부모의 학교교육 참여에 대한 초등교사의 시선. 학습자중심교과교육연구, 19(4), 105-127.

Adams, K. S., & Christenson, S. L. (1998). Differences in Parent and Teacher Trust levels: Implications for Creating Collaborative Family-school Relationships. *Special Services in the Schools, 14*(1/2), 1-22.

Aslan, D. (2016). Primary School Teachers' Perception on Parental Involvement: A Qualitative Case Study. *International Journal of Higher Education, 5*(2), 131-147.

Balyer, A. (2017). Trust in School Principals: Teachers' Opinions. *Journal of Education and Learning, 6*(2), 317-325.

Bronfenbrenner, U., & Morris, P. A. (1998). Chapter 14: The ecology of developmental processes. In W. Damon & R. M. Lerner (Eds.), *Handbook of child psychology: Theoretical models of human development* (pp. 993-1028). Hoboken, NJ: John Wiley & Sons Inc.

Bryk, A. S., Schneider, B. (1996). Social Trust: A Moral Resource of School Improvement. Chicago: University of Chicago, Center for School Improvement.

Bryk, A. S., & Schneider, B. (2002). *Trust in Schools: A core resource for improvement*. New York: The Russell Sage Foundation.

Choi, S. C., & Han, G. (2008). Immanent Trust in Close Relationship: A Cultural Psychology of Trust in South Korea. Markova, I., & Gillespie, A. eds. *Trust & Distrust: Sociocultural Perspectives* (pp. 79-103). Charlotte, NC: Information Age Publishing, INC.

Coleman, J. S. (1988). Social Capital in thr Creation of Human Capital. *American Journal of Sociology, 94*, 95-120.

Combs, J. P., Edmonson, S., & Harris, S. (2013). *The Trust Factor: Strategies for School leaders*. New York: Routledge.

Currall, S. C., & Judge, T. A. (1995). Measuring Trust between Organizational

Boundary Role Persons. *Organizational Behavior and Human Decision Processes, 64*(2), 151–170.

Erikson, E. (1963). *Childhood and Society.* New York: W.W.Norton.

Fukuyama, F. (1995). *Trust: social vityues and the creation of prosperity.* New York: The Free Press.

Gambetta, D. (1988). Can We Trust? In D. Gambetta(Ed), Trust: Making and Breaking Cooperative Relations. Cambridge, MA: Basil Blackwell.

Gimbel, P. A. (2003). Solutions for promoting principal-teacher trust. 정성수·홍창남·박상완·이쌍철(역)(2010). 학교 경영과 신뢰. 서울: 원미사.

Goddard, R. D., Tschannen-Moran, M., & Hoy, W. K. (2001). A Multilevel Examination of the Distribution and Effects of Teacher Trust in Students and Parents in Urban Elementary Schools. *The Elementary School Journal, 3*–17.

Goddard, R. D., Salloum, S. J., & Berebitsky, D. (2009). Trust as a Mediator of the Relationships Between Poverty, Racial Composition, and Academic Achievement Evidence From Michigan's Public Elementary Schools. *Educational Administration Quarterly, 45*(2), 292–311.

Hoy, W. K., & Tschannen-Moran, M. (1999). Five Faces of Trust: An Empirical Confirmation in Urban Elementary Schools. *Journal of School leadership, 9*, 184–208.

Kikas, E., Poikonen, P. L., Kontoniemi, M., Lyyra, A. L., Lerkanen, M. K., & Niilo, A. (2011). Mutual Trust between Kindergarten Teachers and Mothers and its Associations with Family Characteristics in Estonia and Finland. *Scandinavian Journal of Educational Research, 55*(1), 23–37.

Kikas, E., Lerkanen, M. K., Pakarinen, E., & Poikonen, P. L. (2016). Family-and Classroom-Related Factors and Mother-Kindergarten Teacher Trust in Estonia and Finland. *Educational Psychology, 36*(1), 47–72.

Leana, C. R. (2011). The missing link in school reform. *Stanford Social Innovation Review, 34.*

Lerkkanen, M. K., Kikas, E., Pakarinen, E., Poikonen, P. L., & Nurmi, J. E. (2013). Mothers' Trust toward Teachers in Relation to Teaching Practices. *Early Childhood Research Quarterly, 28*(1), 153–165.

Lewicki, R. J., McAllister, D. J., & Bies, R. J. (1998). Trust and distrust: New relationships and realities. *Academy of management Review, 23*(3), 438–

458.

Lewis, J. D., & Weigert, A. (1985). Trust as a social reality. *Social forces, 63*(4), 967-985.

Liu, L. (2008). Filial Piety, Guanxi, Loyalty and Money: Trust in China. Markova, I. & Gillespie, A. eds. *Trust & Distrust: Sociocultural Perspectives* (pp. 51-77). Charlotte, NC: Information Age Publishing, INC.

Mayer, R. C., Davis, J. H., & Schoorman, F. D. (1995). An Integrative Model of Organization Trust. *Academy of Management Review, 20*(3), 709-734.

McAllister, D. J. (1995). Affect-and Cognition-Based Trust as Foundations for Interpersonal Cooperation in Organizations. *The Academy of Management Journal, 38*(1), 24-59.

Payne, C. M., & Kaba, M. (2001). So Much Reform, So Little Change: Building Level Obstacles to Urban School Reform, In L. B. Joseph(Ed.). *Education Policy for the 21st Centry: Challenges and Opportunities in Standard-based Reform,* Chicago: University of Chicago Press.

Putnam, R. D. (1993). *Making Democracy Work: Civic Traditions in Modern Italy.* Princeton NJ: Princeton University Press.

Per Mouritsen (2003). What's the Civil in Civil Society? Robert Putnam, Italy and the Republican Tradition. *Political Studies, 51,* 650-668.

Santiago, R. R., Garbacz, S. A., Beattie, T., & Moore, C. L. (2016). Parent-Teacher Relationships in Elementary School: an Examination of Parent-Teacher Trust. *Psychology in the Schools, 53*(10), 1003-1017.

Schoorman, F. D., Mayer, R. C., & Davis, J. H. (2007). An Intergrative Model of Organizational Trust: Past, Present and Future. *Academy of management Review, 32*(2), 344-354.

Skinner, L., & Belmont, M. (1993). Motivation in the classroom: Reciprocal effect of teacher behavior and student engagement across the school year. *Journal of Educational Psychology, 85*(4), 571-581.

Tschannen-Moran. M. (2014). *Trust Matters: Leadership for Successful Schools.* San Francisco: Jossey-Bass.

Uslaner, E. M. (2002). The Moral Foundations of Trust. Cambridge University Press.

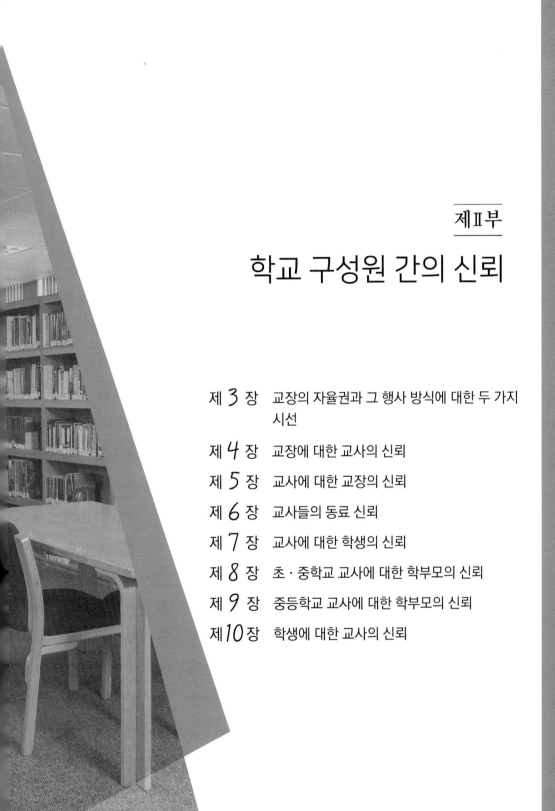

제II부

학교 구성원 간의 신뢰

제**3**장
교장의 자율권과 그 행사 방식에 대한 두 가지 시선[*]

1. 서론

한국의 교육 시스템은 오랫동안 중앙집권적 체제를 유지해 왔다. 그러나 지식 정보화 사회로의 변화에 대응하는 데 있어 교육의 획일성과 경직성 등 중앙집권적 방식이 갖는 한계가 지속적으로 제기되면서, 1995년 5·31 교육 개혁 조치를 시작으로 학교 자율화 정책이 도입되었다. 그 이후로도 학교 자율권 개념의 정당성에 관한 논의에서부터 학교 자율화 정책의 성과와 문제점, 개선 방안에 관한 논의에 이르기까지 단위 학교의 자율권에 관한 학문적·사회적 관심이 지속되어 왔다. 학계에서 이루어진 학교 자율화 관련 논의들을 살펴보면, 선행 연구들은 학교 자율화를 학교의 주요한 의사 결정에 대한 구성원들의 참여가 확대될 수 있는 민주적 변화의 가능성으로 긍정적으로 평가하고 있다. 하지만 그동안의 정책 추진 방식이 학교의 역할과 기능을 충분히 고려하여 권한을 부여하기보다는 시혜적인 권한 이양 방식으로 기능

* 출처: 김대현·김혜나(2013). 교장의 자율권과 그 행사 방식에 대한 두 가지 시선: 교사와 관리자의 관점을 중심으로. 교육종합연구, 12(1), 71-97.

을 재배분하여, 현장에서 학교 자율화 수준이 매우 낮게 평가되고 있다는 한계도 함께 지적하고 있다(김경회·박수정, 2012; 김병주 외, 2010; 김병찬, 2010).

그런데 단위 학교 자율화의 실패 원인에 대한 분석에서 공통적으로 지적된 사항은 학교에 부여된 자율권이 구성원 전체가 공유하기보다는 학교의 최고 관리자인 교장에게 집중된다는 것이다(Sackney & Dibski, 1994; Wohlstetter, 1995). 이런 점에서 볼 때, 단위 학교의 자율권을 논의하기 위해서는 교육부-교육청-학교 간의 권한 이양뿐 아니라 단위 학교 내에서의 권한 분배 방식에 초점을 맞출 필요가 있다.

몇몇 연구들은 이미 학교 내에서 권한이 분배되는 양상이나 교장과 교사의 상대적인 의사 결정 자율권 수준에 대해 관심을 가지기도 하였다(박상완, 2011; Shen, 2001). 이 연구들에 따르면, 학교에서 주요 의사 결정자는 교장이며 교장의 자율권에 비하여 교사의 자율권은 상대적으로 매우 낮은 것으로 파악되고 있다. 이와 같은 연구 결과는 학교의 자율화가 단순한 구조적·제도적 변화만으로는 가능하지 않으며, 학교의 조직 문화 및 학교 내의 의사 결정과 같은 미시적 요소와 연계되어야 한다는 것을 보여 준다(김병주 외, 2010; Cheng & Chan, 2000; Fullan & Watson, 2000).

하지만 대부분의 선행 연구에서는 교육부나 교육청 등의 상급 기관과 학교 간의 관계에 초점을 두어, 학교 내 구성원들 간의 관계 속에서 학교의 자율권이 인식되고 구현되는 양상을 비교적 소홀히 다룬 측면이 있다. 그리고 이와 같은 문제에 주목한 연구들에서도 관리자와 교사 중 한 집단의 인식만을 조사하고 양적 연구 방법을 적용하여, 양측의 시각과 경험을 구체적으로 밝히고 비교함으로써 단위 학교의 자율권 문제를 균형적으로 다루는 데는 한계가 있었다.

이에 이 연구에서는 교장의 자율권을 주제로 관리자와 교사들의 서로 다른 생각을 비교함으로써 '단위 학교의 자율권'이라는 말 뒤에 가려져 있는 학교 내 자율권의 복잡한 실재를 드러내는 것에 목적을 두었다. 이를 위해 다음과 같은 두 가지 연구 문제를 설정하였다. 첫째, 교장의 자율권과 그것의 행사 방식에 관한 교사의 생각은 어떠한가? 둘째, 교장의 자율권과 그것의 행사 방식에 관한 관리자의 생각은 어떠한가?

　이와 같은 연구의 결과는 학교 구성원들의 입장에 따른 시각의 차이를 분명히 함으로써 교육 개혁의 방향으로 간주되는 학교 자율화가 갖는 명암을 명확히 드러내고, 바람직한 학교 자율화의 방향을 모색하는 데 기여할 수 있을 것이다.

2. 이론적 배경

1) 학교 자율화

　학교 자율화는 21세기 사회 변화에 대응하여 세계 각국이 교육을 혁신하기 위한 방법으로 학교의 자율성과 책무성 제고에 관심을 가지면서 학교, 특히 대규모 공립 교육 시스템의 운영을 위하여 전 세계적으로 합의된 방향으로 자리매김하고 있다(김재웅, 2006; Cranston, 2009). 이와 같은 학교 자율화의 주된 목표는 각 학교에서 발생하는 구체적인 교육 문제를 해결하기 위한 권위와 유연성, 자원 등을 제공함으로써 교직원에게 권한을 부여하는 것이다(David, 1989). 최근 학교 자율화와 관련된 국내 정책을 살펴보면, 2008년 교육과학기술부가 학교 자율화 추진 계획을 발표한 이래로 학교의 자율권을 확대하기 위한 정책을 지속적으로 추진하고 있다(오세희, 2010).

　단위 학교에 자율권을 부여한다는 것은 '학교가 외부의 통제를 받지 않고 지역, 학부모, 학생들의 요구와 특성에 따라 교육과정, 인사, 재정 등을 스스로 결정 및 집행하고, 그 결과에 대하여 책임지도록 하는 것'을 말한다(신재철 외, 2003). 김경회와 박수정(2012)은 단위 학교 자율 책임 경영(school-based management)의 주요 원리를 다섯 가지로 제시하였는데, 첫째, 중앙 및 교육청의 권한을 단위 학교로 위임하는 것(분권), 둘째, 위임된 권한 범위 내에서 단위 학교가 자율적으로 결정하는 것(자율권), 셋째, 학교의 운영 성과에 대한 책임을 학교에 묻는 것(책무성), 넷째, 단위 학교의 자율적인 경영 능력을 높이는 것(전문성), 다섯째, 학교 운영에 대한 의사 결정 과정에 학교 구성원의 참여를 제고하는 것(민주성) 등을 포함한다.

앞에서 제시한 원리들 중 어떤 것을 핵심 원리로 수용하는지에 따라서 학교 자율화의 모습은 매우 상이한 형태로 나타날 수 있다. 예컨대, 중앙 및 지방 기관의 권한을 단위 학교로 위임하는 '분권'과 학교 운영 성과에 대해 학교에 책임을 묻는 '책무성'을 강조하게 되면, 형식적인 기능 분배는 이루어지더라도 책무성 강화로 말미암아 오히려 중앙의 권력이 더욱 강화되는 결과를 낳을 수 있다(Smyth, 1993). 이와 같은 학교 자율화의 모습은 단위 학교의 전문성이나 민주성에 초점을 두어 자율화를 진행할 때와는 그 과정과 결과에 있어서 큰 차이를 보일 수 있다.

한국의 경우, 학교 자율화 정책은 교육의 자율화와 민주화를 가져올 것이라는 기대를 낳았던 문민정부의 5·31 교육 개혁 정책을 시작으로, 이명박 정부의 4·15 학교 자율화 조치로 이어져 왔다(김천기, 2012). 특히 이명박 정부의 학교 자율화 정책은 단위 학교가 자기관리, 자기경영 능력을 갖출 것을 주문하고, 부과된 자율성에 대한 책무성을 묻는 정책을 실시하였다(김천기, 2012). 이를 위해 학교 운영 및 인사 관련 권한을 교장에게 부여하고, 학업 성취도의 결과를 학교의 책임으로 돌려 교장의 권한과 책무성을 강화하였다. 이는 단위 학교의 자율 경영을 학교장 중심의 학교 경영과 동일시할 수 있는 위험을 가진 것이었다(박균열, 2010).

하지만 학교 경영의 책임이 학교에 주어진다는 것은 교장뿐만 아니라 구성원의 역할, 일상(routine), 관계에 있어서의 변화를 필요로 하는 일이며(David, 1989), 따라서 학교 모두의 자율화 과제는 중앙과 지역 수준의 기관에서 단위 학교에 권한을 이양하는 것으로 완성되는 것이 아니라, 학교 내에서 구성원들 간의 자율권과 민주성이 보장되어야만 실현 가능한 것이다.

이런 점에서 볼 때, 앞의 두 과제를 모두 포함하는 학교 자율화의 실현을 위해서는 개념적 차원에서 학교의 자율권을 하나의 단일한 구인으로 생각하기보다는 학교 구성원들이 갖는 다양한 관점으로부터 실제로 현장에서 학교의 자율권이 구현되는 복잡한 양상을 살펴볼 필요가 있으며, 상급 기관과 학교 간의 중간적 또는 핵심적 위치를 차지하고 있는 교장의 자율권에 대해 구성원 각자가 갖는 의견을 서로 비교하는 절차가 요구된다. 따라서 다음 절에서는 교장의 자율권 개념을 중심으로 이에 대해 논의하고자 한다.

2) 교장의 자율권

단위 학교에 자율성을 부여하면서 동시에 책무성을 강화하는 정책 방향은 학교의 효과성에 대해 책임을 지는 위치에 있는 교장의 자율권 문제에 대한 관심을 불러일으켰다. 선행 연구에서 내린 교장의 자율권 관련 정의를 종합해 보면(강경석 · 강희경, 2010; 서정화 외, 2003; 정태범, 2003), 교장의 자율권이란 학교장이 타인이나 외부의 지시, 간섭, 통제 없이 스스로의 신념, 철학, 규범, 규칙 등에 따라 학교를 운영하는 권한으로 정의할 수 있다.

실제로 학교장에게 법률적으로 어느 정도의 자율권이 주어져 있는지 살펴보면, 현행 「교육기본법」 제5조 제2항에서는 "학교 운영의 자율성은 존중되며, 교직원 · 학생 · 학부모 및 지역 주민 등은 법령으로 정하는 바에 따라 학교 운영에 참여할 수 있다."라고 규정하고 있으며, 제16조 제1항과 제2항에서 각각 "학교와 사회 교육 시설의 설립자 · 경영자는 법령으로 정하는 바에 따라 교육을 위한 시설 · 설비 · 재정 및 교원 등을 확보하고 운용 · 관리한다." "학교의 장 및 사회 교육 시설의 설립자 · 경영자는 법령으로 정하는 바에 따라 학습자를 선정하여 교육하고 학습자의 학습 성과 등 교육의 과정을 기록하여 관리한다."라고 규정하고 있다. 「초 · 중등 교육법」 제20조 제1항에서는 "교장은 교무를 통할(統轄)하고, 소속 교직원을 지도 · 감독하며, 학생을 교육한다."라고 교장의 역할을 명시하고 있다. 이와 같은 법규들은 비교적 간접적이고 포괄적인 방식으로 학교장의 권한에 대해 언급하고 있다고 볼 수 있다(김경회 외, 2011).

제도적인 측면에서는 2009년 5월 발표된「학교 단위 책임 경영을 위한 학교 자율화 추진 방안」에 따라 교육과정 운영을 포함한 학교 운영에 관한 권한을 학교장 등의 학교 구성원에게 부여한다고 제시하고 있으며, 학교장에게 행정직원 인사권과 최대 20%까지 교사 초빙권을 부여하고 있다(박균열, 2010).

교장의 자율권과 관련된 선행 연구들은, 크게 ① 교장에게 주어진 자율권 수준에 대한 교장 및 교사의 인식에 관한 연구(신재철 외, 2003; 정금현, 2007; 한국 교육연구네트워크, 2013; Adamowski, et al., 2007; Gawlik, 2008; Triant, 2001), ② 교장에게 요구되는 책무성을 달성하는 데 필요한 자율권 수준 및 영역에 관한 연구(김홍주, 2008; Connelly, 2009), ③ 교장의 자율권과 학생의 학업 성취 등 다른 변인과의 관계에 관한 연구(강경석·강희경, 2010; Chubb & Moe, 1990; Sigerson, et al., 2011), ④ 교장과 다른 구성원들의 자율권 간의 관계에 관한 연구(박상완, 2011; Glass, 1997; Shen, 2001), ⑤ 교장 자율권의 제한 요인에 관한 연구(Glass, 1997; Triant, 2001) 등으로 구분해 볼 수 있다.

먼저, 교장의 자율권 수준에 대한 인식을 조사한 연구들 중 교장을 대상으로 한 경우를 보면, Gawlik(2008)의 연구에서는 교장들이 적정한 자율성을 발휘하지만 주 영향에 의해 제한되는 측면도 있다고 인식하였다. 다른 연구들에 따르면, 교장들은 교육과정, 인사, 재정 등의 영역에서 학교장의 재량 범위와 권한 행사가 제한되어 있다고 느꼈으며(신재철 외, 2003; 정금현, 2007; Adamowski, et al., 2007; Triant, 2001), 제한된 자율권 내에서 자신의 역할을 수행하고자 하는 모습을 보였다.

반면, 교사를 대상으로 교장의 자율권에 대한 인식을 조사한 연구들은 교장이 '교장-교감-교무부장-연구부장 등으로 이어지는 피라미드식 관료 구조의 정점에 있는 주요 의사 결정자'로서 막대한 권한을 갖고 있다고 여겨진다(한국교육네트워크, 2013).

다음으로, 교장에게 요구되는 책무성을 달성하기 위해 필요한 자율권의 수준과 영역에 관한 연구로, 김홍주(2008)는 교육과정, 인사, 장학, 재정, 학생 관리, 사무 관리, 지역 사회 관리 등의 직무 영역에서 교장이 자율성을 발휘할 수 있다고 보았으며, Connelly(2009)는 학교 개혁을 위해서는 교장에게 주어진 책임에 걸맞은 권위와 자율성이 필요하고, 교장이 인사, 재정, 교육과정, 평가 등의 의사 결정 영역에서 권한을 가져야 한다고 주장하여, 두 사람 모두 자율권의 영역을 인사, 재정, 교육과정 등으로 설정하였다.

교장의 자율권과 다른 변인과의 상관관계에 관한 연구로, 강경석과 강희경(2010)은 교장의 자율성과 책무성, 교사의 임파워먼트, 학교 조직 효과성 간에는 유의한 상관관계가 있었으며, 교장의 자율성은 교사 직무 만족 및 조직 적응, 학교 조직 효과성 등에 유의한 영향을 미친다고 하였다. 국외 연구 중 Sigerson 등(2011)은 교장의 자율성이 교사뿐만 아니라 학생의 학업 성취와도 강한 상관관계가 있다고 하였다.

교장과 다른 구성원들의 자율권 간의 관계에 관한 연구 중 Glass(1997)는 교장이 외부 영향으로부터 교사를 보호하는 역할을 할 때 교사의 자율성이 보장될 수 있으며, 교실 내에서의 교사 행동은 교장의 자율권에 크게 영향을 미치지 않는다고 언급하였다. 한편, 박상완(2011)과 Shen(2001)은 단위 학교에 주어진 자율권이 교장에게 집중될 경우에는 다른 구성원들이 의사 결정에 참여할 수 있는 권한이 축소될 수 있다는 점을 지적하였다.

마지막으로, Triant(2001)는 교장들이 주 수준의 학업 성취도 평가에 의해 자신의 자율권이 제한된다고 느낀다는 것을 밝혔으며, Glass(1997)는 교장의 자율권을 제한하는 요소로 대학 입학에 대한 압력, 소송에 대한 위협, 재정, 학부모의 기대와 요구 등을 언급하였다.

이 연구에서는 이와 같은 선행 연구 분석 결과를 바탕으로 관리자와 교사에 대한 공통 면담 질문으로 교장에게 주어진 자율권의 수준과 영역, 발휘 방식에 대한 질문을 설정하였다. 그리고 교사에 대한 질문으로 교장의 자율권 및 행사 방식이 교사에게 미치는 영향과 문제점을, 교장에 대한 질문으로 단위 학교의 자율화 달성 정도 및 교장의 자율권에 대한 제한 요인을 포함하였다.

3. 연구 방법

1) 연구 참여자

이 연구에서는 교장의 자율권에 관한 교사와 관리자의 목소리를 직접 들음으로써 그들의 구체적인 생각을 알아보고 서로 비교하는 데 목적을 두었다. 이를 위해 접근 가능성 및 다양한 배경 변인을 가진 교사와 관리자를 비교적 고르게 포함하도록 하는 데 중점을 두고 참여자를 선정하였다. 이 연구의 취지를 충분히 설명한 후, 연구에 참여하는 데 동의한 초·중등 교사 12명과 교장, 교감 그리고 교장 또는 교감 경험이 있는 교육 전문직 등 관리자 16명이 면담의 참여자로 선정되었다.

전체 연구 참여자의 정보를 표로 제시하면 〈표 3-1〉과 같다.

〈표 3-1〉 연구 참여자 정보

연번	교사/관리자 구분	연구 참여자	성별	학교 급
1	교사	ㄱ	여	초등학교
2		ㄴ	여	중학교
3		ㄷ	남	고등학교
4		ㄹ	여	초등학교
5		ㅁ	여	초등학교
6		ㅂ	남	초등학교
7		ㅅ	여	초등학교
8		ㅇ	남	고등학교
9		ㅈ	여	중학교
10		ㅊ	여	중학교
11		ㅋ	여	중학교
12		ㅌ	여	중학교

13	관리자	A	여	초등학교
14		B	여	중학교
15		C	남	고등학교
16		D	남	고등학교
17		E	여	고등학교
18		F	남	중학교
19		G	여	중학교
20		H	여	중학교
21		I	남	교육청
22		J	여	교육청
23		K	남	고등학교
24		L	여	중학교
25		M	여	초등학교
26		N	여	초등학교
27		O	여	초등학교
28		P	남	초등학교

2) 자료 수집

이 연구에서는 연구 주제에 관한 관리자와 교사 간의 의견이 첨예하게 대립될 가능성을 감안하여 연구 참여자들이 편안하게 자신의 생각을 개진할 수 있도록 관리자와 교사 집단을 구분하여 면담을 실시하였다.

면담은 2013년 6월부터 7월까지 이루어졌다. 면담에 참여한 교사와 관리자 그룹의 수는 각각 4개 그룹으로, 총 8개 그룹을 대상으로 면담이 진행되었으며, 각 그룹은 3~4명으로 구성되었다. 한 명의 연구자가 교장의 자율권과 관련하여 학교에서 관리자와 교사들이 느끼는 전반적인 어려움에는 어떤 것들이 있는지, 교장에게 자율권이 얼마나 주어져 있으며 그것이 어떤 방식으로 발휘되는지, 거기서 발생하는 문제점과 그 이유, 개선 방안에는 어떤 것들이 있는지 등에 대한 개방형 질문을 제시하고, 참여자들의 대답에 따라 후속 질문을 통해 구체적인 내용을 도출하는 반구조화된 방식의 면담이 실시되었다. 그리고 다른 연구자는 면담 과정에서 나타나는 언어적·비언어적 상호 작용을 관찰하고 기록하는 역할을 수행하였다. 면담 시간은 최소 1시간 33분에서 최대 2시간 13분까지 소요되었다. 면담에서 사용된 질문 목록을 제시하면 〈표 3-2〉와 같다.

〈표 3-2〉 면담 질문 목록

	질문
공통	• 현재 교장 선생님에게 자율권이 어느 정도 주어져 있다고 생각하십니까? • 교장 선생님에게는 주로 어떤 영역과 관련하여 자율권이 주어져 있습니까? • 교장 선생님은 어떤 방식으로 자율권을 발휘하십니까?
교사	• 교장 선생님이 자율권을 행사하는 방식이 선생님들께 어떤 영향을 미칩니까? • 교장 선생님의 자율권 및 행사 방식과 관련된 문제점이 있습니까? 있다면, 어떤 것들이 있으며 어떻게 개선할 수 있겠습니까?
관리자	• 단위 학교의 자율화가 어느 정도 달성되었다고 보십니까? • 교장 선생님의 자율권을 제한하는 요인에는 어떤 것들이 있습니까?

3) 자료 분석

자료 분석은 약 132페이지 분량의 면담 전사 자료를 대상으로 하였으며, 분석 방법으로는 질적 내용 분석을 사용하였다. 내용 분석은 면담 및 대화 전사본, 관찰이나 비디오 프로토콜, 문서 등 모든 종류의 기록된 의사소통을 대상으로 하며, 그 속에 담긴 메시지의 특성, 의도, 구조 등을 유목화하여 분석하는 방법이다(한국교육평가학회, 2004; Mayring, 2000).

내용 분석은 양적 내용 분석과 질적 내용 분석으로 구분되는데, 질적 내용 분석은 자료 자체가 아닌 다른 기준에 의해 만들어진 범주를 이용해 자료를 분류하는 양적 내용 분석과 달리, 자료로부터 귀납적으로 도출된 범주에 따라 자료를 범주화하며, 분류된 자료들로부터 패턴을 읽어 내고 의미를 이해하기 위한 방법이다(Forman & Damschroder, 2008).

이 연구에서는 Forman & Damschroder(2008)가 제안한 질적 내용 분석 방법에 따라 자료 몰입(data immersion), 축소(reduction), 해석(interpretation)의 과정을 거쳐 자료를 분석하였다.

자료 몰입 단계에서는 자료를 분석 단위에 따라 재조직하기 전에 자료에 대한 전체적인 감을 얻기 위해 녹음 자료와 전사본을 여러 번 읽고 촉발되는 생각을 자유롭게 기록하였다.

축소 단계에서는 원 자료를 연구 문제에 답하기에 적절한 양으로 줄이고, 하위 주제와 범주에 따라 분류, 재조직한다. 이 연구에서는 자료로부터 귀납적 범주를 도출하고, 연구자들 간의 논의를 통해 각 범주의 정의와 코딩 지침을 개발하였으며, 코딩 과정 및 결과를 상호 비교함으로써 신뢰도를 확보하였다. 그 결과 〈표 3-3〉과 같이 1차적으로 도출된 85개의 주제들이 16개의 하위 범주와 4개의 상위 범주로 구성되었다.

〈표 3-3〉 면담 내용 범주화

하위 범주	범주	구분
• 교장에게는 전반적으로 높은 수준의 자율권이 보장되어 있음 • 인사 영역에서 교장의 자율권 • 교육과정에 대한 교장의 자율권 • 재정 영역에서 교장의 자율권 • 장학과 관련된 교장의 자율권	제왕적 자율권	교사
• 상급 기관에 대한 과잉 충성 • 외부의 요구에 민감하게 반응 • 교사들에게는 다소 자의적·권위적으로 자율권을 행사함	두 얼굴의 자율권	

• 학교장이 실질적으로 행사할 수 있는 자율권 없음 • 인사 영역에서 자율권의 제한 • 교육과정 관련 자율권의 제한 • 재정 영역에서 자율권의 제한	허울뿐인 자율권	관리자
• 학교별 특성을 고려하지 않는 획일적 정책 • 상급 기관의 일방적 업무 지시 • 상급 기관의 정책 및 교장이 추구하는 방향에 대한 교사들의 협조 부족 • 상급 기관의 정책과 외부의 요구를 거부하기 어려운 지위	진퇴양난 속의 자율권	

마지막으로, 해석 단계에서는 연구자의 메모와 코딩 결과 등을 통합하여 자료에 대한 일관된 이해를 도출하는 방식으로 자료를 정리하였다. 이 연구에서는, 먼저 개별 사례를 체계적으로 조사하기 위해 자료를 분류 및 재조직한 후, 교사와 관리자의 의견을 서로 비교할 수 있도록 텍스트를 구성하였다. 자료 제시에 있어서는 모든 연구 참여자를 익명으로 제시하였으며, 분석 결과에 대해 참여자들에게 확인을 받는 과정(member check)을 거쳤다.

4. 교장의 자율권에 대한 교사와 관리자의 이야기

이 절에서는 교사와 관리자의 시각을 구분하여, 교장이 갖는 형식적 자율권과 실질적 자율권 간의 간극 및 영역별 자율권 행사에 대한 인식, 대상에 따른 자율권 발휘 방식의 차이를 중심으로 기술하고자 한다.

1) 교사의 이야기

먼저, 교사들의 관점에서 볼 때 교장이 어느 정도의 자율권을 가지고 있으며, 그것을 어떤 영역에서 어떤 방식으로 행사하고 있다고 인식하는지를 살펴보면 다음과 같다.

(1) 제왕적 자율권

학교에서 교사들이 실감하는 교장의 영향력은 매우 컸다. 교사들이 볼 때 교장에게는 높은 수준의 자율권이 주어져 있으며, 전권을 갖고 있다고 표현될 만큼 학교의 제반 사항에 대해 교장이 결정할 수 있는 부분이 매우 많은 것으로 인식하고 있었다.

> 우리가 볼 때는 교장 선생님이 많은 부분에서 권한을 행사할 수 있다고 보거든요. 어떤 학교에서는 거의 전권을 갖고 있다고 할 수 있을 정도로… 교장 선생님이 개인적으로 어디에 관심을 갖고 중점을 두는지에 따라서 학교의 방향이 바뀌고 교사들의 한해살이가 바뀔 정도로 많은 부분에 대한 결정권이 있으니까요.　　　　　　　　　　　　　　　　　　　－ ㅌ 교사

> 교사들은 교장의 자율권이 관행적으로뿐만 아니라 법률적으로 보장된 권리이며, 이와 같이 법적 지위가 뒷받침되어 있는 상태에서는 교장의 의지만 있으면 본인에게 주어진 자율권을 실질적으로도 충분히 행사할 수 있다고 생각해요. 법률적으로도 교장이 가지고 있는 걸 충분히 다할 수 있는데 다른 학교와의 경쟁이나 그런 것들을 핑계로 자율권이 없다고 얘기하는 거예요. 법률적 권한이 주어져 있는데, 그 위에서 잠자고 있는데 누가 보장해 주겠습니까?　　　　　　　　　　　　　　　　　　　　　－ ㅇ 교사

> 교육청에서 시켜도 교장 선생님의 권한을 거부할 수 있다고 저는 보이는데, 왜냐하면 이미 교장 됐는데 교감으로 가고라고 할 일도 없고 정년도 보장돼 있고… 교장이 교육자로서 마인드 가지고 했는데 거기에 대해서 정책이나 교육청이랑 안 맞는다고 해서 무시해도 전혀 관계없거든요. 본인의 지위, 위치에 대해서도.　　　　　　　　　　　　　　　　　　　　　－ ㅂ 교사

교장의 자율권에 대한 교사의 인식은 교장의 자율권이 발휘되어야 할 또

는 발휘되고 있는 영역에 대한 그들의 이야기를 들음으로써 좀 더 구체화될 수 있다. 이에 다음 단락에서는 학교의 자율적 의사 결정 영역으로 인사, 교육, 인프라, 재정, 모니터링과 평가(EHDN, 2008) 등에서 발휘되는 교장의 자율권을 교사들이 어떻게 바라보고 있는지 제시하고자 한다.

교사들은 앞의 영역들에 대해 교장이 막대한 결정권을 갖고 있다고 생각했다. 교사들은 주로 인사, 교육과정, 재정, 장학 등과 관련된 교장의 자율권에 대해 이야기하였는데, 먼저 인사와 관련하여 교장이 행사하는 권한으로는 교사 초빙과 학년 배치, 보직 교사 선발 등이 언급되었다. 이는 교장에게는 사소하게 여겨질 수도 있는 권한이지만 교사들에게는 큰 영향을 미치는 것이었다.

> 인사 같은 경우에도 형식적으로는 인사 위원회가 있어요. 그래서 의논했다 하더라도 최종 결정권자는 교장 선생님이기 때문에 그 다음날 뒤집어지는 경우도 허다했거든요. 학교별 인사는 당연히 교육청에서 주관하니까 교장 선생님한테 권한이 없는 것이고, 학교 내에서 학년 배치라든지 이런 부분들은 거의 교장 선생님이 결정하시는 부분이다 보니까 교사들한테는 중요한 문제죠.
> — ㅌ 교사

> 인사 문제, 평가 문제 가지고 공평하게 하시는 분들도 계시지만 연말에 많이 작용해요. 이동할 때 '수시로 가느냐 정시로 가느냐'로 보통 표현하는데, 교장 선생님이 이번에 이런 사업하는 데 교과부장이 필요하다고 하면 능력 있는 교사를 미리 섭외하려고 하거든요. 그러면 정시로 가려고 하면 이미 초빙으로 채워진 경우가 많아서 갈 수 있는 학교가 몇 군데 없을 때도 있어요.
> — ㅅ 교사

교장은 교육과 관련해서도 학교 수준의 교육과정은 물론이고 때로는 교과서 선택에 있어서도 영향력을 미치는 등 학교에서 이루어지는 교육의 모습을 크게 바꿀 수 있는 권한을 가진 것으로 인식되고 있었다.

> 물론 어느 학년에 어떤 내용을 가르쳐라 이런 것까지 교장 선생님이 결정
> 할 수는 없지만, 그래도 특색 사업이라든지 이런 경우에는 교장 선생님 결
> 정에 따라서 학교에서 이루어지는 활동들이 많이 달라지죠.　　　- ㄱ 교사

> 교과서를 선택하는 것조차도 지난 학교 있을 때는 어떤 일이 있었냐면,
> 원래는 교사들이 선택하잖아요. 물론 결국에는 그렇게 되진 않았지만 중간
> 에 교감 선생님이 '이게 의논하는 거지. 그래도 결정하시는 분은 교장 선생
> 님이다.' 이렇게 얘기하신 적이 있거든요.　　　　　　　　　　- ㄹ 교사

특히 재정과 관련된 영역은 교사들에게 공개되지 않고 접근하기 어려운
영역이었다. 학교에 배정된 예산을 어떻게 사용하는지는 교장이 어떤 부분
에 관심을 갖고 중점을 두는지에 따라 달라지며, 이는 교육이나 인프라 등
다른 영역과도 밀접한 관련을 갖는 문제였다.

> 우리가 관심이 없고 알려고 하지 않아서 그렇기도 하겠지만, 예산 관련
> 해서는 교장 선생님이랑 행정실장이 어디에 어떻게 쓸지를 다 결정하는 편
> 이고 우리는 행정실에 예산 지원 요청할 때도 내가 얼마나 쓸 수 있는 건지,
> 전체 예산이 얼마나 잡혀 있고 그중에서 얼마를 쓰는 건지 전혀 모르는 경
> 우가 많죠.　　　　　　　　　　　　　　　　　　　　　　- ㅅ 교사

> 전체 예산이 얼마 있는지 하는 것은 물어볼 수가 없어요. 우리가 볼 때는
> 학교 시설이 많이 낡아서 안전에 문제가 있고 하니까 그런 부분에 투자를
> 했으면 좋겠는데 교장 선생님은 거기에 별로 관심이 없으시니까….
> 　　　　　　　　　　　　　　　　　　　　　　　　　　　- ㅈ 교사

교사들은 장학과 관련하여 교장이 발휘하는 권한에 대해서도 언급하였다. 교사들은 위에서 제시한 인사, 교육과정, 재정 등의 영역에서 교장이 상당한 자율권을 행사하는 것으로 인식한 반면, 장학과 관련된 권한은 교장 개개인에 따라 발휘하는 방식에 차이가 있는 것으로 여겼다.

> 어떤 교장 선생님은 학교에서 공식적으로 1년에 1~2회 교장 선생님이 참관하는 공식적인 공개 수업 외에 교사들과 약간 트러블이 있었을 때 보복성으로 수업 공개 횟수를 늘린 적도 있었고요.　　　　　　　　　　－ ㅁ교사

> (우리가) 보면 교장 선생님이 어떤 생각을 가지시고 장학을 하려고 하시는지가 보이거든요. 예전 교장 선생님은 '저는 항상 돌아다닙니다. 그런데 신경 쓰지 마세요. 복도에 떨어진 거나 줍고 다닙니다.' 하셨어요. 왜 귀에 들리는 게 없고 곁눈으로 왜 안 보이겠습니까? 그런데 절대 그걸 살짝이라도 말을 안 하시고 항상 종례나 개인적으로 만나든 간에 '저는 선생님들 믿습니다.' 하시고 행동에서도 그대로 표현하셨어요. 학교가 안정되게 눈치 볼 것도 없고 그렇다고 할 일 안 하고 이런 분위기도 아니었는데. (교사를) 신뢰하느냐 안 하느냐에 따라서 다른데 대부분 교장, 교감 선생님은 신뢰를 많이 안 하시는 것 같아요. 교사들이 항상 논다고 생각하시고 더 다그쳐야 되고, 일을 더 많이 만들어야 되고⋯.　　　　　　　　　　－ ㅅ교사

이처럼 교사들은 교육과정, 인사, 재정, 장학 등의 영역에서 교장의 의사결정권에 따라 계획이나 운영이 크게 달라질 수 있으며, 때로는 자의적으로 행사될 여지도 있을 만큼 교장이 적지 않은 권한을 갖고 있다고 느꼈다.

(2) 두 얼굴의 자율권

교사들의 관점에서 볼 때, 교장에게 주어진 높은 수준의 자율권은 항상 같은 방식으로 행사되는 것은 아니었다. 즉, 그 대상이 학교의 외부인지 내부

인지에 따라 차이가 있다는 것이다. 교사들은 상급 기관이나 타 학교 등 학교 외부의 세력과 학교 내부의 교사들에 대해 교장이 자율권을 행사하는 방식에는 큰 차이가 있는 것으로 느끼고 있었다.

> 일반화시킬 순 없겠지만 교장 선생님이 스스로가 눈치를 많이 보시기 때문에 학부모하고 교육청하고 인근 교장단한테 자율권은 안 가지시려고 하는 거 같고, 대신에 교사한테는 지금도 충분히 자율권을 발휘하고 계시거든요. 그게 무엇 때문인지는 잘 모르겠지만 그 자율권이 좋은 것도 있을 수 있고, 그 다음에 또 약간 더 권위적으로 교사한테 다가갈 수도 있는 문젠데….
>
> – ㅅ 교사

예외적인 경우가 있기는 하지만, 이 교사의 말에서 보듯 교사들이 보기에 대부분의 교장은 상급 기관과 타 학교, 그리고 학부모 등에 대해서는 자신에게 보장되어 있는 자율권을 발휘하는 경우가 많지 않았다. 이는 실제로 학교교육에 참여하고 그것을 주도하는 구성원들에 의해 교육이 이루어지기보다는 외부의 힘들에 의해 큰 영향을 받는 것으로 보였다.

> 분명히 권장 사항들이 학교로 많이 내려오는데, 저희는 생각하는 게 뭐냐면 항상 문제가 학교가 과잉 충성한다. 권장 사항조차도 반드시 해야 되는 걸로 인식을 하는 거예요. 왜냐면 이게 어떻게 학교 평가에 영향을 미칠지 모르니까. (중략) 학교 평가에 완전히 교장, 교감 선생님이 매달리니까 밑에 선생님들은 안 해도 될 일을 하게 되고.
>
> – ㅅ 교사

> 이전의 교장 선생님하고 지금 교장하시는 분들하고 차이가 그런 데 있어요. 이전에 교장 선생님은 '무슨 교육청이 그렇게 해.' 이렇게 얘기하는 분들이 많았거든요 그 위에 분들, 일제 말 이런 분들은 '청이 우리 교육하는 데 무슨.' 하면서 싸울 수 있는 그런 걸 가지고 있었는데, 우리 국가가 되면서

더 순응형 교장들이 되면서 자기 권한이 뭔지 관심을 안 가지시는 거 같아
요. (중략) 교장하신 분들 다 청에 있다가 오신 분들이잖아요. 근데 교육청이
시켜서라는 거는 자기변명이라, 비겁한 변명입니다.   – ○ 교사

  교장이 학교 외부의 요구에 민감하게 반응할 경우 학교 내부, 특히 교사들
에게는 교장의 자율권이 더욱 강화되는 형태로 나타날 수 있다. 교사들은 교
장이 학교 밖의 지시나 압력에 대해서는 자율권을 좀처럼 행사하지 않는 반
면, 학교 내의 교사들에게는 자율권을 충분히 발휘하고 있다고 느꼈다.

  교장, 교감도 같은 교사라고 보는데 요즘은 아닌 거 같아요. 관리자고, 지
배와 피지배라고 얘기하기는 그렇지만 명령하는 사람, 교사는 명령받는 사
람.   – ○ 교사

  교장 선생님이 어떤 일을 딱 생각을 해서 지시를 내렸을 경우에 밑에 부
장 선생님이나 일선 교사들이 '이런 얘기는 어떻습니까?'라고 올렸을 때,
듣고는 계시지만 결국에는 본인 생각대로 하시는….   – ㅌ 교사

  교사들은 교장이 학교 바깥의 압력에 대해 자율권을 발휘할 수 없는 주된
원인이 상급 기관의 정책을 비롯한 외부 요인에 있다는 것을 알고 있지만,
그것을 차단할 수 있는 권한을 갖고 있음에도 불구하고 외부에 대해서는 자
율권을 발휘하지 않는다는 점에서 교장에게도 책임이 있다고 보았다.
  그리고 교사들이 생각하기에 교장이 과잉 충성하는 상급 기관의 정책은 '아이
들'이나 '교육'과 무관한 것이 많으며, 교육적 본질과 거리가 먼 일에 교사의 시간
을 허비하도록 함으로써 오히려 아이들의 교육에 방해가 된다고 보았다. 이처럼
교사의 자율적 공간을 보호해 주지 않는 상황은 교사들이 자신의 직무에 만족하
지 못하도록 하는 스트레스와 소진을 발생시킬 뿐 아니라, 교사를 주체성과 창
의성이 박탈된 수동적인 존재로 고정시키는 결과를 낳는다고 생각하였다.

따라서 이런 일들을 '자율권을 발휘하여' 교사들에게 지시하는 것은 학교 전체의 이익보다는 개인의 이익을 위한 것으로 판단하기도 하였으며, 이를 정당화하기 위한 명분으로 '아이들을 위한다'는 것으로 주장한다는 것이었다. 이와 같은 관점에서 보면, 학교의 자율권과 교장의 자율권이 동의어가 아니라는 점이 분명해진다.

> 교장 선생님들 중에서 '저는 정말 아이들 편입니다.' 하시는 분들도 정말 아이들을 생각하는 것이 아니라 자신의 명예를 생각하는 것이라고 저는 생각합니다. (중략) 그것이 아이들을 위한 것인 양 포장을 하고 교사들에게 압력을 주고 그게 정말 아이들을 위한 것입니까?　　　　　　　　　　－ ㄹ 교사

> 차라리 교장을 초빙해 와서 교사가 교장을 평가해야 된다고 생각해요. 교장이 학교 경영을 잘 못하면 교사가 (평가하고), 그러면 자연스럽게 학교 안에서도 학교의 문화나 교육과정 결정권이 교사에게 있고 '우리가 학교를 이렇게 운영하고 싶습니다.' 하면 교장 선생님이 봐 가지고 이렇게 할 거니까, 즉 교장을 우리가 초빙해 와서 그 교장이 같이 의논하면 교장의 권한도 줄어들게 되고 자연스럽게 교장도 재계약하기 위해서는 교사와 함께 소통하고 그 문화 안에서 교육과정 선택 폭이 커지는데….　　　　　　　　－ ㅂ 교사

지금까지 살펴본 바와 같이, 교사들은 교장이 학교 외부에 대해서는 자신의 자율권을 좀처럼 발휘하지 않으며, 학교 내부에서는 권위적인 존재로서 자율권을 충분히 누리고 있다고 인식하였다. 하지만 교장이 학교 내에서 자율권을 발휘하는 목적이 외부의 요구에 따르기 위한 것이라고 볼 때, 이것을 진정한 의미에서의 자율권이라고 보기는 어려울 것이며, 이는 오히려 교장에게 충분한 자율권이 없기 때문에 나타나는 현상으로 이해할 수도 있다. 다음 절에서는 교장의 자율권에 대한 관리자들의 이야기를 들어 보고, 교사들의 관점과 비교해 보고자 한다.

2) 관리자의 이야기

교장의 자율권에 대한 이해는 개개인의 입장과 관점에 따라 상당히 다른 모습을 보일 수 있다. 그렇다면 관리자들이 보는 교장의 자율권은 어떤 모습이며, 교사의 시선으로 보는 모습과는 어떤 차이가 있을까?

(1) 허울뿐인 자율권

교장의 자율권에 대한 관리자들의 인식은 교사들과 상당한 차이가 있었다. 관리자들이 볼 때 교장의 자율권은 교사들이 생각하는 것과 달리, 형식적으로 주어진 것에 불과할 뿐, 교장이 실질적으로 발휘할 수 있는 자율권은 거의 없다는 데 입을 모았다.

> 교육정책이 너무 많이 변화하고 요구 사항이 많다 보니까 학교장한테 권한이 주어지지도 않으면서, 또 다들 강박관념이 있고 책임감 때문에 다 따르게 되고요. 좀 학교장 정도 되면 자율권을 주면 좋지 않나 싶은데….
>
> – G관리자

> 단위 학교에다가 맡겨 줘야 이 학교가 건강하게 살아나지 지금 상태로는 백약이 무효다, 나는 그렇게 생각해요. 저는 지금 딱 오로지 바라는 건 명퇴하고 싶다는 거밖에 없어요. (중략) 학교가 즐겁지 않은데 내가 학교 가는 게. (중략) 정말 가기 싫어요. 교장이 학교 가기 싫은데 그게 뭘 학교가 행복하겠어요? (중략) 학교 경영의 자율권을 나한테 준다면 나는 뭔가 한번 해 보고 싶어요.
>
> – D관리자 면담

교사들은 교장에게 법적으로 보장된 자율권이 실질적으로도 행사될 수 있을 것으로 인식한 반면, 관리자들은 교장에게 부여된 형식적 자율권과 실제로 발휘할 수 있는 자율권 간에는 큰 괴리가 있다고 생각하였다.

　교장이 자율권을 행사하는 구체적인 영역과 관련하여, 관리자들은 인사, 교육과정, 재정, 학교 경영 등의 영역에서 명목상으로는 교장의 권한이 있다고 하지만, 실제로는 자유롭게 행사할 수 있는 여지가 별로 없는 것으로 느끼고 있었다.

　먼저, 인사 영역에서 관리자들은 가산점을 주는 학교나 교장이 초빙 교장인 경우가 아니면, 능력과 열정이 있는 교사 등 본인이 원하는 사람을 뽑을 수 있는 권한이 제한됨으로써 수업의 질 개선이나 자신의 비전을 실현하는데 어려움이 있음을 언급하였다.

> 　○○중 같은 데는 가산점을 주니까 실력파들이 많은 곳이고 우리 학교는 없잖아요. 없으니까 제일 열악한… 공모로 해서 오신 분은 확실히 달라요. (중략) 교장이 '뭔가 해 보려고 한다.' 이러면 선생님들 손발이, 호흡이 맞아야 되잖아요…. 가산점이 있다는 거, 공모로 해 온다는 거 이런 학교는 확실히 낫고 그렇지 못한 학교는 어렵습니다.　　　　　　　　　　　－ F 관리자

> 　호주 교장들이 와서 보고 교장 참 좋다 이리 이야기하거든요. 근데 나중에 이야기해 보면 자기가 파워는 세다, 자기들은 행정실 직원까지도 자르거든. 문제 있어서 교육청 민원 들어오면 (교장 결정과 관계없이) 자르는데 그렇지 않을 때는 교장 권한 있는데. 들어 보더니 '교장실만 좋네.' 이러더라고….　　　　　　　　　　　　　　　　　　　　　　　－ E 관리자

　교육과정 영역에서 관리자들은 최근 교육과정 자율화 정책과 관련하여 국가 수준 교육과정을 학교 수준에서 수정 또는 재구성할 수 있도록 한 것에 초점을 두고 교장의 자율권이 얼마나 발휘되고 있는지를 이야기하였다. 이 부분 역시 법적으로는 교육과정 편성 권한이 보장되어 있지만, 여러 가지 지침과 제도, 평가 등으로 인해 명목뿐인 자율권에 불과하다고 하였다.

　　교육과정 편성 권한이 있지만 자율권 준다고 하는데 이렇게 저렇게 지침
에 걸리는 게 많기 때문에, 그다음에 이제 그게 또 우리나라가 수업 시간이
라든지 학생들 수업 시간표, 교사 수급하고 걸려 있기 때문에 거기에서 절
대로 자유롭지 못합니다.　　　　　　　　　　　　　　　　　　 - H관리자

　　당장 국가 수준 학업 성취도(만 봐도), 올해는 세 과목이지만 원래 다섯
과목인데 분석해 보면 작년에 ○○지역이 1등 했는데 수업 시수 자체가 많
았다는 분석이 있거든요. 다섯 과목의 수업 시수는 한 시간이 의외로 크더
라고요. 그러니까 5대 과목은 줄이기 힘들잖아요. 예체능 줄이니까 (예체능
시수는) 확보하라고 하고 자율권, 사실 없습니다.　　　　　　 - H관리자

　　교육과정도 선택 교육과정 하라 하고 그러는데 결국은 안 됩니다. 왜냐면
입시가 있기 때문에 고등학교가 안 흔들리니까, 입시에 그렇게 묶여 있으니
까 결국 중학교는 거기 따라서 (가야 돼요). 입시제도가 어떻게 안 되는 이
상은 큰 기대를 할 수 없고 기대를 할 수 없는 것은 결국 자율이 없다는 거
거든요. 교육청에서도 결국 학력, 학력에 대한 이야기를 자꾸 하고 있고. 우
리가 중학생으로서 기본학력을 갖춰 줘야 된다는 건 알고 있는데 어느 선까
지 해야 되는지 모를 정도 압박감을 주니까….　　　　　　　　 - G관리자

　　재정에 관한 권한에 대해서 관리자들은 최근 대부분의 예산이 목적사업비
로 전환되면서 교육부나 교육청에서 공모하는 사업에 지원했을 경우에만 예
산을 지원받을 수 있고, 엄격하게 그 사업을 위해서만 예산을 지출할 수 있
게 되어 있어서, 학교에서 자율적으로 교육 활동을 구상하고 추진하기 위한
예산은 거의 남지 않는 구조로 굳어지고 있음을 비판하였다.

　　학교의 기본 예산은 정말로 우리 교장한테 예산 내려오면 행정실에 사업
대로 계산 짜 내라 하거든요. 짜 내서 초과되면 조금씩 빼 가지고 (조정하

면) 끝이에요. 교장한테 아무것도 없습니다.   – G관리자

옛날에는 교장한테 그런 권한 있었다고 하는데 지금은 예산권이 교장한테 없어요. 모든 예산은 기본 경비 제외하고는 목적사업비의 형태로(내려오니까). 옛날에는 기본적으로 돈을 나눠 줬죠. 학교 운영비도 있었는데 지금은 학교 운영비조차 내려와요 교육청에서. 교육부도 마찬가지고. 어떻게 통제하냐 하면 성과라는 이름으로 시도 교육청 평가 1등하면 얼마, 학교도 마찬가지고요. 모든 게 목적사업 돼서 '이 사업 있다 공모해라.' 그걸 신청하면 그 돈 받고 그 돈은 거기에 의해서 써야 하죠. 학교에서 쓸 수 있는 예산 권한 별로 없으면서 그런 게 굳어집니다.   – H관리자

이처럼 교사와 관리자는 교장의 자율권의 영역으로 교육과정, 인사, 재정 등 유사한 영역을 상정하였으나, 각 영역에서의 어떤 측면에 주목하는지에 따라 교사의 입장에서는 교장의 자율권이 충분히 발휘된다고 보았고, 관리자의 입장에서는 교장의 자율권이 상당한 정도로 제한되어 있다고 보는 것으로 나타났다.

(2) 진퇴양난 속의 자율권

학교 안팎에 대해 교장이 주어진 자율권을 실질적으로 발휘하는 방식이 다르다는 교사들의 인식과 달리, 관리자들은 학교 외부에 대해서뿐만 아니라 학교 내부에서도 교장이 자율권을 충분히 발휘하기 어렵다고 생각하였다.

우선, 교장의 자율권을 제한하는 학교 외부의 요인으로 지적된 것은 단위 학교의 상황과 특성을 고려하지 않는 상급 기관의 획일적인 정책 추진 방식이었다. 이와 같은 중앙집권적인 정책 추진은 국가 교육과정, 국가/지역 수준의 평가 등을 통해 중앙의 통제를 강화함으로써 학교 자율화라는 명목과는 상반되는 실천을 야기하며(Smyth, 1993), 따라서 단위 학교에 적합한 교육

의 실현을 어렵게 만드는 것으로 생각되었다.

> 교장 선생님들이 한 개도 자유롭지 못한, 그러니까 제한적이죠. 그러니까 부과된 임무에, 그 수행하기에 바쁘다는 거죠. 그러다 보니까 융통성을 발휘하지 못하기 때문에 우리 아이들 이런 특성 갖고 있으니까 이런 프로그램 만들어 줘야지 생각해도 실행하기 어려운 거예요. 그래서 포기, 포기하다 보니까 해 가던 방법대로(하게 되고). 그게 편하니까, 또 위험 부담도 없고 하니까 그대로 가 버린다는 거죠. 많은 아이들이 자기 특성 살리지 못하고 사장되면서 뒤떨어진 아이가 되면서 가 버리면, 그 아이들이 결국에는 사회적 비용이 많이 들어야 할 아이들이 되는 거거든요. 뭐 우리가 학교 자율화 이렇게 하지만 그 자율화를 넘어서 학교 자치화를 위한 이런 노력들이 좀 되었으면….   – C 관리자

> 학교 평가가 있고, 관리자 평가가 있고, 직무 평가가 있고, 온갖 평가가 있어요, 성과급을 주고. 근데 그런 게 물론 플러스 면이 있죠. 그런데 과연 가만히 돌이켜 보면 우리가 학교를 평가하고 직무를 평가하여 과연 얼마나 학교가 행복해지고 좋아졌는가 생각하면 별로라는 생각이 들어요. 평가하기 때문에 신경을 안 쓸 수가 없어요. 여러 가지 방과 후 만족도, 방과 후 참여도, 프로그램 수, 이런 것들이 다 학교 평가에 들어가지 않습니까? 그런 것들을 신경을 안 쓸 수가 없는 거예요. 그다음에 또 학교를 성과급을 매기잖아요. 그러면 또 그 학교가 체력, 모든 게 다 들어가거든요, 학업 성취도, 그런 걸 무관하게 있을 수가 없는 거예요.   – L 관리자

서로 다른 학교에 동일하게 적용되는 정책의 내용뿐 아니라, 정책 결정과 시행에 있어서의 의사 결정 구조와 의사소통 방식도 교장의 자율권을 제한하는 요인으로 언급되었다. 소수에 의한 의사 결정과 일방적인 정책 및 업무 지시 방식은 현장의 요구를 거의 반영하지 못하며, 이는 실행자로서 교장을 포함한

학교 구성원들을 소외시키고 그들의 자율권을 침해하는 결과로 나타난다.

> 수없이 얘기해 봐야 소용없어요. 교육 현장에 10년간 쏟아 부은 정책을
> 보면 학교 현장의 목소리는 전혀 없잖아요. 반대하는 정책도 개의치 않고
> 밀어붙이고. 아직도 수없이 반대하고 있어도 현장에서 반대해도 절대 안 고
> 쳐. 안 고치는 정책이 너무 많아요.　　　　　　　　　　　　　－ D관리자

> 실제 의사 결정 구조는 학교뿐 아니라 나라 전체가 그런 식으로 이루어지
> 고 있죠. 소수가 정책을 정해 버리기 때문에 소외되고 배제된 실행자가 봤
> 을 때 왜곡되기 십상이고, 하더라도 형식적으로 흘러가는 폐단이 생기게 마
> 련이에요. 특히 평가제도, 평가 때문에 할 수밖에 없는. 그로 인한 형식주의
> 는 결국 불신을 낳게 되면서, 결국은 전체 조직이 시스템의 내실을 기하지
> 못하는 형태로 간다 이 말입니다.　　　　　　　　　　　　　－ C관리자

한편, 관리자들은 학교 내부라고 해서 교장의 자율권이 충분히 보장되는
것은 아니라고 하였다. 학교 내부에서는 교사들과의 의견 충돌이나 교사들
의 소극적 태도 등이 교장의 자율권을 저해하는 원인으로 인식하였다. 즉,
교사들에게 동의를 구하지 않고는 학교를 위해서 하는 일도 추진하기 어려
우며, 변화를 싫어하고 안일한 교사들의 태도로 인해 교장의 뜻이 받아들여
지는 경우가 적다는 것이다. 뿐만 아니라 교사들은 교장이 외부의 정책이나
지시를 차단해 주지 않는 데 대해 불만을 표시하면서도, 다른 한편으로는 상
급 기관의 평가 결과 등에 민감하게 반응함으로써 교장이 그로부터 자유로
울 수 없게 만드는 것으로 생각되었다.

> 학교 경영의 자율권이 일단 없는 상태고. 뭘 연구학교를 하나 지정하고
> 싶어도 선생님들이 반대하면 못 하게 되어 있죠. 뭐든지 밑에 물어서 그걸
> 민주적이라 생각하는 그것도 잘못(이에요). 경영권이라는 게 있잖아요. 학교

를 위해서 최선을 다해서 뭔가를 한번 해 보고 싶다 하면 교장이 그거를 할 수 있어야 되는데 선생님이 반대하면 못해요. (중략) 연구학교도 10년 동안 한 번도 안 했어요. 왜? 반대, 반대. 선생님들 안 하려고 하는 거예요. 귀찮으니까. 수업 외에 일이 오니까.   — D관리자

선생님들은 교장들이 왜 그러냐 이러지만, 예를 들어서 어떤 학교에, 우리가 학교는 S, A, B로 (평가 등급을) 세 개를 받는데, 예를 들어서 B를 내리 몇 년 받았다면 선생님들이 우리 교장은 뭐하는 교장인가 이런 말 또 거꾸로 합니다. 교장이 왜 그렇게 하냐 하지만 사실은 교장들이 보면 B를 3, 4년 계속 받았다 하면 정말 배짱 있는 교장 아니면 선생님들 보기도 좀 미안하다고요.   — H관리자

이와 같은 상황 속에서, 학교 운영에 대한 권한과 책임을 동시에 갖는 교장은 상급 기관에서 내려오는 정책을 거부할 수 있는 명분이 없고, 학교가 받을 수 있는 잠재적인 불이익 등을 고려할 때 옳지 않은 부분이 있어도 학교의 구성원들이 따르도록 이끌어야 하는 입장에 놓여 있다. 여기에는 또한 상급 기관의 정책에 수용적이지 않은 태도로는 관리자가 되어도 관리직을 수행하는 것이 어려운 풍토도 배경으로 작용하고 있었다.

교육부에서 내려오는 사업 정책을 일선 학교가 거부하기 어렵죠. 근래에는 학교 폭력 대책 안 따르기는 어렵죠. 나이스에 의해서 자료 시스템이 표준화된 상태에서 거부하면 우리 학교 학생 대학 못 가는데. 자유학기제 거부할 수 있겠어요? 사실 선생님 눈에는 거부할 만한 거라 여겨질 뿐이지 학교가 거부해서는 상당한 불이익이 따르는 거죠. 학교 운영도 어렵고 거부할 명분 없어요. 거부할 수 있는 것도 오긴 와요. 그런 건 교장 교감이 알아서 걸러 내고. 크게 보이는 것들, 중요한 것들은 거부할 수 없어요. 대한민국 교육이 궁극적으로는 에듀파인이나 나이스 시스템으로 표준화된 상황에서 자

기 학교만 동떨어져서는….　　　　　　　　　　　　　　　　　－ J관리자

　학교 안에서는 제왕이고 막강한 권력이 있는데도, 학교 밖의 공격에 대해서는 교장이 무기력하게 느껴질 때 힘들다고 느껴요. 선생님들이 교실에만 있게 하고 싶은데 수시로 오는 보고 공문, 에듀파인 이런 것들이 너무 많아요. 오늘도 교사 두 명이 출장 나간다고 하는데 뭐 때문에 가느냐고 하니까, 자기주도적 학습 관련해서 나가야 한다고 하더라고요. (중략) 그런데도 그런 차출을 자를 수가 없어요. 학교당 두 명 이렇게 배정이 되니까. 이런 것들을 학교장 선에선 가지 말라고 할 수가 없는 거예요.　　　　　－ N관리자

　우리 교육 풍토가 그동안 거목들 많이 잘라 냈고 소신과 철학을 가지고 정의롭게 한 사람이 좋은 관리자로 존중받기 쉽지 않죠. 지금 교장, 교감 되신 분들은 열심히 하시고 긍정적인 분들이지, 소신을 강력하게 갖고 불의와 항거했던 분들은 아니거든요. 관리자가 교육적 소신 가지고 '나는 나의 소신대로 간다.' 이렇게 해서 관리자가 되기가, 그런 사람이 되기 쉽지 않고 됐다 해도 이런 저런 눈치, 제도, 정책 무시하고 가기가 쉽지 않은 풍토니까요.
　　　　　　　　　　　　　　　　　　　　　　　　　　　　－ L관리자

　교장의 자율성에 관한 관리자들의 이야기를 정리해 보면, 현실적으로는 교사들이 생각하는 것처럼 외부의 요구를 도외시하는 방식으로 교장이 자율권을 발휘하기가 어려우며, 또 그렇게 하는 것이 반드시 교육적인 것이라고 보기 어렵다는 입장이다. 그리고 교사들은 교장이 학교에서 막강한 권위를 갖고 있다고 인식한 반면, 관리자들은 학교 내에서도 교장이 교사들의 견제와 영향을 받고 있으며, 따라서 학교 바깥뿐 아니라 학교 안에서도 원하는 만큼의 자율권을 발휘하지 못하고 있다고 생각하였다.
　지금까지 살펴본 바와 같이, 교장의 자율권에 대해 교장과 교사가 갖는 인식은 주어진 자율권을 실질적으로 발휘할 수 있는지의 여부와 자율권이 발

휘되는 영역, 대상에 따라 상당한 차이가 있다는 것을 알 수 있다.

5. 결론 및 제언

이 연구는 단위 학교의 자율권을 상급 기관과 학교 간 관계의 관점이 아닌 학교 내에서 구성원들에 의해 자율권이 인식되고 구현되는 양상과 구성원들 간 자율권의 역동적 관계를 밝히고자 하였으며, 이를 위해 교장의 자율권에 대한 교사 및 관리자와의 면담을 바탕으로 다음과 같은 결과를 도출하였다.

교사의 시선에서 볼 때, 교장에게는 법적으로 자율권이 보장되어 있으며 이는 실질적으로 자율권을 발휘할 수 있는 권한까지 포함하는 것으로 받아들여졌다. 따라서 교사들은 외부의 지시와 압력이 존재한다는 것은 인정하지만, 교장이 그것을 반드시 따라야 한다는 데 동의하지 않았다. 반면, 관리자의 관점에서는 교장에게 법적 자율권은 있지만 주어진 자율권을 실제로 발휘할 수 있는 여건은 여전히 미흡한 것으로 인식하였다.

학교 내에서 교장의 자율권이 발휘될 수 있는 또는 발휘되고 있는 영역으로는 두 집단 모두 교육과정, 인사, 재정 등의 유사한 영역을 상정하고 있었지만, 교사들은 대부분의 교장이 이 영역들에 관한 의사 결정에서 막대한 권한을 행사하고 있다고 본 반면, 관리자들은 이 영역에서 교장에게 부여된 자율권이 있기는 하지만 상급 기관의 지침이나 평가로 인해 자유롭게 결정할 수 있는 부분이 매우 제한되어 있다고 생각하였다. 이러한 차이가 발생하는 이유로 교사들은 교장에게 현재 주어진 권한을 중심으로 그것이 충분히 발휘되고 있는 현실에 초점을 둔 반면, 관리자들은 교장의 권한이 더 넓은 범위로 확대되어야 한다는 전제하에 교장의 자율권이 제한되어 있는 측면을 더욱 강조했기 때문으로 생각된다.

그리고 교사들은 교장의 자율권이 학교 안과 밖에서 다르게 행사된다고 생각한 반면, 관리자들은 학교 안팎을 막론하고 교장의 자율권이 제한되어 있다고 언급하였다. 다시 말해, 교사들은 공식적으로 주어져 있는 교장의 자율권이 실질적으로는 학교 외부에 대해 발휘되기보다는 주로 내부의 교사들에게, 다소 권위적인 방식으로 행사되고 있다고 인식하였다. 하지만 관리자들은 전반적으로 상급 기관의 정책 방향에 맞게 학교를 이끌어 가야 하는 역할로 교장의 위치를 정의하고 있었으며, 따라서 외부의 지침이나 상황에 따라 교장의 자율권이 제한된다고 인식하였고, 학교 내부에서도 교장의 독단적인 의사 결정은 불가능하다고 보는 입장을 취했다.

이러한 결과들은 대체로 현재까지 진행되어 온 학교 자율화 정책이 단위 학교의 자율권을 확대하는 데 많은 측면에서 기여했음에도 불구하고, 앞으로 풀어 나가야 할 과제가 많이 남아 있다는 것을 의미한다. 연구를 통해 얻은 결론을 제시하면 다음과 같다.

먼저, 이 연구의 결과는 학교 자율화 정책의 추진에도 불구하고, 여전히 기관 수준에서 단위 학교에 대한 권한 분배가 충분히 이루어지지 않았음을 보여 준다.

Smyth(1993)는 '스스로 관리하는 학교(self-managing school)'를 추구하는 최근의 정책 방향에 대해 '자율화를 명목으로 이루어지는 학교 재구조화는 교육의 지침과 틀을 제시하는 엘리트 집단의 권력을 강화하는 반면, 그들을 실행의 책임으로부터 면제시킴으로써 중앙 통제를 더욱 강화하고 있기 때문에' 학교의 입장에서 볼 때는 '모든 것이 책임이고 권한은 없다'는 모순을 지적한 바 있다. 이는 교장에게 실질적인 자율권이 거의 없다는 관리자들의 인식과 일맥상통하는 부분이다.

교사들이 보기에 교장이 주어진 자율권을 외부에 대해서는 발휘하지 않고, 학교 안에서 충분히 발휘한다고 생각하는 것은 이 문제와 관련이 있다. 학교 안팎에 대해 교장의 자율권 발휘 여부 또는 방식에 차이가 나타나는 이유는, 교장이 개인적으로 강한 의지를 가진 경우가 아니면 외적 영향력에 대해 소신 있게 대응할 수 있는 환경이 조성되어 있지 않기 때문이다. 이런 점에서 볼 때, 교장이 학교 구성원들에 비해 상당히 큰 권한을 갖고 있는 것은 사실이지만, 교장이 학교 내에서 발휘하는 권한이 학교 외부의 요구와 독립된 것이 아니라 대부분 외부의 요구를 수용하는 방향으로 행사된다는 점을 고려하면, 교장 또한 온전한 자율권을 갖고 있다고 보기는 어려운 것이다. 이는 상급 기관에서 단위 학교로 충분한 권한이 이양되지 않았기 때문이며, 교장이 상급 기관의 대리인으로서 역할을 적극적으로 수행하는 경우, 단위 학교의 자율화가 더욱 요원해진다는 점에서 학교의 자율권과 교장의 자율권은 밀접한 관련성을 갖는다.

한편, 학교의 자율 경영을 위해서는 자율권과 공유된 의사 결정의 두 가지를 모두 필요로 한다는 David(1989)의 주장은 기관 간의 권한 분배와 학교 내 구성원들 간의 권한 분배가 적절한 균형을 이루어야 하며, 학교에 충분한 자율권이 주어졌다 하더라도 공유된 의사 결정이 뒷받침되지 않으면 자칫 독단적인 학교 운영으로 이어질 수 있음을 시사한다. 이런 점에서, 교사들이 볼 때, 교장이 학교 내에서 막강한 권한을 행사한다는 것은 대체로 현장에서의 의사 결정 과정에서 구성원들의 참여나 의견 반영이 잘 이루어지지 못한다는 것을 의미하며, 단위 학교나 교장의 자율권에 비해 교사를 비롯한 학교 구성원들의 자율권 문제는 간과되고 있음을 나타낸다.

이와 같이 학교 자율화를 위한 노력이 진행되어 왔음에도 불구하고, 현재 학교의 모습을 살펴보면 학교의 자율권도, 교장의 자율권도, 교사의 자율권도 보장되어 있다고 보기 어려운 상황이라고 할 수 있다. 앞의 논의를 바탕으로 단위 학교와 그 구성원들의 자율권을 확보해 나가기 위해 고려해야 할 점들을 중심으로 제언을 제시하면 다음과 같다.

첫째, 상급 기관과 학교 간, 그리고 학교 내에서 구성원들 간의 권한 분배 문제를 관통하는 공통된 배경은 우리나라의 전체 교육 시스템이 교육부-교육청-학교 간, 그리고 학교 내에서 교장-교사-학생으로 이어지는 수직적 구조에 근거하고 있다는 것이다. 이러한 위계적인 관계 속에서는 관계의 상층부로 갈수록 자의적으로 자율권이 행사될 수 있는 여지가 있으며, 하층부로 갈수록 충분한 자율권을 보장받지 못할 가능성이 높다. 이런 점에서 볼 때, 기관 차원과 개인 차원에서 갖는 법률적 권한과 자율권의 범위를 명확히 함으로써 법적 또는 정책적으로 보장된 자율권이 충분히 발휘될 수 있는 여건을 조성하고, 자의적으로 자율권이 행사될 수 있는 가능성을 방지할 수 있는 절차가 필요할 것으로 생각된다.

둘째, 이와 관련하여 이 연구에서 단위 학교의 자율화를 방해하는 것으로 지적된 대표적 요인이 상급 기관의 지침과 평가 등임을 고려할 때 학교 자율화 정책이 의도한 성과를 거두기를 기대한다면, 상급 기관에서는 학교 자율화 정책의 방향과 상충되는 관행 및 실천들을 지양하고 이를 단위 학교의 자율 경영을 지원하는 방향으로 선회할 필요가 있다.

셋째, 단위 학교와 그 구성원들의 자율권이 충분히 보장되기 위해서는 제도적인 개선이 선행되어야 하겠지만, 교장과 교사 측에서도 학교 및 개인의 자율권을 저해하는 요인에 대해 지속적으로 문제를 제기하고 그것의 개선을 요구해야 할 것이다.

넷째, 교장의 자율권에 대해 교장과 교사가 갖는 인식의 차이는 그들이 처해 있는 입장과 지위가 서로 다르다는 점을 고려하면 자연스러운 현상이라고 할 수 있다. 하지만 전체 학교의 관점에서 보면, 그들 간의 인식 차이가 서로 간의 불신과 갈등 등의 부정적인 결과를 낳을 수 있기 때문에 그 간극을 좁히는 노력이 필요하다. 이를 위해 그동안 교사들의 접근이 어려웠던 여러 영역의 의사 결정 과정에 구성원들의 참여를 확대하고, 충분한 의사소통을 통해 학교의 각종 사안이 결정될 수 있도록 할 필요가 있다. 그리고 학교 구성원들이 갖고 있는 자율권의 개념을 타인으로부터의 분리 또는 독립을 전제로 하는 개념에서 주체성과 타인과의 관계성이 통합된(Kagitcibasi, 1996) 학교공동체의 자율권으로 개념화하는 것도 필요할 것으로 생각된다.

이와 같은 노력들이 이루어질 때, 학교에 주어진 자율권이 개인으로서 교장 또는 교사의 자율권으로 축소·환원되는 것이 아니라, 학교 내 구성원들의 참여와 민주적 의사소통을 통해 학생을 포함한 학교 구성원 전체의 자율권으로 확대될 수 있을 것이다.

제4장
교장에 대한 교사의 신뢰[*]

1. 서론

믿고 의지한다는 뜻을 가진 신뢰는 조직과 조직 내 구성원, 제도 등 맥락에 따라 의미가 달라진다. 조직이 추구하는 목적에 따라 구성원들 간의 관계가 다르므로 모든 조직 혹은 조직 내 관계에 두루 적용하는 신뢰 개념은 존재하지 않는다. 예를 들어, 학교에서의 신뢰를 이해하기 위해서는 일반 조직에서의 신뢰와는 다르게 접근할 필요가 있다. 학교는 다양한 배경을 가진 학생들에게 공교육을 수행해야 할 교육적 의무와 책임을 지는 곳이다(이숙정, 2006). 또한 교실에서의 교사의 자율성, 조직 구조의 느슨한 결합이 특징인 학교는 교장이 교사의 직무 수행 결과를 직접 통제하기 어렵다(홍창남·이쌍철·정성수, 2010)는 학교 조직의 고유한 특성을 고려해야 한다.

그리고 학교에서 누구(신뢰 주체)와 누구(신뢰 대상자)의 신뢰 관계를 볼 것인가도 중요하다. 학생-교사, 교사-교사, 교사-관리자, 교사-학부모 등 어떤 관계인가에 따라 신뢰를 판단하는 근거는 다를 수 있다. 학교에서 신뢰가

* 출처: 최류미·황철영·김대현(2019). 교장에 대한 초등학교 교사들의 신뢰 형성 근거와 결과. 교사 교육연구, 58(4), 621-634.

필요한 관계는 다양하게 존재하는데, 그중 하나는 교장-교사 간 신뢰이다. 교장에 대한 교사의 신뢰와 교사에 대한 교장의 신뢰는 유사해 보이지만, 신뢰 주체와 신뢰 대상자가 다르므로 신뢰 형성의 근거와 결과 등이 다를 수 있다(Gimbel, 2003: 94). 교장에 대한 교사의 신뢰는 교사가 교장의 교육적 가치관이나 학교 운영과 정책 등에 대해 어느 정도 신뢰하고 있는가를 의미한다(이숙정, 2006). 이들의 신뢰 관계를 이해하기 위해서는 신뢰 주체인 교사와 신뢰받는 대상인 교장이 학교에서 어떤 역할을 하고 있으며, 상호 간에 어떤 관계를 맺고 문화가 형성되어 있는지 살펴보아야 한다.

학교에서 교장이 수행하는 업무는 크게 학교 수업 활동 전반을 지도하는 교육자로서의 업무와 학교의 중요한 사안을 결정하고 총괄하는 행정가로서의 업무로 나눌 수 있다(문지윤·김병찬, 2018). 학교 운영과 변화에 중심적인 역할을 하는 교장에 관한 연구는 수없이 많다. 교육학 분야에서는 학교장의 리더십, 역량, 전문성의 개념을 규명하고(김도기·문영진·문영빛·권순형, 2016; 김이경·김도기·김갑성, 2008; 박상완, 2019; 성낙돈, 2008; 손성호·류광모·이한진, 2019; 주영효, 2019; Fullan, 2015; Gimbel, 2003 등), 그것이 학교 효과에 미치는 결과를 분석한 경우가 많았다(권동택, 2007; 최윤정, 2007; 이기용, 2017; 허은정·윤지영, 2018 등). 김이경 등(2008)은 우수 학교장의 리더십 특성을 아래로부터의 의사 결정 방식, 업무를 공정하게 배분하되 믿고 맡기며, 솔선수범, 인간적 유대, 칭찬과 격려, 공정하고 적절한 보상을 활용하여 과업을 추진하는 것으로 보았다. 혁신 교육을 위한 학교장의 역량을 탐색한 손성호 등(2019)의 연구에서는 공감적 소통 능력, 공동체 지향 능력, 혁신적 조직 관리 능력, 마을공동체 네트워킹 협업 능력, 혁신 교육 철학, 민주적 리더십이 혁신학교 학교장에게 필요한 역량이라고 보았다. 이를 보면, 학교 행정가인 교장은 변화 지향적인 비전과 목표를 세우는 것에서부터 업무 수행에의 전문성, 학교 구성원과의 긍정적인 인간관계를 형성하는 등 복합적인 역량을 갖출 것을 요구받고 있다.

또한 학교를 둘러싼 시대적 환경의 변화는 교장으로서 수행해야 할 직무에 영향을 준다. 교육 행정 권한의 분권화, 학교 단위 책임 경영제, 학교 운영위원회의 도입과 학부모의 학교 참여 활성화 등은 학교장이 리더로서 지녀야 할 자질, 태도 등에 관한 새로운 요구를 유발하고 있다(김성열, 2019). 교장 리더십과 관련된 최근 연구를 살펴보면, 학교장은 특정한 리더십만 추구하기보다 교육 환경의 변화에 적응할 수 있는 새로운 역량을 모색하되, 학교 상황에 맞게 유연한 리더십 발휘를 요구받고 있는 시점이라 볼 수 있다(주현준, 2016).

조직 내 구성원 간 신뢰 관계에는 신뢰 대상자의 특성이나 행동뿐만 아니라, 그들이 속해 있는 조직 문화, 분위기, 제도 등도 영향을 미치게 된다. 교사와 교장의 신뢰 관계에는 교사들의 직업적 삶과 교육적 행위에 장기간 영향을 미치는 교사 문화의 영향력을 배제하기 어렵다. 한국 초등학교 교사 문화를 분석한 류방란과 이혜영(2002), 오영재(2010)의 연구는 초등학교 교사 문화의 특성을 다음과 같이 밝히고 있다. 행정 업무에 관해서는 제한된 시간 속에서 내용보다는 형식을 강조하는 '의례화' '보여 주기'에 신경을 쓰며 일에 대한 거부감을 표출하기보다는 '어쩔 수 없이 참고 하기'의 문화를 제시하였다. 또한 교장과의 인간관계에 관한 문화로는 학교의 '어른'으로 대우하고, 교장이 '교사들의 울타리'로서 외부의 간섭과 압력으로부터 그들을 지켜 주기를 원하는 것으로 나타났다.

앞서 살펴본 학교 내에서의 학교장 역할과 교사-교장과의 관계적 특성과 문화는 교장에 대한 교사의 신뢰 현상을 이해하는 데 도움이 된다. 지금까지 진행된 교장에 대한 교사의 신뢰 선행 연구는, 크게 ① 교장에 대한 신뢰성을 규명한 연구, ② 교장-교사의 신뢰에 관한 경험적 연구, ③ 교장에 대한 교사 신뢰의 효과를 밝힌 연구 등 세 가지로 정리할 수 있다.

첫째, 학교에서의 신뢰성(trustworthiness) 요인을 밝히고 신뢰 측정 도구를 개발한 연구는 다음과 같다. 신뢰 측정 도구를 개발하기에 앞서 상대의 어떤 면을 신뢰하는가, 즉 무엇을 신뢰할 것인가에 대해 고려한다. Tschannen-Moran(1999)은 호의, 믿음, 역량, 정직함, 개방성을, Bryk과 Schneider(2002)

는 존경, 역량, 타인에 대한 존중, 성실성 요인을 신뢰의 선행 요인으로 제시하였다. 이숙정(2005)은 신뢰 주체와 대상에 따른 신뢰성 요인을 규명했는데, 그중 교장에 대한 교사의 신뢰에는 믿음, 성실성, 친밀감 세 가지 요인이 신뢰에 영향을 준다고 보았다. 그러나 이들의 결과를 살펴보면, 공통적으로 신뢰를 받는 대상인 교장의 특정한 인식과 행위들이 신뢰 형성에 근거가 된다는 입장에 기반을 두었다.

둘째, 교장-교사의 신뢰에 관한 경험적 연구를 수행한 연구가 있다. 미국의 세 중학교 사례를 통해 교장과 교사 신뢰 관계를 연구한 Gimbel(2003: 27)은 어떤 행동이 교장에 대한 교사의 신뢰를 증진하는지를 관찰했다. 교장에 대한 신뢰가 형성되는 데에 갈등 직면하기, 교사의 말을 수용하는 대인 관계 기술, 교사에 대한 믿음 유지, 교사의 전문성과 사생활 존중 등의 교장의 신뢰 구축 행위가 필요함을 밝히고 있다. 교장에 대한 교사의 신뢰는 아니지만 동료 교사, 학생에 대한 교사의 신뢰를 살펴본 국내 연구도 있다. 김대현 등(2016)의 연구에서는 초등학교 교사들이 동료에 대해 교육 활동에 대한 신뢰와 인간성에 대한 신뢰 두 가지 측면에서 신뢰를 형성한다는 사실과 그것이 교사의 삶에 어떤 영향을 주는지를 밝혀냈다. 또한 최류미 등(2016)의 연구에서는 학생에 대한 교사의 신뢰 의미는 학생을 당위적으로 신뢰하는 것, 학생의 말과 행동을 기준으로 한 판단적 신뢰, 학생의 내면과 변화 가능성을 염두에 둔 포괄적 신뢰 등이 혼재하는 것을 밝혔다. 이는 학교 구성원 중 누구의 관점에서 어떤 대상에 대한 신뢰 인식과 경험을 살펴보는가에 따라 신뢰의 의미가 달라질 수 있다는 것을 나타낸다.

셋째, 교장에 대한 교사의 신뢰가 학교에 미치는 영향을 밝힌 연구가 있다. 신뢰가 학교에 주는 영향은 크게 학생의 학업 성취 수준과 구성원 간 관계에 주는 효과로 보는 연구로 나눌 수 있다. 먼저, 교장에 대한 교사의 신뢰가 높을수록 학생의 읽기와 수학 점수(Bryk & Schneider, 2002), 읽기, 수학, 과학 점수(홍창남 외, 2010)가 높아지는 등 학생의 학업 성취에 주는 효과를 밝힌 연구가 있다. 또한 교사의 교장에 대한 신뢰 수준이 높을수록 교사-교장 협력과 학교 구성원의 혁신적인 행동을 촉진하고(Tschannen-Moran, 2001; 2009), 교사의 사기와 학교 만족도(이쌍철 · 홍창남 · 송영명, 2011)가 높아지며, 교사의 직무 만족, 직무 성과, 조직 적응성, 조직 몰입 등 학교 조직 효과성을 높인다(강경석 · 강경수, 2007)는 결과도 있다.

이러한 선행 연구에서 발견되는 몇 가지 한계를 정리하면 다음과 같다. 첫째, 한국적 상황에 맞는 교장에 대한 교사의 신뢰에 관한 경험적 연구가 부족하다. 실제 학교 내에서 구성원 간 신뢰 관계는 피신뢰자의 특성만으로 설명할 수 없다. 신뢰는 개인과 조직, 문화 및 제도적인 특성이 연관되어 형성되기도 하고 변화하기도 한다. 예를 들어, 교장에 대한 교사의 신뢰만 두고보더라도 신뢰 대상자(교장)가 보이는 언행 외에도 교사의 신념, 직무 특성, 상호 작용 빈도, 학교 급 등 여러 가지 요인이 신뢰에 영향을 미친다.

둘째, 교장과 교사의 관계는 다른 조직의 상사-부하의 관계적 특성과 구분되는 맥락이 있음에도 불구하고, 선행 연구에서는 이를 고려하지 않았다. 신뢰의 수준을 측정하기 위한 도구는 일반 조직에서 상사에 대한 부하의 신뢰 측정 도구를 참고하거나(강경석 외, 2007) 학교장 리더십 문항(이쌍철 외, 2011; 홍창남 외, 2010)을 수정 · 보완하고 있어, 교장에 대한 교사의 신뢰를둘러싼 고유한 맥락을 담아내는 데 한계가 있어 보인다.

셋째, 외국에서 수행된 교장과 교사 간 신뢰에 관한 이론적 · 실증적 연구는 한국의 학교라는 맥락에 적용하기에는 부족함이 있다. 국내 선행 연구에서 신뢰 측정 도구로 참고한 Bryk과 Schneider(2002), Hoy와 Tschannen-Moran(1999)은 경험적 연구라기보다 신뢰성에 대한 이론적 문헌 연구나 조사 연구 결과를 구체화했다는 한계가 있다(이숙정, 2006). 따라서 체계적인 연구를 통해 한국 초등 교사들의 교장에 대한 신뢰 인식과 경험의 실제가 무엇인지 파악하는 연구가 필요한 실정이다.

이러한 문제의식에서, 이 연구는 질적 연구 방법을 통해 교장에 대한 초등학교 교사들이 신뢰 형성 근거는 무엇이며, 그 신뢰의 결과가 무엇인지를 밝히고자 한다. 초등 교사의 관점에서 교장을 신뢰할 때 신뢰 대상의 속성, 상호 작용 경험, 조직 및 문화적 특성 등이 영향을 주는지를 살펴보고자 한다. 연구의 목적을 달성하기 위해 설정한 구체적인 연구 문제는 '초등학교 교사들의 교장에 대한 신뢰 형성의 근거는 무엇이며, 그 결과는 무엇인가?'이다. 연구를 통해 교장에 대한 교사들의 신뢰 경험을 이해하고, 한국 학교에서의 구성원 간 신뢰의 기능과 역할을 탐색하고자 한다.

2. 연구 방법

이 연구는 초등학교 교사들이 어떠한 근거로 교장을 신뢰하거나 신뢰하지 못했으며, 그 결과가 무엇인지에 관해 알아보는 데 목적이 있다. 자료 수집을 위해 B시와 K도의 초등학교 교사 12명과 면담을 실시했으며, 구체적인 자료 수집과 처리 과정은 다음과 같다.

1) 연구 참여자

연구 참여자는 학교장을 신뢰했던 경험 혹은 신뢰로 인한 삶의 변화 경험을 들려줄 수 있는 초등 교사로 선정하였다. 연구 참여자는 B시과 K도에 소재한 초등학교에 재직 중이면서 연구 참여에 동의를 해 준 총 12명의 교사이다. 연구 참여자는 여성 5명, 남성 7명으로 구성했으며, 모두 5년 이상의 교직 경력을 가진 초등 교사이다. 교직 경력이 풍부한 교사일수록 학교장과의 상호 작용 경험이 풍부하여, 신뢰 경험에 대한 많은 이야기를 들려줄 수 있을 것으로 생각하여, 주로 중경력 이상의 교사들을 선정하였다 12명의 연구 참여자에 대한 정보는 〈표 4-1〉과 같다.

〈표 4-1〉 연구 참여자에 관한 정보

이름(익명)	성별	교육 경력(년)	면담 횟수(회)
조다연	여	14	3
김지혜	여	21	2
유형욱	남	19	2
이수현	여	21	1
서윤빈	남	7	1
김상우	남	19	1
박경필	남	10	2
이지원	여	10	2
황동철	남	13	1
박규형	남	26	1
윤재영	여	23	2
임경한	남	19	1

2) 자료 수집 및 분석의 과정

교장에 대한 초등학교 교사들의 신뢰 형성의 근거와 결과를 심층적으로 이해하기 위해 면담을 통하여 질적 자료를 수집하였다. 면담은 연구 참여자의 현재 진행 중인, 혹은 지나가 버린 삶과 경험을 이해하고, 그들이 가진 인식과 처한 문화에 접근하기에 적합한 연구 방법이다.

면담은 2018년 5월 11일부터 2019년 8월 4일까지 이루어졌으며, 초기 면담 장소는 연구자의 연구실이나 연구 참여자가 편한 느낌을 받을 수 있는 카페 등을 선정하였다. 추가 면담의 경우에는 일대일 대면뿐만 아니라 이동 전화로 진행함으로써 연구 참여자의 부담을 최대한 낮추려고 노력하였다. 면담 시작 전에는 연구의 목적ㆍ면담의 전체적인 과정을 설명하고, 녹음기 혹은 이동 전화를 통한 녹음 처리, 개인 정보(학교명, 교사 이름 등)에 대한 익명 처리, 면담 내용에 대한 비밀 보장에 대해 동의를 얻는 과정을 필수적으로 거쳤다.

면담은 반구조화된(semi-structured interview) 면담 형식으로 진행하였는데, 이는 면담자가 준비한 조직화된 질문을 한 다음 풍부한 정보를 얻기 위하여 개방형 질문을 사용하여 깊은 반응을 끌어내는 방식이다(김영천, 2013: 326). 면담에서 활용될 질문지는 학교에서의 신뢰, 교장 리더십/역량/전문성, 교장에 대한 교사의 신뢰 등에 관한 선행 연구를 분석하여 일차적으로 구성하였으며, 구성한 질문지를 연구자 간 검토 과정을 거친 후, 현직 교사이면서 질적 연구를 수행한 경험이 풍부한 초등학교 교사 2인에게 추가 검토과정을 거쳤다. 연구에서 활용한 면담 질문지는 〈표 4-2〉와 같다.

〈표 4-2〉 면담 질문지

- 연구 참여자에 대한 배경: 교직 경력, 담당 업무, 담임 여부, 혁신학교 유무, 학교 규모 등
- 교장을 주로 만나는 상황은 언제인가?
- 학교에서 교장의 역할은 무엇이라고 생각하는가?
- 평소 교장과 교사의 관계는 무엇이라고 생각하는가? 과거와 비교하면 인식이 달라졌는가?
- 지금까지 만났던 교장 중에 기억에 남는 분이 있는가?
- 교장을 믿는 것이 필요하다고 생각하는가? 왜 필요하다고 생각하는가?
- 내가 믿고 의지했던 교장의 모습은 어땠는가?
- 교장을 믿고 의지한다는 것의 반대 표현은 무엇인가?
- 내가(혹은 교사들이) 교장을 믿고 있다는 것은 어떻게 알 수 있는가?
- 교장에 대한 믿음이 나의 삶에 미치는 영향은 무엇인가?
- 교장에 대한 믿음이 학교에 미치는 영향은 무엇인가?

수집된 질적 분석 자료를 검토하여 상위 범주와 하위 범주를 개발하기까지 다음과 같은 내용 분석의 과정을 거쳤다. 내용 분석이란 관심 변인이나 현상을 연구하기 위하여 이미 산출해 놓은 텍스트를 체계적으로 양적·질적으로 분석하는 방법이다(김석우 외, 2015: 328). 이 연구에서는 분석하고자 하

는 자료를 근거로 범주를 도출하는 귀납적 범주 구성(inductive formation) 절차를 따랐다(Maring, 2000: 3). 반복적인 텍스트 읽기를 통해, 자료로부터 범주와 하위 내용을 구성하여 연구 결과를 재현하였다. 그 결과, 교장에 대한 교사의 신뢰 형성 근거는 '교육 철학을 공유하고, 행동으로 보여 주기' '불필요한 업무 조정' '공정한 권한 행사' '믿음을 전제한 소통' '교사에 대한 관심과 보호'라는 다섯 가지 범주가 도출되었고, 교장에 대한 신뢰 형성의 결과는

⟨표 4-3⟩ 연구 결과의 범주화

구분	범주	하위 내용
교장에 대한 신뢰 형성 근거	교육 철학을 공유하고, 행동으로 보여 주기	학교와 학교 구성원들을 위한 교장의 철학
		교장의 철학에 대한 교직원과의 공유
		철학과 일관된 행동 보여 주기
	불필요한 업무의 축소	형식보다는 본질을 존중하기
		교사가 학생들과 더 많은 시간을 갖게 하기
		요식 행위의 최소화하기
	공정한 권한 행사	기준에 따른 권한 행사
		교장의 결정에 관한 정보를 제공하기
	믿음을 전제로 한 소통	실수나 반대 의견에 대한 허용
		사소한 결정도 함께하기
		교사의 전문성에 대한 믿음
	교사에 대한 관심과 보호	교사에 관한 관심과 배려
		문제 발생 시, 교사의 울타리 역할을 함
신뢰 형성의 결과	회피와 눈치 보기로부터의 해방	교장과의 접촉을 피하지 않음
		무엇이든 말해 보자
		똑같은 일도, 마음은 편안하게
	학교라는 공동의 지향점을 향한 움직임	나의 교실과 내 수업 밖으로 나오기
		학교는 우리가 함께 살아가는 곳

'회피와 눈치 보기로부터의 해방', '학교라는 공동의 지향점을 향한 움직임'이라는 2가지 범주하에 하위 내용을 기술하였다. 자료의 분석 결과를 정리한 목록은 〈표 4-3〉과 같다.

3) 연구의 타당성을 높이기 위한 노력

연구자들은 연구 과정과 결과를 진술하는 과정에서 최대한 중립적인 태도를 견지하기 위해 노력하였다. 연구 참여자들의 신뢰 경험을 왜곡하지 않기 위하여 연구의 과정을 문서화하고, 자료를 해석하는 과정에서 연구 참여자들의 용어를 그대로 사용함으로써 그들의 경험을 최대한 반영하고자 노력하였다. 자료를 해석하는 과정에서 추상적이고 애매한 표현에 관해 연구 참여자에게 재확인하는 과정을 거쳤으며, 분석 결과에 관한 연구 참여자 검토(member check) 과정을 거쳤다. 연구자가 글쓰기를 진행하는 동안 교육학 박사 2인에게 자료의 분석과 해석이 타당한지를 지속적으로 자문받았다.

3. 교장에 대한 초등학교 교사들의 신뢰 형성의 근거와 결과

1) 교장에 대한 초등학교 교사들의 신뢰 형성의 근거

(1) 교육 철학을 공유하고, 행동으로 보여 주기

면담에 참여한 초등 교사들이 학교장을 신뢰하는 데 가장 중요하게 여기는 것은 학교장이 추구하는 교육 철학이었다. 학교의 주요 업무에서 최종 결정자인 교장이 교육의 목적을 무엇이라 보고, 학생과 교사의 존재를 어떻게 바라보는지에 따라 학교 운영의 방향이 달라지고, 그것이 교사 개인의 삶에도 영향을 주기 때문이다. 그들이 신뢰하는 교장은 '학교는 모두가 함께 만들어 나가는 곳'이라는 운영 방식과 '교사들은 부하 직원이 아닌 동료'라는 학교 구성원에 대한 관점과 철학을 가지고 있는 것으로 나타났다.

> 교장 선생님들은 아이들, 수업에 대한 철학은 있는데, 교사들에 대해서는 좀 부족한 게 많아요. 예를 들면, 아이들만 소중하다고 생각하는 교장 선생님들이 많거든요. 그러면 모든 학교의 많은 것이 아이들을 위해서라는 명분을 달면 다 해야 하는 것들인 거예요. 그럼 교사들의 힘듦이나 고충에 대한 이해 없이 교사니까 당연히 해야 하는 것으로 생각하는 거예요. 이렇게 되어 버리면 그 사람은 아이들에 대한 철학이 있지만, 학교 직원 집단 사이에서는 인정받지 못해요.　　　　　　　　　　　　　　－ 박경필 교사, 2차 면담 중

그리고 교사들은 교장이 어떠한 철학과 의도를 바탕으로 학교를 운영하고, 업무를 추진할 것인지에 대해 교직원들과 공유하는 과정이 중요하다고 말했다. 처음부터 모든 구성원을 만족하게 하는 철학을 갖추는 것은 현실적으로 불가능하다. 그러므로 교장이 가진 교육적 신념은 무엇이고, 교사들이 요구하는 바는 무엇인지를 공유하고, 학교 운영의 중요한 사안에 대한 양측의 합의를 이끌어 내는 과정이 필요하다. 합의의 과정을 거침으로써 교사들은 본인이 하는 교육 활동이 '교장 혼자만을 빛내는 일'이 아닌 '우리 모두에게 의미 있는 교육'이라는 인식을 하게 되었다.

> 저 스스로, 교사로서. 그래서 왜 그걸 해야 하는지에 대한 설명 내지는 설득? 이런 걸 해야 하는 게 당연한 문화인 거죠…. (중략) 뭔가 교장 선생님이 하고 싶은 게 있거나, 해야 한다고 생각하는 게 있을 수 있잖아요. 그랬을 때 그걸 교사들에게 자세히 설명하고 설득하고 의견을 들어주려고 하고, 그 과정에서 자기의 권한이나 힘을 이용하지 않고 구성원들에게 공감을 얻으려고 하는 모습? 그럴 때 존중을 받는 느낌을 받죠.
> 　　　　　　　　　　　　　　　　　　　　　　－ 박경필 교사, 2차 면담 중

교장에 대한 교사의 신뢰는 교장 본인이 가진 철학과 일관된 행동을 보이는지와 관련이 있다. 예를 들어, '교사들은 부하 직원이 아닌 동료'라는 철학을 강조했던 교장이 평소 교사들에게 강압적으로 업무를 지시한다든지, 독단적으로 학교의 중대사를 결정하는 행동 등을 보인다면, 교사로서는 교장의 진정성에 대해 의심하게 되고 신뢰를 하지 않게 된다. 따라서 교사들이 신뢰했던 교장은 본인이 가진 교육 철학을 충분히 공유하면서, 그것에 일관된 행동을 지속적으로 보여 줬던 것으로 나타났다.

> 어떤 충분한 철학적인 의미가 있고, 충분히 비전을 제시하고, 거기에 본인이 솔선수범해서 나가고 그러면 힘들어도 가는데. 지금 교장 선생님이 우리 수업 너무 재미없다고 하시거든요. 어떤 수업이 되더라도 좋으니 틀을 깨트려서라도 해도 된다, 그런 요구를 하시지만…. 본인이 구체적인 모범을 보이지는 않고, 비난만 하시는 거죠. 그렇게 말해 놓곤 자리를 비우시고.
>
> – 김상우 교사, 1차 면담 중

> 인간에 대해서 신뢰롭다고 할 때… 관리자든 같이 일을 진행하는 직장 동료든 간에 같이 하기로 했을 때는 그것에 대해서 책임 있는 행동이 나올 때 그 사람에 대한 신뢰가 그런 경험이 계속 쌓일수록 신뢰가 더 쌓이는 것 같아요.
>
> – 유형욱 교사, 1차 면담 중

(2) 불필요한 업무의 축소

초등학교 교사들의 일과는 학생들과 만나는 수업 외에도 각자 담당하고 있는 업무를 기획하고, 운영하는 시간이 적지 않은 비중을 차지하고 있다. 교사들은 업무 수행 전반에 미치는 학교장의 영향력이 적지 않기 때문에, 교장의 능력과 판단에 따라 업무의 양과 질이 달라진다고 보았다. 교장의 학교 경영 능력에 대해 신뢰하지 못하고, 본인들이 불필요한 일을 한다고 생각하는 경우는 다음과 같다. 첫째, 형식을 지나치게 중요시할 때이다. 교장이 업무 수행 과정에 대한 세세한 브리핑, 허점 없는 문서 작성, 화려한 행사(운동회, 학예회 등) 등을 원하지만, 학교 안 구성원들의 요구와 교육 활동의 본질에 무관심할 때 일을 하는 의미를 찾지 못한다고 느꼈다. 둘째, 교장의 흔들리는 판단으로 업무 수행 과정에 잦은 번복이 발생할 때이다. 사전에 합의한 사항에 대해 교장의 판단이 번복되는 경험들이 축적되면, 교사들은 업무를 추진할 때 예측 가능성이 저하되고, 업무를 변경하는 과정에 대한 피곤함을 느꼈다.

> 선생님들과 교육관도 안 맞았고 첫날부터 안 좋았어요. 발령을 받고 갔는데 첫날 새로운 분들을 모아 놓고 만남을 가졌어요. 교장실에서 가장 먼저 하신 말씀이 공문의 형식이었어요. 공문의 여백이 안 맞으면 자기는 결재하지 않는다는 게 좀 의아했고, 교사는 가르치기 이전에 그걸 잘해야 한다는 거예요. 이상한 거죠.   – 윤재영 교사, 1차 면담 중

> 자기가 왕인 것처럼. 무조건 자기 마음대로 결정해 놓고는 집에 가서 생각이 바뀌고…. 날짜 되니까 그냥 알아서 해라. 일을 계속 그렇게 처리하니까 선생님들이 싫어하더라고요….   – 이수현 교사, 1차 면담 중

초등 교사들은 불필요한 업무를 축소하려는 교장의 행동을 보고, 교장이 본인들을 어떻게 바라보고 있는지를 판단하였다. 교장이 자신을 교사의 관리자, 평가자라 생각하고, 업무에 관한 중요한 결정을 독단적으로 내리고 교사에게 통보하거나 불필요한 보고를 요구하여 일을 가중시킨다고 느꼈다. 반면, 교장이 교사의 지원자라 생각하여 교사가 미처 놓칠 수 있는 부분을 살펴 주고, 문제가 발생했을 때 교사에게 적절한 대안을 제안한다면 전문성을 발휘한다고 생각했다. 또한 불필요한 업무를 축소하려는 교장의 행동을 보고 교사들은 교장이 서류상의 형식보다는 학생들과 보내는 시간을 존중해 주고, 실질적인 교육과정 운영에 집중하게 하는 의도로 받아들이고 있었다.

요식 행위를 줄이는 거 자체에서 많은 교사가 신뢰를 느껴요. 교장이 믿지 않으면 그렇게 하지 않는다고 생각하거든요. 교장 선생님이 먼저 신뢰하는 모습을 더 많이 보이는 거죠. 예전에는 교사들이 교장을 신뢰하는 모습을 먼저 보였어요. 먼저 가서 어필하고, 내가 이렇게 업무를 잘하고 있다면서 신뢰를 받으려고 노력을 했다면 요즘은 오히려 교장 선생님이 학교 풍토를 신뢰하는 분위기로 조성하는 거죠.   – 조다연 교사, 2차 면담 중

(3) 공정한 권한 행사

교장에 대한 교사의 신뢰 형성에 있어 공정함은 주로 학년 및 업무 배정, 근무 평정 등 인사 행정에 있어서 공정한 권한 행사를 의미했다. 일반 조직의 상사와 부하 관계와 유사하게도, 교사들은 학교의 주요 결정 권한을 가지고 있는 교장의 권한 행사 방식에 민감하였다. 특히 교장의 인사 행정은 교사들의 이해관계에 직접적인 영향을 주며, 학년, 업무 등의 배정 결과는 1년 동안 교사의 삶에 영향을 주는 사안인 것으로 나타났다. 만약 교장 본인의 이해관계, 친소 정도 등 객관적이지 않은 기준에 의해 인사권을 행사하거나 승진 점수를 부여하고, 특정 교사나 부서에 과도한 업무가 배분된다는 것을 느낄 때, 교사들은 교장의 판단에 대해 신뢰하지 못한다고 하였다.

인사와 관련한. 인사와 업무에 있어서 '이번에 2학년 했으니까 5, 6학년 올라가겠네.' '이번에 6학년 했으니까 내려가겠네.' 예측이 가능 인사가 되어야 하는데, 업무를 작년에 고생했는데, 이번에 좀 쉬고 가야지. 이렇게 돌아가야 하는데, 교장 선생님 입장에서 챙길 사람만 자꾸 챙기고 있으면 문제가 생기는 거예요. 학교 안에서도 자기 식구가 있어요. 내 사람을 먼저 챙기려고 하다 보면, 반드시 일이 벌어지는 거예요.

– 박규형 교사, 1차 면담 중

교사들은 교장의 단독적인 판단에 의한 권한 행사보다는 교사들이 선호

하는 지망, 교직원 회의를 통해 합의한 결과를 참고하여 공정한 기준에 따라 학년과 업무를 배정하기를 원했다. 설령 교사가 (교사들이) 원하지 않았던 방향으로 결정이 나더라도 일방적인 통보가 아닌, 어떤 식으로 그 결정이 이루어졌는지를 솔직하게 공개한다면 교사들은 교장의 결정에 동의하는 것으로 나타났다. 결정의 근거가 무엇이고, 결정적으로 왜 그러한 판단을 하게 되었는지 학교의 상황에 비추어 교장이 충분히 설명해 준다면 교장에 대한 불신으로 이어지는 결과는 막을 수 있다.

> 혁신학교의 경우는 같이 교사들이 합의를 하기도 하거든요. 교사들의 의견을 고려했던 적도 있는데. 특히 인사권 같은 경우에는 자기한테 잘 보인 사람들에게 좋은 학년을 주는 경우 그런 말이 나타나요. 나라도 교장 선생님이 되면 철두철미하게 칼로 자르듯이 할 수 없지만…. 터무니없이 어떤 사람은 벌받듯이 하는 경우도 있고 어떤 사람은 안 되는 경우도 있죠. 그런 공정함. 항상 선생님들이 신뢰하느냐 안 하느냐는 나와 관련이 있을 때 느끼잖아요.
> — 김지혜 교사, 1차 면담 중

(4) 믿음을 전제로 한 소통

앞서 말한 교장의 교육 철학, 불필요한 업무 조정, 공정한 권한 행사 등 교장에 대한 교사의 신뢰 경험에서의 공통분모는 '소통'이었다. 조직 구성원들의 상호 협력은 신뢰를 바탕으로 이루어지고, 신뢰는 소통이라는 수단을 통해 발전하게 된다(송운석, 2012: 18).

학교에서의 교사와 교장의 소통은 일대일 대면, 교직원 회의, 교육과정 평가회 등에서 주로 이루어진다. 일대일 대면 상황에서는 교사의 실수에 대해 허용적인 태도를 보여 주고, 언제나 교사의 이야기를 들을 준비가 되어 있다는 교장의 태도가 중요했다. 교직원 회의에서는 교장의 의견만 단독적으로 제시하는 것이 아닌 교사의 입장과 학교의 상황이 어떠한지를 고려해 주기를 원했다. 또한 교장의 의견과 반대되는 의견(혹은 투표 결과)이 나올 경우에 모든 일에는 다양한 관점과 견해가 있음을 인정하고, 교사들과 충분한 합의를 끌어내려는 교장의 유연한 모습을 보고 신뢰하게 되는 것으로 나타났다.

> 사람을 편안하게 해 주시고 권위적이지 않고 지시적이지 않아요. 밑에서 교사가 뭐가 위축될 때나 실수했을 때 거기에 대해서 되게 질책이 오거나 비난이 오면 거리가 확 생기잖아요. 그러면 그다음부터는 그 거리를 좁히기 힘들잖아요. 결정적으로 내가 뭘 준비를 잘못했을 때 괜찮아, 거기에 대해서 미안한 마음이 없는 건 아니고. 다음에 내가 잘못했구나. 관리자가 교사들이 하는 일에 대해서 그런 실수에 대해서 관용이 있고 허용적일 경우에는 교사가 다음에 쉽게 다가갈 수 있고.
> — 유형욱 교사, 1차 면담 중

만약 소통의 과정에서 교장이 모든 것을 아는 전문가이고 자신의 판단만이 정답이라는 태도를 보이면, 교사들은 개인적으로나 집단적으로 솔직하게 소통할 수 없게 된다. 교사들이 교장과 소통하는 데 편안함을 느끼기 위해서는 학교장이 '사소한 결정도 같이하는 것'이 의미 있고, '누구든 학교의 일에 자유롭게 의견을 내는 것이 필요하다'는 수용적인 분위기를 조성하는 것이 중요하다. 그러한 분위기 속에서 교사들은 학교 교육 활동에 본인들의 재량권이 존중되고, 의사 결정 권한이 주어진다는 판단을 내리고, 본인의 발언권을 좀 더 적극적으로 행사할 수 있게 되는 것으로 나타났다.

> 제가 몇 년 전에, 안전 관련해서 학생들이 사고가 자주 났어요. 그래서 교사들이 앞에 좀 서서 지도를 해야 하는데, 교장 선생님이 보통은 담당자에게 안전사고 발생이 있으니 선생님들이 돌아가면서 서자고 얘기를 하거든요? 근데 교장 선생님이 회의 끝나고 나서 그 얘기를 하시더라고요. 학생들이 앞에서 사고가 나는 게 자기는 걱정이 된다. 선생님들 어떻게 좀 방법을 해결하면 좋겠냐고 물어보더라고요. 자기의 권한으로 교통 담당 업무를 불러서 선생님들이 돌아가면서 서자고 얘기하면 될 것을 자기가 이렇게 선생

님들에게 물어보더라고요. '어떻게 하면 좋겠어요?' 하면서 떨면서 얘기하
더라고요. 제가 딱 보이더라고요. 그 모습을 보면서 제가 신뢰가 가더라고
요.   – 황동철 교사, 1차 면담 중

그리고 교사들은 교장과의 소통 과정을 떠올리면서 '신뢰는 서로 주고받
는 것'이라는 표현을 자주 언급하곤 했다. 교장과 만나는 과정에서 교사(의
전문성)를 믿고 존중한다는 신호를 받을 때 진정한 소통이 가능하다고 보았
다. 교사들이 신뢰할 수 있었던 교장은 개인 및 집단 소통 과정에서 교사들
에게 교육과정 운영이나 담당 업무에 있어 전문가라는 말을 건네면서 교사
들의 판단을 존중했던 것으로 나타났다. 나아가 교사의 교육 활동에 관한 판
단에 대한 믿음을 바탕으로, 교사들이 일을 추진하는 데 불편함이 없도록 교
장으로서 할 수 있는 지원을 해 주려고 노력할 때 신뢰가 깊어지는 경험을
했다.

　　똑같은 거를 했어도 나를 신뢰하시는 분은 어… 지지해 주죠. 뭐 제가 필
　　요한 거 있으면, 저를 방임했던 분은 제가 예산 같은 걸 딸 수가 없었어요.
　　필요해도. 그니까 돈에 관련된 거는 아예 배제하는 거예요, 이 분은. 근데 저
　　를 신뢰해 주시는 분은, 저를 믿고 따라 주시는 분은 '아, 네가 돈이 필요한
　　거는 이유가 있는 거고, 그리고 그래서 나는 네가 뭘 원하든 간에 내가 다
　　해 줄게.' 이렇게 지원을 계속해 주는 거죠. 뭐 그게 물리적 지원이건, 시간
　　적 지원이건, 장기적 지원이건 간에, '난 네가 말하는 것은 필요해서 요청하
　　는 거라고 믿기 때문에 내가 해 준다.'라고 하는 것.
　　　　　　　　　　　　　　　　　　　　　　　　　　– 윤재영 교사, 2차 면담 중

(5) 교사에 대한 관심과 보호

교사들은 교장에 대한 신뢰 형성 과정을 떠올리면서 학교에서 교장이 본
인들에게 관심이 부족했던 순간을 떠올리기도 했다. 교사가 업무 기획 단계

에 교장실을 찾아갔을 때, 마음대로 추진하라고 할 뿐 어떠한 지원이나 피드백을 제공해 주지 않을 때 교장의 관심이 부족하다고 여겼다. 교사나 부서에서 하는 일에 대해 관심이 필요한 이유는 교사의 사기 부여 측면에서도 중요하지만, 업무 추진 과정에서 문제가 발생했을 때 교사의 탓으로만 돌릴 수 있다는 여지에 대한 두려움이 깔려 있다. 이 때문에 교사의 수업과 업무 수행에서 방임적인 태도가 아닌 아낌없이 물리적·정서적 지원을 다해 줄 때 교장에 대한 신뢰가 두터워지는 것을 느꼈다.

> 업무적으로 힘든 게 뭔지 물어봐 주시고, 내가 어떻게 해 주면 좋을까. 합주부를 하는데 팀파니도 필요하고 뭐도 필요해요. 제가 또 역량이 부족해서 파트별로 방과후가 있으면 좋겠어요. 그러면 직접 알아봐서 상황을 보고 강사를 알아봐 주고, 예산을 편성해서 악기를 살 수 있도록 도와주시고. 그리고 이게 얼마나 값진 일인지, 아이들을 위해서 꼭 필요한 일인지에 대해 격려와 지지도 필요하죠. 되게 선생님들이 업무를 맡았을 때 되게 막막하고 그런 부분이 있는데, 그런 가려운 곳을 본인이 직접 손으로 해 주시는 분에게 믿음이 가죠.　　　　　　　　　　　　　　　　　　　　 – 이지원 교사, 1차 면담 중

앞서 말한 물리적 지원, 정서적 지지 수준에서 한 걸음 더 나아가 학교장을 신뢰하는 데에는, 교사들의 울타리로서 외부의 간섭과 압력으로부터 그들을 보호(오영재, 2010)해 주길 원하는 순간이 적지 않게 작용한다. 특히 교사들이 생각하는 외부의 간섭과 압력의 대표적인 사례는 학교 폭력, 학부모 민원 사안이다. 학부모로부터 민원이 제기되고, 학교 폭력 사안이 발생했을 때 교장이 함께 책임을 지기를 원했다. 교장 본인에게 돌아올 피해를 대비해 교사에게만 책임을 미루거나 사안의 본질을 균형 있는 시각에서 바라보지 못하는 모습을 보면, 교사들은 교장에 대한 신뢰를 거둔다. 반면에, 교사들은 민원이나 학교 폭력 사안이 제기되었을 때, 공동으로 해결하려는 노력을 적극적으로 취해 주는 교장을 보면서 본인들이 곤경에 처했을 때 보호해 줄

것이라는 안정감을 느끼는 것으로 나타났다.

> 예를 들면, 학교 폭력이 일어나거나 반에서 여러 가지 일들이 일어날 때, 우리 학교 교장 선생님 같은 경우에는 나 몰라라 하지 않아요. 교사를 비난 하기보다는 교장의 위치에서 이걸 해결하기 위해 애를 쓰는데, 그렇지 않은 경우도 많은 것 같아요. 교사에게 그냥 몰아준다고 해야 하나요? '알아서 해라.' 그들에게는 책임져야 할 의무가 있고 권한도 있지만, 그런 상황에서 잘 못 건드렸을 때 본인에게 돌아올 책임이 더 크니까 아주 매뉴얼에 맞춰서 움직이는. 아이들이나 교사를 위한 방법을 생각한다기보다는 그냥 처벌하면 끝나고. 매뉴얼대로 하면 그나마 나은데, 아니면 교사들에게 책임을 전가하거나 학부모나 학생과 여러 가지 상황에서 학부모와의 오해나 문제가 있을 수 있잖아요. 그런 상황에서 학부모의 편에 서는 관리자들이 많은 것 같아요. 그렇다 보니까 교사는 그런 상황 속에서 완전히 신뢰를 잃는 거죠.
>
> – 박경필 교사, 2차 면담 중

2) 교장에 대한 초등학교 교사들의 신뢰 형성의 결과

(1) 회피와 눈치 보기로부터의 해방

교사들은 교장과의 관계에서 신뢰가 형성되지 못하면 본인의 발언이나 영향력이 교장에게 스며들지 않을 것이라고 생각했다. 이러한 인식은 교사들이 업무를 대하는 태도에 영향을 미치는데, 교사들은 본인이 맡은 업무가 학교 전체나 학생들에게 어떤 의미가 있을지에 대해 깊이 있게 고민하는 것이 무의미하다고 생각하게 된다. 교사들은 이전 해에 작성된 보고서에 따라 업무를 수행하거나 일을 간소화하려는 것으로 나타났다. 교사들은 교장에 대한 신뢰가 전제되지 않는 상황에서는 보고서(문서)상의 변화는 있을지라도 교육적 의미가 무엇인가에 대한 고민을 거두게 된다.

그냥 일하는 것은 아무 생각 없어도 돼요. 작년에 했던 일들이 있으니까. 작년에 했던 공문, 페이퍼들이 그대로 있어요. 그대로 따라 하기만 하면 돼요. 이걸 왜 해야 한다거나 더 나아지게 해야 한다거나 이것의 의도나 목적, 더 가치 있는 방향을 생각하지 않아도 되는 거죠. 안 하고 싶은 거죠. 굳이. (교장에게) 존중받지 않고 그냥 하는 건 공장에서 찍어 내는 일을 하는 사람이죠. 교사가 똑같이. 같은 제품을.   - 박경필 교사, 2차 면담 중

또한 교장에 대한 신뢰가 무너지면, 교장과의 접촉을 회피한다고 말했다. 교장과의 접촉을 피하는 이유는, 첫째, 교장과의 만남에서 주고받는 모든 발언이 교사들에게는 지시와 간섭으로 와닿아 불편하기 때문이다. 둘째, 교장의 부당한 권한 행사에 대해 말하기 어려운 학교 여건 때문이었다. 이에 따라 불필요하고 원치 않는 업무를 맡지 않기 위해서는 애초에 교장과의 접촉 자체를 회피하는 전략을 취하는 것으로 나타났다. 교사들이 교장의 눈에 잘 띄지 않게 하는 방식으로는 교무실 근처에 가지 않기, 회식, 티타임 등 비공식적인 만남 줄이기, 공식적인 의견 수렴 자리에 형식적으로 임하기 등이 있었다.

초등은 가능할 것 같기도 한데. 다 교실에서 일하니깐. 일단은 그 피한다는 의미가 교무실이나 교장실은 잘 안 간다는 거죠. 좀 둘러서 간다거나. 그리고 대면해야 할 일을 조금 줄인다거나. 예를 들면, 내가 조퇴를 할 일이 있는데 조퇴를 안 하는 거죠. 조퇴하면 물어보는 경우가 있거든요. 그런 불필요한 대화가 일어나지 않도록 최대한 감추게 되는 거죠.

- 서윤빈 교사, 1차 면담 중

교사들은 교장에 대한 신뢰가 형성되었다는 것을 본인의 아이디어나 능력이 교장에게 '수용될 수 있다는 가능성'을 느끼는 순간에 확인하는 것으로 나타났다. 학교가 처한 상황에 따라 나의 의견이 완전히 받아들여질 수 없어

도, 말은 해 볼 수 있다는 가능성이 있다면 교사들은 교장과의 대면을 피하지 않고 솔직하게 소통하는 모습을 보였다. 신뢰를 전제로 한 교장과의 소통 과정에서 교사들은 교장의 아이디어에 대한 의문 제기, 담당 업무의 기획과 운영 과정에서 예상되는 문제와 대안을 예상해 보는 등 무엇이든 말해 보자는 자신감이 생겨났다.

> 어느 정도 신뢰가 쌓인다면 나도 새로운 아이디어를 낼 수도 있어요. 왜냐하면 그게 일도 될 수 있지만, 우리 전체 일이기도 하므로. 자연스럽게 개선이 될 수 있으니. 예전에 교원 평가에 위원이 되었는데 하다 보니 신뢰롭지 않은 거야. 이 체제 자체가. 그래서 교감 선생님께 편지를 썼어요. 그랬더니 맞다 답이 오고. 우리가 개선해 보자 그런 이야기를 전체석상에서 하셨거든. 내 의견을 기분 나쁘게 생각하시겠지만 내가 적어도 말을 할 수가 있다가 생기는 거거든.　　　　　　　　　　－ 김지혜 교사, 1차 면담 중

또한 교장과의 개방적인 소통 경험이 축적되면서 교사와 교장은 서로를 믿고 의지한다는 메시지를 반복해서 주고받게 된다. 이러한 긍정적인 메시지는 교사들이 교육 활동을 하면서 어려움에 봉착했을 때 언제든지 교장에게 논의할 수 있다는 확신이 들게 만든다. 이러한 확신은 공적인 일뿐만 아니라 교사가 가진 개인적인 고민까지도 솔직하게 털어놓을 수 있는 분위기로 이어지기도 한다. 이를 바탕으로 교사들은 교육 활동을 할 때 자신이 가진 교육적 능력을 최대한 발휘하고, 같은 일을 하더라도 책임감을 느끼는 것으로 나타났다.

> 인간적으로… 신뢰는 인간 대 인간 사이에 생기는 것이기 때문에 신뢰가 생기면 자연스럽게 열심히 하게 되는 거 같아요. 좀 잘 보이고 싶고. 나를 믿어 주는데 실망시켜 주기 싫고. 그건 학생이나 교사들도 마찬가지인 거 같아요. 그래서 저 사람이 나를 신뢰하고 있구나, 나의 능력을 인정해 주고 있

구나, 그걸 느낄 때는 당연히 책임감 있게.   – 조다연 교사, 2차 면담 중

(2) 학교라는 공동의 지향점을 향한 움직임

면담에 참여한 교사들은 교장에 대한 신뢰가 소극적 차원의 변화뿐만 아니라 적극적 차원의 변화를 이끌어 낸다는 것에 동의했다. 교장에 대한 신뢰의 여부는 교사가 '나는 학교에서 어떤 존재인가?' '나의 영향력은 어디까지 미칠 수 있는가?'에 대한 생각으로까지 이어지게 만든다고 생각한다. 만약 교장을 믿고 의지하지 못했을 때 교사들은 '교실과 수업으로 모래알처럼 흩어졌던 순간'을 직접 혹은 주변 동료 교사들을 통해 경험한 것으로 나타났다. 그 이유는 교사들의 교육적 의도를 가지고 실천할 수 있는, 즉 본인의 영향력을 미칠 수 있는 실질적인 공간이 '나의 수업' '나의 반'에만 한정된다고 느끼기 때문이었다.

> 선생님들은 대부분 교장 선생님이 신뢰를 베풀면 자석처럼 이끌려 가요. 탁 이끌려 가시는 거 같아요. 그랬던 부장 선생님이 그대로 남으시고, 교장 선생님이 바뀌게 된 케이스에요. 정말 모래알처럼 흩어지는 거예요. 자기들이 기획했던 많은 일을 안 하시려고 했던 거예요. 왜 안 하냐고 여쭤 보면 전혀 흥이 안 난다. 축소하고 싶다. 그렇게 다섯 부장이 그렇게 말씀하셨어요. 그런 거 보면 역할이 매우 크구나.   – 조다연 교사, 1차 면담 중

하지만 교장으로부터 교사들의 목소리를 존중받고 본인이 하는 교육 활동에 대해 지지를 받는다면, 학년과 더 나아가 학교 차원에서 본인이 존재함을 느낀다고 생각했다. 이로 인해 자신이 몸담고 있는 학교가 '우리의 학교', 내가 하는 일이 '우리를 위한 일'로 다가옴으로써 학교 교육과정, 시설·안전, 학부모·지역 사회와의 관계 등 교실 밖의 일에 관한 관심과 고민이 생겨났다. 학교라는 공동의 지향점에 대해 고민하고, 의미 있다는 생각이 들고, 학교를 위해 내가 할 수 있는 역할이 있다고 생각할 때, 교사들은 본인의 시

간과 에너지를 쓰는 것이 아깝지 않다고 여겼다. 이렇듯 교장에 대한 교사의 신뢰 관계는 고립되었던 교사들을 결집시켜 협업하게 하는 실마리를 제공한다.

> 같이 노력해서 변화를 만들어 낼 때 존중받는다고 느끼고, 내가 교장은 아니지만, 학교 여러 가지 일을 같이 고민하고 그런 고민한 것들을 교장 선생님께 얘기하면 교장 선생님도 '아, 이 사람도 학교에 대해 같이 고민하는 공동체 동료구나.' 그렇게 되면 서로 시너지가 좀 나타나는 것 같아요. 그래서 교사들도 교장실에 자주 찾아가서 의논을 드리고. 그게 비단 학급의 일일 수도 있고 학교 전체 문화에 관한 일일 수도 있고, 여러 가지 일들에 대해 교장 선생님을 찾아가고 같이 대안을 모색하는 이런 것들이 되면 학교가 좀 잘 굴러가는 것 같아요.   – 박경필 교사, 2차 면담 중

이처럼 교사들은 교장에 대한 신뢰 여부나 그 정도에 따라서 학교에서의 삶의 변화를 겪는다. 교사들이 교장을 신뢰하면 학교생활에서 편안한 감정을 느끼고 교장을 피하지 않으며 눈치를 보는 일이 적고, 나아가 학교 개선에 관한 관심, 동료 교사와 교장과의 동료성 회복 등 학교 문화 개선에도 영향을 주었다.

4. 논의 및 결론

이 연구는 한국 초등학교 교사들의 교장에 대한 신뢰 근거는 무엇이며, 그 결과가 무엇인지를 밝히는 데 목적을 두었다. 연구 목적을 달성하기 위해 설정한 연구 문제는 "초등학교 교사들은 어떤 근거에 의해 교장에 대한 신뢰를 형성하며, 그 결과는 무엇인가?"이다. 연구 문제를 해결하기 위해 12명의 초등학교 교사들과 면담을 하였으며, 귀납적 범주 구성 절차를 거쳐 교장에 대

한 신뢰 형성의 근거와 그 결과에 대해 정리한 결과는 다음과 같이 요약할 수 있다.

첫째, 초등학교 교사들의 교장에 대한 신뢰 형성의 근거로는 학교장의 교육 철학, 업무 조정 능력과 공정성, 소통, 관심과 보호 등이다. 면담에 참여한 교사들은 교장이 교육 철학을 가지고, 철학을 공유하며, 이에 일관되는 행동을 직접 보여 줄 때 신뢰를 느끼는 것으로 나타났다. 또한 교사들이 학생들과 보내는 시간에 집중할 수 있게끔 최대한 불필요한 업무를 줄여 주고, 교장이 가진 권한을 공정하게 행사할 때 그들을 신뢰하는 것으로 나타났다. 학교라는 조직에서 교장이 수행하는 역할 외에도 이를 수행하는 과정에서 교사들과 소통을 하면서 그들의 전문성에 대해 믿어 주고, 문제 발생 시 아낌없이 지원과 보호를 해 주는 교장의 모습을 신뢰를 판단하는 중요한 근거로 보았다.

둘째, 초등학교 교사들이 교장을 신뢰한 결과는 소극적 차원의 결과와 적극적 차원의 결과로 구분해 볼 수 있다. 소극적인 차원에서 교사들은 업무 수행 과정에서 열의를 가지게 되며, 교육 활동에 대해서 교장을 회피하기보다는 무엇이든 솔직하게 대화해 볼 수 있다는 확신이 생기는 변화를 겪었다. 나아가 적극적인 차원에서 교장에 대한 신뢰가 형성되었을 때, 교사들의 영향력이 교실에만 한정되지 않고 교장과 함께 학교라는 공동의 지향점을 향해 일을 하는 관계이며, 학교에 문제에 관심을 갖고 문제 해결을 위해 마음을 모으는 것으로 나타났다.

교장에 대한 초등학교 교사들의 신뢰 형성의 근거와 결과에 관한 연구 결과가 갖는 시사점은 다음과 같다.

첫째, 12명의 초등학교 교사들의 교장에 대한 신뢰 경험을 들여다보면 개인마다 신뢰를 판단하는 주된 근거가 다른 경우도 있었다. 예를 들어, 신뢰했던 교장을 떠올리면서, 조다연 교사의 경우 교장을 '학교의 어른'으로 생각하고 교사에 대한 관심과 배려, 보호를 신뢰의 주된 판단 기준으로 삼았으며, 윤재영 교사는 교장의 인화적인 측면보다는 교장의 철학, 전문적 능력을 신뢰의 우선적인 기준으로 삼기도 하였다. 따라서 신뢰 여부와 신뢰를 무엇으로 판단할 것인가 하는 것은 신뢰 주체가 결정하는 것처럼(한홍진, 2012: 4), 교장에 대한 교사의 신뢰 또한 교사의 교육관, 인간관, 학교관, 등에 따라 신뢰의 판단 기준에 차이가 있었다.

둘째, 신뢰성을 규명하려고 했던 선행 연구와는 달리 한국 초등학교의 구체적인 상황을 고려한 신뢰 형성 과정을 밝혔다는 데 의의가 있다. Bryk과 Schneider(2002), Hoy와 Tschannen-Moran(1999), 이숙정(2005; 2006) 등 초기 학교에서의 신뢰에 관한 선행 연구는 신뢰성(trustworthiness) 요인을 밝히는 데 초점이 있었다. 여기서는 추상적으로 규정되었던 공정성, 호의와 같은 신뢰성 개념들이 한국의 초등학교라는 구체적 환경 속에 교사와 교장의 관계에서 공정한 권한 행사, 교사에 관한 관심과 보호로 나타난다는 사실을 밝혀냈다. 또한 민원 발생 시 교사를 보호, 불필요한 업무 조정 등 국외 연구에서 드러나지 않았던 교장에 대한 신뢰 형성 근거를 맥락적 상황과 연관 지어 밝혀냈다는 점에서 기존 연구와의 차별성이 있다.

셋째, 교사들은 교장에 대한 신뢰를 서로 주고받는 것이라 여겼다는 것에 의미가 있다. 교장에 대한 교사들의 신뢰 경험 속에서 교장으로부터 본인들의 전문성에 대해 '먼저' 신뢰받는 것에 적지 않은 비중을 두었다. 이는 초등학교 교사들이 아이들의 성장과 성공으로 심리적인 보상을 느끼는 것(오영재, 2010)과 마찬가지로, 교장으로부터 받은 인정과 존중 등이 그들의 마음을 움직였음을 알 수 있다. 이러한 사실은 교장 자격 연수 교육과정을 개발하는 데 기초 자료가 될 것이다(Gimbel, 2003). 교장 연수 프로그램의 내용을 구성할 때 비전 제시, 공정성 등의 인지적 측면과 아울러 소통, 교사에 관한 관심과 배려 등 감정적인 측면까지 균형 있게 고려한 프로그램 구성이 필요할 것이다.

넷째, 교장에 대한 교사의 신뢰 경험을 떠올리면서 교사들은 시대·사회적 맥락의 변화에 영향을 받는 것을 알 수 있다. 과거의 상명하달식 구조 아래서 카리스마 지도력을 발휘했던 모습은 오히려 오늘날 교사들이 교장을 신뢰하는 데에 부정적인 영향을 주었다. 김상우, 황동철, 조다연, 임경한, 이지원 교사 등 다수의 교사는 시대적 변화에 따라 학교 운영 방식과 학교장에게 요구되는 역할이 달라짐에 따라, 교장의 수용적·협력적인 태도가 교장을 신뢰하는데 큰 비중을 차지하고 있다고 말했다. 따라서 변화하는 시대·사회적 맥락을 반영하여 교장에 대한 교사의 신뢰 형성 과정과 결과를 재해석하려는 시도가 수행될 필요가 있다.

다섯째, 교장에 대한 초등학교 교사들의 신뢰 결과가 어떤 변화를 주는지에 대해 주목할 필요가 있다. 한국적 상황에서 교장에 대한 신뢰는 교사들이 교장으로부터 자신을 방어하거나 회피하는 데 사용되는 불필요한 에너지를 줄여 주고, 개별 교실에 고립되었던 교사들의 힘을 모으는 기능을 했다. 교장에 대한 신뢰의 효과를 학교 조직 효과성, 학생의 학업 성취도 향상 등으로 바라본 선행 연구(강경수 외, 2007; 홍창남 외, 2010 등)와 비교하여 차별화되는 지점이다. 한국적 학교 맥락에서 교장에 대한 교사들의 신뢰가 어떤 기능을 하고, 현장에 어떤 변화를 일으키는지에 대한 깊이 있는 후속 연구가 필요가 실정이다.

이 연구의 결과를 바탕으로 후속 연구에 대한 제언을 하면 다음과 같다.

첫째, 모든 교사가 교장에 대한 신뢰를 판단하는 데에는 다섯 가지 근거만 영향을 주는 것은 아니다. 신뢰하는 주체인 교사의 성격, 기질, 가치관, 직업관, 인간관 등에 따라 교장을 신뢰를 판단하는 근거나 과정이 다를 수 있다. 또한 학교 급, 학교 규모, 최근 전국적으로 퍼지고 있는 혁신학교의 유무 등 학교 배경 요인에 따른 신뢰 경험을 분석할 필요가 있다. 따라서 신뢰 주체의 특성, 학교 특성을 고려하여 연구 참여자를 선정해 한국적 상황에서 교장에 대한 교사의 신뢰 현상을 종합적으로 분석할 필요가 있다.

둘째, 면담 외에도 실제 현장에 들어가 관찰하는 등 연구 방법을 다각화한다면 교장에 대한 신뢰 형성에 영향을 주는 개인, 조직, 문화 및 제도적인 요인을 연관 지어 설명할 수 있을 것이다.

셋째, 같은 상황을 두고도 교장과 교사 간에 상호 신뢰에 대한 어떤 인식과 경험의 차이가 있는지 비교하여 분석할 필요가 있다. 신뢰는 서로 주고받는 관계적 경험이라는 연구 결과를 참고했을 때, 교장이 교사를 신뢰하게 되는 근거와 신뢰 결과 등도 함께 살펴본다면, 깊이 있는 해석이 가능할 것으로 보인다.

제5장
교사에 대한 교장의 신뢰*

1. 서론

해방 이후 우리나라는 보편 교육의 확대, 물리적인 환경 개선, 교사 역량 증진 등에서 괄목할 만한 진전을 이루어 왔다. 하지만 상급 학교 진학을 둘러싼 극심한 경쟁과 구태의연한 수업 운영과 생활 지도 등으로 교육을 혁신해야 한다는 요구도 적지 않았다.

1980년대의 교사 교육 운동이 시발이 되고, 1990년대 열린교육 운동을 거쳐서, 2010년대 전국의 많은 학교가 학생 중심의 수업과 이를 지원하기 위한 전문적 교사공동체 운동을 전개하고 있다. 즉, 학교 혁신을 위해서는 학교 바깥의 정책적이고 제도적인 변혁도 필요하지만, 학교 구성원인 관리자, 교사, 학생, 학부모가 주체가 되어 함께 수업과 생활의 혁신으로 나아가지 않고서는 성과를 거두기 어렵다는 사실을 깨닫게 되었다. 따라서 학교 내의 구성원들을 중심으로 민주적인 공동체 형성을 중요하게 생각하게 되었고, 이를 위하여 구성원들 간의 신뢰 정도와 방식에 주목하게 되었다

* 출처: 박화춘 · 권다남 · 한새롬 · 김대현(2018). 중등학교 교사에 대한 교장의 신뢰 척도 개발. *Journal of the Korean Data Analysis Society, 20*(4), 2015-2037.

(Hong · Lee · Jung, 2010; Kwon · Park, 2016).

신뢰는 경제학, 정치학, 사회학, 심리학 등 다양한 사회과학 학문 분야에서 자주 사용되는 개념이며, 신뢰의 개념이 사용되는 맥락 역시 다양하다(Kim, 2009). 일반적으로 신뢰란 상대를 감시하거나 통제할 수 있는 능력과 상관없이 상대가 신뢰 주체에게 유익한 행동을 할 것이라는 기대 속에서 상대의 행위에 잠재적 피해를 기꺼이 받아들이고자 하는 의지이다(Mayer, Davis, & Schoorman, 1995). 다시 말해, 신뢰 대상자의 행동에 대한 신뢰는 상대방의 행동에 대한 인지적 판단을 거쳐 피해까지도 받아들이려는 의지 및 기대와 같은 감정적 호의를 나타낸다(Jeon, 2015; Kim, 2009).

학교 교육 맥락에서 신뢰가 본격적으로 연구되기 시작한 것은 1980년대 중반부터이다. Hoy와 그의 동료들은 학교 조직의 신뢰 구조를 밝히고자 문헌 분석과 통계적 검증을 시도하였으며(Goddard, Tschannen-Moran, & Hoy, 2001; Hoy, 2003; Hoy & Tschannen-Moran, 1999), Bryk과 그의 동료들은 구성원 간의 관계에 영향을 미치는 일상적 상호 작용의 특징을 밝히기 위해 현장 관찰과 면담 등의 방법으로 학교에서의 신뢰에 대한 연구를 수행하였다(Bryk & Schneider, 1996; Bryk & Schneider, 2002).

국내에서는 2000년대 이후부터 Hoy와 Bryk으로 대표되는 두 흐름의 연구 결과에 기반하여 학교 조직에서의 신뢰에 관한 연구가 점차 늘어나고 있다. 이를 살펴보면 신뢰의 개념 및 연구 동향 분석에 대한 연구(Park, 2017), 학교 구성원 간 관계 측면에서 신뢰 수준을 분석하고 구성원 간 신뢰 정도와 학교 교육의 관계를 규명하고자 하는 연구(Hong · Lee · Jung, 2010; Kang · Kang, 2007; Lee, 2006; Lee, 2013; Lee · Park · Kim · Lim, 2017) 등과 같이 학교에서의 신뢰 개념 정의 및 신뢰를 매개로 하여 학교에 영향을 미치는 변인 간의 관계를 규명하는 연구가 주를 이루고 있다. 구성원 간 신뢰 수준을 측정하기 위한 연구는 구성원 간 관계에 따라 교장에 대한 교사의 신뢰(Hong · Lee · Jung, 2010; Lee · Park · Kim · Lim, 2017), 동료 교사에 대한 교사의 신뢰(Kang · Kang, 2007; Lee · Hong, 2013; Song · Choi, 2014), 학생 및 학부모, 교장, 동료 교사에 대한 교사의 신뢰(Lee, 2005), 학생에 대한 교사의 신뢰 (Choi · Kim, 2016) 등으로 비교적 구성원 간의 관계를 세부적으로 구분하고 자 하였다.

이는 누가 누구를 신뢰하느냐에 따라 신뢰 관계에 영향을 미치는 요인 이나 상황이 달라질 수 있으며, 학교 구성원 간 신뢰는 어떤 관계에서의 신 뢰인지에 따라 그 특성과 결과를 구분하여 해석할 필요가 있음을 뜻한다 (Choi · Kim, 2016). 그러나 학교 혁신에 있어서 학교장의 변혁적 지도성과 수 업 지도성이 강조되면서 공동체 내에서 교장의 역할이 다시 재조명받고 있 음에도 불구하고(Lee · Park · Kim · Lim, 2017), 선행 연구에서는 교장을 피신 뢰자로 특정 지어 교장에 대한 신뢰 요인 및 특성을 규명하는 데 그치고 있 다. 신뢰는 상호 간의 관계에 의해 형성되는 것으로, 학교 구성원 간의 상호 신뢰하는 관계를 구축하기 위해서는 교장이 신뢰하는 교사에 대한 연구가 병행될 필요가 있다. 또한 초등학교, 중등학교 등 학교 급에 따라 학교 문화 와 교사 문화에 차이가 있고, 그에 따라 교장의 역할 및 필요한 리더십이 달 라질 수 있다. 특히 중등학교의 경우, 각 교사의 업무 및 교과가 분명하게 독 립되어 있기 때문에 독립된 교사들이 서로 신뢰하고 협력하는 학교 문화를 만들어 가기에 어려움이 따른다.

이에 이 연구는 전국의 중등학교장을 대상으로 교장이 바라본 교사에 대 한 신뢰를 측정하고자 하였다. 이를 통해 단위 학교의 교장이 신뢰하는 교사 의 역량 및 개인 특성을 규명함으로써 학교 내 상호 신뢰 증진을 위한 방안 구축에 기여하게 될 것이다. 또한 그동안 가장 중요한 구성원 중 하나이지만 관계를 규명하는 연구에서 객체로서 한정되었던 교장의 위치를 주체로 설정 함으로써 교장을 둘러싼 보다 다양한 관계에 대한 연구에 기반을 제공할 수 있을 것이다.

2. 이론적 배경

1) 신뢰의 개념 및 학교에서의 신뢰

신뢰는 사회학, 심리학, 행정학, 경영학 등의 사회과학 학문 분야에서 다양하게 접근되고 있다(Kim, 2009; Lee · Hong, 2013; Park, 1999; Park, 2017). 경제학에서 신뢰는 각 경제 주체의 합리적 계산 또는 제도적 규제에 의해 형성된다는 관점을 취하고 있으며(Gambetta, 1988; Williamson, 1993), 사회학에서는 개인 수준에서의 신뢰와 관련한 현상을 넘어서서 구성원들 간 관계의 속성 또는 사회적 기관에 의해 형성되는 것으로 보았다(Granovetter, 1985; Lewis & Weigert, 1985). 그리고 심리학에서 신뢰는 상대방에 대한 개인의 긍정적 인식에 기반하여 형성되며(Lewicki, McAllister, & Bies, 1998; Mayer, Davis, & Schoorman, 1995), 개인의 성격(Personality), 행동(Behavior), 심리적 상태(Psychological state)라는 세 가지 관점에서 개념적으로 정의되고 있다. 한편, 교육 분야에서 신뢰 연구는 1990년대 이후 Hoy와 Tschannen-Moran, Bryk과 Schneider에 의해 본격적으로 진행되었다(Bryk & Schneider, 2002; Hoy & Tschannen-Moran, 1999).

학교공동체에서의 구성원 간의 관계에 따른 신뢰를 연구한 Lee(2005)에 의하면, 학교에서의 신뢰란 '학교공동체의 구성원들이 상대방의 인지적 · 정의적 · 도덕적 성향에 기초하여 서로 의심 없이 긍정적인 관계를 형성하고 유지하려는 태도'이다. 학교에서 형성되는 신뢰는 교사와 교사 간의 신뢰, 교사와 교육 행정가 간의 신뢰, 교사와 학생 및 학부모 간의 신뢰 등으로 다양하다. 그중에서도 선행 연구들은 주로 교사가 신뢰하는 교육 행정가, 학생 및 학부모, 동료 교사에 초점을 두거나 교사의 신뢰를 매개로 한 학교 효과성에 대해서 분석하고 있다(Hong · Lee · Jung, 2010; Hoy & Tschannen-Moran, 1999; Lee, 2005). 이는 교사가 교육 행정가에서부터 학생 및 학부모까지 아우

르는 학교 교육의 중추적인 역할을 하고 있으며, 학교 구성원 간의 신뢰 관계를 형성하는 데 가장 중심이 되기 때문이다(Lee, 2008).

그러나 학교 구성원 간의 바람직한 신뢰 관계는 누가 누구를 신뢰하는 일방향적 신뢰가 아닌 상호 신뢰가 형성되었을 때 비로소 따뜻한 학교공동체가 형성될 수 있다. 즉, 교사가 어떤 학교 행정가를 신뢰하고, 신뢰의 결과가 학교 교육에 어떤 영향을 미치는지뿐만 아니라 학교 행정가가 어떤 교사를 신뢰하고, 학교 행정가가 교사를 신뢰하는 것이 학교 교육에 어떤 영향을 미치는지에 대한 탐색이 함께 이루어질 때 비로소 바람직한 학교 행정가와 교사 간의 관계가 구축될 수 있다.

2) 신뢰의 구성 요소

신뢰는 지금껏 사회과학 학문 분야 및 학자들마다 그 정의를 다르게 제시해 온 만큼, 신뢰의 구성 요소 역시 그에 대한 관점과 대상에 따라 다양하게 규정되어 왔다(Bryk & Schneider, 2002; Hoy & Tschannen-Moran, 1999; Lee, 2005; Lee, 2013; Lim · Lee · Park, 2005; Won, 2011). 신뢰는 신뢰자의 주관적인 의지로서 신뢰자의 개인 내 안정적인 성향과 같은 신뢰자의 특성이 신뢰 판단에 영향을 미칠 수 있다(Hwang, 2010). 그러나 이것은 신뢰의 심리적 특성에 초점을 맞춘 것으로, 신뢰의 사회적 본질과 상황을 충분히 고려하지 않았다는 주장이 제기되었다(Kramer, 1996). 신뢰가 어떻게 형성되고 그 과정에서 중요한 영향을 미치는 요인들이 무엇인가에 대한 논의는 신뢰를 개념화하는 과정에서 개인을 어떠한 수준에서 바라볼 것인가에 따라 달라질 수 있기 때문이다. 따라서 사람들의 관계 속에서 형성되는 신뢰는 그 관계의 대상이나 맥락에 따라 특징들이 다르기 때문에 구체적인 신뢰의 대상에 대한 고려는 필수적이며, 신뢰자가 피신뢰자의 어떠한 특성에 근거하여 신뢰를 형성하는지에 대한 언급이 필요하다(Lee, 2005).

이에 신뢰에 관한 연구 중 학교에서의 신뢰에 대한 선행 연구에 한정하여 신뢰의 구성 요소를 살펴보면, 우선 Hoy와 Tschannen-Moran(1999)은 선의(benevolence), 믿음(reliability), 정직성(honesty), 개방성(openness) 그리고 역량(competence)의 다섯 가지 요소를 신뢰 형성의 핵심적인 요소로 제시하였다. Bryk과 Schneider(2002)는 존경(respect), 역량/능력(ability), 타인에 대한 존중(regard of others), 성실성(integrity)의 네 가지 요인을 신뢰 구성 요소로 제시하였다. 또한 국내 연구에서 Lee(2006)는 능력, 개방성, 돌봄, 상호 존중, 협력의 다섯 가지 요인이 신뢰를 구성한다고 하였으며, Lee(2013)는 능력, 호의성, 진실성을 신뢰의 구성 요소로 제시하였다.

한편, 학교를 조직으로 바라보는 관점에서 교사에 대한 교장의 신뢰는 부하에 대한 상사의 신뢰와도 밀접한 관련이 있다. 부하에 대한 상사 신뢰의 유형 및 특징을 탐색한 선행 연구를 살펴보면, 먼저 Won(2001)은 공무원을 대상으로 부하에 대한 상관 신뢰의 영향 요인을 탐색하였는데, 신뢰자 요인으로 신뢰 성향, 신뢰 대상의 특성 요인으로 능력, 호의, 진실성, 일관성, 관계적 특성 요인으로 친밀성 그리고 조직 내적 특성으로 조직 분위기를 제안하였다. 또한 Ryu(2008)는 대한민국의 군대 집단을 대상으로 상사의 부하 신뢰 형성 과정과 결과에 대해 탐색하면서 형성 과정으로는 부하의 능력, 배려, 성실성, 상사의 부하 신뢰, 부하로부터의 신뢰 지각을 제시하였고, 신뢰 형성 결과로는 권한 위임, 감시 행동, 헌신 역할 외 노력 등을 제시하였다.

이상에서 살펴본 바와 같이, 학교에서의 신뢰를 형성하는 요소들은 신뢰자, 신뢰 대상자, 학교 급과 문화 등 맥락에 따라 달라진다고 할 수 있다. 앞에서 제시한 요소들은 개념적 특성에 따라 인지적·정서적·도덕적 차원의 요소로 볼 수 있으며, 이러한 신뢰 요소들은 관계의 지속 기간이나 관계의 성격에 따라 우선적으로 중요하게 작동하는 요인들에 차이가 있을 수 있다(Lee, 2005).

3) 교사에 대한 교장의 신뢰 측정을 위한 이론적 요인 선정

앞 절의 이론적 탐색을 통하여 추출된 신뢰 대상자의 특성 요인은 선의 (benevolence), 믿음(reliability), 정직성(honesty), 개방성(openness), 역량 (competence), 존중(respect), 성실성(integrity), 협력(collaboration) 등이다. 이 와 더불어 선행 연구 및 교장을 대상으로 한 개방형 질문지를 통하여 친밀성 (intimacy)을 문항에 포함하였다. 친밀성은 상대방과의 강한 결속감이나 연대 감을 가짐으로써 물리적이고 정신적인 거리가 가깝다고 느끼는 것으로(Lee, 2005), McAllister(1995)는 상대방과의 접촉이나 상호 작용의 빈도가 높을수록 상대방에 대한 신뢰가 증가한다고 보고한 바 있다.

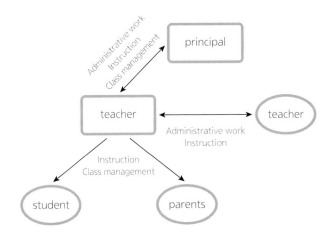

[그림 5-1] Conceptual framework of teacher's various relationships based on tasks

한편, 학교에서 교장이 교사를 신뢰한다고 할 때 교장이 바라보는 교사의 모습은 [그림 5-1]에서와 같이 장에 따라 다르게 나타날 수 있다. 교사는 학 교에서 수업, 행정 업무, 학교 행사 등과 같은 업무를 담당하고 있으며, 그 안 에서는 교장과의 관계뿐만 아니라 학생, 동료 교사, 학부모 등 다양한 대상과 관계를 형성하고 있다. 그리고 각각의 장면과 대상에 따라 교장이 신뢰하는 요소는 달라질 수 있다. 예컨대, 수업의 장면에서 교장은 교사의 수업 전문성에 의해 교사를 신뢰할 수도 있지만, 수업 중 학생을 대하는 태도를 보고 교사를 신뢰할 수도 있다. 또한 어떤 교사가 행정 업무를 상당히 전문적으로 수행한다고 하더라도 동료 교사와의 관계가 좋지 않거나 수업 준비를 소홀히 한다면 그 교사에 대한 신뢰가 떨어질 수도 있다. 이처럼 학교에서의 신뢰는 어느 단면적인 부분을 보고 판단할 수 있는 것이 아니며, 인지적 · 정서적 · 도덕적 차원의 요소들이 복합적으로 판단될 때 신뢰가 형성될 수 있다.

4) 교사에 대한 교장의 신뢰 측정을 위한 문항 개발

이 연구는 문헌 검토를 통해 기본적인 설문 문항을 개발하였으며, 교장을 대상으로 한 개방형 질문지 및 기존 검사 도구를 참고하여 문항을 추가함으로써 교사에 대한 관리자의 신뢰를 측정하기 위하여 93개의 예비 문항을 개발하였다(〈표 5-1〉 참조).

〈표 5-1〉 Items initially developed based on the literature review

Domain	Sub-domain	Item	Related literature
Relationship with principals (42 items)		1. The words and actions of the teacher to the principal are in agreement	Hoy & Tschannen-Moran(1999); Lee(2005); Lee(2013); Lim, Lee, Park,(2006); Ryu(2008); Won(2001);
		2. The teacher does not tell others what the principal says confidentially	
		3. The teacher respects the decisions made by the principal on school management	
		4. The teacher helps the principal manage the school	
		5. The teacher has an affective bond with the principal	
		6. Teachers and principals strive to solve school problems together	
		7. The teacher talks the principal about his or her privacy	
		8. The teacher tells the principal honestly	

9. The teacher recognizes the principal's grievance

10. The principal respects the decisions made by the teachers

11. The principal may share the teacher with what he is not good at

12. The principal seeks feedback from teachers when difficulties arise

13. The principal gives the teacher considerable discretion

14. The principal is confident about the teacher's ability to work

15. The teacher supports the principal's educational philosophy

16. The teacher is willing to accept the mistake of the principal

17. The teacher helps the principal without expecting any rewards if something happens

18. Teachers do not take advantage of the principal's weaknesses

19. The teacher tells the principal honestly about mistakes that he or she makes

20. The teacher asks the principal for help when a difficult situation occurs

21. The teacher understands the grievance of the principal

22. Principal does not have faith in teachers in my school

23. The teacher is interested in principal's daily life

24. If teacher makes any decision that can affect me, principal will follow that decision

25. If principal makes any decision that could affect teacher, teacher will follow that decision

26. Principal does not mind showing teacher the lack of job performance

27. The teacher's words and deeds are not false

28. Principal likes the value that teachers pursue

29. The teacher and principal share our visions of education

30. The teacher and principal share the vision of the school

		31. The teacher clearly understand the school's educational ideology and educational goals	
		32, The teacher support the educational ideology and educational purpose set by the school	
		33. The teacher is cooperative with principal	
		34. The teacher does not have difficulty communicating with principal.	
		35. The teacher depends on principal	
		36. Principal rely on the teacher to make principal's work harder because of carelessness	
		37. The teacher cares about what is important to principal	
		38. The teacher makes a lot of effort to help principal	
		39. Even if principal can not observe the behavior of teacher, principal can leave the matters that are important to me at ease to teachers	
		40. Principal does not want any advice from teachers about what matters to principal (R)	
		41. The teacher does not want to get any interference from me about their important issues (R)	
		42. The teacher is friendly to principal	
Task (35 items)	Instruction	43. The teacher has expertise in teaching	Hoy & Tschannen-Moran (1999);Lee (2005); Lee (2013); Won (2001);
		44. The teacher thoroughly prepares the lesson	
		45. The teacher applies teaching methods appropriate to the teaching and learning situation	
		46. The teacher judges and executes educational activities by themselves.	
		47. The teacher strives for student achievement.	
		48. The teacher does not follow the job but exerts his creativity.	
	Administrative work	49. The teacher has expertise in handling administrative tasks	Hoy & Tschannen-Moran (1999);Lee (2013); Won (2001)
		50. The teacher takes responsibility for his or her work	
		51. The teacher does not handle administrative affairs with private feelings.	
		52. The teacher deals with the problem promptly in accordance with the principal.	

	53. The teacher does not relate personal feelings to their work.	
	54. The teacher performs assigned tasks well in a given role.	
	55. The teacher keeps promises with students	
	56. The teacher treat students fairly	
	57. The teacher makes a good rapport with students	
	58. The teacher behaves as he or she says to students	
	59. The teacher sincerely takes care of students	
	60. The teacher understands students' situation	
	61. The teacher respects students' thoughts	
	62. The teacher frequently have conversations with students	
	63. Teachers solve problems well that arise in class	Hoy & Tschannen-Moran(1999);
Class management and relationship with students	64. The teacher considers each student's characteristics when teach and direct students	Lee(2005);
	65. The teacher listens to students' concerns.	Lee(2013);
	66. The teacher understands the anxieties of students.	Lim, Lee, Park,(2006);
	67. The teacher and principal often judge things or situations in the same way.	Ryu(2008); Won(2001);
	68. Sometimes principal feel uneasy when principal work with teachers (R)	
	69. The teacher teaches students with confidence.	
	70. The teacher honestly expresses their opinions to students.	
	71. The teacher does not teach students by personal relationships.	
	72. The teacher applies a consistent way when directing students.	
	73. The teacher is excellent in counseling students.	
	74. The teacher is well qualified as teachers.	
School activity and school event	75. The teacher actively participates in school events	Lee (2005)
	76. The teacher makes an effort for professional development	
	77. The teacher actively participates in school-related work.	

	78. The teacher takes care of other teachers	
	79. The teacher respects fellow teachers	
	80. The teacher speaks his or her opinion frankly to his or her fellow teachers	
	81. The teacher discuss how to solve problems arisen in class with other teachers	
	82. The teacher discusses with the fellow teachers about the improvement of instruction	Hoy & Tschannen-Moran(1999);
Relationship with fellow teachers (12 items)	83. The teacher is fair to his or her fellow teachers	Lee(2013); Lee(2005);
	84. The teacher collaborates with other fellow teachers to solve problems when they encounter any challenges	Lim, Lee, Park,(2006);
	85. The words and behaviors of the teacher to the fellow teachers are in agreement	Ryu(2008); Won(2001);
	86. The teacher enjoys working with fellow teachers	
	87. Our school teachers consider the situations of their fellow teachers when dealing with them.	
	88. Our school teacher understands the feelings of colleagues and school members.	
	89. I have an intimate relationship with our teachers so that our school teachers can easily ask for help.	
Relationship with parents (4 items)	90. The teacher often communicate with parents	Open questions
	91. The teacher listens to parents' requests	
	92. The teacher considers the parents as companions	
	93. The teacher welcomes parents when they visit schools	
	Total	93 items

이후에 측정 문항의 내용타당도를 검증하기 위하여 이 연구에서는, 첫째, 전문가 집단을 활용하였다. 현직 교장으로 구성된 현장 전문가 2명, 이론 전문가로서는 신뢰 전문가인 대학교수 1명, 교육 분야 측정 도구 개발 전문가 박사 1명, 교육학 전문가 대학교수 3명, 교육학 박사 과정생 8명으로 총 15명 의 전문가로부터 문항의 내용타당도를 검증하였다. 전문가 집단에게 측정하 고자 하는 심리적 구인의 개념 정의와 검사 문항을 확인하고 각 문항이 측정

하고자 하는 교사의 신뢰에 관한 행위와 심리적 특성을 잘 반영하고 있는지, 각 문항이 측정하고자 하는 목적과 일치하는지, 적절한 낱말로 표현되었는지, 이해하기에 애매한 표현이 없는지 등을 검토하였다(Tak, 2007). 최종적으로 전문가 집단이 모두 동의한 문항만을 선별하여 최종 50개의 예비 문항을 선별하였다.

다음으로, 선택된 50개의 예비 문항을 실제 피검사자인 현직 교장 5명을 통하여 안면타당도를 검증하였다. 피검사자가 설문의 구조와 문항을 이해할 수 있도록 수정을 반복하였고, 이를 위하여 안면타당도는 총 3회를 반복 실시하였다. 안면타당도를 검증한 후 수정된 예비 문항으로 선택된 최종 50개의 문항은 〈표 5-2〉와 같다.

〈표 5-2〉 Items developed to assess principals' trust in teachers

Do-main	Sub-domain	Item
Relationship with principals (20 items)		1. The words and actions of the teacher to the principal are in agreement
		2. The teacher does not tell others what the principal says confidentially
		3. The teacher respects the decisions made by the principal on school management
		4. The teacher helps the principal manage the school
		5. The teacher has an affective bond with the principal
		6. Teachers and principals strive to solve school problems together
		7. The teacher may consult the principal about his or her private affairs
		8. The teacher tells the principal honestly
		9. The teacher recognizes the principal's grievance
		10. The principal respects the decisions made by the teachers
		11. The principal may share the teacher with what he is not good at

		12. The principal seeks feedback from teachers when difficulties arise
		13. The principal gives the teacher considerable discretion
		14. The principal is confident about the teacher's ability to work
		15. The teacher supports the principal's educational philosophy
		16. The teacher is willing to accept the mistake of the principal
		17. The teacher helps the principal without expecting any rewards if something happens
		18. Teachers do not take advantage of the principal's weaknesses
		19. The teacher tells the principal honestly about mistakes that he or she makes
		20. The teacher asks the principal for help when a difficult situation occurs
Task (17 items)	Instruction	21. The teacher has expertise in teaching
		22. The teacher thoroughly prepares the lesson
		23. The teacher applies teaching methods appropriate to the teaching and learning situation
	Administrative work	24. The teacher has expertise in handling administrative tasks
		25. The teacher takes responsibility for his or her work
	Class management and relationship with students	26. The teacher keeps promises with students
		27. The teacher treat students fairly
		28. The teacher makes a good rapport with students
		29. The teacher behaves as he or she says to students
		30. The teacher sincerely takes care of students
		31. The teacher understands students' situation
		32. The teacher respects students' thoughts
		33. The teacher frequently have conversations with students
		34. Teachers solve problems well that arise in class
		35. The teacher considers each student's characteristics when teach and direct students
	School activity and school event	36. The teacher actively participates in school events
		37. The teacher makes an effort for professional development

	38. The teacher takes care of other teachers
	39. The teacher respects fellow teachers
	40. The teacher speaks his or her opinion frankly to his or her fellow teachers
	41. The teacher discuss how to solve problems arisen in class with other teachers
Relationship with fellow teachers (9 items)	42. The teacher discusses with the fellow teachers about the improvement of instruction
	43. The teacher is fair to his or her fellow teachers
	44. The teacher collaborates with other fellow teachers to solve problems when they encounter any challenges
	45. The words and behaviors of the teacher to the fellow teachers are in agreement
	46. The teacher enjoys working with fellow teachers
Relationship with parents (4 items)	47. The teacher often communicate with parents
	48. The teacher listens to parents' requests
	49. The teacher considers the parents as companions
	50. The teacher welcomes parents when they visit schools
Total	50 items

3. 연구 방법

1) 연구 대상

이 연구는 교장이 신뢰하는 중학교 및 고등학교 교사들의 태도와 행동을 특정하기 위하여 중등학교에 재직 중인 교장을 대상으로 하였다. 각 학교 수준별, 지역별로 모집단을 잘 대표하기 위하여 지역과 학교 수준별로 유층 표집과 스노우볼 표집(snowball sampling) 방법을 병행하여 온라인으로 설문을 실시하였다. 이를 위하여 책임 연구자는 소속한 기관으로부터 IRB 승인을 받았으며, 설문 참여자들은 소정의 답례품을 지급받았다. 예비 조사에는 총

23명의 중등학교 교장이 참여하였으며, 이 중 15명은 중학교 교장이었고, 나머지 8명은 고등학교 교장이었다. 이 조사에서는 총 223명의 응답자가 유용한 자료를 제공하였으며 구체적인 연구 대상자는 〈표 5-3〉과 같다.

〈표 5-3〉 Demographic variables of the total sample

Variable	Category	n	%
Gender	Female	53	23.8
	Male	170	76.2
School level	Middle school	57	25.6
	High school	166	74.4
Location	Busan	30	13.5
	Chungchung	14	6.3
	Daegu	15	6.7
	Daejeon	10	4.5
	Gangwon	8	3.6
	Gwangju	4	1.8
	Gyunggi	23	10.3
	Gyungsang	27	12.1
	Incheon	28	12.6
	Jeolla	17	7.6
	Seoul	34	15.2
Total		223	100

2) 측정 도구

이 연구에서 사용된 조사 도구는, ① 참여자의 기본 정보와, ② 바람직한 교장-교사 신뢰 관계의 두 부분으로 이루어져 있다. 참여자의 기본 정보는 참여자의 성별, 학교 급, 학교 수준(중학교, 고등학교), 학교 소재지, 경력 등을 묻는 질문이 포함되어 있다.

　관리자로서 교장이 신뢰하는 교사의 특성을 측정하기 위하여 이 연구에서
는 연구진들이 개발한 설문 문항을 척도로 사용하였다. 먼저, 관리자로서 교
장이 바라본 신뢰를 받는 교사의 태도와 행동은 무엇인지를 규명하기 위한
척도를 개발하기 위해서 먼저 조직 사회에서 관리자와 직원과의 신뢰에 관
한 문헌 연구를 바탕으로 신뢰받는 교사의 구성 요인을 도출하였다. 다음으
로, 각 구성 요인을 측정할 수 있는 예비 설문 문항을 개발하였다. 이를 바탕
으로 예비 설문 문항 93개를 개발하였다. 다음으로, 대학에 재직 중인 교육
학 관련 교수들로 이루어진 이론 전문가들과 중 · 고 교장으로 구성된 현장
전문가 집단을 활용하여 신뢰의 구성 요소에 대한 내용타당도를 검증한 후
50개의 설문 문항을 선정하였다. 인지타당도를 확보하기 위하여 중 · 고등학
교의 교장 7명으로 구성된 실제 검사 대상자를 통하여 안면타당도를 반복적
으로 검증한 후 설문 문항을 수정 및 보완하였다. 이 연구에서 개발된 최종
예비 문항의 개수는 총 50문항이며 자기보고식의 5점 리커트 척도를 사용하
였다(1=전혀 중요하지 않다, 5=매우 중요하다, 예시 문항: 교사가 평소 나에게 하
는 말과 행동은 일치한다). 예비 조사에 참여한 23명에게 사용된 50개 문항의
신뢰도의 알파계수=.980으로 매우 높게 나타났으며 〈표 5-4〉에 제시되어
있다.

〈표 5-4〉 Reliability of the initial 50 items based on the pilot test(n=23)

Cronbach's alpha	Cronbach's alpha based on standardized items	N of items
.980	.981	50

3) 분석 방법

(1) 기초기술통계 분석(평균, 표준편차, 왜도, 첨도, KMO)

표집된 자료의 특성을 이해하기 위하여 표본의 평균, 표준편차, 왜도 및 첨도를 계산하였다. 또한 표본 자료의 크기가 탐색적 및 확인적 요인 분석에 적합한지를 알아보기 위하여 KMO 방법을 사용하여 표본 크기의 충분성을 검토하였고, Bartletts의 검정을 통하여 요인 간의 상관관계를 검증하였다(Field, 2009).

(2) 주성분 분석과 스크리도표(Principal component analysis and scree plot)

상관 분석을 통해 해당 구인 내 상관계수와 다른 구인 내 상관계수의 크기를 비교함으로써 이론이 제시하는 방향인지 아닌지 확인하였다. 다음으로, 주성분 분석을 실시하였다. 주성분 분석은 도구의 차원을 축소하거나 측정 도구의 모델을 예측하기 위하여 탐색적 및 확인적 요인 분석을 실시하기 전에 선행적 방법으로 자주 이용된다(Kaufman, 1975). 주성분 분석에서는 고윳값(eigenvalue)을 살펴보았다. 다음으로, 스크리도표를 생성하여 살펴보았다(Benson & Nasser, 1998).

(3) 탐색적 및 확인적 요인 분석(Exploratory and confirmatory factor analyses)

개발된 측정 도구의 구인타당도를 검증하기 위하여 탐색적 및 확인적 요인 분석을 실시하였는데, 이를 위하여 의도적으로 표본을 두 개로 나누어 사용하였다(MacCallum, Roznowski, & Necowitz, 1992). 첫 번째 표본(n=112)은 탐색적 요인 분석을 위해 사용되었고, 두 번째 표본(n=111)은 확인적 요인 분석에 사용되었다. 먼저, 주성분 분석과 스크리도표를 참고하여 탐색적 요인 분석을 실시하였다. 탐색적 요인 분석법으로는 주축 요인 추출법을 사용하였으며, 요인들 간의 독립성을 가정하는 직교회전 방법 중의 하나인 베리멕스(varimax) 회전 방법을 활용하였다(Mulaik, 2010). 다음으로 요인적재량을 검토하였으며, 요인적재량값이 0.4보다 낮거나 다른 요인에 교차로 걸린 경우 문항은 제거하였다. 이러한 과정을 반복하여 가장 좋은 모델이 나올 때까지 반복적으로 요인 분석을 실시하였으며 고윳값과 분산 비율, 스크리도표, 요인적재량, 이론적 배경 등을 기준하여 최종 요인의 수를 결정하였다. 이를 위하여 SPSS 23을 사용하였다.

두 번째 표본을 이용하여 탐색적 요인 분석을 통해 추출된 모델을 확인적 요인 분석법을 통하여 모델의 적합도를 검증하였다. 즉, 이론을 바탕으로 개발된 문항들이 측정하려는 구인을 잘 대표하는지, 추출된 척도의 요인 구조가 다른 표본을 통해서도 적합한지를 모델지수들을 검토함으로써 측정 도구의 모델을 평가하였다. 확인적 요인 분석은 최대우도 추정치(maximum likelihood estimates) 방법을 통해 실시하였으며, 이론 모형의 적합도를 평가하는 방법으로는 x^2검증과 적합도지수를 검증하였다. 그러나 x^2검증법이 표본 크기에 민감하고 귀무가설(null hypothesis)에 엄격하다는 한계를 (Fan, Sivo, 2007) 고려하여 표준잔차평균제곱근(standardized root mean square residual: SRMR), 비교적합지수(comparative fit index: CFI), 비표준적합지수(Tucker-Lewis index: TLI)를 함께 검증하였다. 마지막으로, 모델의 구조방정식을 그림으로 나타내었으며 확인적 요인 분석은 범주형 요인 분석에 적합한 Mplus 7을 이용하였다.

(4) 신뢰도 분석

바람직한 교장-교사 신뢰 관계 척도의 신뢰도를 검증하기 위하여 신뢰도 계수(Cronbach's α)를 사용하였다(Crocker & Algina, 1986). 이를 위하여 두 개의 표본(n=223)을 다시 합쳤으며 도구의 각 하부 요인별 신뢰도계수를 계산하였다(Cortina, 1993; Grayson, 2004).

4. 연구 결과

1) 기초통계 분석(평균, 표준편차, 왜도, 첨도, KMO)

수집된 표본 자료의 평균, 표준편차, 왜도, 첨도 등과 같은 기초기술통계를 산출하였다. 그 결과, 50개 문항 중 평균이 가장 큰 문항은 4.76이었고 평균이 가장 작은 문항은 3.28로 나타났으며, 50개 문항의 전체 평균은 4.39이었다. 표준편차를 살펴보았을 때 편차가 가장 큰 문항의 표준편차는 1.10이었고 편차가 가장 작은 문항의 표준편차는 0.50으로 나타났으며, 50개 문항의 전체 표준편차의 평균은 0.72로 나타났다. 표준편차가 작은 문항들은 후에 문항을 삭제할 때 고려되었다. 왜도의 절댓값을 살펴보면 가장 작은 값은 0.33이었고 가장 큰 절댓값은 2.85로 10개의 문항의 절댓값이 2.0보다 높게 나타났고 나머지 40개의 문항의 왜도의 절댓값은 2.0보다 작게 나타났다. 표본의 분포의 양 끝이 정규분포와 어떻게 다른지를 나타내는 첨도의 절댓값은 가장 작은 값이 0.05이었고 가장 큰 값은 12.38를 나타내었다. 본 연구진은 수집된 표본에 대하여 측정 도구는 정규분포를 이루고 있다고 가정을 하는 데 어긋나는 문항은 최종 모델의 문항을 선택하고 삭제할 때 산출된 왜도와 첨도의 값을 고려하였다.

수집된 표본이 각 학교의 교장이 바라본 교사의 신뢰 척도의 요인 분석에 적합한지 살펴보기 위해 KMO(Kaise-Meyer-Olkin)와 Bartlett 검정을 실시하였다. 표본 크기가 적합한지를 알아보는 KMO지수가 .961로 나타나 수집된 표본 자료는 요인 분석에 적합한 것으로 나타났다(Hutcheson & Sofroniou, 1999). 요인 분석 모형의 구형성 검증을 위한 Bartlett의 검증을 실시하였다(〈표 5-5〉 참조). Bartlett의 검증은 원래의 상관행렬(the original correlation matrix)이 주 대각선이 전부 1이고 나머지 원소는 0을 값으로 갖는 단위행렬(identity matrix)이라는 '귀무가설(null hypothesis)'을 검증하는 것으로, 귀무가

설이 채택이 되면 변수들 간의 모든 상관계수는 '0'값이 되고 변수 간에 상관은 존재하지 않아 요인 분석에 적합하지 않다. 본 연구의 사용된 표본에 실시한 Bartlett의 검증은 귀무가설이 기각되어 원래의 행렬은 단위행렬이 아니고 변수들 간에 상관관계가 존재하여 수집된 표본 자료를 이용하여 탐색적 요인 분석이 가능한 것으로 나타났다[x^2(405)=9500.851, p<.001; Field, 2009].

〈표 5-5〉 Sampling adequacy and significance tests

Kaiser's measure of sampling adequacy (MSA): Overall MSA		.961
	Chi-Square	9500.851
Bartlett's test	df	406
	Sig.	.000

2) 주성분 분석

요인 분석을 실행하기에 앞서 교장이 바라본 교사의 신뢰 척도의 차원에 대한 기본적인 개념을 얻기 위하여 주성분 분석을 실시하고 스크리도표를 살펴보았다. 주성분 분석의 결과, 고윳값이 1.0 이상인 요인은 6개였으나 .40 이상의 적재값이 2개 이상의 요인에 적재된 문항들과 1개의 요인에 .40 이상의 변수가 적재되지 않은 경우를 고려하여 요인과 적재량의 기준에 부적절한 문항 20개를 첫 번째 단계에서 제거하였다. 이와 같은 방법으로 주성분 분석을 통하여 회전된 행렬의 요인적재량을 검토하여 중복적재(cross-loading)가 일어나는 문항들과 요인적재량이 .40 이하인 문항들을 제거하는 분석을 수차례 반복하였다. 이 외에도 각 문항의 표준편차, 왜도, 첨도, 문항 간의 상관계수, 회전된 성분 행렬 및 이론적 개변 모형을 고려하여 최종적으로 4개의 요인을 추출하였으며, 25개의 문항을 최종 모델의 설문 문항으로 선택하였다.

3) 탐색적 요인 분석 결과

수집된 표본을 사용하여 측정 도구의 모델의 구조를 이해하기 위하여 먼저 직교회전 방식인 베리멕스를 적용하여 주성분 분석을 하였다. 문항 선택 기준에 근거하여 반복적인 주성분 분석을 통하여 최종 문항을 선정하였다. 구체적인 과정과 도중에 떨어뜨린 문항은 〈표 5-6〉과 같다.

〈표 5-6〉 Process of the items dropped and retained through repeated PCAs

1st PCA with the initial 50 items: No. of factors=6 factors; Total variance explained: 71.45%	
2nd PCA with 20 items dropped and 30 items retained; No. of factors=4 factors; Total variance explained: 70.13%	
Dropped items: 20 items	1. The words and actions of the teacher to the principal are in agreement
	4. The teacher helps the principal manage the school
	5. The teacher has an affective bond with the principal
	6. Teachers and principals strive to solve school problems together
	8. The teacher tells the principal honestly
	9. The teacher recognizes the principal's grievance
	14. The principal is confident about the teacher's ability to work
	15. The teacher supports the principal's educational philosophy
	20. The teacher asks the principal for help when a difficult situation occurs
	21. The teacher has expertise in teaching
	24. The teacher has expertise in handling administrative tasks
	36. The teacher actively participates in school events
	37. The teacher makes an effort for professional development
	38. The teacher takes care of other teachers
	39. The teacher respects fellow teachers
	41. The teacher discuss how to solve problems arisen in class with other teachers
	42. The teacher discusses with the fellow teachers about the improvement of instruction
	43. The teacher is fair to his or her fellow teachers
	45. The words and behaviors of the teacher to the fellow teachers are in agreement
	46. The teacher enjoys working with fellow teachers
3rd round with 3 items additionally dropped and 27 items retained; No. of factors=4 factors; Total variance explained: 71.56%	

Dropped items: three items	3. The teacher respects the decisions made by the principal on school management
	40. The teacher speaks his or her opinion frankly to his or her fellow teachers
	44. The teacher collaborates with other fellow teachers to solve problems when they encounter any challenges

4th round with 1 item additionally dropped and 26 items retained; No. of factors=4 factors; Total variance explained: 72.78%

| Dropped items: one item | 2. The teacher does not tell others what the principal says confidentially |

5th round with 1 item additionally dropped and 25 items retained; No. of factors=4 factors; Total variance explained: 73.05%

| Dropped items: one items | 19. The teacher tells the principal honestly about mistakes that he or she makes |

	7. The teacher may consult the principal about his or her private affairs
	10. The principal respects the decisions made by the teachers
	11. The principal may share the teacher with what he is not good at
	12. The principal seeks feedback from teachers when difficulties arise
	13. The principal gives the teacher considerable discretion
	16. The teacher is willing to accept the mistake of the principal
	17. The teacher helps the principal without expecting any rewards if something happens
	18. Teachers do not take advantage of the principal's weaknesses
	22. The teacher thoroughly prepares the lesson
	23. The teacher applies teaching methods appropriate to the teaching and learning situation
Finally retained items: 25 items	25. The teacher takes responsibility for his or her work
	26. The teacher keeps promises with students
	27. The teacher treat students fairly
	28. The teacher makes a good rapport with students
	29. The teacher behaves as he or she says to students
	30. The teacher sincerely takes care of students
	31. The teacher understands students' situation
	32. The teacher respects students' thoughts
	33. The teacher frequently have conversations with students
	34. Teachers solve problems well that arise in class
	35. The teacher considers each student's characteristics when teach and direct students
	47. The teacher often communicate with parents
	48. The teacher listens to parents' requests
	49. The teacher considers the parents as companions
	50. The teacher welcomes parents when they visit schools

최종적으로 선택된 25개의 문항을 비정상성에 덜 민감한 주축 요인 방식 (principal axis factoring: PAF)을 요인 추출 방식으로 선택하여 요인 간 상관을 가정하지 않은 직교회전 방식인 베리멕스(varimax)를 회전 방식으로 적용하여 초기 고윳값과 분산 및 요인적재량을 산출하였으며(〈표 5-7〉 참조), 베리멕스 회전 방식과 주축 요인 방식(principal axis factoring; PAF)을 통하여 추출된 네 개의 요인에 대한 요인적재값은 〈표 5-8〉과 같다.

〈표 5-7〉 Total and common variance explained (eigenvalues) by a PAF   (n=112)

Factors	Initial eigenvalue			Rotation sums of squared loadings		
	Total	% of Variance	Cumulative %	Total	% of Variance	Cumulative %
1	13.306	53.225	53.225	8.658	34.632	34.632
2	2.296	9.185	62.410	3.264	13.057	47.688
3	1.373	5.491	67.902	3.154	12.615	60.304
4	1.288	5.152	73.054	1.777	7.106	67.410

Note. A principal axis factoring was performed to produce eigenvalues (Prior communality estimates were not 1.0), and produced by using SPSS 23. Eigenvalues greater than 1.0 and their corresponding cumulative variances explained are presented.

〈표 5-8〉 Factor loadings for exploratory factor analysis with varimax rotation of principals' trust in teachers scale (n=112)

Item	Factor1	Factor2	Factor3	Factor4
32	.841	.174	.226	.125
27	.828	.158	.174	.181
30	.818	.244	.247	.168
26	.786	.172	.157	.177
29	.775	.234	.279	.204
31	.773	.238	.270	.175
28	.755	.255	.245	.246

35	.747	.245	.376	.109
34	.737	.270	.277	.157
22	.722	.192	.257	.058
25	.706	.190	.274	.261
33	.704	.239	.373	.135
23	.697	.206	.326	.055
16	.138	.844	.141	.156
17	.277	.765	.161	.219
18	.336	.632	.116	.125
11	.121	.626	.031	.181
7	.231	.551	.145	.074
50	.386	.209	.734	.167
48	.444	.128	.728	.180
49	.386	.128	.721	.053
47	.481	.181	.682	.096
10	.255	.086	.041	.691
13	.152	.265	.077	.643
12	.107	.242	.168	.563
Eigenvalues (PAF)	13.306	2.296	1.373	1.288
% of common variance	34.632%	13.057%	12.615%	7.106%

Note. A principal axis factoring was performed to produce loading values (prior communality estimates were not 1.0). Factor loadings > .50 are in boldface.

첫 번째 요인은 13개의 문항을 포함하였으며 초기 고윳값은 13.306으로 나타났고, 이는 공통 분산 중 34.632%를 설명하였다. 요인적재량은 최대 .841이고 최소 .697을 나타내었다. 내용적으로는 교사가 학생을 대하는 태도와 행위로서 이를 바탕으로 교장이 교사에 대한 신뢰를 형성할 수 있는 교

사의 태도를 나타낸다. 예를 들어, 교사의 학급 경영 방법 및 태도, 교사가
학생의 말을 경청하는 태도, 학생을 존중하는 태도, 가르치는 학습 내용에
대한 전문성, 학생의 질문에 대한 수용적인 태도 등을 나타낸다. 이러한 요
인의 내용적 특성을 고려하여 요인의 이름을 '학급 경영, 수업, 학생 지도'로
명명하였다. 요인 1의 구성 문항, 요인적재량, 평균, 표준편차는 〈표 5-9〉에
제시되어 있다.

〈표 5-9〉 Factor 1: class management, instruction, and caring for students (n=112)

New No.	Item	Loading	Mean	SD
1	The teacher respects students' thoughts	.841	4.36	0.67
2	The teacher treat students fairly	.828	4.44	0.68
3	The teacher sincerely takes care of students	.818	4.34	0.77
4	The teacher keeps promises with students	.786	4.40	0.66
5	The teacher behaves as he or she says to students	.775	4.33	0.70
6	The teacher understands students' situation	.773	4.35	0.66
7	The teacher makes a good rapport with students	.755	4.38	0.66
8	The teacher considers each student's characteristics when teach and direct students	.747	4.31	0.69
9	Teachers solve problems well that arise in class	.737	4.25	0.69
10	The teacher thoroughly prepares the lesson	.722	4.30	0.72
11	The teacher takes responsibility for his or her work	.706	4.35	0.66
12	The teacher frequently have conversations with students	.704	4.27	0.69
13	The teacher applies teaching methods appropriate to the teaching and learning situation	.697	4.18	0.78

두 번째 요인은 5개의 문항으로 구성되었으며 초기 고윳값은 2.296이었
다. 두 번째 요인은 공통 분산의 13.057%를 설명하였으며 요인적재량은 최

대 .844였고 최소 .551로 나타났다. 두 번째 요인을 구성하는 문항의 특성을 살펴보면 교사와 교장과의 관계를 설명하고 있다. 교장과의 관계를 나타내는 내용으로는 교사가 교장의 실수를 수용하는 태도, 어떤 일이 일어났을 때 보상을 기대하지 않고 교장을 돕는 태도, 교장의 약점을 이용하지 않는 태도, 교장이 자신이 능숙하게 잘하지 못하는 것을 개방적으로 교사와 공유할 수 있는 것, 교사가 교장을 신뢰하여 자신의 개인적인 일을 교장과 상의할 수 있는 등 교장과의 관계를 나타내었다. 이러한 측정 문항의 특성을 고려하여 두 번째 요인은 '교장에 대한 지지와 신뢰'로 명명하였다. 요인 2의 구성 문항, 요인적재량, 평균, 표준편차는 〈표 5-10〉에 제시되어 있다.

〈표 5-10〉 Factor 2: teacher's support and trust in the principal (n=112)

New No.	Item	Loading	Mean	SD
14	The teacher is willing to accept the mistake of the principal	.844	3.61	0.98
15	The teacher helps the principal without expecting any rewards if something happens	.765	3.79	0.95
16	Teachers do not take advantage of the principal's weaknesses	.632	4.09	0.95
17	The principal may share the teacher with what he is not good at	.626	3.51	1.06
18	The teacher may consult the principal about his or her private affairs	.551	3.50	1.00

세 번째 요인은 네 개의 문항으로 구성되었으며 초기 고윳값은 1.373이었다. 세 번째 요인은 공통 분산의 12.615%를 설명하였으며 요인적재량은 최대 .73였고 최소 .68로 나타났다. 세 번째 요인을 구성하는 문항의 특성을 살펴보면 교사와 학부모와의 관계 또는 학부모를 대하는 태도 등을 나타내었다. 예를 들어, 교사가 학부모와 자주 소통하는 것, 학부모를 동반자로 생각

하는 것, 학부모의 의견에 귀를 기울이는 것 등을 나타내었다. 이러한 측정 문항의 특성을 고려하여 세 번째 요인을 '학부모와의 파트너십'으로 명명하였다. 요인 3의 구성 문항과 요인적재량, 평균, 표준편차는 〈표 5-11〉에 제시되어 있다.

〈표 5-11〉 Factor 3: partnerships with parents (n=112)

New No.	Item	Loading	Mean	SD
19	The teacher welcomes parents when they visit schools	.734	4.09	0.84
20	The teacher listens to parents' requests	.728	4.10	0.75
21	The teacher considers the parents as companions	.721	3.92	0.92
22	The teacher often communicate with parents	.682	4.01	0.83

네 번째 요인은 세 개의 문항으로 구성되었으며 초기 고윳값은 1.288이었다. 네 번째 요인은 공통 분산의 7.106%를 설명하였으며 요인적재량은 최대 .691, 최소 .563으로 나타났다. 네 번째 요인을 구성하는 문항의 특성을 살펴보면 교장이 교사에 대하여 신뢰가 형성되었을 때 교장이 교사에게 나타날 수 있는 태도와 행위를 보여 주고 있다. 예를 들어, 교장이 신뢰하는 교사의 의사 결정을 존중하는 것, 신뢰하는 교사에게 교장이 재량권을 주는 것, 어려운 일이 발생했을 때 교장이 교사로부터 피드백을 구하는 것 등을 포함하였다. 이러한 측정 문항의 특성을 고려하여 네 번째 요인을 '교장의 교사에 대한 신뢰 형성의 결과'로 명명하였다. 요인 4의 구성 문항과 요인적재량, 평균, 표준편차는 〈표 5-12〉에 제시되어 있다.

〈표 5-12〉 Factor 4: results of principal's trust formation in teachers (n=112)

New No.	Item	Loading	Mean	SD
23	The principal respects the decisions made by the teachers	.691	4.61	0.56
24	The principal gives the teacher considerable discretion	.643	4.42	0.61
25	The principal seeks feedback from teachers when difficulties arise	.563	4.35	0.67

4) 확인적 요인 분석 결과

　탐색적 요인 분석에서 추출된 4개의 요인 모델에 대하여 확인적 요인 분석을 실시하였다. 표준잔차평균제곱근(SRMR)은 .08 이하이면 좋은 적합도이고 .04 이하이면 우수한 적합도이며, 비교적합지수(CFI)의 값이 .90 이상이면 모형적합 정도가 좋은 것이며, 비표준적합지수(TLI)가 .90 이상이면 모델 적합도가 우수하다 (Bentler, 1990; Mulaik, 2010). 본 연구의 카이제곱(x^2)값은 x^2(269, n=113)=656.045, p-value < .001로 나타났다. 일반적으로 카이제곱(x^2)값이 작고 확률값이 크면 (p > 0.05) 모델이 적합하다고 할 수 있으며, 카이제곱(x^2)값이 작아지면 p-value값은 커진다. 그러나 표본의 크기가 커지면 카이제곱의 통계 확률값도 같이 높아지므로 카이제곱(x^2)값만으로 모델적합도를 판정할 수가 없다. 카이제곱값의 이러한 단점을 극복하기 위하여 본 연구에서 다른 모델적합지수도 함께 검증을 하였다. 본 연구의 다른 모델적합지수는 SRMR=.041로 좋은 적합도를 나타내었고, TLI=.902, CFI=.913으로 만족되었으며, 확인적 요인 분석을 통하여 산출한 모델적합지수는 〈표 5-13〉에 제시되어 있다.

〈표 5-13〉 Model fit indices (n=113)

X^2(df)	SRMR	TLI	CFI
656.050(269)	.041	.902	.913

Note. Number of items = 25. p-value<.001.

교사에 대한 교장의 신뢰 척도의 4개 요인의 척도 모형은 [그림 5-2]에 제시되어 있다. 다음으로, 네 개의 하위 요인의 상관은 〈표 5-14〉와 같다.

〈표 5-14〉 Correlation between the four factors (n=223)

	CMICS	TSTP	PP	RPTFT
CMICS	1.000			
TSTP	.544*	1.000		
PP	.749*	.429*	1.000	
RPTFT	.466*	.450*	.380*	1.000

Note. Pearson's correlation was used. * means that p-value is less than .001. CMICS=Class management, instruction, and caring for students; TSTP=Teacher's support and trust in the principal; PP=Partnerships with parents; Results of principal's trust formation in teachers.

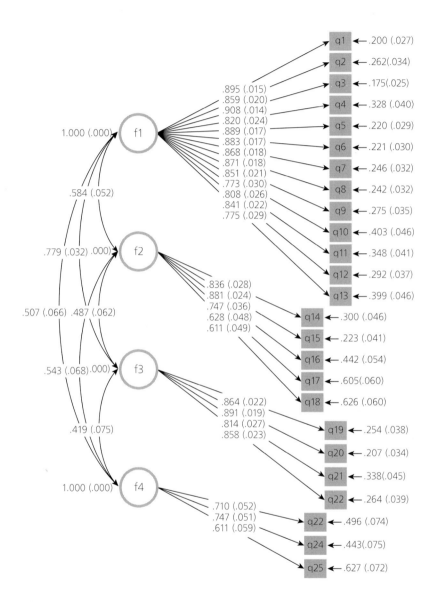

[그림 5-2] A diagram of a confirmatory factor analysis model with four correlated factors and completely standardized robust maximum likelihood parameter estimates. The residual variance components (error variances) indicated the amount of unexplained variance. Thus, for each observed variable, $R2 = (1-\text{error variance})$, f1 = class management, instruction, and caring for students f2 = teacher's support and trust in the principal, f3 = partnerships with parents, and f4 = results of principal's trust formation in teachers.

5) 신뢰도 분석

마지막으로, 측정 도구의 내적 신뢰도를 검증하였다. 이를 위하여 두 개의 표본을 다시 하나로 합쳤으며 각각 요인별 신뢰도계수(Cronbach's α)를 사용하여 산출하였다(Cortina, 1993; Grayson, 2004). '학급 경영, 수업, 학생 지도' 요인과 '학부모와의 파트너십' 요인의 신뢰도계수는 각각 .971과 .914로 우수하였으며 '교장에 대한 지지와 신뢰' 요인과 '교장의 교사에 대한 신뢰 형성의 결과' 요인은 각각 .856과 .721로 수용 가능한 범위 안에 속하였다(Cortina, 1993). 특히 네 번째 요인에 대한 신뢰도계수가 비교적 낮게 나타났는데, 이는 다른 요인과 비교하였을 때 네 번째 요인에 속하는 문항의 수가 세 개로 이루어져 신뢰도계수는 문항의 수가 많아지면 신뢰도계수도 상승하는 특성(Benson & Nasser, 1998; Comrey & Lee, 1992) 때문인 것으로 추측이 된다. 또한 도구의 전체 문항 25개에 대한 신뢰도계수는 .961으로 나타났다. 신뢰도계수는 〈표 5-15〉와 같다.

〈표 5-15〉 Reliability of the four factors of the principals' trust in teachers scale

(Cronbach's α, n=223)

Factor	Coefficient alpha	Mean	SD	n of items
Class management, instruction, and caring for students	.971	4.35	0.60	13
Teacher's support and trust in the principal	.856	3.72	0.79	5
Partnerships with parents	.914	4.06	0.76	4
Results of principal's trust formation in teachers	.721	4.49	0.49	3
Total	.961	4.12	0.79	25

5. 논의 및 결론

이 연구는 중등학교 교장이 신뢰하는 교사의 태도와 행동을 측정할 수 있는 도구를 개발하고 타당화하고자 하였다. 이를 위하여 교육공동체의 구성원 간 신뢰, 상사의 부하 신뢰, 신뢰의 특성 등과 관련한 문헌 검토 및 교장을 대상으로 한 개방형 질문지, 기존 측정 도구 등을 바탕으로 설문 문항을 개발하였다.

이러한 과정을 거쳐 이 연구에서는 교사에 대한 교장 신뢰 요인을 4개로 규명하였다. 첫 번째 요인은 교사가 학생을 대하는 행동과 태도와 관련이 있다. 교장은 학급 경영 방법 및 태도, 학생의 말을 경청하는 태도, 학생을 존중하는 태도, 가르치는 학습 내용에 대한 전문성, 학생의 질문에 대한 수용적인 태도 등을 통하여 교사를 신뢰한다. 두 번째 요인은 교장이 교사에 대한 신뢰를 형성할 때 교사가 평소에 교장을 어떻게 대하는지를 나타내고 있다. 즉, 교장의 실수, 교장의 약점 등을 보완해 주고 어려운 일이 발생했을 때 도와주며 교사 자신의 사생활까지도 교장과 공유를 하였을 때 교장은 그 교사를 신뢰하는 것으로 나타났다. 세 번째 요인은 교사가 학부모에 대하여 취하는 태도와 행위를 근거한다는 것을 나타내었다. 이는 이론적 개념 모형을 지지하는 결과이다. 즉, 학부모가 학교를 방문할 때 교사가 이를 환영하고 학부모의 요청과 의견을 존중하고 경청하는지를 교장은 중요하게 여긴다는 것을 시사한다. 학부모는 학교공동체를 이루는 중요한 구성원이다. 학교의 교육 목표를 달성하고 학생들의 성취를 높이기 위해서는 학부모의 도움과 협력이 필수적이다. 특히 관리자인 학교장의 입장에서는 더욱 그러하며, 그런 관점에서 볼 때 학부모와 동반자 의식을 가지고 학부모와 협력을 잘 하는 교사에게 신뢰를 하는 것은 교장으로서 당연한 것이다. 이는 교육공동체의 구성원인 학부모를 어떻게 인식하고 인정하는지도 중요하다는 것을 시사한다. 네 번째 요인은 교장이 교사에 대한 신뢰가 형성되었을 때 교장이 교사에 대해 취할 수 있는 태도나 행위를 나타내었다. 예를 들어, 교장은 자신이 교사를 신뢰하면 그 교사가 내리는 의사 결정도 신뢰하였다. 또한 교장은 자신이 신뢰하는 교사에게 많은 재량권을 부여하였으며, 신뢰하는 교사로부터 문제 해결을 위한 피드백을 구하였다. 네 번째 요인도 이론적 개념에 속한 요인으로, 이론적으로 지지하였다.

이 연구의 결과를 바탕으로 한 결론은 다음과 같다. 첫째, 중등학교의 교장은 크게 네 가지 영역에서 교사를 신뢰하고 있다는 것이다. 중등학교 교장은 학급 경영과 수업, 학생 관리를 최우선적인 신뢰의 기준으로 보았다. 진로의 탐색 및 선택, 독립적인 교과목의 심화, 상급 학교로의 진학 지도, 사춘기의 학생들을 지도하는 중등학교의 교육 목적과 특성을 고려해 볼 때, 학급을 잘 경영하고 자신의 교과목을 성실히 잘 가르치고 학생들을 잘 지도하는 것이 교장으로부터 신뢰받는 교사가 된다고 볼 수 있다. 둘째, 중등학교 교장은 관리자로서 자신의 부족한 점을 이해하고 보완해 주는 교사를 신뢰하였다. 즉, 교장은 자신의 부족한 점을 공개하고, 이를 약점으로 이용하지 않고 보완해 주는 개방적인 교사를 신뢰하는 것으로 나타났다. 또한 교장은 교사가 자신에게 개인의 문제에 관하여 의논을 할 경우에도 그 교사를 신뢰하는 것으로 나타났다. 이로써 교장은 자신이 신뢰를 하는 교사에게 관리자로서 더욱 많은 부분을 공유한다. 셋째, 학부모와의 동반자 의식이다. 중등학교는 학교에서 진학 지도와 진로 지도를 해야 하는 시기이기 때문에 학부모와의 꾸준한 의사소통과 협력은 신뢰받는 교사의 필수 조건이 된다. 마지막으로, 중등학교에서 동료 교사와의 관계는 중요한 요인으로 나타나지 않았다. 이론적 개념 모형에서는 동료 교사와의 협력이 포함되어 있었으나, 실제 수집된 표본 자료를 분석한 결과에서는 제외되었다. 이는 중등학교는 각 교사가 자신의 맡은 교과목을 독립적으로 수행하기 때문인 것으로 추측된다. 앞의 세 가지 구성 요인은 학교에서의 신뢰에 대한 선행 연구에서 나온 요인들 중 믿음(reliability), 역량(competence), 존중 또는 존경(respect) 및 개방성(openness)의 요소들과 유사한 요인들이라고 볼 수 있다. 이러한 구성 요소들은 학교공동체의 구성원들인 관리자, 학부모, 학생, 교사 및 직원 사이에서 따뜻한 교육의 장을 형성해 가는 중요한 요인들이라고 볼 수 있다.

　이 연구의 결과에 대한 시사점은 다음과 같다. 첫째, 앞서 이루어진 문헌연구에서도 언급하였듯이 선행 연구들은 주로 교사를 신뢰의 주체로 하여 교육 행정가와 신뢰, 학생 및 학부모와의 신뢰, 동료 교사 간의 신뢰에 초점을 두었으나, 이 연구는 관리자인 학교의 교장이 형성하는 교사에 대한 신뢰를 연구하였다. 이는 학교 혁신을 주도하는 교장과 학교공동체의 주된 구성원인 교사가 학교 업무, 수업, 동료 교사와의 관계, 학부모와의 관계 및 관리자에게 어떠한 태도를 취하고 어떻게 행동을 하느냐에 따라 상호 간에 신뢰가 형성하게 되는지를 규명하는 데 도움을 준다. 둘째, 척도의 개발과 타당화를 통하여 학교의 교장은 학교의 경영자 및 관리자로서 교사에 대한 신뢰를 형성할 때 학생과의 관계, 학부모와의 관계, 학교 경영자로서 교장과의 관계, 교장이 교사를 신뢰한다는 증거 등의 요인이 주된 요인으로 작용한다는 것을 규명하였다. 따라서 이 연구의 도구는 중등학교의 교사 각 개인이 자신의 신뢰를 자가 진단하는 도구로서도 활용될 수 있을 것이며, 그 결과에 따라 자신의 부족한 점을 보완하는 도구로서 교사의 전문성 개발의 기초 자료로 활용될 수 있을 것이다. 각 학교 수준에서는 관리자가 교사의 신뢰를 평가할 때 사용할 수 있으며, 그 결과에 따라 개선 방향 등을 제시할 수 있을 것이고, 이는 학교 혁신 등을 위하여 사용할 수 있을 것이다.

　마지막으로, 이 연구의 한계점을 제시하면 다음과 같다. 이 연구의 결과는 전국의 중학교, 고등학교의 교장을 대상으로 실시하였으나, 이 연구의 결과를 모든 학교의 교사에 대한 교장의 신뢰 형성 요인이라고 볼 수는 없다. 또한 본 연구에서 척도의 타당화를 위하여 사용된 탐색적 및 확인적 요인 분석은 분석 방법의 특성상 연구자들의 주관적인 의견에 따라 다른 결과가 나타날 수도 있다. 또한 다른 표본을 사용하여 연구를 진행할 경우에 다른 연구 결과가 나올 수 있다. 마지막으로, 본 연구에서 신뢰도를 검증하기 위하여 신뢰도계수(Cronbach's α)를 사용하였으며, 네 개의 요인 중 첫 번째 요인은

α=.971으로 매우 우수한 값을 나타내었다. 그러나 신뢰도계수(Cronbach's α)는 요인에 속한 문항 수가 많으면 그 값이 오르는 것과 같이 요인을 구성하는 문항 수에 따라 그 값이 달라지고 알파계수가 척도의 신뢰도를 항상 보장할 수 없다는 점(Cortina, 1993; Park & Hill, 2016)에서, 앞으로의 연구에서 이 도구를 사용할 때는 유념할 필요가 있다.

제6장
교사들의 동료 신뢰*

1. 연구의 필요성 및 목적

우리 사회가 지식 기반 사회, 네트워크 사회 등으로 전환되면서, 개인이 가지고 있는 지식이나 기술도 중요하지만 조직의 운영을 촉진하는 구성원들의 신뢰 관계도 강조되고 있다. 학교라는 공간도 이러한 변화에 예외일 수 없으며, 구성원간의 상호 신뢰는 개인의 삶뿐 아니라 조직이나 공동체를 형성, 유지, 발전시키는 데에도 중요한 역할을 한다(이숙정, 2005; 이진원·조주영·박세훈, 2009; 최류미·김대현, 2016). 서로를 불신하는 풍토에서는 학교 구성원 사이의 사회적 거리감이 생기며, 이해관계에 따라 파벌이 형성되어 조직의 성과를 기대하기 어렵다(송경오·최진영, 2014).

신뢰에 관한 연구는 1950년대 이후 심리학, 사회학, 경제학, 조직학 등 여러 학문 분야에서 시작되었다. 다른 학문 분야나 조직 특성과 구별되는 학교를 중심으로 한 신뢰 연구는 1990년대부터 본격적으로 진행되었다(이쌍철, 2013). Hoy와 Tschannen-Moran(1999)는 신뢰를 "상대방이 너그럽

* 출처: 김대현·최류미(2016). 초등학교 교사들의 동료에 대한 신뢰 형성의 근거와 결과. 교육 혁신연구, 26(3), 63-81.

고, 믿음직하고, 능력 있고, 개방적이면서 정직할 것이라는 확신을 바탕으로 상대방에게 취약해질 수 있는 것"이라고 개념화하였다. 또한 Bryk과 Schneider(2002)는 학교 조직이 가진 고유한 특성과 맥락을 고려하여 학교 구성원 간의 신뢰를 '관계적 신뢰'라 보았으며, 이는 서로에게 가지고 있는 기대와 의무가 합치될 때 유지된다고 하였다.

또한 국내의 학교 맥락을 고려하여 신뢰 연구를 체계적으로 수행한 이숙정(2006)은 학교에서의 신뢰를 "학교공동체 구성원들이 상대방의 인지적·정서적·도덕적 특성을 기반으로 서로 의심 없이 긍정적인 관계를 형성 및 유지하려는 태도"라고 정의하였다. 또한 이쌍철(2013)의 연구에서는 신뢰가 발생하는 상황적 조건을 '위험' '상호 의존성' '기꺼이 취약한 상황에 놓이려는 의지'로 보고, 신뢰를 "타인이 나의 이해를 고려해 줄 것이라는 낙관적 기대에 기초하여 위험을 감수하려는 자발적 의지"로 보았다.

이들의 연구에서 학교 구성원 간의 신뢰 수준을 측정하기 위해 추출한 신뢰의 구성 요소를 정리하면 다음과 같다. Hoy와 Tschannen-Moran(1999)은 자선, 믿음, 능력, 정직성, 개방성을, Bryk과 Schneider(2002)는 존경, 능력, 타인에 대한 존중, 성실성 요소를 제시하였다. 그리고 이숙정(2006)은 능력, 개방성, 돌봄, 상호 존중, 협력이라는 다섯 가지 요인을 바탕으로 한 관계적 신뢰를 주장하였다. 다양한 학교 구성원 관계 중에서, 특히 동료 교사 간 신뢰 구성 요인으로 강경석과 강경수(2007)는 업무 추진 능력, 성실성, 배려, 의사소통을, 이쌍철(2013)은 능력, 호의성, 진실성 변인을 설정했다.

이러한 변인을 바탕으로 측정한 학교 구성원 간 신뢰는 교사 효능감과 조직 시민 행동을 촉진하며(이쌍철·홍창남, 2013), 교사 협력에 미치는 영향이 큰 것으로 나타났다(송경오·최진영, 2014). 또한 구성원 간 신뢰는 교사의 사기 및 학교 만족 수준(이쌍철·홍창남·송영명, 2011)이나 학교 조직 효과성(강경석·강경수, 2007; 송경오·최진영, 2014)과도 유의미한 관계가 있고, 학생의 학업 성적에까지 긍정적인 영향을 미치는 것으로 나타났다(Goddard, Tschannen-Moran, & Hoy, 2001; 홍창남·이쌍철·정성수, 2010).

그러나 학교 구성원 간 신뢰는 어떤 관계에서의 신뢰인지에 따라 그 특성과 결과를 구분하여 해석할 필요가 있다. 그동안 수행된 연구를 대상에 따라 분류해 보면, 교사의 교장에 대한 신뢰(이쌍철·홍창남·송영명, 2011; 이쌍철, 2013; 홍창남·이쌍철·정성수, 2010), 교사의 동료 교사에 대한 신뢰(강경석·강경수, 2007; 송경오·최진영, 2014; 이쌍철, 2013; 이쌍철·홍창남, 2013), 교사의 학생·학부모/교장/동료 교사에 대한 신뢰(이숙정, 2005), 교사의 학생에 대한 신뢰(최류미·김대현, 2016) 연구가 있다.

이들은 주로 교사를 신뢰자로, 관리자/동료 교사/학생/학부모를 신뢰 대상자(피신뢰자)로 설정하여 신뢰의 효과를 검증했다고 볼 수 있다. 그렇지만 누가 누구를 신뢰하느냐에 따라 신뢰 관계에 영향을 미치는 요인이나 상황은 차별적으로 고려되지 않았다는 것을 알 수 있다. 그렇게 되면 대상이나 상호 작용하는 상황에 따라 달라지는 신뢰의 특성을 자세하게 파악하기 어렵다는 한계를 지니게 된다. 반면, 최류미와 김대현(2016)의 연구에서는 면담을 통해 학기 상황, 인간관, 학생 경험 등에 따라 학생 신뢰에 영향을 미치는 조건과 의미가 달라진다는 특성을 밝혔다. 그러나 이는 교사의 학생에 대한 신뢰에 한정된 특성이므로, 다른 학교 구성원(동료 교사, 관리자, 학부모)과의 관계에 적용하기에는 어려움이 있다.

이처럼 신뢰는 대상에 따라서도 그 의미가 달라지지만, 신뢰의 내용에 따라서도 여러 차원으로 구분할 수 있다. Lewis와 Weigert(1985)는 신뢰의 내용적 차원을 인지적 신뢰와 정서적 신뢰로 보고, 여기서 인지적 차원이란 사회적 관계에서 어떤 대상을 믿고 어떤 대상은 믿지 않을 것인가를 분별하는 인지적 선택의 과정을 뜻하며, 감정적 차원이란 사회적 관계에 있는 사람들 간의 감정적 연대감 또는 동일체 의식을 뜻한다(박통희, 1999). 원숙연(2001)의 경우 인지적·감정적 차원에 행동적 차원을 포함하여 신뢰의 다차원성을 주장했는데, 이때 행동적 차원은 특정한 방식으로 행동하려는 의도를 의미한다. 이렇듯 신뢰는 상황이나 관계의 특성에 따라 신뢰 차원 간 영향력이나 비중이 달라지는 특성을 지니고 있으므로(Lewicki, McAllister, & Bies, 1998),

연구를 수행할 때는 이러한 신뢰의 다차원성을 고려할 필요가 있다.

하지만 선행 연구에서는 학교에서의 신뢰를 대상, 차원, 학교 급에 따른 맥락을 고려하지 않은 채 유사한 하위 요소들로 구성된 개념으로 설정하고 있다. 예를 들어, '동 학년끼리 뭉치고' '교장 및 관리자 주변의 교사를 경계하는' 대인 관계 문화를 가진 초등학교(이동성, 2007; 이은주 · 김병찬, 2013)는 중등학교에서의 동료 교사에 대한 신뢰 의미가 다를 수 있다. 또한 동료 교사와의 신뢰는 맹목적인 신뢰가 아닌 개인적인 존중과 진실된 관심을 기반으로 서서히 얻어지고(강경석 · 강경수, 2007), 상대방에 대한 인지적이고 감정적인 믿음(송경오 · 최진영, 2014)이라는 특성을 고려할 때, 동료 교사에 대한 신뢰 형성의 계기, 근거와 그 결과를 종합적으로 알아볼 필요가 있다.

따라서 이 연구는 초등학교 교사들이 동료 교사와의 관계에서 어떻게 신뢰를 형성하고, 그 결과가 무엇인지를 밝히고자 한다. 면담을 통해 동료 교사에 대한 신뢰 경험을 탐색하면서 다른 조직과는 구분되는 초등학교의 동료 관계에서 드러나는 신뢰의 특징과 의미를 밝혀내고자 한다. 이 연구에서 다루고자 하는 문제는 "초등학교 교사들은 어떤 계기나 근거를 바탕으로 동료 교사를 신뢰하게 되며, 그 결과는 무엇인가?" 그리고 "초등학교 교사들은 어떤 근거를 바탕으로 동료 교사를 신뢰하지 못하게 되며, 그 결과는 무엇인가?"이다.

2. 연구 방법

초등 교사의 경험을 바탕으로 동료 교사와의 신뢰 형성을 하게 되는 계기, 신뢰를 형성하거나 저해하는 데 영향을 미치는 근거와 결과를 이해하기 위하여 연구 참여자들과 면담을 실시하고, 면담 결과를 내용 분석 방법을 적용하여 분석하였다. 내용 분석(Content analysis)은 텍스트로부터 반복 가능하고 타당한 추론을 만들어 내는 연구 방법이다(Krippendorff, 2004). 내용 분석 방법은 이미 산출되어 있는 자료들을 가지고 연구자가 체계적으로 분석함으로써 관찰이나 설문조사 등의 방법으로는 측정하기 어려운 개인의 신념, 가치, 욕구, 태도 등을 분석할 수 있다는 점(김석우 · 최태진 · 박상욱, 2015)에서 동료 교사와의 신뢰 형성 과정을 이해하는 데 적합한 연구 방법이라 판단하였다.

1) 연구 참여자

이 연구의 참여자들은 B지역의 초등학교에 근무 중인 교사들 가운데 연구의 목적에 부합하면서 정보 활용에 동의를 해 준 10명의 교사들이다. 연구 참여자를 선정할 때는 교직 경력을 고려하여 균형을 맞추려고 노력하였으며, 눈덩이 표집 방법을 통해 최초로 면담을 한 참여자를 통해 유사한 속성을 가진 다른 교사를 소개받아 연구를 진행하였다.

연구 참여자로 선정된 교사들의 일반적인 특성은 다음과 같다. 성별에 따라서는 2명의 남교사와 8명의 여교사가 연구에 참여했으며, 그들의 경력은 3년에서부터 20년까지 다양했다. 참여자와의 면담은 최소 한 번에서 경우에 따라 최대 세 번 실시되었다. 자료 수집 과정에서 의미가 포화된 시점을 기준으로, 연구에 참여한 교사들의 기본적인 정보를 정리한 결과는 〈표 6-1〉과 같다.

〈표 6-1〉 연구 참여자 정보

이름	성별	경력(년)	면담 횟수(회)
교사 1	여	15	3
교사 2	여	17	3
교사 3	여	9	1
교사 4	여	19	2
교사 5	남	16	2

교사 6	여	17	1
교사 7	여	3	2
교사 8	남	6	1
교사 9	여	13	1
교사 10	여	20	1

2) 자료 수집

자료 수집은 연구 참여자와의 개별 면담을 통해 이루어졌다. 모든 연구 참여자로부터 연구 참여 동의를 사전에 얻은 후, 참여자의 요청이 있는 경우 면담 질문 내용을 사전에 안내하였다. 선행 연구 분석과 면담을 통한 자료 수집 과정은 2015년 7월부터 2016년 9월까지 14개월 동안 이루어졌고, 면담은 주로 연구자의 연구실이나 연구 참여자가 근무 중인 학교에서 1시간에서 1시간 30분가량 진행되었다.

본격적인 면담 과정은 연구 참여자에게 연구의 목적과 면담 진행의 전반적인 과정, 면담 자료 활용 시 개인적인 정보에 대한 익명 보장을 안내하는 것으로 시작하였다. 그리고 참여자들의 표현을 빠짐없이 기록하기 위하여 그들에게 동의를 받고 녹음기와 휴대 전화를 이용하여 녹취를 하였다. 면담은 반구조화된 인터뷰 형식을 적용함으로써, 연구 참여자가 막연해하지 않으면서 자연스럽게 본인의 경험을 이야기하도록 독려하였다. 경우에 따라 비교적 발언이 적은 질문 내용에 대해서는 참여자의 부담을 덜어 주기 위해 충분한 시간을 제공하려고 노력했고, 상황에 따라 연구자가 준비한 면담 질문 내용을 변경, 제외 또는 추가하였다. 그리고 면담을 마무리할 때는, 동료 교사에 대한 신뢰 경험에 대한 전반적인 내용을 정리하고 면담 과정 중에 발견되었던 모호한 표현을 메모해 두었다가 다시 한번 연구 참여자에게 확인하는 작업을 거쳤다.

면담을 마친 후에는 자료의 소실을 방지하기 위해 면담을 실시한 3일 이

내에 전사 작업을 완료하였다. 전사 과정 중에 발견된 명확하지 않거나 누락된 부분을 확인함과 동시에 추가로 보완된 질문 내용에 대한 검토를 받기 위해 전화 면담이나 이메일을 통해 연구 참여자에게 다시 한번 확인 작업을 거치기도 하였다.

연구자들은 동료 교사에 대한 신뢰에 관한 면담을 실시하기 이전에, 학교에서의 신뢰, 교사-교사 간의 신뢰, 신뢰의 결과, 신뢰의 특성 등과 관련된 선행 연구를 분석한 결과를 바탕으로 질문지를 작성하였다. 면담 질문 내용은 연구자 간의 지속적인 논의와 현장 경험이 풍부한 초등 교사 2인에게 예비 인터뷰를 실시하면서 얻은 조언을 바탕으로 최종 수정되었다. 이렇게 수정, 보완 작업을 거친 면담 질문지의 내용은 〈표 6-2〉와 같다.

〈표 6-2〉 면담 질문 내용

✔ 근무하시는 학교에서 믿음이 가는 동료 교사가 있나요?
✔ 어떤 계기로 동료 교사와의 믿음이 형성되나요?
✔ 동료 교사에 대한 믿음이 중간에 어긋난 경우가 있나요?
✔ 한번 동료 교사를 믿게 되면 이 믿음이 계속 지속되나요?
✔ 동료 교사 간에 믿음이 생겼을 때 나타나는 변화가 있나요?
✔ 동료 교사와의 신뢰 관계를 지속하기 위해 어떤 노력을 하나요?
✔ 동료 교사들은 본인(면담 참여자)을 믿는다고 생각하나요?
✔ 초임 시절에 비해 동료 교사를 믿는 것에 달라진 점이 있나요?
✔ 일반 친구를 믿는다는 것과 동료를 믿는다는 것에는 어떤 차이가 있나요?

3) 자료 분석

연구자는 녹음된 자료를 바탕으로 연구자의 언어적·비언어적 표현을 전사한 자료를 중심으로 Krippendorf(2004)가 제안한 내용 분석 절차를 거쳤다. 그가 제안한 내용 분석의 첫 번째 절차는 '전체 텍스트에 대한 심층적인 이해'를 하는 단계이다. 연구자들은 텍스트를 이해하기 위해 면담 전사 자료를 5회 이상 숙독하고, 동료 교사와의 신뢰에 관한 교사들의 경험을 면밀히 검토하였다. 다음 분석 절차는 '유의미한 진술 찾기'이다. 연구자들은 연구 참여자들의 경험이 담긴 텍스트를 적절한 단위로 끊어 자유롭게 메모를 하고, 이 중 연구 문제와 관련된 유의미한 진술을 선정하여 이에 대한 개념화를 시도하였다. 세 번째 절차인 '범주화'를 하기 위해 연구자들은 앞서 개념화한 결과를 두고, 비슷하거나 상호 관련성이 있는 내용을 결집하여 상위 차원의 범주를 구성하였다. 분석의 과정에서 지속적으로 작성했던 메모나 개념들을 바탕으로 범주화 과정을 마친 결과, '신뢰 형성의 계기' '신뢰 형성의 근거와 결과' '신뢰 저해의 근거와 결과'라는 범주와 14개의 하위 내용이 도출되었다.

자료 수집 단계에서부터 자료의 해석 과정을 거치면서 연구자 본인이 가지고 있는 편협한 관점을 최대한 지양하고자 노력하였으며, 연구의 타당도와 신뢰도를 확보하기 위하여 다음과 같은 과정을 수행하였다. 면담 과정 중에는 연구 참여자의 주관적인 반응을 확인하고 기술하는 메모를 작성했으며, 면담을 전사하는 과정에서는 면담 과정에서 드러난 참여자의 언어적인 표현과 비언어적 표현까지 담아 그 상황을 왜곡하지 않으려고 했다. 또한 자료의 분석 과정 중에는 교육과정 및 방법 전공 박사 과정에 재학 중이면서 질적 연구 경험이 있는 연구자 2인과, 교육학 박사학위 소위자이면서 학교에서 10년 이상 근무한 경험이 있는 초등 교사 3인에게 잠정적인 결과를 안내하고 지속적으로 협의하는 과정을 거쳤다. 그리고 자료에 대한 해석의 일관성을 높이고자 최종 연구 결과를 신뢰에 관한 연구, 내용 분석을 적용한 연구를 수행한 경험이 있는 동료 교수에게 보여 주고 검토를 받음으로써 감사 가능성의 요건을 충족시켰다.

3. 연구 결과

1) 동료 교사를 신뢰하게 되는 계기

동료 교사에 대한 신뢰는 저절로 형성되는 것이 아니다. 면담에 참여한 교사들의 경우, 대부분 국·공립 학교에 근무했기 때문에 4년을 주기로 학교를 순환했다. 또한 같은 학교에 근무를 할지라도 학교가 학년이나 업무 부서를 중심으로 운영되기 때문에, 얼마나 같이 시간을 보내고 일을 많이 했는가에 따라 동료 교사를 신뢰하는 정도가 다름을 알 수 있었다.

초등 교사들의 경우, 동료 교사와 신뢰를 형성하게 되는 계기는 크게 세 가지로 정리할 수 있다. 대체로 동 학년이나 같은 부서의 구성원으로서 일을 하게 되면서 만나거나, 같은 학교에서 근무한 시간이 많아지게 되면서 자연스럽게 관계가 형성되는 경우, 그리고 동료 교사와 함께 성공 경험을 나누면서 끈끈한 정과 함께 신뢰를 쌓는 것이다.

> 교사 10(1차): 물론 시간이 오래 지나면서, 4년 동안 같이 일했는데 풍문으로 들고 별로 접촉하지 않아도 신뢰가 쌓이기도 하는데… 가장 빨리 쌓이는 건 어떤 일을 같이 경험하고. 내가 서로 도와주고 그 사람이 열심히 하고. 또 그다음에 일을 성공적으로 했을 때. 말하지 않아도 신뢰가 쌓이고. 다음에 나를 바라보는 경우를 느꼈거든요.

교사들은 이러한 세 가지 계기를 통해 드러나는 동료 교사의 말, 행동, 태도, 가치관 등을 참고하여 동료 교사에 대한 신뢰를 판단하게 되는 것으로 나타났다. 같은 동료 교사라고 할지라도 어떤 동료 교사를 신뢰하거나 혹은 신뢰하지 못하는지에 대한 영향을 주는 근거와 그 결과를 나누어 정리하면 다음과 같다.

2) 동료 교사와의 신뢰 '형성' 근거와 결과

(1) 동료 교사와의 신뢰 형성 근거

학교에서 '어떤 동료 교사를 믿는가'에 대한 교사들의 인식과 경험을 분석한 결과, 대부분의 교사는 일반적인 인간관계와는 달리 '일을 중심으로 맺어지는 사이'로 드러났다. 그렇기 때문에 본인과 동료 교사의 성향, 관심사, 교육관 등이 맞는 것도 좋지만, 교육 활동(수업, 생활 지도, 행정 업무, 학교 행사 등)을 수행하는 과정에서 드러나는 태도나 능력이 동료 교사에 대한 신뢰를 형성하는 데 중요한 근거로 나타났다.

우선, 초등학교 교사들은 동료 교사의 교육 활동에 대한 신뢰를 판단할 때 '학생에게 관심을 갖고 공감하려는 태도'를 중시하는 것으로 나타났다. 이는 제3자의 관점에서 학생을 얼마나 존중하고 따뜻하게 대하는지 간접적으로 관찰하면서 판단하게 되는 부분이다. 학생에 대한 말과 행동이 동료 교사의 신뢰를 판단하는 데 중요한 근거인 이유는, 학생들을 대하는 태도가 타인과 업무를 대하는 태도와 같은 연장선상에 있다고 생각하기 때문이다.

> 교사 4(2차): 교사는 어느 정도 하는 것만 봐도 눈에 보이거든요. 어느 정도 선생님들의 말버릇, 말투… 그런 게 자기 반에서 하는 말투가 어른을 대할 때도 나타나거든요. 어떻게 반응하는가 그런 게 있거든요. 그러는 것만 봐도 신뢰를 할 수 있죠. 우리 입장에서도 선생님이 열심히 가르치고 공감하고 존중하고 그러면 되게 존경할 수 있고… 그렇지 못할 경우에는 애들한테 휘둘린다거나 하면 없어 보이지.

또한 교사의 교육 활동 중 '수업과 학생 지도에 대한 열정'을 통하여 동료 교사에 대해 신뢰가 깊어지는 것으로 드러났다. 교사로서 가장 중요한 역할인 교과 지도와 학생 지도에 대해 쏟는 열의와 성의는 학생에 대한 진정한 이해와 사랑과 관련이 깊을 수밖에 없다. 그렇기 때문에 수업 자료를 준비하는 태도나 학급에서 발생하는 문제들을 원만하게 처리하는 방식을 통해 교육 활동에 대한 동료 교사의 열정을 간접적으로 판단하는 것이다.

> 교사 3(1차): 자신의 수업이나 학생들에게 충실하고 최선을 다한다는 것은 그것을 하기 위해 그만큼 노력을 하고 시간을 투자한다는 것이고, 결국엔 열정이 있다는 뜻이잖아요. 그거는 다른 학교 일을 처리하는 것도 마찬가지인 거라고 봐….

학교에서 교사들이 하는 교육 활동 중에는 수업과 학생 지도처럼 개인이 전적으로 담당하는 부분도 있지만, 동료 교사와 힘을 합쳐 처리해야 하는 부분도 있다. 예를 들어, 학년 및 학교 행사나 행정 업무가 대표적인 경우인데, 이때 기본적으로 본인의 몫을 확실하게 책임지면서 동료 교사의 수고를 덜어 주기 위해 부가적인 업무나 기피하는 일들을 '솔선수범'하여 지원하는 것을 보고 신뢰가 형성되는 것으로 나타났다.

> 교사 1(3차): 음… 첫 번째는 예를 들어서 솔선수범이야. 일을 잘해서가 아니라 동 학년에서도 일을 나눈다? 그러면은 내가 먼저 잘하든 못하든 다른 사람이 하기 싫어하는 일을 제가 할게요 하는 사람이 있어. 나도 내가 그런 사람이 되려고 노력하고.

그리고 교사들은 수업 자료, 학생 및 학부모와의 문제, 업무 등에 대해 동료 교사들과 소통하는 경우가 많은데, 이때 동료 교사의 '풍부한 경험'에서 우러나는 정보나 생생한 경험을 전수받을 때 신뢰가 높아지는 것으로 나타났다. 해당 업무를 처리한 경험이 많은 동료 교사를 보고 '막힘없이 업무를 착착 진행하는 선생님'(교사 2)이나 학교에서 돌아가는 전반적인 일들을 '꿰뚫어 보는 다재다능한 선생님'(교사 1)이라는 표현을 사용했다. 교사들은 업무에 대한 통찰력이 뛰어난 동료로부터 어떻게 그 일을 해결하고 견뎌 냈는지에 대한 실질적인 조언과 위로를 받으면서 그들을 의지하는 것으로 나타났다. 즉, '업무에 대한 통찰력' 있는 동료 교사들을 신뢰하면서, 같은 일을 수행하더라도 불필요한 시행착오를 줄이고 좀 더 효율적으로 업무를 처리하는 경험을 하게 된다.

> 교사 1(1차): 동 학년에 보면 부장도 아니신데, 누구한테나 신뢰를 받고, 예전에 부장을 했던 경험도 있으시고, 다양한 경험이 풍부하셔서 뭐든지 꿰뚫어 보시는 다재다능한 선생님이 꼭 계시기 마련인데, 그런 선생님들을 사실 제일 의지하고 뭐든지 상의하고, 업무할 때도….

마지막으로, 교사들은 본인에게 주어진 일에 '책임감을 가지고 수행'하는 교사를 신뢰한다고 했다. 개인이 가진 능력을 바탕으로 맡은 업무를 잘 수행하고, 다른 사람과 협업하는 일에, 소위 '빵꾸(펑크)를 내지 않는'(교사 1) 동료 교사를 신뢰하고, 마찬가지로 본인도 다른 교사로부터 신뢰를 받기 위해 '기브 앤 테이크의 잣대'를 비추어(교사 4) 자신의 업무를 남한테 피해 주지 않고 처리하려고 노력하는 것으로 나타났다.

> 교사 3(1차): 제가 할 수 있는 것들을 책임을 지고 다하는 거죠. 업무적인 면에서, 우리 반 안에서 발생하는 트러블이 다른 반에 영향을 미치지 않도록 미리 막고. 그런 껄끄러운 일들을 미리 좀 막는. 그런 게 신뢰 형성에 도움이 되지 않을까.

이처럼 면담에 참여한 초등학교 교사들은 '학생에게 관심을 갖고 공감하려는 태도' '수업·학생 지도에 대한 열정' '업무나 학교 행사에의 솔선수범' '풍부한 경험으로 인한 통찰력' '본인이 맡은 일에 대한 책임감'을 근거로 동료 교사의 교육 활동에 대한 신뢰를 판단하는 것으로 드러났다. 이 과정에서 일만 잘하는 것이 중요한 것이 아니라, 교육 활동을 하는 과정에서 드러나는

동료 교사의 말투, 분위기, 인품, 태도 등의 '인간성에 대한 신뢰'에 판단을
동시에 하는 것을 알 수 있었다.

　그리고 동료 교사와 일을 함께 처리하는 과정에서 나를 얼마나 '배려'하는
지가 동료 교사에 대한 신뢰에 반영되었다. 일을 하면서 도움을 요청하는 상
황이나 업무를 배분하는 과정에서, 듣는 상대방의 기분을 헤아려 정중하게
부탁을 하고 감사를 표하는 경우에는 상대방에 대한 신뢰가 높아졌다. 또한
같은 교사로서 위아래를 따지지 않고(교사 7), 나의 의견을 들어 주고 이해해
줄 수 있는 '엄마나 아빠 존재 같은 포용력'(교사 3)을 지닌 동료 교사를 신뢰
하게 된다고 했다. 이러한 동료들에게는 본인의 솔직한 심정을 표현할 수 있
고, 내가 어떤 의견을 제시하더라도 도움이 되는 피드백이나 조언이 돌아올
것을 예상하는 것으로 나타났다.

　　교사 7(1차): 어… 그냥 똑같은 지시에도 말을 어떻게 하느냐에 따라서 그냥 하
　　　　세요, 하는 것보다는 자기가 부장으로서 자기가 좀 더 해 줄 부분은 솔
　　　　선수범하게 하면서 상대 입장도 고려하면서 지시를 하는 경우랑 다른
　　　　것 같다.

(2) 동료 교사와의 신뢰 형성 결과

　동료 교사에 대한 교육 활동에 대한 신뢰, 인간성에 대한 신뢰가 형성된
이후에는 교사의 삶에서 크고 작은 변화가 일어나게 된다. 교사 개인의 차
원에서는 동료 교사와의 형성된 신뢰를 바탕으로 '개인적인 삶을 나누는 사
이로 발전'하게 된다. 이렇게 나의 고민과 힘듦을 진심으로 위로해 줄 수 있
는 동료 교사는 같은 학년이나 학교를 떠나서도 그 관계가 지속적으로 유지
된다고 했다. 그리고 신뢰가 형성된 동료 교사는 단순히 동료에 그치는 것이
아니라, 친구, 형, 누나, 언니(교사 2, 교사 5)라고 부를 정도로 친구 또는 가족
관계와 유사해진다. 그리고 학교 밖에서도 친목을 유지하기 위한 비공식적
모임이 만들어지게 되며(교사 1, 교사 2, 교사 4, 교사 5, 교사 6), 이 속에서 학교

의 삶뿐만 아니라 개인의 삶도 공유하게 된다.

> 교사 5(1차): 동료 교사도 친구가 되고 형이라 하고 누나라 하고 친밀감이 형성
> 이 되겠죠. 일을 맡은 부분은 확실히 해야 하니깐, 그러다 보면 친해지
> 잖아요. 친밀감이 형성되면 친한 친구처럼 편하게 되고. 직장을 옮겨
> 도 연락을 하고. 결국은 직장에서의 신뢰도 일을 통해서 사람을 만나
> 게 되고 하면서 좋아하고 친밀하게 되고 사적으로 연락하게 되고. 신
> 뢰를 형성하게 되고. 이해하게 되고 남들이 얘기하지 못한 부분도 하
> 게 되고. 자기 치부까지도….

또한 동료 교사와의 신뢰로 인해 '학교 업무를 수행하는 과정과 결과'에서
도 변화가 일어난다. 신뢰할 만한 동료 교사들이 있을 때는 학습 자료, 공개
수업에 필요한 자료가 원활하게 공유되고(교사 1, 교사 4), 지도가 힘든 학생
이나 관계 맺기 어려운 학부모와의 관계에 대한 고충을 토로하고(교사 1, 교
사 2) 함께 해결 방안을 모색하게 된다. 결과적으로, 신속하고 효율적인 업무
처리가 가능해지며, 시간적으로나 심적으로 부담이 줄어듦을 느끼게 된다고
했다.

> 교사 4(1차): 원래는 내 혼자 골머리 싸매서 해야 하는 건데… 선생님들이 다
> 내놓고 공유를 시키고 빨리빨리 하니깐. 업무가 완전 반감이 되지. 업
> 무가 줄어들고. 공유하는 게 수업 자료, 애들 인성 자료, 또 티타임에서
> 주로 하는 얘기가 우리 반에 이런 애가 있는데 이런 문제가 있다 하면
> 그 전에 담임을 하신 선생님이 있잖아요. 그러면 걔 같은 경우에는 이
> 렇게 접근하는 게 좋은 방법이다 그러면서 정보를 알려주면서 생활 지
> 도도 잘 되고 수업도 잘 되고….

마지막으로, 동료 교사와의 신뢰는 '학생이나 학교 차원에도 긍정적인 영

향'을 미치는 것으로 나타났다. 왜냐하면 학년이나 학교 전체에 영향을 줄 수 있는 문제 상황이 발생했을 때, 동료 교사들과 누구의 책임인가를 따지기보다는 우리의 '공동의 문제'라고 인식하여 대처하기 때문이다. 그리고 동료 교사와의 협력으로 인한 가족 같은 분위기 속에서는 교사의 삶뿐만 아니라 학생들의 삶에도 간접적으로 긍정적인 영향을 미치게 된다고 했다.

> 교사 7(1차): 우선 즐겁죠. 학교생활이 즐겁죠. 그리고 아이들도 즐거워요. 선생님들끼리 단합 잘 되고 정보 공유하고… 우리 같이 그 반에 대응하자, 그 반의 문제를 빨리 잡을 수 있거든요. 그런 공동 대처 부분도 그렇고….

3) 동료 교사 신뢰 '저해' 근거와 결과

(1) 동료 교사와의 신뢰 저해 근거

앞서 살펴본 신뢰 형성 근거 및 결과의 과정을 보면, 학교라는 공간에서 일을 통해 만난 동료 사이지만 신뢰를 통해 일과 정을 함께 나누는 사이로 발전하게 되는 것을 알 수 있다. 하지만 모든 동료 교사를 동일하게 신뢰하는 것은 아니며, 다음과 같은 근거로 인해 신뢰 형성이 저해되기도 했다.

우선, 교사들이 동료 교사를 신뢰하지 못하는 경우는 '개인 위주의 이기적인 성향'을 가진 동료 교사를 바라볼 때였다. 같은 학교의 구성원으로서 공통된 목표나 책임감을 공유하는 것이 중요하지만, 일부 교사들은 가정 행사(교사 7), 자기발전이나 개인 연구 활동(교사 9) 등 개인의 이익만을 우선시하는 것에 대해 불편함을 느꼈다. 자기가 교사로서 해야 할 일은 최소한으로만 하고 그 이상은 딱 잘라 경계를 긋거나(교사 7), 지나치게 개인 이익에만 주목함으로써 동 학년, 학교 전체 차원에서 수행해야 하는 일이 '남은 사람들의 몫'으로 돌아오게 될 때, 쉽게 신뢰가 형성되지 않는 것으로 나타났다.

교사 9(1차): 자기발전을 위해서 애쓰는 건 좋은데 그 자기발전이… 자기발전 때문에 학교 전체나 학생의 발전에 배치될 때도 있거든요. 아니면 모호할 때도 있고. 자기가 연수나 연구 활동을 하는데, 그것이 개인적으로는 연구 활동인데 학교에 도움 안 되는 경우도 있고 … 예를 들면, 대외적인 활동은 많이 하는데 정작 동 학년 활동은 잦은 출장으로 동 학년이 할 일은 나머지 샘들이 하게 되면… 그게 처음에는 괜찮은데, 누적이 되면 저 사람은 자기발전만 생각한다라는 그런 분위기가 생길 수 있으니깐.

그리고 동료 교사가 가지고 있는 '교육관이나, 신념 등이 실제 그들의 교육 활동과 일치되지 않을 때'도 상대를 신뢰하기 어렵다고 했다. 이로 인해 교사들은 동료 교사의 말을 '액면 그대로 믿어서는 안 되며'(교사 6), '백 프로 신뢰할 수 없다'(교사 9)는 생각을 가지고 있었다.

교사 2(3차): 근데 신뢰하지 못하는 경우는 어떤 경우냐면 말하고 행동하는 경우가 다른 걸 내가 느꼈을 때, 말은 수업을 열심히 해야 하고 이렇게 해야 한다 하지만 실제 자기 반 운영은 엉망으로 한다든지, 이율배반적으로. 자기 업무한다고 애들 자습시킨다든지, 그러면 언행이 다른 거잖아.

때로는 학교에서 동료 교사와 생활을 하면서 학생에 대한 고민, 동료 교사나 관리자에 대한 불만 등을 허심탄회하게 털어놓는 경우도 있다. 그렇지만 동료 교사에게 허물없이 털어놓은 고민과 의견을 나의 의도와는 상관없이 다른 사람들에게 공개하면서 '말을 쉽게 옮기는 동료'에게는 경계심을 느꼈다. 이런 경우에는 더 이상 상대 교사에게 진심을 터놓기가 꺼려지고, 말을 조심하게 되면서 신뢰에 금이 간다고 했다.

> 교사 7(1차): 음, 일단은. 작년에는 처음 와서 뭐 애들하고 속상한 일 이런 일을 이야기한 적이 있는데 그게 공유가 된다는 걸 알게 돼서. 그러니깐 얘기를 하시다가 나쁘게 얘기한 건 아닌데 그냥 아무 얘기를 다 하면 안 되겠다 이런 생각을 하기는 했지. 근데 그분들은 그런 이야기를 꺼내서 해결 방안이라든지 좋은 쪽으로 하시려고 했을 수도 있는데. 아무튼 내 입장에서는 나는 이 샘한테 말했는데 다른 샘한테 말했네, 생각이 들고. 그래서 내 개인적인 고민은 가려서 해야겠다는 생각이 들었지.

마지막으로, 수업이나 학급 경영에 대한 의견을 나누는 과정에서 새로운 방식을 도입하거나 변화를 추구하고자 하는 동료 교사의 개선 의지를 방해하거나(교사 4), 오히려 튀지 않기를 요구하면서 학년의 '하향 평준화'를 추구하는 경우(교사 8)에는 같이 힘을 모아 일할 의욕이 없어지고, 더 이상의 유능한 교육자로 존중하기 불편한 사이로 변한다고 했다.

> 교사 4(1차): 신뢰가 되려면 아까도 말했지만 교사 개인의 인성이 되게 중요한 거라. 그 인성을 단적으로 얘기를 하면 남이 나보다 더 잘할 때 인정해 주고, 남이 잘하는 건 스스로 부끄러워해야 하는데 거꾸로 돼서 남이 잘하는 건 못난 거고 내가 못하는 거는 이게 평균으로 잘 사는 거고. 무난한 거니깐 더 이상 뭐라 하지 마라라는 이런 인성을 가진 사람은 정말로 힘들죠.

(2) 동료 교사와의 신뢰 저해 결과

면담을 통해 초등학교 교사들은 '개인 위주의 이기적인 성향' '말과 행동의 불일치' '말을 쉽게 옮기고' '교육 활동에 대한 동료의 개선 의지를 꺾는' 동료 교사를 만나게 되는 경우 신뢰하지 못한다고 했다. 동료 교사를 신뢰하지 못해서 나타나는 결과는 다음과 같다.

먼저, 동료 교사의 말에서 드러나지 않는 진짜 의도가 무엇인지에 대해 의심을 하고(교사 9), 일을 제대로 처리하고 있는지를 뒤로 알아보게 되는(교사 1) 등의 '불필요한 에너지를 소모'하게 된다. 동료 교사를 신뢰하지 못하면서 발생하는 불필요한 일들에 신경을 쓰다 보면, 결국 일이 삐걱거리게 되며 인간관계에서 오는 부담감으로 불편한 사이가 된다.

> 교사 9(1차): 근데 신뢰하지 못한다는 말은 저 말 뒤에는 뭐가 있지, 어떻게 할 거지 생각하게 되잖아요. 맞다 안 맞다 맞춰 보니깐 불필요한 에너지가 들고. 그러면 당연히 체크하고 확인하게 되고 감독하게 되잖아요. 그러면 받는 사람 입장에서도 신뢰하지 않는다고 느끼니깐 불편할 거고. 나도 그걸 느낄 거고. 나도 신뢰하지 않게 되잖아요.

그리고 동료 교사를 신뢰하지 못하게 되면, 의사소통의 기회가 부족해져 업무 공유도 원활하지 못하게 된다. 또한 서로에게 불평만 늘어놓거나 책임 소재를 남에게만 미루게 되면서 '학교에서의 삶이 고립'된다는 느낌을 받게 된다. 이는 동료 교사와의 신뢰가 저해됨으로써 업무가 지체되고, 교사뿐 아니라 학교 전체 분위기에도 적지 않은 영향을 준다는 것을 예측할 수 있는 대목이다.

> 교사 6(1차): 그렇지만 담임들이 의견이 갈가리 찢어지면 업무가 우선 좌충우돌하고, 서로 불평하고, 그렇게 되면 대화도 안 하기 때문에 의사소통이 잘 되지 않고 책임을 미루고…. 아이들 관련된 정보 공유도 되지 않고, 아이들도 불행하죠. 학교생활이 불행해집니다.

초등학교 교사와의 면담을 통해서 학교에서 동료 교사를 신뢰하는 계기, 신뢰 형성 및 저해의 근거와 결과를 종합적으로 알아보았다. 이를 통해, 동료 교사를 신뢰한다는 의미 안에는 교육 활동에 대한 신뢰와 인간적인 면에 대한 신뢰가 공존하고 있음을 알 수 있었다. 그리고 동료 교사를 신뢰하거나

신뢰하지 못하는 것은 개인의 삶, 업무 처리 과정과 결과, 학교 전반적인 분위기에 영향을 미치는 것이 드러났다. 이러한 연구 결과를 종합하여 간략하게 나타내면 [그림 6-1]과 같다.

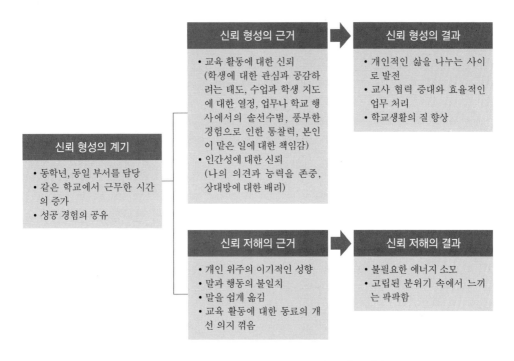

[그림 6-1] 동료 교사와의 신뢰 형성 및 저해 근거와 결과

4. 논의 및 결론

교사는 고립된 상태로 성장할 수 없다. 교사들은 동료들의 적극적인 도움 없이도 효과적으로 일을 할 수 있는 것처럼 보이지만, 동료 교사는 서로에게 유용한 아이디어의 원천이며 교사 자신을 스스로 평가하게 되는 거울이라고 볼 수 있다(Lortie, 1975). 그렇기 때문에 교사에게 있어 동료 교사와 신뢰를 형성하는 것은 학교 조직의 목표를 수행하는 데 필수적인 원동력이며, 교사 자

신의 정서와 마음을 돌보는 측면에서도 중요하다고 볼 수 있다. 하지만 기존 연구에서는 신뢰가 영향을 미치는 개인 및 학교 수준의 효과를 검증함으로써 신뢰의 중요성을 강조했지만, 교사의 입장에서 동료 교사에 대한 신뢰가 형성되는 계기나 근거, 결과를 종합적으로 드러내는 데에는 한계가 있었다.

따라서 이 연구는 초등학교에 근무하고 있는 10명의 교사와의 면담을 통해 얻은 동료 교사와의 신뢰에 관한 그들의 생각과 경험을 분석한 결과이다. 이를 통해 동료 교사에 대한 신뢰 형성의 계기를 알아보고, 동료 교사에 대한 신뢰를 형성 혹은 저해하는 데 영향을 미치는 근거와 결과를 알아보았다. 연구에서 밝힌 결과를 간략하게 정리하면 다음과 같다.

첫째, 교사들은 동료 교사를 신뢰하기 위해 일적으로 상호 작용할 수 있는 계기나 일정 기간 이상의 시간이 필요한 것으로 나타났다. 즉, 같은 학교에 근무하고 있는 동료 교사라도 같은 학년 업무나 부서 업무를 같이한 적이 없고 서로 공유하고 있는 성공 경험이 없다면, 동료 교사를 신뢰한다 혹은 신뢰하지 않는다고 쉽게 판단하기 어려웠다. 하지만 이러한 특정 계기가 없더라도 같은 학교에서 근무하는 시간이 지나면서 자연스럽게 동료 교사를 신뢰하는 경우도 있었다.

둘째, 동료 교사에 대한 신뢰를 형성하게 되는 근거와 그 결과는 다음과 같다. 동료 교사를 신뢰한다는 말에는 크게 두 가지 근거가 깔려 있었는데, 이것은 '교육 활동에 대한 신뢰'와 '인성에 대한 신뢰'였다. 우선 교육 활동에 대한 신뢰는 동료 교사의 학생에 대한 관심과 존중, 수업과 학생 지도에서의 열정, 공동의 업무 수행 과정에서의 솔선수범하는 태도, 업무에 대한 통찰력과 책임감이 기반이 되었다. 또한 동료 교사의 교육 활동에 대한 신뢰를 가감하는 인간성에 대한 신뢰 부분도 있었는데, 이는 동료 교사가 나의 의견과 능력을 얼마나 존중해 주고 배려하는지가 중요한 요인이었다. 만약 동료 교사와의 관계에서 신뢰가 잘 형성된 경우에는 개인적인 삶을 나누는 사이로 발전하게 되며, 협력을 통해서 효율적으로 업무를 처리하게 되고, 그 결과 학교생활의 만족도가 높아지는 것을 알 수 있다.

마지막으로, 특정 계기를 통해 동료 교사에 대한 신뢰가 떨어지거나 부정적으로 변화하는 근거와 결과는 다음과 같다. 초등학교 교사들은 동료 교사가 개인 위주의 이기적인 성향을 가지고 있고, 본인의 말을 다른 사람에게 쉽게 옮기거나 평소 동료 교사가 한 말과 실제 행동이 불일치하거나, 동료의 교육 개선 의지를 꺾으려 할 때 신뢰가 떨어지는 것으로 나타났다. 이렇듯 동료 교사를 신뢰하지 못하게 되는 경우에는 동료 교사의 숨은 의도를 파악하고자 뒤에서 다시 한번 점검하는 등의 불필요한 에너지가 소모되며, 동료 교사와의 소통 단절로 인해 학교생활에서 고립감을 겪는 것으로 나타났다.

이와 같은 연구 결과를 통해, 동료 교사를 신뢰한다는 의미 속에는 교사로서 수행해야 할 교육 활동, 직장 내에서 업무를 처리하는 능력, 인간성에 대한 신뢰가 복잡하게 얽혀 있다는 것을 알 수 있다. 이 연구를 통해 밝혀낸 초등학교 교사의 동료 교사에 대한 신뢰가 갖는 특성을 살펴보면 다음과 같다.

첫째, 동료 교사를 신뢰할 때는 나에게 어떤 태도를 보이고 도움을 주었는지도 중요하지만, 제3자의 시각에서 동료 교사가 타인에게 어떤 태도를 보이는가도 중요한 잣대가 되는 것을 알 수 있다. 이는 동료와의 직접적인 관계도 중요하지만, 교사로서 가장 기본적이며 중요한 부분이 학생과의 관계, 교과 지도 및 생활 지도라는 초등 교사의 인식에서 비롯되는 것이다. 은연중에 드러나는 교사의 언행과, 교실 너머로 보이는 동료 교사의 학생과 수업에 대한 성의를 지켜봄으로써 동료 교사에 대한 신뢰를 판단한다는 것은 선행 연구를 통해 밝혀진 바가 없는 내용이다. 그렇기 때문에 이쌍철(2013)의 연구와는 달리, '나의 이해와 관계없이도' '위험을 감수하지 않아도' 동료 교사에 대한 신뢰는 형성되거나 저해될 수 있는 것으로 보인다.

둘째, 실제 초등학교 교사들은 교육 활동과 인간성에 대한 판단을 바탕으로 동료 교사를 신뢰한다는 독특한 특성을 발견할 수 있었다. 기존의 연구에서는 신뢰가 인지적·정서적·행동적 특성을 기반으로 한 믿음이라는 점을 강조했지만(강경석·강경수, 2007; 송경오·최진영, 2014; 이숙정, 2006; 이쌍철, 2013; Bryk & Schneider, 2002; Hoy & Tschannen-Moran, 1999), 이 연구는 초등학교 교사에 한정하여 그들을 둘러싼 환경, 맥락, 상황의 특수성을 고려한 신뢰 형성 근거를 밝혔다는 차이가 있다. 동료 교사를 신뢰하게 되는 근거의 하위 내용을 살펴보면, 교육 활동에 대한 신뢰 안에도 인지적 · 정서적 · 행동적 차원이 복합적으로 공존하고 있음을 발견할 수 있었다.

셋째, 동료 교사와의 신뢰로 인한 긍정적 혹은 부정적 결과는 개인 차원, 관계 차원, 학교 차원에까지 영향을 미칠 수 있다. 신뢰는 다른 사람들을 연결해 주는 협조와 타협의 윤활유 역할을 담당하며(Uslaner, 2002), 신뢰를 바탕으로 한 관계 맺음은 서로의 전문적인 성장을 촉진시켜 주는 동료성과 공동체를 형성하는 데 도움이 된다(한대동 외, 2016). 이러한 동료 교사와의 신뢰는 개인과 개인의 문제일 수도 있지만, 책무성을 강요하는 정책과 제도, 또한 그들의 관계에 간접적으로 미치는 영향을 고려해야 한다. 따라서 교사 간 지나친 경쟁을 유발하거나 고립을 촉진하는 제도를 도입하는 것에 대해 신중할 필요가 있으며, 동료 교사 간 교육에 대한 공적인 담론을 활성화시킬 수 있는 충분한 시간적 · 공간적 여유를 제공하는 데 관심을 가질 필요가 있다.

학교에서의 신뢰에 담긴 특성과 차원을 제대로 이해하지 못하고 강요하기만 한다면, 신뢰를 증진하기 위한 제대로 된 지원책을 마련하지 못하게 될 것이다. 그리고 그 결과는 교사 개인, 관계, 학교 전체를 위해서 도움이 되지 않을 것이다. 그런 의미에서 이 연구는 초등 교사의 입장에서 동료 교사에 대한 신뢰에 영향을 주는 요인과 결과, 특성을 총체적으로 살펴봤다는 점에서 기존 연구를 보완할 수 있을 것이다. 추후에는 중학교, 고등학교 등 학교급별, 교사 차원의 성별, 보직 여부, 경력 등에 따라 동료 교사에 대한 신뢰의 형성과 결과에 어떤 차이가 있는지 살펴보는 후속 작업이 필요하다고 본다.

제7장
교사에 대한 학생의 신뢰*

1. 머리말

"믿을 만한 선생님은 없었던 것 같아요, 그런 샘들 없어요, 진짜 없어요."

"아무래도 그냥 신뢰가 간다고? 우리 학교에는 별로 없는데."

"한 번도 믿어 본 적이 없어 가지고 할 말이 없어요."

"잘 가르치는 선생님 많이는 없어요."

이 문장들은 교사에 대한 신뢰를 주제로 한 연구에서 면담에 참여한 고등학생들의 목소리이다. 예상은 했지만, 현실은 매우 참혹했다. 모든 학생이 교사를 향한 신뢰를 이렇게 생각하는 것은 아닐 것이다. 또한 학생이 교사를 신뢰하거나 신뢰하지 못하는 데는 여러 가지 이유가 있다. 교사가 신뢰받지 못하는 것은 교사에게만 책임이 있는 것은 아니다.

신뢰성은 "신뢰 주체가 신뢰 대상이 하는 말이나 보이는 행위를 통하여 신

---

* 출처: 김아영 · 김대현 · 최류미(2020). 고등학생이 신뢰하는 교사의 특성에 관한 질적 분석. 학습자중심교과교육연구, 20(20), 895-917.

* 여기 실린 원고는 투고 논문으로 게재 논문과 차이가 있음.

뢰 대상에게 있다고 판단하고 느끼는 것들"(이 책의 제1장 참조)로 정의되는데, 신뢰란 신뢰 대상이 가진 특성이라기보다는 신뢰 주체가 신뢰 대상이 가졌다고 지각하고 판단하고 느끼는 특성(박상완, 2017; Balyer, 2017)이다. 이렇게 신뢰는 당사자 상호 간의 관계에 의존하는 개념이므로, 신뢰가 생기는 원인, 과정, 신뢰받는 교사의 특성 등은 다각적이고 총체적으로 살펴보아야 한다.

교사에 대한 학생 신뢰의 중요성은, 일차적으로는 학교생활에 안정감과 만족감을 준다는 점이다. 이에 더불어 학생이 교사를 신뢰하면 수업을 열심히 듣고, 교사에게 긍정적인 말과 행동을 하게 되고, 그러다 보면 교사 쪽에서도 학생들의 이러한 반응에 상응하는 감정을 가지고 행동을 하게 된다. 교사가 학생을 어떻게 신뢰하느냐에 따라 학생들의 학업 성취에 영향을 준다는 '교실에서의 피그말리온 효과'에 대한 고전적 연구가 이를 증명하고 있고, 반대로 교사가 학생을 신뢰하지 못할 경우 학생의 부정적인 행동이 고착화된다는 '교실에서의 낙인 이론'도 이와 연관이 있다(Jussim & Harber, 2005; Samkange, 2015).

신뢰에 관한 일반 이론은 신뢰 주체의 성향과 신뢰 대상자의 특성을 중심으로 연구되는 경향이 있다. 정치나 행정 조직 그리고 기업과 같은 산업체 조직 분야를 대상으로 진행된 연구들은 학교에서의 학생과 교사 간의 신뢰를 설명하는 데는 한계가 있고, 학교를 대상으로 이루어진 연구도 대부분 신뢰 대상자의 특성을 규명하는 데 초점이 있으며, 주로 교장에 대한 교사의 신뢰를 주제로 다룬 것이 많았다. 학교에서의 신뢰 형성 배경을 포함한 연구도 신뢰 형성 자체의 요인에 대해서는 별로 관심을 두지 않았다. 특히 교사에 대한 학생의 신뢰만을 주제로 하는 단일 연구는 거의 없었으며, 성적이 중간이나 하위권에 속하여 학교에서 크게 주목의 대상이 되지 못한 학생들을 대상으로 연구는 더욱 찾기 어려웠다(강혜진 · 이민이, 2019; 양석곤, 2018; Aslan, 2016; Balyer, 2017; Bryk & Schneider, 2002; Combs, Edmonson, & Harris, 2013).

신뢰는 미시적인 측면에서 학교라는 맥락 속에서 신뢰자인 학생과 신뢰 대상자인 교사의 관계에서 형성된다. 거시적으로는 학교 교육에 영향을 주는 정책, 제도, 문화 등이 있으나, 이 연구는 학교에서의 교사와 학생 간의 신뢰 형성의 미시적인 측면에 초점을 두고자 한다. 그 이유는 교실의 상당수 '이름 없는 학생들'에게 관심을 기울이기 위함이다. 이들은 성적이 썩 좋지도 않고 과도하게 나쁘지도 않으며, 특별히 문제 행동을 일으키지도 않는 학생들이다. 어떻게 보면 학교에서 존재감이 없고 '목소리'가 없는 학생들로 취급될 수 있지만, 이들은 교실의 절반 이상을 차지한다. 그러므로 이 연구에서는 교사에 대한 학생의 신뢰를 신뢰 주체인 이름 없는 학생들이 교사와의 관계에서 어떻게 신뢰 관계를 형성하는지를 파악하여 신뢰받는 교사의 특성을 찾아내는 것을 연구의 목적으로 삼는다. 연구 문제는 "고등학생들이 교사와 신뢰 관계를 형성하게 만드는 요인은 무엇인가?"로 설정하였다.

2. 신뢰에 대한 이론

신뢰란 한자말이다. 믿고(信) 의지한다(賴)는 뜻이다. 믿고 의지하는 주제는 사람이고, 믿고 의지하는 대상은 사람뿐 아니라 조직이나 시스템과 같은 무생물이 될 수도 있다. 신뢰는 신뢰 대상자에 대한 신뢰 주체의 합리적 판단, 정서적 반응, 호의적인 행동으로 구성된다. 신뢰 대상자가 신뢰를 받기 위한 특성을 갖지 못하면 신뢰 관계는 일어나기 어렵다. 이처럼 신뢰를 받기 위하여 신뢰 대상자가 가진 특성을 '신뢰성(trustworthiness)'이라고 한다. 그러므로 신뢰성을 정확히 규정하면, '신뢰 주체가 신뢰 대상이 하는 말이나 보이는 행위를 통하여 신뢰 대상에게 있다고 판단하고 느끼는 것들'이라고 할 수 있다. 즉, 신뢰성은 신뢰 대상이 가진 특성이라기보다는 신뢰 주체가 신뢰 대상이 가졌다고 지각하고 판단하고 느끼는 특성으로 규명된다는 것이다 (박상완, 2017; Balyer, 2017).

주체와 대상 간에 신뢰가 형성되는 것은 여러 가지 이유가 있다. 주체의 신뢰 성향, 주체와 대상의 일체감과 유사성, 상호 교섭의 기간과 질, 이익을 꾀하고 손해를 줄이고자 하는 이해관계(利害關係), 조직과 문화, 정책과 제도, 사회 환경의 영향 등을 이유로 들 수 있다. 이런 점에서, 이 연구가 관심을 기울이고 있는 교사와 학생 간의 신뢰를 살펴보기 위한 이론적 고찰은 신뢰 주체와 신뢰 대상자에 대한 연구와, 신뢰자와 신뢰 대상자 간의 관계 형성에 영향을 미치는 요인이라는 크게 두 가지 지점이다.

첫째, 신뢰 주체로서의 학생과 신뢰 대상자인 교사를 고려할 때 주체와 대상 간에 신뢰가 형성되는 것은 여러 가지 이유가 있다. 주체의 신뢰 성향, 주체와 대상의 일체감과 유사성, 상호 교섭의 기간과 질, 이익을 꾀하고 손해를 줄이고자 하는 이해관계(利害關係), 학교 조직과 문화, 교육 정책과 제도, 언론의 영향 등을 이유로 들 수 있다. 특히 신뢰성이 신뢰 주체에 의해 '구성된다'는 점을 되새기면, 교사에 대한 학생의 신뢰는 신뢰 주체인 학생의 특성을 깊이 있게 살펴보아야 할 필요가 생긴다. 교사를 신뢰하는 학생도 적지 않지만, 신뢰할 만한 교사가 아무도 없다는 극단적인 견해를 내보이는 학생도 있다. 동일한 교사를 두고도 학생들마다 신뢰를 달리하기도 한다. 이런 점에서, 학생의 특성을 무시하고서 교사에 대한 학생의 신뢰를 거론하기는 어렵다. 우선 학생들마다 제각기 가지고 있는 신뢰 성향에 차이가 있다. 타인과 신뢰 관계를 잘 맺는 사람이 있고 그렇지 못한 사람이 있는데, 이는 신뢰 성향 때문으로 파악된다. 신뢰 성향은 천성적 기질인 유전적 소인과 더불어 개인이 성장하는 과정에서 겪게 되는 부모, 교사, 친구, 사회적 제도에 대한 경험의 결과인 사회화로 형성되는데, 교사에 대한 학생의 신뢰는 학생이 가진 유전적 소인과 사회적 경험을 통하여 획득한 신뢰 성향의 영향을 받는다. 특히 학교생활을 하면서 교사와 가졌던 과거의 경험은 학생들의 신뢰 성향 형성에 영향을 미칠 수 있다. 교사와 긍정적이고도 친밀한 경험이 많은 학생들은 교사 일반에 대하여 신뢰할 가능성이 높은 반면에, 교사에게서 관심과 사랑을 받지 못하고 불합리한 처우나 처벌을 받았다고 생각하는 학생들은 교사들을 대체로 신뢰하지 않을 가능성이 크다. 신뢰 성향은 유전적인 소인뿐만 아니라 반복적인 사회적 경험으로 형성되며 좀처럼 바뀌지 않는다는 점에서, 교사와 학생의 신뢰 형성은 그들 상호 간에 어떤 긍정적 · 부정적인 관계가 얼마나 오랫동안 지속되어 왔는가가 중요하다. 이에 덧붙여 부모와의 관계나 친구 관계가 원만 혹은 불화한 경우에 타인에 대한 신뢰를 달리할 가능성이 높으므로, 교사에 대한 신뢰 여부와 정도에도 영향을 미칠 수 있다(Mayer, Davis, & Schoorman, 1995).

둘째, 신뢰자인 학생과 신뢰 대상자인 교사 간의 관계 형성에 영향을 미치는 요인으로서 주체와 대상 간의 상호 교섭의 기간과 질을 들 수 있다. 특수화된 신뢰와 조직 속에서의 관계 신뢰는 신뢰 주체와 대상 간의 접촉 빈도와 질이 영향을 준다. 접촉 빈도는 상호 작용의 횟수와 관계 형성의 기간으로 드러나고, 상호 작용의 질은 곧 접촉의 질을 의미한다고 말할 수 있다. 신뢰란 한 번에 형성되기보다는 지속적인 상호 작용과 교환 과정을 거치면서 형성되는 것이다. 잦은 접촉이 신뢰로 이끌기도 하지만, 역으로 당사자들이 서로를 배척하는 원인이 되기도 한다.

이런 점에서, 신뢰가 형성되기 위해서는 신뢰 주체들 간의 접촉 빈도가 높고 기간이 길어야 할 뿐만 아니라 접촉의 질이 긍정적이어야 한다. 접촉이 자주 발생하고, 기간이 길며, 접촉을 통하여 신뢰 대상자가 보이는 호의를 가진 말과 행동을 자주 접하게 되면 신뢰가 형성된다. 상호 교섭의 시기도 중요하다. 신뢰성을 구성하는 요인들은 신뢰 형성의 시기에 따라 중요도가 달라질 수 있다. 신뢰 형성의 초기에는 신뢰 대상자가 선한 의지를 가지고 있다는 충분한 정보가 없기 때문에 성실성이 큰 영향을 주지만, 당사자 간에 관계가 깊어지면 선한 의지가 신뢰에 더욱 큰 영향을 준다(Mayer, Davis, & Schoorman, 1995: 722).

교사에 대한 학생의 신뢰 형성에 영향을 주는 이러한 요인은 구체적으로 미시적 측면과 거시적 측면으로 나눌 수 있다. 먼저, 미시적 측면에서는 학생과 교사의 특성, 교사와 학생의 접촉 기회 및 접촉 빈도와 질, 학교 조직,

담임 교사와 교과 교사의 역할, 교사와 학생의 권력관계, 교사의 업무 과중 등의 요인을 살펴볼 수 있다.

그중에서 학생의 자아존중감은 신뢰 주체인 학생의 교사에 대한 신뢰를 형성하는 데 상당한 영향력을 미치는 요인으로 꼽을 수 있다. 자아존중감이 높은 사람은 개인이 자기 자신에 대한 모든 것을 가치 있다고 여기며, 자신은 존경받을 수 있다고 지각한다. 반면, 자아존중감이 낮은 사람은 자아멸시, 자아거부, 부정적인 자아평가를 한다(최혜란, 2019: 1002-1003). 이런 점에서 자아존중감이 높은 학생과 낮은 학생의 교사에 대한 신뢰 여부와 정도에 차이가 있을 것으로 보인다. Skinner와 Belmont(1993)의 연구에서처럼, 학생들의 높은 자아존중감은 교사와의 긍정적인 관계 형성과 교사에 대한 신뢰 형성과 관련이 있다(박혜숙, 2019: 910).

마지막으로, 거시적 측면에서는 입시 위주의 교육이라는 생활 환경과 사회 민주화와 학교 민주화, 분권과 자치의 교육 정책과 제도의 맥락 속에서 교사와 학생 간의 신뢰 관계를 조망해 볼 수 있다. Bronfenbrenner와 Morris(1998)의 생태 체계 이론에 의하면, 인간의 발달은 개인을 둘러싼 거시 체계(macrosystem)와 미시 체계(microsystem)의 영향력에 주목할 필요가 있다. 미시 체계와 맞닿아 있는 거시 체계의 안쪽 가장자리에서 교사에 대한 학생의 신뢰가 형성된다.

최근에는 학교 교육에 많은 변화가 일어나고 있다. 사회가 더욱 민주화되고 단위 학교의 자율성이 높아지게 됨에 따라 학생들이 스스로 학교 규율을 정하는 일이 늘어나고 있다. 이 과정에서 학교 관리자나 교사, 학부모의 개입 정도는 학교마다 차이가 있지만, 학생들이 단순히 교육을 받는 대상에서 벗어나서 교육의 과정에 적극적으로 참여하는 주체로서의 역할이 강화되고 있다. 변화하는 상황 속에서 교사와 학생은 종전의 지배-복종의 일방적 관계가 아니라 상호 협의를 통한 공동 통치의 방식으로 나아가고 있다. 오늘날 교사와 학생은 서로 대등한 관계는 아니라 하더라도 공동의 목적을 향하여 협력을 해야 하는 파트너의 관계로 변하고 있다. 앞으로 교사와 학생의 신뢰도 이런 관점에서 살펴볼 필요가 있다.

　오랫동안 학교에서 교사는 교육을 하는 자로, 학생은 교육을 받는 자로 생각되었다. 교사는 아직 성숙의 단계에 도달하지 못한 학생들을 성숙의 과정으로 이끌어 가는 사람으로, 교사는 학생들을 지배하고 학생은 교사에게 복종하였다. 사회의 민주화로 오늘날 교사와 학생의 관계를 지배-복종의 관계로 규정하는 것은 대단히 위험한 일이지만, 여전히 통용되는 "선생님이 무섭다."라는 말은 지배와 복종의 관계를 여실히 드러내는 것이다. 그렇다고 해서 교사들이 원칙과 근거 없이 학생들을 지배하는 것은 아니다. 교육 관련 법과 제도에 기반을 두고 학생의 성장을 도모할 목적으로 학생들을 통제하는 권한을 갖고 있다. 이런 점에서 교사와 학생의 신뢰는 권력이 동등한 두 주체 간의 상호 신뢰라기보다는 권력을 많이 가진 자와 적게 가진 자 간에 이루어지는 위계적 신뢰의 형식을 많이 가진다. 이는 학교 규율의 제정과 적용 과정 속에 잘 드러나는데, 교사들이 학교 규율을 정해서 지킬 것을 요구하고, 어기면 처벌을 가하는 권한을 가진 것이다(김동일 · 류지영, 2002: 233-234).

　학교에서의 신뢰를 다루고 있는 연구에서 교장에 대한 교사들의 신뢰, 교사 간의 신뢰를 조명한 연구들은 많은 편(노자은, 2015; 이쌍철 · 홍창남 · 송영명, 2011; Balyer, 2017; Combs, Edmonson, & Harris, 2013)이나, 상대적으로 학생들의 신뢰를 다루고 있는 연구는 드물다. 또한 신뢰와 관련된 요인으로 일반적인 학생들의 자아존중감, 자아정체성에 대한 연구는 많으나, 학교에서 성적이 중간에서 그 이하의 학생들을 연구 대상으로 특정한 연구는 찾아보기 쉽지 않다. 입시가 중심이 되어 있는 우리나라의 학교 구조에서 평범한 학생들은 성적으로 인해 위축되어 있고, 다수는 자아존중감이 높지 않다. 이에 이 연구는 이러한 절대 다수의 학생이 교사에 대해 신뢰를 어떻게 형성하는지를 알아보고자 하는 것이다.

3. 연구 방법

1) 연구 참여자

이 연구의 참여자는 해양시 소재 고등학생 19명이며, 공동 연구자의 교육 실습생 시절 학생들과, 이들에게 다른 연구 참여자 소개를 부탁하는 눈덩이 굴리기(snowball sampling) 방법을 사용하여 표집하였다. 초기에 표집된 학생들에게 학교 성적이 중간 정도인 친구들을 소개받은 다음, 연구 참여에 동의하는 학생들로 연구 참여자를 구성하였다. 11개 고등학교 학생들 중에 반장은 없었으며, 부반장이나 동아리 반장의 경력이 있는 학생은 여러 명 포함되었다. 학업 성적은 중상 이상 수준이 6명, 그 이하가 13명이었다. 연구 윤리 준수와 비밀 보장을 위해 이 연구에 제시된 연구 참여자와 관련된 학교명과 이름은 모두 가명을 사용하였으며, 요약된 정보는 다음의 〈표 7-1〉과 같다.

이 연구는, 특히 성적이 중간이나 그 이하인 학생들을 대상으로 교사에 대한 인식과 감정을 묻는다는 점에서 독특성이 있다. 이러한 학생들은 학교에서 '노는 애들'도 아니고 특별히 큰 문제를 일으키지도 않기 때문에, '목소리가 없는' 학생이 다수를 차지하고 있다. 이 연구는 학교에서 그다지 존재감이 없는 것처럼 여겨져 온 학생들의 교사에 대한 신뢰를 알아보고자 하였다. 연구자들은 이 면담이 전반적으로 학교 성적이 높지 않은 '평범한' 학생들을 대상으로 시행됐다는 점에서 성적이 좋은 학생들을 면담했을 때와는 다른 결과를 얻을 것이라 예상하였고, 대다수 학생의 목소리를 드러내는 의미가 있으리라 기대하였다.

〈표 7-1〉 연구 참여자 요약 정보

번호	이름	학교/학년	성별	성적	비고
1	송마리	지구여고/2	여	중상	현재 부반장
2	정은미	지구여고/2	여	중상	현재 부반장
3	박주영	햇빛여고/3	여	중	2학년: 부반장 2, 3학년: 동아리 반장
4	이민영	달빛여고/3	여	중하	합창 대회 지휘, 반주
5	강은원	우주여고/3	여	중하	1, 2학년: 동아리 부장
6	김민지	소망여고/3	여	중	
7	이수진	우주여고/3	여	중상	
8	박민주	사랑고/3	여	중	2학년: 체육부장
9	최진영	진리여고/3	여	중	
10	하다인	진리여고/3	여	중상	2학년: 총무 3학년: 동아리 부장
11	채서희	소망여고/2	여	중	1학년: 부반장
12	주경민	소망여고/2	여	중하	1학년: 도서부장 2학년: 학예부장
13	김지혁	중심고/1	남	중	
14	조민준	반도체고/1	남	상	
15	이찬민	첨단공고/1	남	상	
16	김승태	바다고/2	남	중	
17	박대건	바다고/2	남	중하	1학년 2학기: 또래상담사
18	조세은	동부여고/2	여	하	
19	최선경	동부여고/3	여	하	

2) 자료 수집

이 연구에 참여하기로 동의한 학생들과의 면담은 2017년 11월 4일부터 2018년 2월 6일까지 약 3개월에 걸쳐 진행되었다. 면담은 일대일의 반구조화 심층 면담을 기본으로 하고, 추가적인 자료 수집의 필요성에 따라 2명이 함께 혹은 1회의 면담을 더하기도 하였다. 면담은 학생들의 학교, 학원, 집 주변의 카페에서 60~80분 정도 진행하였다. 면담 질문은 학생들의 학교생활에 대한 윤곽을 그리게 한 다음, 교사에 대한 생각과 느낌 등을 표현하도록 했다. 면담 장면에서는 학생들이 학교생활과 수업에서 교사와 상호 작용하면서 드는 생각과 감정을 있는 그대로 솔직하게 자신의 말로 표현하도록 하였다. 면담의 전 과정은 교사에 대한 신뢰에 초점을 맞추었으나, 학생들이 신뢰라는 개념에 생각이 매몰되는 일이 없도록 직접적으로 '신뢰'라는 단어는 면담 말미의 질문에 배치하였다. 반구조화 면담에 사용된 질문지는 다음 〈표 7-2〉에 제시하였다.

〈표 7-2〉 반구조화 면담 질문지

면담 질문
1. 자신에 대한 소개를 해 주세요(성별, 성적 · 종교, 학교에서 맡은 역할/반장 부반장 동아리 회장 등, 가족 관계).
2. 오늘 학교에서의 생활은 어땠나요?
3. 요즘 본인은 어떤 것에 대해 고민을 하고 있나요? 주로 누구와 이야기를 나누나요?
4. 고민이 생기거나 힘들 때 찾아가는 선생님이 있나요? 어떤 주제로 선생님을 주로 찾아가나요? 선생님을 찾게 되는 이유는 어떤 것이 있나요? 선생님과 어떤 대화가 오갔는지 말해 줄 수 있나요? 선생님의 말을 들을 때 기분이나 생각은 어땠나요?
5. 만약에 본인이 선생님을 평가할 기회가 있다면, 1~5 사이의 수직선에서 선생님의 점수를 어디쯤 표시하고 싶은가요?
6. 선생님에게 흔하게 자주 듣는 말이 있을까요? 혹은 선생님께 듣고 싶은 말이나 듣기 싫은 말이 있나요?
7. 어떤 선생님을 좋아하나요?
8. 선생님에게 실망한 적이 있었나요?
9. 내가 학교에서 믿을 만한 선생님을 꼽아 봐 줄 수 있을까요?
10. 선생님은 나를 어떻게 생각하신다고 예상해요? 그리 생각하실 것 같다고 어떻게 알 수 있나요?
11. 선생님은 나에게 어떤 영향을 미칠까요?

　면담의 과정과 면담 결과의 분석과 해석에서는 면담자의 발언 내용뿐만 아니라 대화 과정에서 보이는 감정을 읽어 내려고 하였다. 이를 위하여 어느 연구보다도 메모와 면담 일지를 철저히 작성하여 연구 결과 분석에서 면담자의 의사를 정확히 짚어 내고 이해하려고 하였다. 그리하여 최종적으로 수집된 모든 녹음 파일의 분량은 1,048분 27초였으며, 이를 전부 전사한 A4지 총 164쪽 분량의 기록이 연구의 주요한 자료로 포함되었다.

3) 자료 분석

　이 연구에서는 질적 자료의 분석을 위해 Braun과 Clarke(2006)가 제안한 TA(Thematic Analysis: 주제 분석) 방법을 사용하였다. TA는 심리학 연구에서 질적 자료로부터 주제의 의미와 이의 규명, 해석을 위해 고안된 분석 방법이다. 주로 특정 주제에 대한 인식과 의견, 아이디어를 규명하고자 할 때, 전사 기록으로 대표되는 질적 자료를 어떻게 분석할지를 다음과 같이 여섯 단계로 제안하고 있다(Guest, McQueen, & Namey, 2020).

　자료에 익숙해지는 첫 단계에서는 전사 자료를 반복해서 읽어 핵심적 아이디어를 불러일으키는 작업이 진행된다. 둘째, 핵심 코딩 드러내기 단계는 전체 자료에서 연구가 관심 있는 것에 대한 특징을 단어로 코딩하는 것이다. 셋째, 주제 찾기 단계에서는 잠정적 주제 아래에 코딩을 정리하고, 전체 자료에서 각각의 주제와 관련된 흩어져 있는 단락을 합친다. 넷째, 주제의 검토 단계는 세부적으로는 두 가지 수준으로 구성된다. 4-1 수준은 코딩에서 추출된 주제를 검토하는 것, 4-2 수준은 분석의 주제 지도를 그림으로 표현하는 것이다. 다섯째, 주제의 규명과 명명하기 단계에서는 각 주제를 구체화시키는 분석을 하면서 분석이 들려주는 전체 이야기를 전반적으로 나타내고, 각 주제에 대한 명확한 정의를 내린 다음 이름을 붙인다. 마지막 단계는 글쓰기에 해당한다. 이 단계에 이르러서는 생생하고 흥미로운 사례를 추출하기, 추출물의 최종 분석, 연구 문제와 문헌으로 되돌아가기, 분석 등을 거쳐 학문적 보고서 쓰기를 완성한다. 이 연구에서의 분석 절차와 내용은 다음의 〈표 7-3〉에 제시하였다.

〈표 7-3〉 분석 절차

단계	분석 단계	분석의 방법
1	자료에 익숙해지기	면담 녹음 파일을 두 번 들은 다음, 전체를 전사하고, 공동 연구자들 각각은 전사 기록을 면담의 차례대로 시간 순으로, 시간 역순으로 되풀이하여 읽음
2	핵심 단어 코딩	형광펜으로 연구 참여자들의 응답 문단에서 주요 문장을 표시하고, 이를 핵심 단어로 코딩하였음
3	주제 찾기	코딩된 단어를 모아서 반복되고 있는 긍정과 부정 내용의 패턴을 발견하고, 코딩 간의 관련성을 찾아 잠재적 주제를 찾아냄
4	주제 검토	찾아낸 주제가 자료를 대변하고 있는지 다시 전사 기록 전체를 읽어 보고 비교함. 주제 간의 관계를 찾아 TA 지도 형식으로 표현함
5	주제의 규정과 명명	주제의 의미가 잘 드러날 수 있도록 이름을 다시 붙임
6	학문적 글쓰기	연구자들 각각의 분석 결과를 상호 비교하고, 연구 문제 및 선행 연구 분석 결과에 비추어 글쓰기를 함

분석 결과, 전사 기록에서 81개의 주제 문장이 선택되었고, 이는 총 22개의 단어로 코딩되었으며, 2개의 주요 주제와 4개의 하위 주제가 도출되었다. 이렇게 수집된 자료들을 분석하고 해석한 결과를 바탕으로 연구의 결과를 시각화하고, 교사에 대한 학생의 신뢰라는 주제로 글을 작성하였다.

또한 자료 제시 과정에서는 교사에 대한 학생의 신뢰와 이에 영향을 미치는 요소들의 관계를 한눈에 잘 드러날 수 있도록 시각화시켜 제시하였으며, 이를 면담자 중 일부 학생들에게 보여 주고 피드백을 받았다. 그리고 논문의 초고가 작성된 이후에는 공동 연구자들 간의 상호 윤독 과정과 더불어 동료 연구자들에게 검토를 받아서 연구의 타당성과 신뢰성을 높이고자 하였다.

4. 연구 결과

학교에서 학생들이 만나는 교사는 학급 담임 교사와 교과 담당 교사로 나누어진다. 학생들과의 면담 결과에서도 담임 교사에 대한 신뢰와 수업을 담당하는 교사에 대한 신뢰가 구분되어 나타났다. 학생들은 교사와의 신뢰 관계 형성에서 담임 교사에 대한 인식과 교과 담당 교사에 대한 기대를 달리하는 모습을 보여 주고 있었다.

1) 학생에게 관심과 애정이 있는 담임 선생님을 신뢰한다

학생들은 일 년에 한두 번 담임 교사와 공식적인 상담을 하는데, 주로 성적을 올리기 위한 공부 방법과 대학 진학과 관련된 의견을 나눈다. 대부분의 학생은 상담 과정에서 교사에게 자신의 사생활과 관련된 이야기를 나누지는 않는다고 하였다. 담임 교사는 조례와 종례 시간, 교과 수업 시간에서 전체 학급을 대상으로 생활 지도나 학급 운영, 그리고 진로 지도와 관련된 말씀을 하기 때문에 학생들과 개별적인 접촉을 가지는 것은 아니었다.

학생들이 신뢰롭다고 여기는 담임 교사는 학생 개개인에게 관심을 가지는 교사, 애정이 있는 교사였다. 학생들은 자신의 학급에 관심을 가지고 학생들을 이해하며 존중하고, 칭찬하고 약속을 지키며 솔직한 행동을 하는 교사를 좋아하고 신뢰하고 있었다.

> 우리 반 개개인한테 관심이 많구요. 학생 한 명 한 명한테 섬세하셔서… 너는 이런 학생이다, 그런 걸 잘 아시는 거 같고… 저희를 좀 잘 다룰 줄 아시는 거 같고.
> – 박주영 학생

(같이) 금연하기로 했어요, 선생님이. 우리 반 애들도 담배 피는 애가 있는데. 같이하기로 했어요. 그리고 약속을 잘 지키시는 거 같아요.

– 조민준 학생

애들 얘기도 잘 들어 주시는 거 같고. 무조건 혼내시지도 않고. 그런 선생님들 많잖아요. 공부 못한다고 편견도 안 가지시는 거 같고, 얘기를 많이 하시려는 거 같아서 좋은 거 같아요. 또 도와주시려 많이 노력하시고. 애들 필요한 점 있으면, 성적도 그렇고, 고민 있다 하면 잘 도와주려고 하시고. 또 세심하게 신경 써 준다고 해야 하나? 애들을 잘 기억하려고 노력하시고.

– 이수진 학생

학생들은 자신들이 신뢰하는 교사에 대해 "따뜻하다." "책임감이 있다." "언행에 일관성이 있다."라는 표현을 쓰고 있었다. 이 말들은 교사의 여러 언행을 종합한 뒤 학생들이 내리는 판단으로 생각된다. 예를 들어, '따뜻하다' 는 것은 '관심을 가지고 나를 걱정해 주고 위로한다.' '나를 깊이 있게 이해하고 존중하고 항상 웃어 준다.' 등을 포함하는 말이다. '책임감이 있다'는 것은 관심을 가지며 챙겨 주고 약속을 지키는 교사의 행위를 종합적으로 표현한 것이다. '언행에 일관성이 있다'는 것은 교사의 말과 행동이 일치한다는 것으로 약속을 지키는 행위를 가리킨다.

제가 봤을 때 저도 이런 부분에서 지적할 부분이 많은데… 굳이 이제 (저의) 좋은 점을 말해 주고… 이런 부분에서 성실해서 좋다 이런 말 들으면서 제 자존감도 높아지는 거 같고. 선생님한테는 내가 어떤 부분을 말해도 끝까지 격려해 줄 거 같다는 면에서 믿음이 갔어요.   – 이민영 학생

그냥 조금 학생을 이해해 주고, 조금 인격적으로 이해해 줘야 하지 않나? 학생 하나하나는 바라지 않아요. 그 반에 대한 애정이 있으면 좋겠어요. 학

생에 대한 애정이 없으면 확실히 선생님 자질이 없다고 생각하거든요.

– 주경민 학생

애정을 많이 가지는 선생님은 네가 뭐 하는지 뭔가 다 보일 정도, 집이 어디고, 뭐를 잘하고를 다 알고 있는데. 그에 비해 애정을 안 갖는 선생님은 네가 뭘 하든 간에 관심이 없고 뭐에 재능이 있는지도 모르는….

– 이찬민 학생

담임 교사는 조례와 종례 그리고 수업 시간을 통하여 학교에서 가장 자주 접하는 사람이므로 학생들의 신뢰를 받는 것이 매우 중요하다. 신뢰 형성이 교사와 학생의 개별적인 접촉으로만 이루어지는 것은 아니지만, 개별적인 접촉 기회의 부족은 담임 교사와 학생 간의 신뢰 형성을 어렵게 하는 것으로 보인다.

이와 함께 학생들은 신뢰롭지 못한 교사의 특징으로 "자신이나 반을 무시한다." "말로 설명할 수 없는 불쾌한 느낌이 있다." 등의 표현을 쓰고 있었다. '무시한다'는 것은 '우리들의 말을 귀담아듣지 않고 자신의 생각만 강요한다.' '이것도 모르나.' 또는 '앞으로 잘하기 어렵다.' '건성으로 말한다.' 등을 표현한 것이며, '불쾌한 느낌이 있다'는 것은 다른 학생이나 반과 비교하여 비난하며, 비인격적이며 명령조로 말하고, 화를 많이 내고 성적으로 차별할 때생기는 감정으로 볼 수 있다.

화를 자주 내는 샘이 있기는 해요. 그 샘 같은 경우에는 사소한 거 잘못해도 버럭버럭하고. 교무실에 끌고 가서 엄청 크게 소리지르고요.

– 이찬민 학생

한 번씩 자격증 딸 때도 너희가 그러니깐 안 되는 거다, 그런 식으로 말하고. 그냥 우리를 엄청 밑으로 봐요. 엄청. 학생이긴 한데 질 안 좋은 애들처럼 안 좋게 봐요.

– 조민준 학생

항상 보면, 공부 잘하는 애들은 불러서. 누구 학년실로 와라, 그래서 항상 무슨 자료를 들고 가는 걸 본 거 같고. 그 애들한테만 좋은 말하는 게 눈에 보여서. 제가 공부를 잘하는 게 아니어서 그런 게 더 잘 보이고. 많이 불려 간다는 건 하나라도 더 챙겨 준다는 거니깐. － 이민영 학생

학생들은 학생들의 말에 귀를 기울이지 않고 자기 생각만 고집하는 행위, 다른 학생이나 반과 비교하며 비난하는 행위, 학생의 미래를 부정적으로 보고 말하는 행위, 건성, 명령, 비인격적으로 하는 말, 화를 많이 내거나 차별하는 행위 등을 싫어하며 신뢰로움과 반대되는 의미로 사용하였다.

그리고 항상 지가 옳다, 나는 어른이고 너는 학생이니깐 내 말을 따라야한다, 그런 게 좀 심했어요. 훈계. 근데 나잇값을 좀 못 해요. － 최선경 학생

공부를 잘하는 친구가 있으면 그 애한테만 관심이 가는 거 있죠? 관심을 보낸다는 게 티가 안 나면 모르겠는데 티가 나니깐. 너무 보이니깐 그게 좀 서운하더라구요. － 김민지 학생

(1) 학급 운영

신뢰는 신뢰 주체의 기대와 무관하지 않은데, 학생들이 담임 교사에게 기대하는 것은 수업보다는 학급 운영이라고 할 수 있다. 담임 교사가 학생들과 접촉하는 과정에서 보이는 학급 운영 능력은 신뢰 형성의 가장 중요한 요소로 드러났다.

고1이면 처음 보는 애들도 많고 어수선한데. 선생님이 우리 분위기도 풀어 주시고 말도 걸어 주시고 해서 저희 반이 조금 빨리 편해진 거 같아요.
  － 박주영 학생

보통 다들 남사스러워서 안 하는데, 그 선생님은 '파이팅입니다!'(조례) 이렇게 끝내고. 애들 사기를 북돋워 주시더라고요. 힘내라고 하시면서. 말을 해도 들어 주실 때 잘 들어 주시고 경청해서 들어 주시는 거 같아요.

– 김민지 학생

제가 보기에는 그런 선생님이 오히려 맞는 거 같고. 그냥 막 조퇴해 주는 샘보다는 잡아 주는 선생님이. 그리고 신경 많이 써 줬어요.   – 강은원 학생

저희 반 성적 관리를 엄청 열심히 하셨어요. 시험 기간 다 되어 가면, 시험공부 플래너 만들어서 인쇄해 주시고. 혹시 뭐 단어 시험 같은 거 있을 때는 단어 시험 일부러 시키시고.   – 박대건 학생

학생들은 담임 교사의 학급 운영 영역을 중요하게 생각하지만, 아쉽게도 실제로 그 부분에서 담임을 신뢰하게 되었다는 이야기는 많지 않았다. 오히려 학생들이 담임의 학급 지도에 관한 많은 부정적 경험에서 역으로 학급 운영이라는 하위 주제가 도출되었다.

담임 샘으로만 봐도 되게 애들을 통제도 못하고, 과목 샘으로 봐도 지구과학 선생님인데 진도를 정해서 애들한테 이까지 할까, 물어보는데 그게 예의상 물어보는 게 아니라 진짜 애들한테 휘둘리는 게 눈에 보이고. 저희가 이기거든요. (중략) 우리한테 관심도 없고 착하기는 한데, 뭔가 서툴러요. 되게 딱 잡을 때 잡아야 하는데 안 잡으니깐 애들도 공부 안 하고 저도 안 하게 되고. 그게 반복돼요. 맨날 반복돼요.   – 정은미 학생

선생님들 자체가 약간 좀… 저희 관리하는 거에 의지가 없다고 해야 하나? 우리가 공부를 하든 안 하든 뭐라는 하시는데, 안 하면 그냥 놔두고. 하면 하는구나 하는 거고.   – 송마리 학생

일반적으로 학급 경영의 영역이라고 정리되는 담임으로서의 학급 관리 역할을 잘하지 못하는 선생님을 학생들은 신뢰하지 않는다고 표현하였다. 특히 학생들에게 오히려 '휘둘리는' 교사는 담임으로서의 신뢰를 얻지 못하였다.

(2) 진학 지도

학교라는 공간에서 끊임없이 평가를 당하는 이는 당연히 학생일 것이라고 여기지만, 교사 또한 학생들의 평가를 받는다. 고등학생들이 담임 교사에 대한 신뢰를 표현하는 부분은 신뢰 주체의 특성상 대학 진학 지도와 관련된 부분이었다.

> 제가 등급이 별로 안 좋았거든요. 원래 3등급까지 뭘 써 주거든요 생기부에. 제가 등급이 그것도 아니고, 뭐 드린 것도 아닌데…. 샘이 생기부에 행동발달특성에 과목마다 써 주는 거 있잖아요. 거기에 성적이 좋지는 않지만 수업을 열심히 들으려고 한다, 그런 거 써 주시고. 성적 안 좋아도 수업 잘 들으면 신경 써 주시고.
> – 강은원 학생

고등학교에서 담임의 역할은 대학 입시 지도와 관련이 컸고, 학생들은 이 과정에서 교사 신뢰 여부를 판단하고 있었다.

> 생기부 작성하실 때 조금 기술이 없다고 할까? 이래저래 말은 구구절절 해 놨는데, 뭘 잘하는지 명확하게 안 적어 두셨더라구요.   – 박대건 학생

> 그 반에 어떤 애가 맨날 잤는데 성적 잘 나오는 애가 있었던 거예요. 일어난 적이 없어요. 근데 나중에 성적표 받아 보면 적혀 있잖아요. 자기는 대답도 잘했는데 안 적혀져 있고, 맨날 잤던 애는 잘 적어 준 거예요.
> – 최진영 학생

그렇다면 학생들은 어떤 교사를 신뢰하는 것일까? 교사의 말과 행위, 그 속에 숨어 있는 태도 등에 대한 학생들의 반응은 크게 일상적인 생활 측면과 수업의 측면으로 나누어 살펴볼 수 있다. 일상적인 생활 측면에서 교사의 언행은 공식적인 상담, 조례와 종례, 수시로 이루어지는 개별 접촉 등 교실에서 이루어지는 학급 운영이나 생활 지도의 성격이 강하다. 하지만 교사의 이러한 일상적인 언어와 행위 그리고 태도는 수업 시간에도 그대로 반영되는 일이 많아서, 교사의 언행과 태도를 일상생활과 수업으로 명확히 구분하여 논의하기는 어렵다. 다만 여기서는 수업이라는 특수한 장면에서 교사가 보이는 수행 능력이 학생들의 판단에 큰 영향을 미친다는 점에서 분리하여 다룰 필요가 있다고 생각하였다.

2) 잘 가르쳐 주는 교과 담당 선생님을 신뢰한다

교과 담당 교사는 수업을 통하여 학생들을 만난다. 학교마다 차이는 있지만, 한 학기에 학생들이 만나는 교과 선생님은 열 분 내외가 된다. 교과 수업 시간에는 수업을 하기 때문에 학생들과 개별적인 접촉은 어렵다. 이런 학교의 풍토 속에서 학생들은 교과 담당 교사들에 대해서는 담임 교사에게 기대하는 신뢰 형성 요소와는 다르게, 수업에 대해서 많이 이야기하고, 수업을 '잘하는' 선생님을 신뢰한다고 표현하였다.

> 일단 기본적인 건 수업을 잘해야 한다는…. 선생님이라면 진짜 그거는 좀 필요한 거 같아요. 선생님이라는 전문 직함에 기초적인 거라고 생각하고.
> – 하다인 학생

> 좀 잘 가르쳐 줬으면 좋겠어요. 이해시켜 주려고 노력하시는 그런 모습. 열심히 해 주셨으면 좋겠어요. 저희도 열심히 듣지만. 열심히 가르쳐 주시는 게 느껴지면 저희도 열심히 하게 되니깐.

내가 모르는 걸 질문했을 때, 제일 구체적으로 대답해 주시는 분이 제일 믿음이 간다고 생각하거든요. 모르는 거에 대해서 잘 가르쳐 줄 수 있으면 그 분야를 잘 알고 있다는 거 같아서. 그런 부분이 제일 신뢰가 가는 거 같아요.   – 송마리 학생

학생들의 말을 들어 보면, 수업에서 믿음이 가는 교사들은 학생들의 수준에 맞추어 알아듣기 쉽게 설명하고, 학생들을 학습의 주체로 세우며, 수업을 철저히 준비하고, 학급 통제를 통하여 학습을 방해하는 행위를 하지 못하도록 한다. 즉, 학생들에게 수업 내용을 이해시키려고 하며, 수업을 재미있게 하고 면학 분위기를 흐트러뜨리는 학생들을 통제할 줄 알아야 한다는 것이다. 학생들은 이러한 교사를 '가르치는 것을 좋아하는 교사' '공부를 많이 했다는 느낌이 있는 교사' '수업에서 믿음이 가는 교사'로 판단한다. 교과 담당 교사가 보이는 교수 역량과 학급 통제 능력은 학생들의 신뢰 형성에 중요한 요인이 된다.

저는 무조건 학생들이 이해하기 쉽게 설명해 주는 게 제일 일 번이라고 생각해요. 무조건. 왜냐하면 제가 못 알아들었기 때문에….   – 주경민 학생

막 엄청, 발표 수업을 준비해 오거나 그런 걸 보면서. 활동… 뭔가 진짜 선생님이다. 수업만 하는 게 아니라 다양한 활동을 준비해 오니깐 진짜 선생님 같다 생각 많이 들었고.   – 이민영 학생

저희가 만약에 한 명이라도 모르면 다시 그거를 설명해 주고. 속도도 저희 반한테 잘 맞는 거 같아요. 애들이 좀 힘들어하면 선생님이 따로 정리해서 복사해서 나눠 주기도 하고. 설명도 쉽게 해 주고. 예를 들어서 이렇게 좀. 저희가 기억을 잘하게 해 주셨어요.   – 박주영 학생

하지만 안타깝게도 학생들은 "수업을 잘하는 선생님은 많지 않아요." "일부였던 것 같아요."라고 이야기하였다. 심지어 학생들은 학교 교사를 '학원 샘'들과 비교하기도 하는데, 비교하는 대상은 담임 교사가 아닌 학교의 교과 담당 교사들이다. 학생들은 수업을 잘하지 못하는 교사를 학교의 '고인 물'로 표현하기도 하였다. 학생들은 수업에서 믿음을 갖기 어려운, 즉 신뢰할 수 없는 이런 교사의 행위를 다음과 같이 표현하였다.

> 그냥 저희가 뭘 이해하든 상관없고. 하고 싶은 만큼 계속하다가, 애들 자도 깨우지도 않고, 제재하지 않으시고. 샘들 생각한 만큼 하고 나가는 수업은 듣기 싫고. 또 그런 수업은 들어도 의미가 없다고 생각해요.
>
> – 송마리 학생

> 그냥 맨날 가르치면서 어, 야, 이러고. 이걸 기억 못 하냐면서, 난 분명 가르쳤는데 기억을 못하냐면서. 대답 좀 해 보라면서. 가르치는 거 하나하나 할 때마다 이것 좀 보라면서. 가끔 조는 애들 있으면 네가 나와서 해 보라든지….
>
> – 채서희 학생

학생들이 교과 담당 교사에게 기대하는 것은 단순히 진도를 나가는 것이 아니라, 수업을 잘하는 것과 수업을 방해하는 학생들을 통제하는 능력이다. 이런 요인이 충족되지 못할 경우, 교과 교사에 대한 신뢰가 형성되지 못하는 것으로 나타났다.

> 무시하는 거. 저희가 배운 것도 별로 얼마 없는데… 배우는 입장인데 샘들이 이런 것도 모르냐 하면 당황스럽죠. 샘들이 아는 게 많은 건 당연한 건데. 교사니깐 말 못하는 거지, 솔직히 할 말은 많죠. 과격하다고 할까, 그런 언행. 무시하는 언행….
>
> – 김지혁 학생

학생들은 수업을 통해서 교사에게서 한 번이라도 상처를 받게 되면, 이후에는 자거나 다른 짓을 하거나 하며 수업을 듣지 않거나 다른 학생들과 함께 수업을 방해하는 행위를 한다. 수업에 관한 학생들의 응답에서 긍정적인 것보다 부정적인 내용의 비중이 높은 것은, 학생들이 수업 면에서 신뢰하는 교사들이 많지 않다는 것을 의미한다.

(1) 소통하는 수업

학생들의 이야기를 들어 보면, 입시 준비를 중심으로 수업할 수밖에 없는 고등학교에서는 여전히 일방적으로 내용을 전달하는 강의식, 설명식 수업이 대부분을 차지하고 있었다. 그렇지만 자는 학생도 다수인 수업 상황에서 혼자만 진도를 나가는 것이 아니라 학생들과 묻고 답하는 선생님을 좋아하고 신뢰한다고 학생들은 이야기하고 있었다.

저는 대답할 수 있는 수업이 좋아요. 음… 뭐라 해야 하지? 선생님이 뭔가 뭐, 음, 어떤 단어가 있어서 설명하면, 이게 뭐냐고 물어보시면서 다 대답을 하게 하는. 저희 기억을 떠올리도록 물어보시는 거, 그런 수업이 집중도 잘되고, 대답하려고 더 공부하는 것도 있고.   – 김민지 학생

저는 소통을 많이 하는 선생님? 전체적으로 말고 한 명 한 명. 수업 열심히 듣는 애들이랑 눈 마주치면 좋아하거든요. 제가 샘들한테 관심받는 거 좋아해서….   – 정은미 학생

빈칸 나오면 어떤 게 들어갈 거 같으냐 물어보시고. 아까 말했듯이 사회적으로 일상적으로 얘기하면서도, 네 생각은 어떠냐? 이런 것도 물어보시고. 좀 묻고 답하고 이런 걸 많이 하시죠.   – 채서희 학생

학생들은 학습 성취 여부와는 관계없이, 소통 없이 혼자서 진도만 나가는 교사를 "완전 직진한다."라고 표현한다. 학생들은 교과서에 있는 것만 가르치거나 사담(수업과 무관한 사소한 이야기)이 많은 교사에 대해 '준비하지 않고 대충 가르친다'고 표현했다. 또한 수업 방식이 문제가 있는데도 고집스럽게 방식을 바꾸지 않는 수업을 싫어하며, 수업을 방해하는 학생들을 제재하지 못하는 것을 큰 문제로 보았다.

> 왜 싫냐면요. 재미가 없어요 일단. 그리고 자지도 못 해요. 그냥 자기 할 말만 해요. 소리 지르고. 그냥 그렇게 하고요. 말도 못 해요. 무슨 말인지 못 알아듣게. 입안에서 얼버무리는… 그냥 자기 혼자 얘기하러 온 거 같아요.
>
> – 최선경 학생

(2) 선생님의 수업 자료

학생들은 수업에 들어오기 전에 교사 자신이 직접 사용하는 교재는 물론 학생들에게 배부하는 유인물이나 학습 자료를 만들어 오는 등 수업 준비를 철저히 하는 교사를 신뢰한다고 이야기하고 있었다.

> 그 샘이 공부한 책만 봐도 알잖아요. 얼마나 공부를 했는지. 거의 형광펜 엄청 많고 밑에 적은 거 엄청 많고. 책을 거의 깨끗하게 쓰시는 분들도 있는데, 그러면 자기 노트 같은 거 정리해서 쓰시는 분들 있거든요. 그런 거 보면, 와 진짜 대단하다. 몇 년을 가르치는데도 초심을 잃지 않고 준비하시는구나. 저도 그런 거 때문에 공부하게 되고. 본인이 먼저 보여 주셔야 저희도 따라갈 수 있다고 생각해요.
>
> – 주경민 학생

> 뭔가 프린트를 주시면 진짜 자기가 만드신 그런 것도 나눠 준다던가? 아니면 필기…. 제가 제일 준비한다고 느낀 거는 자기가 프린트를 직접 다 만들어 가지고, 양도 많은데. 그런 걸 보면 진짜 노력하시는구나. – 김민지 학생

학생들은 교사가 쓰는 교재를 보고 수업 내용에 대해 전문성을 갖추고 있는지를 판단하며, 교사가 직접 만들어서 수업 시간에 사용하는 정리용, 문제 풀이용 자료의 제공 여부와 질을 평가하여 교과 담당 교사에 대한 신뢰를 형성하고 있었다.

5. 논의 및 결론

이 연구에서는 교사에 대한 학생의 신뢰를 형성하는 요인을 알아보고자, 신뢰에 관한 이론적 연구를 바탕으로 교사에 대한 학생의 신뢰에 영향을 주는 요인을 살펴보고, 신뢰받는 교사의 특성을 분석하였다. 이 연구에서는 담임 교사와 교과 담당 교사의 영역이 나뉘어서 주요 주제가 도출되었고, 학급 운영과 진학 지도, 소통하는 수업과 선생님의 수업 자료라는 하위 주제가 드러났다. 이상과 같은 결과를 TA 지도의 형식에 따라 표현하면, [그림 7-1]과 같이 시각화할 수 있다.

[그림 7-1]을 살펴보면, 교사는 일상생활에서 학생에게 관심을 가지고 이해하며 존중하고 칭찬하며 솔직하고, 수업에서는 학생들의 수준에 맞추어

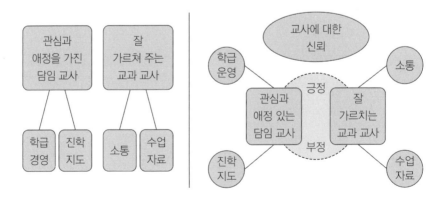

[그림 7-1] 고등학생과 교사의 신뢰 관계에 영향을 주는 요인

알아듣기 쉽게 설명하고, 학생들을 학습의 주체로 세우며, 수업을 철저히 준비하고, 수업을 방해하는 행위를 제재하면 학생들의 신뢰를 받는다. 학생들은 교사가 하는 말이나 행동을 보고 신뢰할 만하다는 판단을 내리면, 교사와의 접촉을 편하게 여기고 사적인 생활을 털어놓으며 먼저 다가가는 행동을 하는 경향을 보였다.

하지만, 실제로 학교에서 학생들이 교사들을 개별적으로 접촉하는 시간은 많지 않다. 일 년에 한두 차례 열리는 공식적인 상담 시간을 제외하면, 조례와 종례, 그리고 수업 시간이 있지만, 학생들이 교사를 개별적으로 접촉할 기회는 거의 없다고 볼 수 있다. 대부분의 학생이 교사들과 개별적으로 접촉하는 시간은 매우 짧고, 개인적인 이야기는 하지 않는 것으로 나타났다. 인간관계에서의 신뢰는 잦고 만족스러운 접촉의 과정을 통하여 생긴다. 이런 점에서 교사와의 접촉 시간과 빈도, 기간 등의 부족은 교사에 대한 학생의 신뢰 형성에 부정적인 영향을 미치고 있는 것으로 보인다.

Mayer 등(1995)은 신뢰 대상자가 신뢰를 받기 위하여 갖추어야 할 것을 능력, 선한 의지, 성실 등으로 제시한 바 있다. 신뢰 연구를 한 여러 학자의 견해를 종합하여, 이 책의 제2장에서는 학교에서 신뢰를 받는 사람이 지녀야 할 역량으로 능력, 선한 의지와 존중, 성실성, 개방성 및 존중의 네 가지를 제시하였다. 이 연구에서 나타난 학생들에게 신뢰를 받는 교사의 특성도 위의 네 가지의 능력과 태도에서 크게 벗어나지는 않았다. 다만, 학생과 교사의 관계에서는 어떤 요소가 다른 요소보다 더욱 중요성을 가지며, 특정한 부분은 잘 드러나지 않는다고 할 수 있다. 이를 구체적으로 말하면 다음과 같다.

첫째, 학생들의 신뢰를 얻기 위해서 교사들은 자신의 과업과 관련된 지식과 기술의 기능적 역량을 가지고 있어야 한다. 담임 교사는 학급 경영과 수업 능력을 가져야 하며, 교과 담당 교사는 수업 능력을 가져야 한다. 학급 경영에서 학생들에게 중요한 정보는 제때 전달하고, 학급 통제를 잘 하며, 수업에서는 학생들의 수준에 맞추어 알아듣기 쉽게 설명하고, 학생들을 학습의 주체로 세우며, 수업을 철저히 준비하고, 면학을 방해하는 행위를 하지 못하도록 하는 능력이 이에 해당한다.

둘째, 교사들은 학생들에게 선한 의지를 가지고 있다는 것을 보이며 그들을 존중하는 행위를 해야 한다. 어떤 의도를 가지고 학생에게 해를 입히거나 괴롭히는 교사는 없다. "교사가 자주 화를 내어서 싫다. 무섭다. 두렵다." 하는 경우에도 교사가 학생에게 나쁜 의도를 가지고 있다고 말하기는 어렵다. 하지만 학생들은 교사들이 나와 우리의 존재를 인정하고 이해하며 존중했으면 좋겠다고 이야기하였다.

셋째, 학생들은 솔직하고 말과 행동이 일치하고 약속을 지키는 책임 있는 교사를 신뢰한다. 자신의 사정을 살피지 않고, "열심히 공부해." "성적이 올랐어." 등과 같이 건성으로 하는 말을 싫어하며 수업 준비를 하지 않고 대충대충 하는 수업을 매우 싫어하였다. 신뢰받는 교사는 학생들의 사정이나 입장을 충분히 헤아려서 말을 건네고 수업 준비를 철저히 하여 알아듣기 쉽게 설명하는 사람을 가리킨다. 그러므로 교사들은 학생을 대할 때나 수업을 할 때 성의를 갖고 해야 하며, 정직하고 솔직해야 하고, 말과 행동이 일치해야 한다.

넷째, 학생들은 차별을 싫어한다. 학생들은 교사들이 성별과 사회 계층 등에 따라 차별하지는 않는다고 생각한다. 대신, 학생들은 교사가 성적이 우수한 학생에게 관심을 보이며 말을 건네고 학생생활기록부 작성에서 나타나는 우호적인 행위를 차별하는 것으로 느낀다. 교사가 학생의 신뢰를 받으려면 어떤 경우라도 학생들을 차별하여 대하지 말아야 한다.

정리하면, 이 연구에 나타난 신뢰받는 교사는 학급 경영과 수업 운영의 능력을 발휘하며, 학생에게 관심을 가지고 이해하며 칭찬을 하고 존중하는 말과 행위를 한다. 또한 수업 준비를 철저히 하고 말과 행동이 일치하며, 성적 등의 이유로 차별하지 않는 사람을 가리킨다.

물론, 고등학생들은 대학 진학이라는 개인적인 목표에 함몰되어 있고, 교실이나 학교라는 미시적인 세계에 갇혀 있는 성향이 있으며, 사회의 민주화가 학교 내의 민주화로 아직 연결되지 않았기 때문에, 이 연구에 나타난 학생들의 이야기 속에서 교사와 학생의 신뢰 관계의 거시적인 측면 (Bronfebrenner & Morris, 1998)의 영향력은 잘 드러나지 않았다. 그러나 학교 는 교육 기관이면서 동시에 교육부 및 교육청의 지시와 통제 아래 조직의 유 지와 갱신을 위한 행정 조직이기도 하다. 고등학교는 「교육법」이나 국가 교 육과정에 제시된 교육의 목적보다는 대학 입시라는 목표를 지향하여 운영 되고 있다. 무한 경쟁 체제 속에서 학생들의 자아존중감은 떨어지고 좌절감 이 팽배하게 되며 이 과정에서 교사들의 무력감 또한 높은데, 교육 당국은 이 오래되고 해묵은 문제에 대한 근본적인 해결책을 제시하지 못하고 있다. 학생과 교사의 좌절감과 무력감은 교사에 대한 학생의 신뢰에 영향을 미치 는 요인이 된다. 언론 또한 학교 교육에 호의적이지 않다. 교사와 관련된 보 도도 비리, 부패, 성추행 등과 같은 부정적인 내용으로 가득 차 있다. 학생들 이 교사에 대한 언론의 부정적인 시각에 지속적으로 노출되면 교사와의 신 뢰 형성에도 영향을 받게 된다. 학교 특유의 조직 문화, 조직의 목표 달성을 위한 전략적 행위, 교육정책에 대한 정보의 공유와 의사 결정, 권력 이양과 공평한 보상과 사회의 보편적인 정의를 추구하고자 하는 교육제도와 언론의 영향력은 거시적 수준에서 향후 연구되고 논의될 만한 가치가 있을 것이라 사료된다.

교육의 성과는 학생과 교사의 신뢰 관계에 영향을 많이 받는다. 학생이 교 사를 신뢰하지 않는다면 아무리 교수 기술이 뛰어난 교사의 수업이라 하더 라도 적극적으로 참여하고 배우려고 하지 않게 된다. 또한 교사가 인성 면에 서 학생과 원만한 관계를 갖는다고 하더라도 수업에서 부족한 점이 많다면 학생들은 교사의 수업 역량을 의심한다. 교사가 인성과 수업 면에서 학생의 신뢰를 받을 때 교육의 성과는 높아진다. 교사에 대한 학생의 신뢰는 학생에 게 안정감을 주고 자아존중감을 높이며 학습하고자 하는 의욕을 불러일으 킨다. 교사 또한 학생의 신뢰를 받으면 가르치는 일에 보람을 느끼고 수업을 더욱 즐기게 된다. 이런 점에서 교사에 대한 학생의 신뢰를 높이기 위한 다 양한 시도와 노력이 필요하다 하겠다.

이 연구는 교사에 대한 학생의 신뢰를 주제로 하고, 특히 학급 내 과반수가 넘는, 성적이 중간이나 하위권에 속한 학생들을 대상으로 하였다는 점에서 이전 연구와 다른 의미가 있다고 본다. 또한 교사에 대한 학생 신뢰의 원인, 신뢰의 형성, 신뢰받는 교사의 특성을 질적 분석을 통하여 제시하였다는 점에서 다른 연구와 구별된다. 그런 점에서 이 연구의 결과가 교사에 대한 학생의 신뢰 관계 형성에 줄 수 있는 시사점을 다음과 같이 제안하고자 한다.

첫째, 학생들이 교사에 대하여 가지고 있는 부정적인 경험을 해소할 필요가 있다. 학교와 교사들은 학생들이 교사에 대하여 어떤 인식과 감정을 가지고 있는가를 살피고, 학생들과 함께 이를 없애기 위해 노력해야 한다. 학년 초 교과와 창의적 체험 활동 시간을 활용하여 집단 프로그램을 개발하고 운영하여 교사에 대한 부정적인 인식과 감정을 낮추어야 한다. 교사에 대하여 극도의 부정적인 인식과 감정을 보이는 학생들과는 개별 상담을 하는 방안도 고려할 필요가 있다.

둘째, 학년이 올라갈수록 자아존중감이 낮아지는 한국 학생들의 경향에 대한 대책이 필요하다. 교과 내용은 어려워지고 학업 과정에서 성공보다는 실패 경험이 많아지며, 자신보다 뛰어난 학생들과 늘 비교되는 과정에서 학생들의 자아존중감은 낮아질 수밖에 없다. 학생들의 자아존중감이 낮아지면 자신의 능력을 믿지 못하고 스스로를 부정적으로 보게 되어 교사들과도 긍정적인 관계를 맺기 어렵게 된다. 이런 점에서 학교에서는 학생들의 자아감을 고취시키는 프로그램을 실시하는 등의 노력을 할 필요가 있다.

셋째, 학생과 교사 간에 개별적인 접촉 시간을 더욱 늘려야 한다. 일 년에 한두 차례, 그것도 매우 한정된 시간 속에 열리는 공식적 상담으로는 학생과 교사 간에 신뢰 관계를 만들기 어렵다. 또한 성적에 따른 대학 진학을 주제로 한 상담에서는 개인 간의 친밀한 관계가 형성되지 않는다. 이런 점에서 학생과 교사 간에 개별적이고 친밀한 관계가 만들어질 수 있도록 접촉 시간을 늘리고, 학교 적응을 비롯한 개인적인 이야기를 터놓을 수 있는 주제를 담임과의 상담 시간에 포함시키는 방안이 고려되어야 한다.

넷째, 학교의 권위주의, 보수적인 문화를 바꾸기 위한 노력이 필요하다. 최근 사회의 민주화와 교사들의 노력으로 한국의 학교 문화가 많이 달라지긴 했지만, 권위보다는 권위주의, 협력보다는 개인주의, 도전이나 개혁보다는 보수와 현재에 매몰되는 문화가 여전히 주류를 차지하고 있다. 이런 점에서 학교와 교사, 교육청 그리고 학생, 학부모가 협력하여 평등한 관계에서 새로운 도전을 지향하는 학교 문화를 만들어 가는 노력이 요구된다.

다섯째, 교사의 수업 역량을 더욱 강화할 필요가 있다. 교사에 대한 학생의 신뢰는 학생을 이해하고 존중하며 사랑으로 대하는 교사의 인성이 중요하지만, 수업 능력이 많이 떨어진다면 신뢰의 한쪽 축을 잃는 것이 되고 만다. 이런 점에서 교사의 수업 능력 향상을 위해서 자기 연찬의 기회를 주고, 전문적 학습 공동체 운영에 적극적으로 참여시키며, 학교와 교육 당국에서는 이를 적극적으로 지지할 방안을 마련할 필요가 있다.

제**8**장
초·중학교 교사에 대한 학부모의 신뢰*

1. 서론

교사에 대한 학부모의 신뢰에 관심을 갖는 이유는 개인의 측면과 조직의 측면에서 생각할 수 있다. 개인의 측면에서 신뢰는 개인의 삶을 안정시키는 역할을 하는데(황연성, 2011), 학부모가 학교와 교사를 믿게 되면 자녀의 학교생활을 안심하고 지켜보게 된다. 또한 학부모가 교사를 신뢰하면 소통에 대한 부담감이 줄어들어 자녀 교육에 필요한 지식과 기능을 습득하고, 올바른 교육관을 세울 기회를 얻게 된다(서현석·김월섭·진미정, 2015).

조직의 측면에서는 학부모가 학교의 교육 방침을 이해하고 공유하며 협력하면 학교의 운영이 안정된다. 또한 학부모가 교사를 신뢰하게 되면 학생에 관한 정보와 기능을 공유하게 될 뿐만 아니라 의사소통이 활발해지고 협력적 관계가 형성되어 학교 교육의 목표 달성이 용이해진다. 교사에 대한 학부모의 신뢰가 학교 효과를 높이는 데 긍정적인 역할을 하는 것이다(주영효·정주영·박균영, 2016; 황철형·최류미·김대현, 2019; Adams & Christenson, 2000; Payne & Kaba, 2001; Santiago, Garbacz, Beattie, & Moore, 2016).

---

* 출처: 김대현(2020). 초·중학교 교사에 대한 학부모의 신뢰 형성. 교육 혁신연구, 30(2), 151-177.

이와 같이 교사에 대한 학부모의 신뢰가 학부모의 심리적 안정과 교육 역량 개발 그리고 학교 조직의 운영과 교육력 향상과 관련이 있음에도 불구하고, 이것을 주제로 삼은 국내 연구는 매우 부족한 것으로 보인다. 학부모에 대한 연구는 학부모의 교육권과 주체성(김장중, 2017; 오재길, 2017; 조석훈, 2006), 학부모의 교육열(안우환 · 김경식, 2005; 오경희 · 한대동, 2009; 이종각, 2013), 학부모의 학교 교육 참여(황철형 · 최류미 · 김대현, 2019) 등에 집중되고, 교사에 대한 학부모의 신뢰 연구는 거의 없는 편이다. 외국의 경우에도 학교 교육에서 구성원 간의 신뢰와 교육 성과 전반을 다룬 연구(Bryk & Schneider, 2002; Tschannen-Moran, 2014), 유치원 교사에 대한 학부모의 신뢰 연구(Kikas et al., 2011; Kikas et al., 2016) 등이 있으나, 초 · 중학교 교사에 대한 학부모의 신뢰 연구는 Adams와 Christenson(2000), Lerkkanen 등(2013), Santiago 등(2016)의 연구를 주목할 수 있을 뿐이다. 이들 연구조차 한국과 외국은 학교 교육의 상황이 많이 다르고, 교사와 학부모의 관계에도 적지 않은 차이가 있으므로, 그 결과를 국내에 그대로 적용하기에는 한계가 있다. 최근 중등학교 교사에 대한 학부모의 신뢰(김대현 · 최류미 · 박화춘, 2018)와 학교 급과 혁신학교 여부에 따른 학부모의 신뢰 연구(박화춘 · 김대현 · 최류미, 2019)가 이루어졌지만, 교사에 대한 학부모의 신뢰 척도 개발을 통한 양적 연구로 진행되었다. 특히 이들 연구는 중등학교 교사에 대한 학부모의 신뢰 수준을 밝히고 비교하는 데 초점이 있어서, 신뢰 형성의 요인이나 과정을 제시하는 것과는 관련이 없다고 할 수 있다.

이와 달리, 이 연구는 한국의 학부모가 초등학교와 중학교 교사에 대하여 어떤 요인과 과정을 통해서 신뢰를 형성하는지를 알아보고자 한다. Mayer와 Davis, Schoorman(1995)은 신뢰를 조직 속에서 이루어지는 당사자 상호 간의 실제적 관계로 보고, 신뢰가 생기는 원인, 과정, 환경 등을 다각적이고 총체적으로 살펴볼 필요가 있다고 하였다. 이런 점에서, 이 연구에서는 신뢰 주체인 한국 학부모의 특성과 신뢰 대상인 초 · 중학교 교사의 특성 그리고 그들 간의 역동적이고 복합적인 상호 작용의 성격과 이에 영향을 미치는 학교 안팎의 다양한 힘들을 면밀히 분석하여, 교사에 대한 학부모의 신뢰 형성 요인과 과정을 밝히고자 한다.

　교사에 대한 학부모의 신뢰는 한국의 학교 교육이라는 '특수한 맥락' 속에서 학부모가 교사에게 부여하는 사회적 의미를 가리킨다. 복잡한 현상을 있는 그대로 드러내고, 이 과정에서 신뢰 주체가 신뢰 대상에게 부여하는 의미를 제대로 기술하기 위해서는 탐색적 목적의 질적 연구가 적합하다(Maxwell, 2013)고 본다. 이런 까닭으로 여기서는 초등학교와 중학교에 재학 중인 자녀를 둔 학부모들을 대상으로 장기간에 걸친 밀도 있는 인터뷰를 통하여 자료를 모으고 심층적으로 분석하고 해석하여 결론을 얻고자 하였다.

2. 이론적 배경

　신뢰는 주체, 대상, 그들 상호 간의 관계에 의하여 형성된다. 신뢰 이론에 따르면, 신뢰 주체는 타고난 기질과 자신의 이전 경험에 의하여 신뢰 성향을 가지며, 성별, 연령, 지위에 따른 역할 기대 등에 따라 신뢰 대상과의 관계를 형성한다(원숙연, 2002; 이쌍철, 2012; Mayer, Davis, & Schoorman, 1995). 신뢰 대상은 신뢰 주체가 기대하는 특성(신뢰성)을 가지며 이를 신뢰 주체가 지각할 수 있도록 드러낼 때 신뢰가 형성된다(이숙정, 2006; 김대현 · 최류미 · 박화춘, 2018; Bryk & Schneider, 2002). 신뢰는 이러한 신뢰 주체와 신뢰 대상이 접촉하는 빈도, 방식, 질이라는 상호 작용의 성격의 영향을 받으며(Tschannen-Moran, 2014), 이러한 상호 작용은 조직 내의 문화와 이를 둘러싸고 있는 제도와 관습 등의 한계 속에서 이루어진다(박상완, 2017).

　다음 절에서는 이러한 신뢰 이론에 바탕을 두고, 초 · 중학교 교사에 대한 학부모의 신뢰 형성 요인과 과정을 신뢰 주체로서의 학부모의 특성, 신뢰 대상으로서의 교사의 특성, 신뢰가 이루어지는 과정과 환경 등을 중심으로 살펴보려고 한다.

첫째, 신뢰 주체의 특성과 배경은 신뢰 형성에 영향을 미칠 수 있다. 신뢰 주체는 타고난 기질과 성장 과정에서의 경험을 통하여 형성된 신뢰 성향(propensity to trust)을 가지고 있으며(Erikson, 1963), 이러한 신뢰 성향은 신뢰 관계에 영향을 준다(원숙연, 2001; 변상준, 2009; Mayer, Davis, & Schoorman, 1995; Tschannen-Moran, 2014). 또한 신뢰 주체는 자신의 과거와 현재의 경험을 바탕으로 신뢰 대상에 대하여 자신만의 형상(形象)을 갖는다. 학부모는 자신의 학창 시절에서의 경험과 자녀의 학교생활에 대한 경험을 바탕으로 교사를 바라보고 판단하게 된다. 특히 그들이 겪은 교사에 대한 강렬한 경험은 신뢰 형성에 강한 영향을 미칠 수 있다.

신뢰 주체는 성별, 연령, 계층, 자녀의 학교 급 등의 다양한 인구 및 사회 배경을 가지고 있다. 신뢰 주체의 성별 그리고 신뢰 주체와 대상의 성별의 일치 여부는 신뢰 형성에 영향을 줄 수 있다(이쌍철, 2012; 박상완, 2017). 학부모가 여성인지 남성인지에 따라 교사에 대한 인식에 차이가 있을 수 있으며, 학부모와 교사의 성별이 일치할 경우 유사성(상대방에 대한 이해와 공감이 높을 가능성)이라는 요인으로 신뢰 형성이 달라질 수 있다. 초·중학교 자녀를 둔 학부모(어머니)의 연령은 개인별로 차이가 있지만 30대에서 40대 초반이 많다. 그들은 신뢰 대상이 되는 교사들의 연령이 자신보다 많을 경우에 부담을 가질 수 있으므로, 신뢰 형성에서 어떻게 작용하는지를 관심을 가질 필요가 있다.

학부모의 학교 교육 참여는 그들의 사회 계층과 관련이 있다(권정숙·임선희, 2009). 자녀 교육에 관심이 높고 시간과 경제적 여유가 있는 학부모가 학교에서 학교 운영위원이나 학부모 임원으로 활동하면서 교사와의 접촉 기회가 많다. 접촉 빈도는 신뢰 형성과 연관이 매우 높으므로 주목할 필요가 있다. 학부모가 교사에 대하여 기대하는 것은 개인마다 큰 차이가 있다. 자녀의 인성이나 교우 관계를 중시하는 학부모가 있는 반면에, 학업 성적이나 능력 개발에 관심이 큰 학부모가 있다. 하지만 자녀의 현재 학년(초등학교의 저학년, 중학년, 고학년)이나 학교 급(초등학교와 중학교)에 따라 학부모의 기대가 다르다면 신뢰 형성에도 영향을 준다.

둘째, 신뢰는 신뢰 주체의 성향이나 배경 등에 의하여 영향을 받지만, 신뢰를 받는 당사자인 신뢰 대상자가 가진 특성에 크게 좌우된다(이숙정, 2008; 박선형, 2016; 김대현·최류미·박화춘, 2018; Mayer, Davis, & Schoorman, 1995; Bryk & Schneider, 2002; Tschannen-Moran, 2014). 신뢰를 받기 위하여 신뢰 대상자가 가진 특성을 신뢰성(trustworthiness)이라고 부르는데, 엄격히 말하면, '신뢰 주체가 신뢰 대상이 하는 말이나 하는 행위를 통하여 신뢰 대상에게 있다고 판단하고 느끼는 것들'이라고 할 수 있다. 즉, 신뢰성은 신뢰 대상이 가진 특성이라기보다는 신뢰 주체가 신뢰 대상이 가졌다고 지각하고 판단하고 느끼는 특성이라는 것이다. 여기서는 학부모가 교사가 가졌다고 지각하고 판단하고 느끼는 특성을 가리킨다.

일반적으로 신뢰성을 구성하는 주요 요인으로 능력(ability), 선한 의지(benevolence), 성실(integrity) 등이 제시된다(Mayer, Davis, & Schoorman, 1995). 능력은 신뢰 대상이 자신에게 주어진 과업을 수행할 수 있는 정도를 가리키며, 과업 수행에 필요한 지식과 기술 등의 기능적 역량과 대인 관계 기술을 의미하는 사회관계적 역량으로 구성된다. 신뢰 대상이 선한 의지를 가졌다는 것은 신뢰 주체에게 이로운 행위를 할 것이며, 손해를 입히지 않으려는 마음가짐을 가리킨다. 성실은 신뢰 대상이 신뢰 주체에게 매사에 정성을 가지고 참되게 말과 행동을 한다는 뜻을 가진다. 신뢰성을 구성하는 요인들은 신뢰 주체와 대상의 관계에 따라 영향력이 달라진다. 가족이나 친구와 같이 친밀하여 빈번하게 개인적인 접촉을 하며 이해관계가 덜한 일차 집단에서는 능력보다는 선한 의지와 성실 등이 신뢰 형성에 큰 영향을 미친다. 반면, 특정한 목적 달성을 위하여 인위적으로 결합되고 이해관계가 게재된 이차 집단의 경우에는 선한 의지와 성실과 마찬가지로 능력도 주요 요인으로 간주된다(Mayer, Davis, & Schoorman, 1995). 신뢰 대상인 교사가 신뢰받을 특성을 가지고 있으면 학부모는 신뢰를 할 가능성이 높다. 여기서는 학부모가 주요하게 생각하는 교사의 신뢰받을 특성과 그것들 간의 상대적인 중요성을 알아보고자 한다.

셋째, 신뢰 주체와 대상 간의 상호 교섭의 기간과 질은 신뢰 형성에서 매우 중요한 요인이다. 신뢰란 한 번에 형성되기보다는 지속적인 상호 작용과 교환 과정을 거치면서 형성된다. 접촉 없이는 신뢰 형성이 어렵지만, 잦은 접촉만을 신뢰 형성의 주된 원인으로 보기는 어렵다. 잦은 접촉이 신뢰로 이끌기도 하지만, 당사자들이 서로를 배척하는 원인이 되기도 한다. 이런 점에서, 신뢰가 형성되기 위해서는 신뢰 주체들 간의 접촉 빈도가 높고 기간이 길어야 할 뿐만 아니라, 접촉의 질이 긍정적이어야 한다(Tschannen-Moran, 2014). 학부모가 학교 임원이나 학교 폭력과 같은 특수한 상황의 당사자가 아니면 교사와 직접 접촉할 기회가 많지 않다. 이런 점에서 교사에 대한 학부모의 신뢰가 형성되는 통로를 추적하여 그 영향력을 살펴볼 필요가 있다. 상담이나 공개 수업과 같은 직접적인 접촉, 자녀가 전하는 말이나 하는 행동을 통한 판단, 학부모들 간의 정보 공유 등이 신뢰 형성과 어떤 연관이 있는지를 규명해야 한다. 또한 학부모와 교사의 상호 작용은 학교의 조직과 문화 그리고 교육제도 등의 영향을 받는다. 학교는 학생의 교육을 목적으로 설립된 기관이지만, 업무의 전문성을 바탕으로 한 전문주의와 업무의 효과적이고 효율적인 운영을 위한 관료주의 성격을 지니고 있으며, 학교 교육에 대한 학부모의 참여에 대해서는 이중적인 태도(적극적인 참여와 불간섭주의)를 드러내며, 「부정 청탁 및 금품 등 수수의 금지에 관한 법률」 등의 시행 등으로 학부모의 접촉을 기피하는 현상을 보이고 있다.

3. 연구 방법

1) 연구 참여자

이 연구에서는 초등학교와 중학교 교사에 대한 학부모의 신뢰 형성 배경과 통로, 학교와 교사의 태도에 대한 지각, 신뢰받는 교사의 특성을 알아보기 위하여 학부모를 연구 참여자로 정하였다. 연구 참여자들은 B광역시의 초등학교와 중학교에 자녀를 보내는 학부모로 모두 자녀의 어머니들이다.

　연구 참여자는 총 29명으로, 초등학교 학부모 18명, 중학교 학부모 3명, 초등학교와 중학교에 동시에 자녀를 보내는 학부모 8명, 전업주부 13명, 직장인 16명이다. 혁신학교에 자녀가 다니는 학부모는 7명, 일반 학교에 자녀가 다니는 학부모는 22명이다. 혁신학교 학부모는 학부모 동아리 활동에 참여하고 있으며, 일반 학교 학부모 중에 일부는 학부모회, 학부모 단체 임원으로 활동한 경험이 있다. 나이는 30대와 40대이며, 면담에 참여한 연구 참여자의 정보를 정리하면 〈표 8-1〉과 같다.

〈표 8-1〉 연구 참여자 정보

성함 (가명)	자녀 학교 급(인원) (다자녀일 경우, 모두 표기)	전업주부/ 직장인	자녀의 혁신학교 재학 경험	개인적 배경
정미숙	초등학교(1)	직장인	있음	학부모회장 경험
김정연	중학교(1), 초등학교(1)	직장인	있음	학부모 네트워크 참여
이화선	초등학교(3)	직장인	있음	학부모 네트워크 참여
김지연	중학교(1), 초등학교(1)	직장인	없음	
조지윤	초등학교(1)	직장인	없음	
윤지원	초등학교(1)	전업주부	없음	학부모회장 경험
정민진	초등학교(2), 유치원(1)	전업주부	없음	
최정미	중학교(1), 초등학교(1)	전업주부	없음	
노수현	초등학교(2)	전업주부	없음	
곽재영	고등학교(1), 초등학교(1)	전업주부	없음	
조민선	고등학교(1), 초등학교(1), 유치원(1)	전업주부	없음	
장유나	중학교(1), 초등학교(1)	직장인	없음	자녀의 전학 경험 있음

최재영	중학교(1)	직장인	없음	자녀의 전학 경험 있음
정혜영	초등학교(2)	직장인	없음	자녀의 전학 경험 있음
이은주	초등학교(1), 유치원(1)	직장인	없음	
이민영	초등학교(1), 유치원(1)	직장인	없음	
조 민	초등학교(1), 유치원(1)	직장인	없음	
박이나	초등학교(1), 유치원(1)	직장인	없음	
김혜리	초등학교(2)	직장인	있음	
박선정	초등학교(2)	직장인	없음	
채윤진	중학교(1), 유치원(1)	직장인	없음	
이다솜	중학교(1), 초등학교(1)	전업주부	없음	
박하늘	중학교(1), 초등학교(1)	전업주부	없음	
정민정	초등학교(2)	전업주부	있음	학부모 동아리 참여 경험
도하윤	초등학교(1)	전업주부	있음	학부모 동아리 참여 경험
채인선	초등학교(2)	전업주부	있음	학부모 동아리 참여 경험
김채언	중학교(1), 초등학교(1)	전업주부	있음	학부모 동아리 참여 경험, 학부모회장 경험
정은선	대학교(1), 고등학교(1), 중학교(1)	직장인	없음	남편이 주로 학교 교육활동 참여
이희진	중학교(1), 초등학교(1)	전업주부	없음	학부모회장, 학교 운영위원회 경험

2) 자료 수집

　　자료 수집은 연구 참여자와의 개별 면담 또는 2명의 집단 면담으로 이루어졌다. 면담은 연구자가 연구의 취지와 의의 그리고 과정을 소개한 후 연구 참여자의 동의를 받고 진행하였다. 면담은 2017년 10월부터 시작하여 2019년 7월까지 약 21개월 동안 이루어졌고, 연구자의 연구실과 참여자가 편안한 가운데 솔직하게 자신의 심중에 있는 말을 할 수 있는 조용한 카페나 음식점에서 이루어졌으며, 일회 면담은 최소 1시간 반에서 최대 2시간 동안 진행되었다.

면담 과정에서 면담 내용은 익명 처리하여 참여자에게 불이익이 생기지 않을 것이라는 점을 알리고 면담 내용을 녹음하였다. 연구자는 면담 과정에서 메모를 통하여 연구 참여자의 어투와 어조, 행위 등을 기록하였다. 면담은 반구조화된 면담 형식을 적용하였으며, 연구 참여자가 심중에 있는 생각을 있는 그대로 표현하도록 참을성 있게 기다리고 당시의 느낌도 상세하게 진술할 것을 요청하였다.

면담을 마무리할 때는 면담 도중에 나왔던 주제 중에서 미처 말하지 못한 것을 다시 말할 기회를 주고, 모호한 표현은 메모하여 연구 참여자의 입장에서 의미를 다시 규명하도록 하였다. 면담을 마친 후에는 늦어도 3일 내에 전사를 하고, 그 속에 연구자의 메모 내용을 삽입하여 전체 흐름과 느낌을 최대한 살리고자 하였다.

21개월이라는 장기간의 면담 과정에서는 초기 면담 내용을 바탕으로 주요 주제를 찾아내고 이를 이후 면담에서 집중해서 자료를 찾는 방식으로 진행하였다. 즉, 초기 몇 차례의 면담이 일종의 '윤곽 잡기'라면 4회기 이후부터 앞선 면담 내용을 토대로 '핵심 주제'를 잡거나, 추가 주제를 설정하거나, 이전 주제 속에서 보완해야 할 내용을 중심으로 면담을 이끌었다.

3) 자료 분석

연구자는 전사된 자료를 Miles와 Huberman, Saldana(2014)의 질적 자료 분석 방법론을 활용하여 분석하였다. 먼저, 면담 자료 전체를 3회 이상 읽고 전체 텍스트 내용의 윤곽과 흐름을 파악하였다. 다음으로, 텍스트의 내용을 적절한 단위로 끊어서 코딩을 하였다. 코딩은 단위별로 평가 코딩을 하였는데, 면담에서 이루어진 학부모의 감정이 잘 드러나도록 인비보 코딩을 병행하였다. 2차 코딩에서는 특정 주제의 반복 여부를 기준으로 중요도를 크기

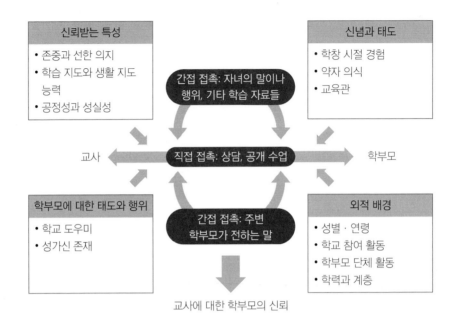

[그림 8-1] 교사에 대한 학부모의 신뢰 요인의 관계

로 표시하였다. 코딩의 내용을 바탕으로 하고 면담 과정에서의 메모와 연구 일지를 토대로 자료의 상호 연관성이 잘 드러날 수 있도록 표와 그림으로 만들었다. 자료를 재분석하고 재해석하여 여러 차례 표와 그림을 수정한 다음, 이를 토대로 결과를 도출하였다. 그 결과, 교사에 대한 학부모의 신뢰는 학부모의 경험과 배경(학교 임원이나 학부모 단체 가입, 자신과 교사의 성별 일치 여부, 자녀가 다니는 학교 급 등)에 영향을 받으며, 학부모에 대한 교사의 태도와 교사와의 접촉 통로(직접 접촉, 자녀의 말과 행위 및 주변의 학부모 집단 등의 간접 접촉), 그리고 교사가 가진 신뢰성의 특성에 의하여 신뢰 형성이 좌우된다는 것을 발견하였다.

4) 연구의 타당도

이 연구에서는 연구자가 사전에 지닌 편견에 휘둘리지 않고 자료가 스스로 자신을 드러낼 수 있도록 최대한 자료에 집중하였다. 자료를 수집하는 면담 과정에서는 연구자의 주관이 개입되지 않도록 질문을 최대한 짧게 하고 연구 참여자가 소신껏, 그리고 있는 그대로 말을 할 수 있도록 하였다. 면담 말미에는 진술한 내용 중 주요한 주제나 단어는 연구 참여자의 입장에서 다시 정리하도록 하고, 연구자와 협의하는 과정을 거쳤다. 자료 분석의 과정에서는 연구 참여자의 어투, 어조, 표정 등을 기록하여 연구 참여자의 언어적 표현과 비언어적 표현을 통합하였다(삼각측정법). 면담 내용뿐만 아니라 면담 중 연구자가 작성한 메모나 면담 일지 등을 포함하여 자료들 간에 상충이 없는지를 확인하는 과정을 따랐다. 자료 분석을 마치고 연구 논문의 초고를 완성한 이후에 면담에 참석한 일부 학부모를 대상으로 결과를 보여 주고 피드백을 받는 과정을 밟았다. 또한 그동안 신뢰 연구를 같이해 왔던 동료 연구자의 검토를 받아서 분석과 해석의 타당성을 높이고자 하였다.

4. 연구 결과

1) 학부모의 신념과 외적 배경

학부모는 신뢰의 주체이고 교사는 신뢰의 대상이 된다. 신뢰의 형성은 우선 신뢰 주체의 신념 및 태도와 외적 배경 요인의 영향을 받는다. 같은 신뢰 대상을 두고도 신뢰 주체가 어떤 성향을 가졌는가에 따라 신뢰 형성과 수준에 차이가 있다. 일반적으로 신뢰 주체의 성향을 중요하게 여기지만(Mayer, Davis, & Schoorman, 1995) 신뢰 성향은 오랫동안의 직접 관찰을 통해서만 파악할 수 있다는 점에서, 여기서는 신뢰 주체가 가진 신념 및 태도와 외적인 배경의 차원에서 살펴보고자 한다. 물론 학부모가 지닌 신념과 태도는 학부모가 속한 외적인 배경과 무관한 것이 아니며 서로 영향을 미친다.

(1) 신념과 태도

학부모는 자신을 가르쳤던 교사나 자신의 자녀를 가르쳤던 교사와의 이전 경험을 통하여 교사에 대한 태도를 형성한다. 면담에 참여한 상당수의 학부모는 자신을 가르쳤던 이전의 교사들이 매우 권위주의적이었던 것으로 기억한다. 학생들을 따뜻하게 대하고 존중하기보다는 복종을 요구하는 억압적이고 두려움의 대상으로 회상했다.

> 그때는 선생님이라는 자체가 무서워서 근처도 안 갔죠. 그때는 선생님이라는 직업 자체가 권위적이었고, 아이의 생각보다는 본인의 생각을 관철하고 주장하고, 교육자보다는 좀 더 공무원에 가깝지 않았을까?　　－윤지원

학부모는 오늘날에도 자녀의 학교생활을 통해서 연배가 높은 저학년 담당의 초등 교사와 중학교 교사에게서 이런 권위주의적 모습이 보인다고 하였다. 하지만 요즘 시대의 권위주의적인 교사란 과거처럼 맹목적으로 학생을 억압하는 교사가 아니라, 자신의 교육관(특히, 초등학교 저학년 교사)에 아이들을 끼워 맞추거나 학교의 규칙(중학교 교사)을 시대 상황에 맞추어 해석하지 않고 고집스럽게 지키려는 교사를 가리킨다.

> 중학교 자체가 아이한테 초점이 맞춰져 있기보다는 학교의 그런 방침? 학교 교육의 틀에. 제가 봤을 때 틀이 유연하지 못하고 조금 고전적인, 보수적인 틀. 아이들은 많은 변화를 했는데, 잘은 모르겠지만 교칙을 준수하면서 교장 선생님이나 선생님들의 기존 가치관들이 많이 투영되다 보니깐 애들하고 마찰이 생기겠죠. 유연하게 대처를 못 하니깐.　　－채인선

이와 함께 학부모는 자녀의 안녕과 안전에 대한 불안감을 호소한다. 교사들이 자녀에게 해를 끼치지 않을까 하는 두려움, 해를 끼치는 행위를 해도 자녀가 방어할 수 없고, 자신도 알 수 없을 뿐만 아니라 이를 제재할 수단이

없다고 생각한다. 학부모는 자녀를 학교에 보낸 것을 두고 스스로 '약자라는 인식'을 갖는다. 자존감이 매우 높은 학부모는 교사를 부담 없이 편하게 대한다고 하지만, 대부분의 학부모는 교사에게 불만이 있어도 이를 지적하거나 교장에게 건의하지 않는다. 그들은 '교사가 뒤끝이 있다'고 생각하고 자녀에게 손해되는 일은 하지 않는다. 자녀에게 문제가 있어도 교사로부터 찍힐 낙인을 두려워하며 교사와 상의하지 않는다.

> 사실 학교를 보내는, 자녀를 보내는 처지에서는 약간 약자인 거 같아요. 보내는 것 자체가. 내가 학부모라는 자체가. 어쨌든 내가 계속 뭔가를 해 줄 수 없고, 선생님과 아이는 만나고, 교사는 성인이고, 아이는 학습자고. 그 자체만으로도 내가 따라다니면서 해 줄 수 없는 이상, 나는 어쨌든 약자일 수밖에 없는 거예요.   – 장유나

이런 까닭으로, 학부모는 교사를 대하는 데 어려움을 느낀다. 학부모는 교사를 만나는 것을 '지은 죄도 없는데 길 가다가 경찰을 만났을 때의 순간적인 두려움' 또는 '결혼하고 난 뒤 왠지 걸음이 무거운 시댁에 가는 불편함'(박이나) 등으로 표현한다. 이것은 권위주의 시대에 교육을 받았던 자신의 경험과 교사와 학생(자녀)의 불평등한 권력관계를 의식하기 있기 때문이다.

학부모의 교육 신념도 교사에 대한 신뢰 형성에 영향을 준다. 학부모와 교사의 교육관이 일치하면 신뢰가 형성되지만, 차이가 있으면 신뢰 관계로 발전하기 어렵다. 일반적으로 학부모는 자녀가 초등학교 저학년이면 대개 자녀의 학교에서의 적응에 관심을 많이 갖고, 학년이 올라갈수록 학습 지도에 대한 교사의 능력과 열의를 신뢰의 기준으로 삼는다. 하지만 학부모의 기대와 달리 초등학교 저학년을 담당하는 교사가 학업 성적이나 습관을 지나치게 강조하거나(정혜영) 고학년 교사가 학습 지도에 소홀히 한다면, 학부모와 교사의 교육관의 차이로 인해 학부모는 교사를 신뢰하지 않게 된다.

일단은 본인의 교육관하고 안 맞으면 좀 선생님을 불신한다고 해야 하나? 내 기준보다는 선생님 기준이 낮을 때. 예를 들어, 학업 문제나 이런 걸 보았을 때 나는 국영수과를 다 공평하게 꾸준히 잘 지도를 하고 평가를 하고 이렇게 해야 한다고 생각하는데, 우리 선생님은 숙제를 별로 안 내 준다, 공부를 안 시킨다 이러면 선생님을 못 믿는 거 같아요. ― 이은주

특히 초등학교 고학년이나 중학교에 자녀를 보내는 학부모는 '조금 잡아 주는 선생님', 다시 말하면 공부를 시키는 역할을 하기를 바란다. 전반적으로 보았을 때, 학부모는 자녀인 학생을 이해하는 인간적인 면모를 가진 교사를 선호하지만, 학년이 올라가면 학습 지도 능력이 뛰어나서 자녀의 학습 습관과 학습 능력을 올려 주기를 원한다. 이러한 기대의 차이는 학교 급에 따라 학부모가 교사를 신뢰하는 관점이 다르다는 것을 나타낸다.

엄마가 생각하는 좋은 선생님이랑 애들이 생각하는 좋은 선생님이랑은 다른 거 같아요. 애들은 자기편에서 재밌게 놀아 주고, 잔소리 안 하고 그런 선생님들이 좋은 선생님이고. 고학년이 될수록 엄마는 조금 잡아 주길 원하는 그런 게 있어요. ― 장유나

학부모는 교사가 나의 자녀에 대하여 나와 같은 관심을 가지고 학교생활에 적응하고 공부하는 습관을 길러 주기를 바란다. 하지만 초등학교 또는 중학교에 다닌 자녀들이 학교에서 교사로부터 관심을 많이 받지 못하거나 원하는 수준의 학습 지도를 받을 기회가 없었거나 친구와의 다툼 등으로 학부모가 생각하기에 본인이(혹은 본인의 자녀가) 불합리한 처분을 받았다고 여길 때, 학교와 교사에 대한 신뢰를 갖기 어렵다. 과거의 부정적인 경험은 잘 없어지지 않아서, 간헐적으로 긍정적인 경험이 있음에도 불구하고 교사에 대한 부정적인 생각이 쉽게 바뀌지 않는다.

내 자식이기 때문에 궁금하고 너무 귀하고 소중하니까 정말 선생님이 자기 자식처럼 내 자식을 위해 주기를 원하는 그런 마음이 숨어 있는 건 아닌가라는 생각을 해요. 그리고 친구들하고 싸웠는데 그런 것을 원만히 해결하지 못했다는 이야기. 주로 선생님에 대한 안 좋은 기억이 남아 있는 엄마들을 보면 그런 관계를 원만히 해결해 주지 못한 거예요. 학습적인 부분에 대해서 잘하고 못하고에 대해 인상이 남는 선생님은 없었던 것 같아요.

– 정혜영

요약하면, 교사에 대한 학부모의 신뢰는 자신의 학창 시절의 경험, 교사와 학생 간의 불균형적인 권력관계에 대한 인식의 정도, 학년이나 학교 급에 따른 교사의 역할에 대한 기대, 자녀의 학교생활 적응에 미치는 교사의 영향력 등의 영향을 받는다고 할 수 있다.

(2) 외적 배경

'학부모의 성별과 연령'이 교사 신뢰에 영향을 미친다. 학부모의 성별과 연령에 따라 신뢰 성향에 차이가 있을 수 있으며, 교사에 대한 역할 기대도 다를 수 있다. 특히 학부모와 교사의 성별이 일치할 때는 사고와 행동 양식에 있어서 공통점이 많으므로 상대방을 편하게 대하고 쉽게 이해할 수 있는 반면에, 성별이 다를 경우 다른 성에 대한 이해 부족으로 오해와 편견이 생긴다. 인터뷰에 응한 학부모들은 젊은 여교사를 높이 평가하고 자녀의 담임이나 교과 담당 교사가 되기를 원했다. 젊은 여교사가 학생들에게 관심이 많고, 교감이 잘 이루어지며, 대화하기 편하다. 또한 알림장이나 가정통신문, 상담이나 공개 수업 등에서 책임감 있는 행동을 많이 한다(박하늘)고 하였다. 반면에 연배가 높은 할머니, 할아버지 교사에 대하여 부정적으로 인식하는 경우가 특히 많았다(곽재영, 조민선). 직접 접촉이 부족한 상태에서 연령이 높다는 이유만으로 부정적인 인식이 널리 퍼지는 것은 문제가 있다.

'학교에서의 학부모의 지위'가 신뢰 형성에 영향을 준다. 학교 운영위원회

위원이거나 학부모회 임원 또는 학교 봉사를 위하여 학교에 자주 가는 학부
모와 일반 학부모 사이에 교사와의 신뢰 형성에 차이를 보인다. 학교 운영위
원회 회의나 학부모회 회의, 바자회, 수학여행 사전 답사, 급식, 시설 안전 등
과 봉사를 하는 학부모들은 교사와의 직접적인 접촉이 많이 생기다 보니 서
로 스스럼없이 대하며 사적인 이야기를 나누게 되어 신뢰 형성의 기회가 만
들어진다.

> 그때 학부모회장이 되었잖아요. 저희는 리더 선생님이 잘해 주셨거든요.
> 개인적인 이야기도 하고, 반말도 하고…. 정말 좋은 일 있으면 껴안고 울기
> 도 하고. 그 수다의 힘이라는 게… 선생님이랑 교육적인 이야기도 했지만
> 살아가는 이야기를 많이 했거든요. 그러니깐 지금은 벽이 많이 허물어졌어
> 요.
>   – 정미숙

반면, 일 년에 두 번 정도 열리는 교사와의 상담이나 공개 수업 등에만 참
여하는 일반 학부모는 교사와 대면할 기회가 없다 보니 직접적인 접촉을 통
하여 신뢰를 형성하기 어려운 환경에 있다.

'학부모 단체에 가입하여 활동하거나 학부모 연수회 참여'가 신뢰 형성에
영향을 준다. 학부모 연수에 참여하는 학부모는 대체로 학부모 단체 회원이
라는 점에서 이러한 활동이 신뢰 형성에 영향을 미치는 것 같다. 학부모 단
체는 학부모가 학교 교육의 주요한 주체라는 것을 강조하며, 자신의 자녀가
아니라 학교 전체를 보고 주요한 결정에 주체적으로 참여할 것을 강조한다.
이러한 활동에 참여 경험이 있는 학부모들은 교사에 대한 신뢰 형성의 근거
를 일반 학부모와 달리하고 있다.

> 예전에는 선생님이 위에 있고, 학부모가 밑에 있는 사람이었다면, 이제는
> 상하 관계가 아니라 수평 관계로 가야 한다고 생각해요. 그러면서 저는 학
> 교에 가면서 되게 생각이 많이 들어요. 제가 제 변화이기도 한데… 나도 학

부모로 같이 성장하고 있다고 생각하거든요.   - 정미숙

오늘날 학부모들은 고등 교육의 기회가 많아진 시대를 살아왔기 때문에 교사만큼이나 교육을 받고 배울 만큼 배웠다(학부모의 학력)고 생각한다. 교육대학이나 사범대학을 진학한 친구와 선후배들이 특별히 인성이 좋은 사람들도 아니었고 양성 기관에서 좋은 인성을 길렀다는 증거도 없는 마당에, 자신의 기대에 못 미치는 교사를 만나면 신뢰를 쌓기 어렵다. 이 과정에서 승진을 위하여 점수를 관리하거나 학교에서 추진하는 사업으로 학습 지도를 소홀히 하는 교사는 더욱 불신을 받는다.

학부모가 사는 '지역 사회의 특성'이 교사에 대한 신뢰에 영향을 미친다. 정확하게 말하면, 지역이 아니라 학부모의 사회 계층적 지위가 교사에 대한 신뢰와 관련이 있다. 학부모의 사회 계층의 지위가 다소 높은 지역에서는 학부모가 자녀들의 학업 성적에 관한 관심도 매우 높은 편이다. 이런 지역에 사는 학부모는 교사에 대한 신뢰의 가장 중요한 잣대를 학습 지도 능력에 두거나, 학교를 믿지 않고 유명 학원에 자녀의 학습을 맡기는 경우가 많다.

연구자: 성적 문제가 있으면 의논하시겠습니까?

최재영: 그것도 안 할 거 같아요. 못 믿어서가 아니라 도대체 얼마나 많은 정보를 줄 수 있을까.

장유나: 과연 우리 아이에 대해서 면밀히 파악하시고 계실까 그런 의문이 들어서…. 오히려 그런 부분은 학원 선생님이랑 얘기를 더 할 수 있을 거 같아요.

요약하면, 교사에 대한 학부모의 신뢰는 학부모의 성별과 연령(교사와의 일치와 유사성 등), 학교 교육에의 참여 정도, 학부모 단체 활동, 학부모의 학력, 학부모의 사회 계층 등의 영향을 받는다고 할 수 있다.

2) 신뢰 형성의 통로

초등학교와 중학교 교사에 대한 학부모의 신뢰는 크게 세 가지 통로를 통하여 이루어진다. 첫째, 교사와의 직접 접촉, 둘째, 자녀가 전하는 말, 셋째, 다른 학부모들의 의견 등이다.

첫째, 학부모가 교사와 직접 접촉하는 것은 상담 기간에 이루어지는 학부모 면담, 공개 수업, 전화 상담, 학교에 대한 봉사 활동 등이다. 학부모 면담은 대개 학기별로 한 번, 일 년에 두 번 이루어진다. 학년 초에 이루어지는 학부모 면담은 대개 교사들이 학교 방침, 교육과정, 자신의 학급 경영관 등을 안내하고, 학부모회 임원 선출과 학부모를 통하여 학생에 대한 정보 수집 방식으로 진행된다. 학부모는 이 시기에 교사가 자기 자녀에게 어떤 영향을 끼칠 수 있는 인물인가를 탐색한다. 학부모 면담은 학교 급이나 학년에 따라서 참석에 차이를 보인다. 초등학교 저학년과 중학교 1학년은 초등학교 고학년이나 중학교 2~3학년에 비하여 상대적으로 참석률이 높다. 이것은 자신의 자녀가 새로운 학교생활에 적응하는 데 관심이 많기 때문이다.

학부모 면담에 참석하지 않는 학부모들도 있다. 학교에서는 상담 주간을 정하여 면담 일정을 가정에 알리지만, 직장에 다니는 관계로 시간을 낼 수 없거나 학교에 대한 믿음이 적다(정미숙)는 등 여러 가지 이유로 학교를 찾지 않는다. 최근에는 교사들도 학부모 면담을 꺼리기 때문에 적극적으로 학교 방문을 권장하지 않으며 전화 면담 등을 원한다.

> 그것도 일 년에 많으면 두 번? 그렇게밖에 없으니깐. 그것도 자율에 맡기니깐. 필요하면 신청하고, 아니면 전화 면담도 가능하고. 직접 대면을 하기보다는 전화 상담을 선호하는 경우가 있는 것 같아요. 요즘에 김영란법도 있긴 하지만…. 빈손으로 가기도 그렇고. 선생님도 좀 걸리시는 게 있나 봐요. 선생님이 뭔가 바라셔서 그런 게 아니라 혹시나 학부모님한테 거절해야 하는 상황이 생길까 봐 전화 상담이 편하다고 하시더라고요.   – 장유나

특히 젊은 교사들은 자신보다 나이가 많은 학부모를 대하는 것을 부담스러워하며, 경력이 많은 교사들도 '운이 나쁘면 구설수에 오른다'(이다솜)는 이유로 전화 면담을 권장하기도 한다.

> 젊은 선생님들은 자기가 좀 어리고 어머니가 40대, 50대인데 상대하기가
> 조금 불편하실 수 있어요. 그래서 전화 상담이나 메일 상담을 권유하시거나
> 안 오시는 것을 선생님들이 권유하기도 해요.　　　　　　　　　－ 윤지원

초등학교와 중학교에서 이루어지는 학부모 면담에 차이가 있다고도 말한다. 초등학교의 경우에 담임 교사가 학부모를 지나치게 의식한 나머지 과잉 친절로 불편함을 호소한 반면, 중학교의 경우에는 학부모 면담을 평상시의 일과처럼 운영하여 실망이 컸다(김채언)고도 말한다. 면담 자료를 준비하지 않고 학부모가 학교를 방문했을 때 비로소 면담실을 개방하는 등 면담을 소홀히 한다는 느낌을 받았다는 것이다.

여하튼 일 년에 두 번, 학기별로 한 번씩 열리는 학부모 면담을 통해서는 학부모와 교사 간에 신뢰를 쌓기 어렵다. 접촉 기회와 접촉 시간이 극도로 제한된 상태에서 이루어지는 만남 속에서 신뢰 관계가 형성될 것 같지는 않다. 특히 직접 대면이 아닌 전화 면담의 경우에는 더욱 그럴 것으로 보인다. 전화 면담도 20분이라는 시간제한이 있고, 대기자가 있다는 사실을 알면서 '숙제하듯이 진행되므로' 학부모가 교사와 깊이 있는 대화를 나누기는 힘든 일이다.

> 초등학교 때는 개별 면담이 많았어요. 학기별로도 하고. 또 저는 학교에
> 자주 갔기 때문에 수시로 자연스럽게 얘기를 해서 편했는데…. 중학교는 첫
> 번째 상담 시간이 길지 않더라고요. 그저께 학교 전체 공개 수업을 하고, 진
> 학 설명회를 하고, 세 시 이십 분부터 상담을 하더라고요. 근데 운영위원회
> 가 세 시부터니깐 상담하지 말라는 거죠. 근데 중학교쯤 되면 학부모가 많

이 안 찾아오니깐 집단 상담을 해요. 그러면 정말 내 아이가 못하는 부분을
까놓고 얘기하기 힘들잖아요.   - 노수현

공개 수업의 역사는 짧지 않지만 최근 들어 그 수가 급증하고 있다. 초등
학교뿐만 아니라 중학교에서도 학부모를 대상으로 공개 수업을 하는 학교가
많이 늘어났다. 학교에서 열리는 공개 수업에 학부모의 참석률은 학교의 방
침이나 문화에 따라 차이가 크다. 배움공동체 학교나 혁신학교 등은 공개 수
업을 더 자주 많이 여는 편이다. 공개 수업에 대한 학부모의 반응은 다양할
수 있지만, 초등학교의 학부모는 자신의 과거 경험이나 이전에 자녀의 공개
수업에 참석한 체험을 바탕으로 공개 수업에서 보이는 교사의 말씨나 행위
가 평소와는 다를 것으로 생각한다. 즉, 학부모들은 공개 수업에서 교사가 학
생들에게 높임말을 쓰고 그들의 의견에 귀를 기울이며 학생 중심의 수업을
하는 경향이 있는데, 이를 '보여 주기식 수업'일 가능성이 크다고 인식한다.

공개 수업을 하기는 하는데 모든 엄마가 그날은 특별히 선생님이 애들한
테 잘해 줄 것이라고 밑바탕에 깔고 있으므로. 원래 그렇게 하는 샘이라도
뭔가 좀 애들한테 지나치게 상냥하게(웃음). 선생님이 엄마들이 있으니깐
그렇게 얘기하지 않겠나 그렇게 생각하는 거 같아요.   - 정민진

학부모는 공개 수업에서 교사의 말과 행위 그리고 학습 지도 방법을 '먼발
치에서 지켜볼 뿐', 수업이 끝난 후 수업의 과정이나 결과를 두고 교사와 협
의하는 일은 없다. 교사와의 직접적인 접촉은 없다는 것이다. 이런 점에서
공개 수업이 학부모와 교사의 신뢰 관계를 형성하는 데 큰 도움이 될 것으
로는 보이지 않는다. 하지만 학부모가 교사를 신뢰하고 있었다면 공개 수업
을 통하여 신뢰를 더욱 굳힐 것이다. 반대로, 애초에 신뢰가 크지 않았던 학
부모가 공개 수업을 통하여 신뢰를 갑자기 가질 가능성은 크지 않다. 이처럼
공개 수업은 그 자체로 교사에 대한 학부모의 신뢰 형성 기회를 제공하지는

않지만, 기존에 가지고 있던 교사에 대한 신뢰를 강화하거나 철회하는 데 영향을 준다.

둘째, 교사에 대한 학부모의 신뢰는 대개 교사에 관하여 자녀가 전하는 말을 기반으로 한다. 학교에서 학교 운영위원이나 학부모회의 임원이 아닌 일반 학부모는 교사들과의 직접적인 접촉 기회가 매우 적어서 이를 토대로 한 신뢰 관계 형성이 어렵다. 학부모는 대개 자녀가 교사를 좋아하고 신뢰하면 이를 쫓는 경향이 있다.

> 선생님의 신뢰는 일단 제일 중요한 건 애의 입을 통해서 나오는 말. 그 말이 선생님에 관해서 판단의 기준을 삼기에 가장 큰 비중을 갖죠. 왜냐하면 선생님을 볼 수도 없을뿐더러, 교실에서 어떻게 가르치고, 얘기할 기회도 없고.
> 　　- 정민진

그런데 학생들은 교사와의 관계를 '자기중심적'으로 생각한다. 자신의 말에 귀를 기울여 주거나 인정하고 칭찬을 하는 교사를 좋아한다. 학년이 올라가면 교사의 학습 지도 능력이나 학생에 관한 관심이나 열정에도 주목한다. 초등학교 저학년보다 고학년이나 중학생은 교사와의 관계를 좀 더 객관적으로 본다. 하지만 교사가 학생 전체에게 보이는 관심과 행위보다는 '자신과 관계되는 직접적인 접촉 경험의 질'이 교사에 관한 판단을 내리는 데 결정적인 역할을 한다.

이 과정에서 학생의 연령과 성별에서 차이가 나타난다. 초등학교 저학년이나 중학년은 교사의 말이나 행위를 학부모에게 세세하게 전달하지 않는다.

> 선생님에 관한 얘기는 잘 안 하죠. 제가 물어보면 무서워, 좋아, 혼내 이렇게 단답형으로 얘기를 하지.
> 　　-김혜리

또한 여학생들은 학교에서 일어난 일을 비교적 소상하게 전달하는 데 비하여, 남학생들은 그렇지 않은 성향이 있다. 특히 사춘기에 들어선 초등학교 고학년과 중학교 남학생의 경우에 교사를 판단할 만한 충분한 정보를 제공하지 않는 경우가 많다. 남학생 자녀를 둔 학부모가 교사에 대하여 신뢰를 하는 일이 더 어려운 것이다.

> 4학년 초반까지는 우리 선생님 무서워, 선생님 친절해, 재밌어 요런 거지. 단순한 인상 정도만 이야기해요. 아이들은. 다른 아이들도 많은 부분 그런 거 같아요. 주변에. 특히 남학생들은 거의 얘기 안 하고요. ─정혜영

또한 학부모는 학생들이 전하는 말뿐만 아니라 집에 가져오는 알림장이나 가정통신문, 교과서의 상태, 학생들에게 주어지는 과제물이나 피드백 등을 통하여 교사를 판단한다. 알림장을 정기적으로 보내고 내용이 명확하며 가정통신문의 내용이 성취 기준의 도달 정도는 물론이고 자녀의 학교생활을 자세히 기록하고 있으면, 교사가 학생에게 관심이 있고 가르치는 일에 열정이 있다고 판단한다. 학부모는 자녀의 교과서 상태를 보면서 교사가 학습 지도를 성실히 하고 있는지를 판단한다. 학기 말이 되었는데 교과서가 여전히 새 책과 같은 모습을 보이면 학부모는 교사의 학습 지도 능력을 의심한다(채윤진). 학생에게 내어 주는 과제물의 양과 수준을 가늠해 보고 피드백을 하는지를 관찰하여 교사가 가르치는 일에 책임감을 가지고 있는지를 판단한다(정은선). 이와 같이 학부모는 자녀의 말과 학교생활을 엿볼 수 있는 간접적인 자료들을 토대로 교사가 신뢰할 만한가를 판단한다.

학부모 중에는 자녀가 교사를 좋아하는 것과 학부모가 교사를 신뢰하는 것은 다르다고 선을 긋기도 한다. 자녀들이 전하는 교사에 대한 정보는 '자기중심적인 경향'이 높으므로 그대로 믿기 어렵다는 것이다. 초등학생들은 학습 지도를 책임 있게 하거나 바른 생활 습관을 길러 주려고 애쓰는 것보다는 재미있고 즐거운 학교생활을 좋아하기도 하여 학생이 좋아하는 교사를

학부모는 신뢰하지 않는 경우도 있다. 또한 좋아하는 것과 신뢰하는 것은 다르며, 좋아하는 것은 감정을 드러내는 것이지만 신뢰는 그에 합당한 기준을 충족했을 때 쓸 수 있다(장유나)는 것이다. 교사가 자녀의 말에 귀를 기울이고 인정하며 칭찬을 하는 것은 자녀를 좋아하고 존중하는 것이지만, 이러한 행위를 다른 모든 학생에게도 똑같이 할 때 비로소 '인간에 대하여 존중하는 마음을 가지고 있다'는 것이다. 교사에 대한 신뢰는 자신의 자녀를 넘어서서 일반인에게도 같은 행동 양식을 보일 때 부여할 수 있다는 것이다.

셋째, 학부모는 다른 학부모들의 의견을 들어 교사를 판단하기도 한다. 특히 직장이나 가정에서의 일로 시간을 내지 못하거나 학교에 대하여 부정적인 생각을 갖고 있거나 기타 여러 가지 사정으로 학교를 방문하지 않는 학부모는 주변 학부모들의 말을 듣고 교사를 판단한다. 이런 경우에 교사에 대하여 긍정적인 정보를 얻고 자녀의 학교생활에 안심하기도 하지만, 부정적인 정보를 통하여 불안해하는 경우도 적지 않다. 특히 특정 교사에 대한 좋지 않은 소문은 빨리 퍼지고 확대 재생산되는 일이 많아서 선입견이나 오해로 교사와의 신뢰 형성에 어려움을 주기도 한다.

> 첫인상이 중요하고. 우리 애 담임 누구더라 하면 주변 엄마들이 그 선생님 좋더라 하면 좋게 인식되는 거죠. 선입견이라는 게 있어서… 이 선생님에 대해 잘 모르니까 '너 어쩔래', 그런 주위 엄마들의 평가가 진짜 영향이 큰 것 같아요. 　　　　　　　　　　　　　　　　　　　　　　　　　　 – 이민영

> 저희 학교는 폐쇄적인 학교라서 부모가 오길 많이 안 바라고. 차단하는 학교거든요. 이런 환경에서는 소문이 소문을 낳고. 엄마들을 모아서 샘하고 일대일 상담을 하게 할 수는 없으니깐…. 옆집 아줌마, 앞집 아줌마들한테 듣는 말이 굳어질 수밖에 없는 거죠. 특별히 좋은 걸 보지를 못했으니깐. 　　　　　　　　　　　　　　　　　　　　　　　　　　　 – 정민진

이에 덧붙여 신문이나 방송에서 학교와 교사의 긍정적인 면을 보도하는 일은 극히 드물고 아무리 사소한 일이라도 교사의 부정이나 비리를 찾아서 알리는 데 초점을 맞추므로, 교사에 대한 사회적 신뢰는 개선되기 어려운 환경에 놓여 있다.

요약하면, 교사에 대한 학부모의 신뢰는 상호 간의 직접적인 접촉의 기회가 별로 없다는 데 근본적인 한계가 있다. 공식적인 상담이나 공개 수업은 신뢰를 쌓기에 횟수도 제한되고 시간적으로도 부족하다. 결국 학부모는 자녀가 전하는 말이나 하는 행위를 보면서, 그리고 학교에서 보내는 각종 자료와 수업 시간에 사용되는 교수·학습 자료를 살피면서 교사에 대한 신뢰 여부를 결정한다.

3) 학부모에 대한 교사의 태도에 대한 지각

교사에 대한 학부모의 신뢰는 교사가 학부모에게 직접 보이는 언행과 관련이 있다. 학부모는 교사가 그들을 어려워하며 때로는 귀찮은 존재로 여긴다고 생각한다. 또한 학부모를 '필요할 때만 부르는 도우미'로 여기며 학생들의 성장을 돕는 파트너로 보지 않는다고 생각한다.

> 학교는 학부모가 도우미로밖에 안 보이는 거죠. 필요할 때만 보이는 거
> 죠. 여전히 학교에서 학부모에 대한 인식이 그런 거 같아요. 도와주는 사람.
> 그 외는 우리가 알아서 할게.   – 정미숙

연령과 경력 여부를 떠나서 교사들은 학부모를 다음과 같은 존재로 여기는 경향이 있는 것 같다. 학부모는 자신의 아이가 대접받고 존중받기를 원한다. 즉, 자기 아이의 입장에서만 말하고 행동한다. 학부모와 대면 과정에서 보이는 사소한 말실수나 행동거지에 문제가 있으면 구설에 오르고, 자신의 아이가 조금이라도 피해를 보았다고 생각하면 가차 없이 관리자나 교육청에

알려서 민원을 제기한다는 것이다. 세상에는 '별난 엄마'가 많고 언제든지 이런 엄마를 만날 가능성이 있으므로, "아이에게 특별한 문제가 없으면 상담을 오지 않아도 된다."(최정미) 또는 보다 노골적으로 "소통은 필요 없다." "긁어서 부스럼 만들기 싫다." "시끄럽다. 오지 마라."(정은선)라는 말을 학부모에게 한다는 것이다.

하지만 학교 운영에서 학부모의 도움이 필요할 때가 있다. 급식, 도서 업무, 교통정리, 시험 감독 등의 보조 요원이 필요할 때면 학부모가 동원된다. 하지만 학교는 중요한 의사 결정에서 학부모를 파트너로 생각하는 것 같지는 않다. 교사들은 자신이 하는 일이 매우 전문적인 일이라고 생각하고 자신의 영역에 남이 침범하는 것을 원하지 않는 것 같다. 더욱이 전문성이 부족한 학부모들의 의견을 들을 필요성을 느끼지 않는다. 특히 중학교 학부모는 교사들이 마음의 문을 잘 열지 않으며 대화의 문턱이 매우 높다고 느낀다. 초등학교와 달리 중학교 교사는 학부모 면담에 성의가 부족하다고 말한다. 중학교 교사는 학부모의 눈치를 보는 일이 적고 있는 그대로 직설적으로 말하는 경우가 많다고 느낀다. 학부모들은 "신경 쓰지 않아도 된다." "시험 감독만 잘 하면 된다."라는 말을 하거나 학부모 면담도 자율에 맡긴 학교의 경우에는 '필요하면 면담을 신청하고 아니면 전화 면담을 했으면 한다'고 말한다.

> 큰애가 1학년이었을 때 제가 아주 바빴어요. 근데 작은아이가 중학교 가면서, 학교 선생님들이랑 자주 만나서 도와드릴 일 없을까요 하니깐 첫 마디가 학부모님들은 신경 안 쓰셔도 됩니다. 시험 때 감독만 해 주시면 됩니다. 딱 느껴졌죠. 문턱이 높네. 그리고 선생님이랑 무슨 이야기를 하려고 하면 너무 깍듯한 거예요. 그만큼 상대방도 예의를 원하는 거잖아요.
>
> – 임정연

교사의 이런 태도는 학교의 오랜 관행과 문화와도 관련이 있다. 오랫동안 학부모는 학생의 성장을 함께 돕는 파트너가 아니라 자녀의 일로 교사를 성가시게 하는 귀찮은 존재로 생각되었다(김장중, 2017). 학교 운영위원회 위원과 학부모회 임원들에게도 학교 일을 돕는 도우미의 역할을 기대할 뿐 학교 운영의 공동 주체라는 인식은 박약하였다(김숙희·정성수, 2016). 사회에서 참여 민주주의가 강조되고 숙의를 통한 민주적인 해결 방식으로 사회 운영 체제가 바뀌었지만, 학부모에 대한 학교와 교사의 생각은 크게 달라지지 않았다. 특히 김영란법(「부정 청탁 및 금품 등 수수의 금지에 관한 법률」)의 시행으로 청탁 등이 큰 사회 문제가 되자, 부정과 비리를 근절한다는 명목으로 학교는 대문을 걸어 잠그고 학부모의 출입을 사실상 통제하고 있다. 학교 폭력과 학생 인권 문제가 사회의 관심 이슈가 되자, 관리자와 교사는 자칫 본인이 문제 처리 과정에서 희생자가 될 가능성을 두려워하게 되었다. 이런 상황이 학부모와 교사 간에 신뢰를 쌓는 데 방해가 되고 있다.

학교장의 학부모에 대한 태도도 학부모와 교사 사이의 신뢰 형성에 영향을 준다. 학교에는 학생들의 성장과 복지를 위하여 자신을 헌신하는 교장들이 있다. 일반 학부모는 교장을 대면할 기회가 적지만 학교 운영위원회 위원이나 학부모회의 임원들은 가까운 거리에서 교장의 언행을 지켜보며 업무 스타일을 파악한다. 교장은 학부모들이 일반적으로 제기하는 학생의 안전, 학교 급식, 학교 폭력 등의 민원들을 해결하고자 한다. 학부모들의 제안에 귀를 기울이고 방침을 세워 문제를 해결한다. 하지만 해결 과정에 학부모를 공동 주체로 인정하고 적극적으로 참여할 기회를 주는가는 알 수 없다. 또한 학부모가 제기한 민원 중에서 학습 지도와 관련된 문제는 교장 선에서도 해결이 쉽지 않다. 초등학교와 달리 중등학교는 교장도 특정 교과 출신이기에 자신의 교과를 벗어나면 다른 교과 지도의 전문적 영역에 간섭이 어렵다. 이에 덧붙여 학부모로 인하여 생기는 민원을 귀찮게 생각하여 "조용히 지내고 싶다." "골치가 아프다." "안 하고 싶다, 오지 않았으면 좋겠다."라고 말하는 교장도 있다(정은선). 학부모는 이러한 일이 주로 퇴임을 앞둔 교장들에게서 많이 나타난다고 한다. 다시 말하면, 교장이 학부모를 성가신 존재로 생각하면 교사들 또한 학부모를 도움이 필요할 때만 나타나고, 그 이외는 사라져

주었으면 하는 귀찮은 존재로 여기게 된다.

> 우리 교장 선생님이 이래저래 해서 학교를 잘 꾸려 가기 위해서 학부모님
> 들의 도움이 정말 필요하다고 해야 하는데, '골치가 아픕니다.'라고 하는 것
> 부터가. 이래저래 바뀌었으니까 학부모들 다 의견을 조율해서 학교 정책을
> 바꿔 가고, 교육청에서도 이런 지시가 내려왔다고 설명을 해야 하는데… '정
> 말 골치가 아프다, 정말 안 하고 싶다, 안 왔으면 좋겠다'고 하니.　－이희진

요약하면, 교사나 학교는 학부모를 학생의 성장을 돕는 협력 파트너이며
학교 운영의 공동 주체자로 보기보다는, 상대하기 어렵거나 성가시거나 필
요할 때만 나타나 주는 도우미로 생각하는 경향이 높다. 특히 학교 폭력과
같은 일로 민원 제기가 많아지고, 「부정 청탁 및 금품 등 수수의 금지에 관한
법률」의 시행으로 구설수에 휘말리는 것에 대한 부담이 높아서 교사와 학부
모 간의 접촉은 더욱 줄어들었다. 교사의 인식과 이러한 바깥 사정의 변화로
인한 접촉 기회의 제한은 교사에 대한 학부모의 신뢰 형성에 큰 영향을 미
친다.

4) 신뢰받는 교사의 특성

학교 안과 밖에서의 신뢰 연구는 신뢰 대상자의 신뢰받을 특성을 밝히는
데 많은 초점이 있었다. Mayer 등(1995)은 능력, 선한 의지, 성실 등을 제시
하고, Bryk과 Schneider(2002)는 존중, 능력, 호의, 성실 등을 제안했으며,
Tschannen-Moran(2014)은 호의, 정직, 개방성, 일관성, 능력 등의 다섯 요
인을 제시하였다. 국내에서는 이숙정(2008)이 능력, 개방성, 믿음, 친밀감, 돌
봄, 성실성, 존중, 협동을 제안하고, 이쌍철(2013)은 능력, 호의성, 진실성 등
을 제시하였다.

이 연구에 참여한 한국의 대다수 학부모는 선한 의지를 가지고 아이들을

존중하는 교사, 생활 지도에서 능력과 책임감을 가진 교사, 개방적이고 아이들을 편애하지 않는 공정한 교사 그리고 학습 지도를 성실하게 하는 교사를 신뢰한다고 하였다.

학부모는 아이들을 파악하고 그들의 말에 귀를 기울이며, 눈높이를 맞추어 아이들의 생각을 인정해 주는 교사를 신뢰한다. 아이들을 보호하고 열의를 가지고 헌신하는 교사를 신뢰한다. 즉, 아이들에게 선한 의지를 가지고 존중하는 교사를 신뢰한다.

> 저는 아이의 선생님 중 두 분에게 신뢰가 갔어요. 저는 초등학교 3학년, 6학년 선생님. 제가 생각했을 때 이 선생님들은 애들이랑 소통을 많이 해 줬어요. 애들 얘기를 많이 들어 주고, 아이들 관점에서 뭔가… 선생님이 지시하고 가르치는 게 아니고 아이들 의견을 수용해 주는 선생님이셨고. 그리고 6학년 때 선생님은 따끈따끈한 선생님이시라 본인이 신념이 강해서 그런 걸수도 있는데, 자기가 정말 먼저 다가온다는 모습을 자주 보였어요. 그래서 3학년 때 선생님은 아빠 같다고 했어요.
>
> – 최재영

학부모는 아이들의 교우 관계에 관심을 가지고 적절한 방법으로 지도하는 교사를 좋아한다. 아이의 단점을 장점으로 변화시키고 아이들 간의 다툼을 현명하게 해결하는 교사를 신뢰한다. 생활 지도에 역량을 가진 교사를 신뢰하는 것이다. 또한 아이들의 바른 습관 형성을 위하여 모든 일에 정성을 다하고 참되게, 그리고 일관성 있게 행위를 하는 성실한 교사를 신뢰한다.

> 애들이 다투면 서로 사과하라고 하는 게 맞는데, 이게 조금…. 물론 한 아이가 잘못했더라도 그 아이를 완전 나쁜 아이로 만들어 버리는 경우가 있거든요…. 그런데 그렇지 않은 분은 애들이 그런 경우 바로 혼내지 않고 왜 처음부터 그랬는지 알아보고 친구끼리 잘 얘기해서 해결하는 선생님도 계시더라고요…. 그런 걸 보면, 그런 분을 보면 '정말 선생님이시구나.'라는 생각

을 하죠. 그런데 그걸 아이들이 보죠. 그러면 아이들도 다툼이 일어났을 때 해결하는 것을 보고 배우게 되고, 이게 엄마들 귀에 들어가면 '선생님이 참 현명하시구나.' 하죠.   – 노수현

선생님께서 말씀하시는 부분이 일관성 있게 간다고 보면 우리 아이들도, 저희도 바라볼 때 우리 선생님이 말씀대로 하시네, 이렇게 되면 신뢰가 되고. 나는 이렇게 이런 식으로 교육을 할 것이다, 분명히 어필을 한번 해 주시거든요. 그렇게 맞게 해 주시면 아이들도 따라갈 것이고. 부모님들도 따라가실 텐데. 이 부분이 조금 안 되시면 신뢰가 깨지고.   – 최정미

학부모는 학교 방침이나 행사, 학급의 운영 방침과 학습 진행 과정 등의 정보와 자신이 모르는 자녀에 관한 일을 알려 주고, 아이들을 편애하지 않는 교사를 좋아한다. 즉, 개방적이고 공정한 교사를 신뢰한다. 이와 함께 학부모는 권위를 내려놓고 학부모와 동등한 입장에서 일하는 교사를 신뢰한다.

저랑 의사소통은 따로 많이 하지는 않으셨는데…. 굉장히 공정해지려고 노력하셨던 거 같아요. 제가 느끼기에는, 공부를 잣대로 삼지 않고 각자 가진 능력을 인정해 주시면서 또 반의 화합을 이끌려고 해서…. 제가 받은 느낌은 작년 5학년 선생님은 특별히 누구를 예뻐한다든가, 공부 잘하는 걸 선호한다든가 이런 느낌이 전혀 없으면서도 각자 가진 장점을 학생들에게 응원해 주시고 있거나 그런 걸 느꼈고요.   – 정혜영

그 아이의 엄마가 몰랐던 매력을 딱 꼬집어 주는 선생님이 계셨어요. 그 선생님이 뭐라고 했냐면, 진짜 아이 키우기 힘드시죠? 힘들 거예요. 근데 그 아이는 정말 매력적인 아이라고. 그냥 내버려 두라고. 엄마가 어떻게 하려고 하지 말고, 그냥 두라고…. 그러면 그 아이는 스스로 일어날 거라고. 그렇게 얘기를 하는데. 저는 그 선생님을 신뢰하고 있거든요. 그 선생님이 그렇다고

> 우리 아이만 예뻐한 게 아니고, 그 반 아이들 개개인의 특성을 너무 파악을 잘해요. 아이들을 어떤 관점으로 보느냐에 따라서 그런 특성들을 상담할 때 엄마한테 얘기를 해 주더라고요. 그건 신뢰라고 생각해요.　　　　－ 채인선

이 외에 학부모는 아이들에게 개별 상담을 하고 학습 지도에서 책임감이 있는 교사를 신뢰한다. 수업 준비를 철저히 하고 열성을 가지고 지도하며 평가에서도 적절한 피드백을 적시에 주는 교사를 신뢰한다.

이와 같이, 학부모가 교사를 신뢰할 때는 교사가 다음과 같은 특성(신뢰성)을 가지고 있다고 지각하기 때문이다. '학생을 인격적으로 존중하는 것' '생활 지도에서 문제 해결 능력을 발휘하는 것' '학습 지도와 생활 지도에서 자신의 업무에 열의를 갖고 성실하게 수행하는 것' '학생을 공정하게 대하는 것' '학부모를 교육의 파트너로 인정하고 대하는 것' 등이다. 면담 내용을 엄밀히 분석하면, 이 중에서 학부모가 가장 중요하게 생각하는 것은 학생을 선한 의지를 가지고 존중하는 것이었으며, 그다음으로 학습 지도와 생활 지도에서의 성실성(책임감), 마지막으로 학습 지도 능력을 꼽았다. 생활 지도와 학습 지도에서의 언행의 일치와 일관성은 성실성 등에 포함된다고 본다. 마지막으로, 학부모에 대한 교사의 존중을 신뢰의 중요한 요인으로 언급한 학부모가 적은 것은 교사와의 직접적인 접촉 기회가 많지 않았기 때문으로 추측된다.

5. 논의 및 결론

학부모는 학교 교육의 공동 주체로서 자리매김되어야 한다. 학부모와 교사가 같은 방향을 향하고 손을 맞잡을 때 학생의 성장이 가능하다. 학부모가 교사를 신뢰하지 못하면 자녀의 학교생활을 불안한 심정으로 지켜보며, 자녀의 성장을 돕는 데 교사와 협력할 수 없다. 학부모가 교사를 신뢰하는 것

은 학부모 본인을 위해서뿐만 아니라 학생의 성장이라는 교육의 본질적 목적을 달성하는 데 중요한 기반이 된다.

이 연구는 초등학교와 중학교에 다니는 자녀를 둔 학부모들이 교사에 대하여 신뢰 관계를 어떻게 형성하는지를 알아보는 데 목적을 두었다. 이를 위하여 29명의 초·중학교 학부모를 21개월에 걸쳐서 면담하고, 그 결과를 심층적으로 분석하고 해석하였다. 연구 결과는 교사에 대한 학부모의 신뢰 기반(신념과 그들의 배경), 신뢰 형성의 통로, 학부모에 대한 교사의 인식과 태도, 신뢰받는 교사의 특성 등의 네 가지 주제로 정리하였다.

교사에 대한 학부모의 신뢰는 학부모 자신의 학창 시절 경험과 자녀를 학교에 보낸 이후에 갖게 된 경험에 영향을 크게 받는다. 학부모가 교사를 부담스럽게 생각하는 것은 과거 교사와 학생의 지배-복종의 관계가 그들의 무의식 속에 남아 있기 때문이다. 또한 자신의 자녀에게 해를 끼치지 않을까 하는 두려움, 해를 끼치는 행위를 해도 자녀가 방어를 할 수 없고, 자신도 이를 제재할 수단이 없다는 무력감이 원인이 된다.

또한 교사에 대한 학부모의 신뢰는 학부모의 성별과 연령, 학교에서의 지위(학교 운영위원이나 학부모회 임원 등), 학부모 단체에서의 활동, 학부모의 사회 계층 특성 등의 영향을 받는다. 학부모와 교사의 성별이 일치하고 연령에 차이가 많지 않으면 유사성으로 인하여 신뢰의 관계로 발전할 가능성이 높고, 학교에서의 지위는 교사들과의 직접적이고 잦은 만남을 가능하게 하여 신뢰 형성을 촉진하며, 학부모 단체에서의 활동은 학부모의 교육관 형성에 영향을 미치고, 학부모의 사회 계층에 따른 교사에 대한 기대는 신뢰받는 교사의 주요 특성과 우선순위에 영향을 준다.

교사에 대한 학부모의 신뢰는 교사와의 직접적인 접촉, 자녀가 전하는 말이나 행위, 주변 학부모들의 평가를 통해서 형성된다. 일반 학부모는 교사와의 상담, 공개 수업, 전화 상담 등을 통하여 접촉할 수는 있으나, 대면 상담이나 전화 상담의 경우에는 자녀 문제를 놓고 개별적으로 깊이 있게 대화를 나눌 기회가 없고, 공개 수업은 먼발치에서 수업을 지켜볼 뿐 교사와의 협의가 없다는 점에서, 신뢰 형성의 주요한 기회로 보기 어렵다.

학부모는 자녀가 전하는 말이나 교사의 영향을 받아서 변하는 행동을 보면서 교사에 대한 신뢰 여부를 결정한다. 학부모는 자녀가 교사를 좋아하면 신뢰하게 되지만, 단순히 아이들과 재미있고 즐겁게 지내는 것을 넘어서서 자녀를 인격적으로 대우하고 학습이나 생활 지도 능력이 있어야 본격적인 의미에서 신뢰를 하게 된다.

학부모는 주변 학부모의 평가에 의지하여 교사를 판단하기도 한다. 대개 학부모가 전하는 교사에 대한 평가는 부정적인 내용이 많고, 이런 경우에 학부모는 교사에게 큰 기대를 하지 않게 된다. 반면에 긍정적인 평가를 들었다고 해서 곧바로 교사를 신뢰하는 것은 아니며, 직접적인 접촉이나 자신과 자녀의 말을 통하여 확인하는 자료로 활용한다.

교사에 대한 학부모의 신뢰는 학부모를 대하는 교사의 태도와 관련이 있다. 교사들은 학부모를 학교 교육의 공동 주체로 아이들의 성장을 돕는 동반자로 여기기보다는, 학교 행사에 필요한 도우미 또는 자녀의 이익만 앞세우고 교사를 성가시게 하는 귀찮은 존재로 본다. 학교 폭력 문제나 민원 제기로 어려움을 겪은 교사나, 이를 옆에서 지켜보거나 건너서 들은 교사들은 '별난' 학부모를 만날 것을 두려워한다. 이런 까닭으로, 교사는 할 수만 있다면 학부모와의 직접적인 접촉을 피한다. 개인 차이가 많기는 하지만, 학교 관리자도 학부모를 사소한 일에도 민원을 제기하는 불편한 존재로 여기며 학부모의 학교 출입을 달가워하지 않는다. 일명 김영란법의 시행 이후에는 학교와 교사들이 청탁이나 금품 수수 사건에 휘말릴 것을 두려워하여 학부모와의 직접 접촉을 더욱 꺼린다. 사람 사이의 신뢰는 대체로 당사자 간의 직접적인 접촉을 통하여 이루어진다는 점에서 교사가 학부모에게 보이는 이러한 태도나 행동은 신뢰 형성에 방해가 된다.

학교에는 학부모의 신뢰를 받는 교사와 신뢰를 받지 못하는 교사가 있다. 학부모가 신뢰하는 교사는 아이들을 존중하고 그들의 단점을 장점으로 만들려는 선한 의지를 가지며, 학습 지도와 생활 지도 능력이 있고, 아이들을 공정하게 대하며 주어진 역할을 성실하게 수행하며, 학부모를 교육 파트너로 생각하는 사람이다. 이 연구에서 학부모는 교사의 신뢰성 중에서 학생을 존중하고 사랑하는 선한 의지를 가장 중요하게 여기고, 학습 지도와 생활 지도에서의 성실성, 마지막으로 지도 능력을 꼽았다. 이와 같은 연구 결과를 바탕으로 신뢰의 일반 이론과 우리 교육에 주는 시사점을 제시하면 다음과 같다.

첫째, 신뢰 이론에 따르면 신뢰란 '신뢰의 대상이 나에게 선한 의지를 가지고 행동할 것이라는 긍정적인 기대를 바탕으로 손해를 입을 가능성을 수용하는 상태'(원숙연, 2001; Tschannen-Moran, 2014)를 가리킨다. 하지만 교사에 대한 학부모의 신뢰는 신뢰 대상에 대한 긍정적인 기대는 갖지만, 손해를 입을 가능성을 포함하지는 않는다. 또한 신뢰는 '신뢰 주체의 성향의 영향을 받는다'(이숙정, 2008; Mayer, Davis, & Schoorman, 1995)는 것인데. 교사에 대한 신뢰가 학부모의 개인적 성향과 무관한 것은 아니지만, 성향보다는 과거의 경험과 인구 사회학적 배경, 상호 기대 등의 영향을 더욱 크게 받는다는 점에서, 교사에 대한 학부모의 신뢰를 연구할 때 신뢰의 일반 이론을 그대로 적용하는 것은 한계가 있다고 생각한다.

둘째, 학교에서의 신뢰에 관한 연구는 신뢰 대상자의 신뢰 특성(신뢰성)이 신뢰 형성의 중요한 기반이 되기는 하지만, 그것만으로 신뢰 형성을 설명하는 것은 한계가 있다. 이 연구는 신뢰 주체의 특성과 신뢰 대상의 특성뿐만 아니라, 신뢰가 이루어지는 통로와 걸림돌을 함께 밝혀냈다는 점에서 의의가 있다. 교사에 대한 학부모의 신뢰는 학부모의 특성, 교사의 특성, 신뢰 형성의 통로, 학부모에 대한 교사 언행과 태도 등의 다양한 요인이 복합적으로 얽힌 가운데 형성되는 것이다.

셋째, 교사에 대한 학부모의 신뢰는 직접적인 접촉보다는 대개 자녀를 통한 간접적인 접촉으로 이루어진다. 간접적인 접촉은 쌍방 간의 상호 작용이 없다는 점에서, 협력으로 연결되는 '깊은 신뢰'로 발전하기 어렵다. 이런 점에서 교사에 대한 학부모의 신뢰가 제대로 형성되려면 '교사와 학부모 간의 직접적인 접촉의 면이 확대'되어야 한다. 상담의 횟수를 늘릴 뿐만 아니라, 형식적인 상담이 아니라 학생의 성장을 돕거나 학교의 발전을 위하여 서로 돕는 실질적인 협의 과정이 있어야 한다. 이런 점에서 학교나 교사는 학부모를 행사 도우미나 성가신 존재가 아니라 학교 교육의 공동 주체로 받아들이고, 학부모 역시 학교 교육의 한 주체라는 자각과 실천이 따라야 한다.

넷째, 학교에서는 '학부모를 오지 말라'고 하고, 교육청에서는 '학부모와 함께 학교를 이끌어 나가야 한다'고 한다. 학교와 교육청에서 서로 충돌되는 방침을 내놓고 있는 것이다. 학교에서 학부모는 아직 교육의 공동 주체가 아니라 도우미나 성가신 존재로 간주된다. 교사들의 인식과 언행에 변화가 없으면 학부모는 교사를 신뢰하기 어렵다. 교사와 학부모 간의 신뢰 형성을 위하여 학부모를 교육의 공동 주체로 받아들이고 거기에 걸맞은 행위를 할 수 있도록 '교사 연수를 혁신'할 필요가 있다. 또한 학부모들이 자신의 학교생활의 경험을 통하여 교사를 두려워하거나 다가서기 어려운 존재로 인식하는 경우가 많으므로, 학부모 연수에서는 교사와 학부모, 교사와 학생의 올바른 관계 설정에 관한 내용이 포함될 필요가 있다.

Santiago 등(2016)은 교사에 대한 학부모의 신뢰가 높으면 학생들이 사회적으로 적응을 잘하고 친구들 간의 문제가 감소하며, 학부모가 학교 교육에 적극적으로 참여한다고 하였다. 교사에 대한 학부모의 신뢰는 저절로 생기지 않는다. 학교 교육에 대한 참여도 신뢰가 있을 때 비로소 가능하다. 따라서 교사에 대한 학부모의 신뢰를 높이기 위해서는 학부모의 특성과 배경, 교사가 가진 특성, 학부모와 교사와의 상호 작용의 기회와 질 등에 관하여 더욱 면밀한 연구가 필요하다. 아울러 학교 조직과 문화, 교육 정책과 제도, 언론 등의 외적 환경의 영향력도 아울러 살펴야 할 것이다.

제 9 장
중등학교 교사에 대한 학부모의 신뢰[*]

1. 서론

교육 기관, 교육 제도 및 정책, 교원 등 공교육 전반에 대한 학부모의 신뢰가 저하되고 있다는 지적은 지속적으로 제기되고 있다. 과거에는 교육이 정부와 교원의 책임으로만 인식되었기 때문에 학부모는 교권을 침해하거나 학교에 갈등을 유발하는 문제 집단으로 여겨져 왔다(이종각, 2014; Terrence & Peterson, 2016: 211). 학부모에 대한 부정적인 인식은 그들을 학교 교육에 있어 수동적인 존재로 머물게 했지만, 최근에는 학부모를 학생의 건강한 발달과 교육공동체의 발전을 위한 핵심적인 파트너로 바라봄으로써(이종각, 2014; Brown, 1990) 학부모를 포함한 학교 구성원 간 상호 신뢰가 강조되고 있다.

신뢰(信賴)는 굳게 믿고 의지함을 뜻한다. 신뢰는 일상생활에서뿐만 아니라 철학, 경제학, 경영학 등 다양한 학문 영역에서 논의되어 왔다. 철학적 관점에서는 신뢰를 인간으로서 어떻게 살아가야 하는가에 대한 본능적이고

---

* 출처: 김대현 · 최류미 · 박화춘(2018). 중등학교 교사에 대한 학부모의 신뢰 척도 개발. 교육 혁신 연구, 28(4), 73-99.

공유된 신념 체계로 보고 있으며, 경제학에서는 신뢰를 상대방을 신뢰함으로써 발생하는 자신의 이익을 극대화하는 계산 과정으로 보고 있다(이쌍철, 2013). 또한 경영학에서는 조직 구성원의 개인 및 조직에 대한 신뢰를 조직 구성원의 태도와 조직 효과성에 긍정적 영향을 미치는 중요한 요인으로 바라본다(문형구·최병권·내은영, 2011).

일반 조직에서의 신뢰를 연구한 Mayer와 Davis, Schoorman(1995)은 신뢰를 "피신뢰자가 신뢰자에게 중요한 행동을 수행할 것이라는 기대를 바탕으로 자신을 기꺼이 취약한 상태에 두려는 자발적 의지"라고 정의하였다. 학교에서의 신뢰를 선구적으로 연구한 Hoy와 Tschannen-Moran(1999)은 신뢰를 "상대방이 호의적이고, 정직하고, 개방적이면서 믿을 만하고 유능할 것이라는 확신을 가지고 상대방에게 취약해지려는 의지"라 보았다. 국내 학교 실정에 맞게 신뢰 연구를 체계적으로 수행한 이숙정(2006)은 신뢰를 "학교공동체 구성원들이 상대방의 인지적·정서적·도덕적 특성을 기반으로 서로 의심 없이 긍정적인 관계를 형성 및 유지하려는 태도"라고 개념화하였다.

신뢰가 교육의 효과성과 구성원의 만족도에 적지 않은 영향을 미친다는 점에서 신뢰 수준을 측정할 수 있는 척도 개발 연구는 지속적으로 수행되어 왔다. 지금까지의 학교 구성원 간 신뢰 척도들은 주로 신뢰 대상자가 지닌 개방성, 능력, 정직성, 성실성, 호의, 돌봄 등을 토대로 신뢰 척도를 개발한 경우가 많았다. 그 예로, 박화춘과 권다남, 한새롬, 김대현(2018), 이쌍철(2013), 이숙정과 한정신(2004), 이숙정(2005), Adams와 Christenson(1998), Hoy와 Tschannen-Moran(1999)의 연구가 있다. 하지만 기존 척도들은 다음과 같은 제한점이 있다.

첫째, 주로 교사를 신뢰자로 설정했기 때문에 교사 외에 다른 구성원의 입장에서 상대방에 대한 신뢰를 측정할 수 있는 척도는 소수에 불과하다. 특히 학부모의 입장에서 교사 신뢰를 측정하는 척도는 Adams와 Christenson(1998)의 연구물 외에는 찾아보기 힘들다. 둘째, 대부분의 선행 연구에서는 무엇을 보고 상대방을 신뢰하는지, 즉 신뢰성 요인만을 고려한 신뢰 척도가 다수를 차지하였다. 하지만 신뢰는 상대방에 대한 믿음을 판단하는 것에만 그치는 것이 아니라 신뢰를 통해 본인이 어떤 행동, 인식, 태도 등을 취할 수 있는지가 함께 고려될 필요가 있다. 셋째, 기존 신뢰 척도는 외국에서 개발된 문항을 참고하거나 학교 외 조직(공공 기관, 기업 등)에서의 신뢰를 측정하는 문항을 참고하는 경우가 많았다. 이는 한국 사회가 가진 고유한 문화적 특성, 학교 급, 학부모-교사 관계 특성을 담아내기에 한계를 지니므로, 한국형 부모-교사 신뢰 척도가 개발될 필요가 있다.

따라서 이 연구에서는 한국 중등학교 교사에 대한 학부모의 신뢰 척도를 개발하고, 신뢰도를 검증하고자 한다. 연구 문제는 다음과 같다.

첫째, 중등학교 교사에 대한 학부모의 신뢰 척도의 구성 요인은 어떠한가?

둘째, 중등학교 교사에 대한 학부모의 신뢰 척도의 신뢰도와 타당도는 어떠한가?

2. 이론적 배경

신뢰의 개념과 구성 요인은 연구자에 따라 다양하게 규정되어 왔다. Mayer와 Davis, Schoorman(1995)은 신뢰를 "피신뢰자가 신뢰자에게 중요한 행동을 수행할 것이라는 기대를 바탕으로 자신을 기꺼이 취약한 상태에 두려는 자발적 의지"라고 정의하였다. 신뢰에 영향을 미치는 요인으로 능력, 호의성, 진실성을 들고 있다. 능력이란 특정한 영역 내에서 타인에게 영향력을 행사할 수 있는 기술, 역량, 특성을 의미한다. 호의성은 피신뢰자가 자신의 이해와는 상관없이 신뢰자에게 선의를 베풀 것이라는 기대 정도를 말하며, 진실성은 신뢰자가 수용할 수 있는 일련의 원칙들을 피신뢰자가 지킬 것이라는 인식을 뜻한다. 대인 간 신뢰를 연구한 McAllister(1995)는 신뢰를 "상대방의 말, 행동, 결정에 근거하여 개인이 확신을 가지고 기꺼이 행동하려는 정도"라고 보고 있다. 그는 신뢰를 인지 기반 신뢰(cognitive-based trust)와 정서 기반 신뢰(affective-based trust)로 구분하였다. 기존에는 신뢰 대상자의 유능함, 책임감 요소를 중심으로 한 인지 기반 신뢰에 주목했다면, 시간이 지나면서 개인과 개인 사이의 감정적인 연대가 신뢰를 형성하는 근거가 될 수 있음을 밝혀냈다.

타 조직, 기관과 구분되는 학교에서의 신뢰 연구를 수행한 Hoy와 Tschannen-Moran(1999)은 신뢰를 "상대방이 호의적이고, 정직하고, 개방적이면서 믿을만하고 유능할 것이라는 확신을 가지고 상대방에게 취약해지려는 의지"라 보고 있다. 그들은 특정 사람이나 집단의 행복에 관심을 가지고 돌보려는 '호의성', 개인의 말과 행동이 일치하는 '정직성', 타인에게 정보 · 영향력 · 통제 권한 등을 공유하는 '개방성', 자신에게 기대되는 바를 지속적으로 잘 수행해 줄 것이라는 '믿음직함', 기대한 만큼의 업무를 수행할 수 있는 능력인 '역량'을 신뢰의 구성 요인으로 보고 있다. Bryk과 Schneider(2002)는 학교 구성원 간 신뢰를 '관계적 신뢰'라 보고, 이는 서로에게 가지고 있는 기대와 의무가 합치될 때 지속될 수 있다고 보았다. 그리고 관계적 신뢰는 존경, 담당 역할에서의 유능함, 타인에 대한 존중, 성실성을 근거로 형성된다는 것을 밝혀냈다.

한국 청소년의 교사 신뢰를 연구한 이숙정과 한정신(2004)은 신뢰 구성 요인을 능력, 개방성, 성실성, 돌봄, 믿음, 친밀감 요인으로 보았다. 능력이란 구체적인 특정 영역에 대한 전문적 지식과 기술의 소유를 뜻하며, 개방성은 상대방의 관점과 의견을 고려하여 자신의 관점과 의견을 검토 · 수정하려는 태도를 말한다. 성실성이란 자신이 속한 공동체의 도덕적 규칙이나 규범을 준수하려는 태도를 말하며, 돌봄이란 상대방의 관심과 관점을 존중하고 책임감을 갖는 것을 말한다. 믿음이란 상대방이 특정 상황에서 어떻게 행동할 것인지를 예측함으로써 그의 말과 행동에 의지하는 태도를 말하며, 친밀감이란 상대방과 정서적 결속감과 연대감을 형성함으로써 물리적 · 정신적 거리가 가깝다는 느낌을 뜻한다.

이를 정리하면, 학교에서의 신뢰 연구는 학교라는 맥락과 구성원 간 관계를 고려한 관계적 신뢰에서 접근되어 왔다(김대현·최류미, 2016; 박화춘·권다남·한새롬·김대현, 2018; 이숙정, 2006; 최류미·김대현, 2016; Bryk & Schneider, 2002; Hoy & Tschannen-Moran, 1999). 관계적 신뢰에서는 신뢰자와 신뢰 대상자(피신뢰자)가 누구인지를 고려하는 것이 선행되어야 한다. 왜냐하면 관계적 신뢰는 누가 누구를 신뢰하는가에 신뢰에 영향을 주는 신뢰성(trustworthiness) 요인과 맥락이 달라지기 때문이다. 이러한 사실은 어떤 관계의 신뢰를 보느냐에 따라 신뢰의 의미, 형성, 특성, 결과가 달라지므로 각 대상에 따른 신뢰 척도가 차별화될 필요성을 제기한다.

　지금까지 학교 구성원 간 신뢰를 측정할 수 있는 척도를 개발한 연구는 다음과 같다. Hoy와 Tschannen-Moran(1999)은 호의성, 믿음직함, 유능함, 정직함, 개방성 요인을 중심으로 초등학교 교사들의 학교장, 동료 교사, 고객(학생, 학부모)에 대한 신뢰 측정 도구를 개발하였다. 분석 결과, 초등학교 교사에게 학생 신뢰와 학부모 신뢰는 상당히 밀접하기 때문에 하나의 단일 집단인 것으로 밝혀졌으며, 연구자들은 이를 고객에 대한 신뢰(trust in clients)라고 명명했다. 이숙정과 한정신(2004)은 교사에 대한 한국 학생의 신뢰 척도를 개발하고 그 타당성을 검증하였다. 중학생, 고등학생, 대학생을 대상으로 교사 신뢰를 구성하는 요인을 도출했으며, 능력, 개방성, 성실성, 돌봄, 믿음, 친밀감 요인으로 구성된 30개의 문항을 개발했다. 이는 기업, 정부 등 학교 외 조직에서 개발된 측정 도구와 비교했을 때 친밀감이라는 요소가 새롭게 추가되는 것으로 나타났으며, 능력 요인에 노력이라는 새로운 요인이 포함되었다. 이후 이숙정(2005)은 교사를 중심으로 학생·학부모, 교장, 동료 교사에 대한 신뢰 척도를 개발하였다. 요인 분석을 실시한 결과, 학생·학부모와 교장에 대한 신뢰성 요인으로 믿음, 성실성, 친밀감이, 동료 교사에 대한 신뢰성 요인으로 믿음, 성실성, 개방성이 추출되었다. 이쌍철(2013)은 Schoorman과 Mayer, Davis(2007)가 개발한 도구를 수정하여 자발성, 낙관적 기대, 위험 감수의 요소를 중심으로 교사 수준 변인과 학교 수준 변인이 신뢰에 주는 효과를 분석하였다. 박화춘과 권다남, 한새롬, 김대현(2018)은 중등학교 교장 입장에서 교사 신뢰를 측정할 수 있는 도구를 개발하였는데, 신뢰 구성 요인으로는 교사의 학급 경영·수업·학생 지도 역량, 교사의 교장에 대한 지지와 신뢰, 학부모와의 관계 역량, 교사에 대한 교장의 신뢰 형성 결과라는 네 가지 요인을 도출하였다.

학교에서의 신뢰 중, 특히 학부모와 교사 상호 신뢰를 측정할 수 있는 척도를 개발한 Adams와 Christenson(1998)는 가정-학교 관계에의 신뢰를 "관계 유지, 상호 이익의 도모, 학생의 긍정적인 성취를 추구하는 방식으로 상대방이 행동할 것이라는 확신"이라 보았다. 그들은 교사에 대한 학부모 신뢰 측정 도구 19문항과 학부모에 대한 교사 신뢰 측정 도구 17문항을 개발했는데, 부모와 교사의 신뢰 척도는 그 내용이 다르며, 학교 급에 따라 신뢰 수준이 다르게 나타남을 밝혀냈다.

학교 교육에서 학부모가 핵심적인 파트너로 강조됨에 따라 학부모와 교사 간 신뢰 형성은 중요한 과제가 될 것이다. 이에 학교 급별로 교사에 대한 학부모의 신뢰를 측정할 수 있는 척도가 개발될 필요가 있다. 신뢰 척도 개발을 통해서 교사 신뢰에 영향을 미치는 요인과 결과를 밝히고, 교사에 대한 학부모의 신뢰 수준을 객관적으로 측정할 수 있을 것이다. 측정된 신뢰 수준을 바탕으로 교사 전문성 개발, 교원정책 수립, 부모-교사 간 신뢰 형성을 돕는 프로그램을 구상하는 데 기초 자료로 활용할 수 있을 것이다.

3. 연구 방법

연구 목적에 따라, 첫 번째 단계로 중등학교 교사에 대한 학부모의 신뢰 요인을 측정할 수 있는 도구의 예비 문항을 개발하였고, 두 번째 단계로 개발된 도구의 타당도와 신뢰도를 검증하였다.

1) 척도의 예비 문항 개발

(1) 문헌 연구 및 학부모 면담

예비 문항을 개발하기 위해 신뢰와 신뢰 측정 도구에 관련된 문헌 연구를 바탕으로 이론적 요인을 찾았다. 특히 선행 연구들 중 McAllister(1995)의 정서와 인지에 근거한 신뢰(affect-and cognition-based trust) 척도, Hoy와 Tschannen-Moran(1999)의 신뢰 설문(trust survey), Adams와 Christenson(1998)의 신뢰 척도(trust scale), 이숙정(2005)의 교사가 지각한 신뢰 척도, 이쌍철(2013)의 학교 구성원 간 신뢰에 영향을 주는 요인에 관한 연구에 근거하여 총 147개의 문항을 수집하였다. 이 연구에서 이론적 요인을 정립하는데 참고했던 연구들의 신뢰 구성 요인 내용과 신뢰도를 정리하면 〈표 9-1〉과 같다.

〈표 9-1〉 기존 신뢰 척도 요약

저자(연도)	구성 요인	내용	신뢰도 (Cronbach's α)
McAllister (1995)	인지 기반 신뢰	신뢰 대상의 유능함, 책임감과 관련	.910
	정서 기반 신뢰	친밀감과 배려와 같은 감정적인 연대	.890
Hoy & Tschannen-Moran(1999)	호의	특정 사람이나 집단의 행복에 관심을 가지고 돌봄	교사-교장(.95) 교사-동료 교사(.94) 교사-수요자(.92)
	믿음	자신에게 기대되는 바를 지속적으로 수행해 줄 것이라는 믿음	
	능력	기대한 만큼의 업무를 수행할 수 있는 능력	
	정직성	말과 행동의 일치	
	개방성	타인에게 정보·영향력·통제 권한 등을 공유	

Adams & Christenson (1998)	교사 -학부모	학부모가 자녀 교육에 대해 교사와 협조하고 학교 교육에 적극적으로 참여하는가에 대한 확신	.900
	학부모 -교사	교사가 학업 지도, 학급 경영, 생활 지도 등을 적극적으로 수행하고 학부모의 의견을 긍정적으로 수용하는가에 대한 확신	.960
이숙정 (2005)	믿음	상대방이 어떠한 상황에서 어떤 일을 어떻게 할 것인가에 대해 예측함으로써 그의 말과 행동에 의지하려는 태도	교사-학생·학부모 (.920) 교사-교장(.930) 교사-동료 교사 (.910)
	개방성	상대방의 관점과 의견을 고려하여 자신의 관점과 의견을 검토, 수정하고 재구성하려는 태도	
	성실성	상대방의 관심과 관점을 존중하고 책임을 다하며 자신이 속한 공동체의 도덕적 규칙이나 규범을 준수하려는 태도	
	친밀감	상대방과 정서적 결속감이나 연대감을 가짐으로써 물리적·정신적 거리가 가깝다는 느낌을 갖는 것	
이쌍철 (2013)	능력	자신의 업무 영역 내에서 특정인과의 교환이나 거래 등에 영향력을 행사할 수 있는 기술, 역량, 특성	.945
	호의성	신뢰 대상이 자신의 이해득실을 고려하지 않고 신뢰 주체를 위한 선의의 행동을 할 것이라고 여겨지는 정도	.913
	진실성	신뢰 주체가 받아들일 수 있다고 생각하는 원칙들을 신뢰 대상이 어느 정도 준수하고 있느냐에 대한 인식 정도	.958

다음으로, 중등학교 학부모 5명을 대상으로 반구조화된 질문지를 사용하여 50분 정도의 개별 면담을 실시하여 예비 문항을 수집하였다. 질문 내용은

"학부모로서 어떤 교사를 신뢰 혹은 신뢰하지 못하십니까?" "신뢰를 판단하는 순간은 언제입니까?" "무엇을 보고 교사를 신뢰하게 됩니까?" "교사를 신뢰하게 되면 어떤 변화가 나타납니까?" 등이다. 선행 연구와 학부모 면담을 통해 수집된 설문 문항을 가지고 척도 개발 전문가 1명, 박사 수료생 2명, 현장 중등 교사 1명과 함께 유목화 작업을 하였으며, 합의가 이루어지지 않는 부분은 상호 간 토론을 통해 수정하면서 일치시키는 방향으로 진행하였다.

마지막으로, 기존에 개발된 신뢰 척도 문항들과 학부모 면담을 통해 수집된 문항들을 통합하였다. 이 과정에서 중복되는 문항, 우리나라 중등학교 현장과 관계가 없는 문항, 하위 요인에 속하지 않는 문항들은 삭제하였다. 또한 기존 척도에서 수집된 문항과 학부모 면담을 통하여 추출한 문항이 중복될 경우에는 문항을 통합 혹은 수정하였으며, 가능한 한 면담을 통하여 수집된 표현을 선택하여 연구 대상자의 특성을 반영하고자 하였다.

(2) 예비 문항의 내용타당도 검증

개발된 예비 문항은 신뢰와 척도 개발에 관한 전문가 집단을 활용하여 내용타당도를 검증하였다. 전문가 집단은 신뢰 이론 전문가인 대학교수 1명, 교육학 분야 측정 도구 개발 전문가 교수 1명, 교육학 박사 과정생 2명, 중등학교 교사 1명, 교육 행정가 1명으로 구성되었다. 1차적으로 내용타당도를 검증한 후, 수정된 문항들은 신뢰 이론 전문가 대학교수 1명, 척도 개발 전문가 1명, 5명의 중등학교 학부모, 교육학 박사 수료생 2명, 교육 행정가 1명으로 구성된 전문가를 통하여 2차 내용타당도를 검증하였다. 특히 중등학교의 학부모들이 포괄적으로 수용할 수 있는 어휘로 수정하면서 측정하고자 하는 내용을 잘 이해할 수 있도록 문항의 진술을 간결하고 명확하게 하였다. 또한 해외 문헌을 참고하여 개발한 문항 중 내용타당도 검증을 통하여 우리나라의 학부모들에게 적합하지 않는 문항은 국내 학부모들에게 맞도록 수정하거나 삭제하였다. 수정된 예비 문항들은 5명의 중등학교 학부모를 통하여 안면타당도를 검증하였다. 1차와 2차의 내용타당도 검증 절차에서 27개의 문항이 탈락되고 최종 50개의 문항이 선정되었다. 선정된 50개의 문항에 대하여 3차 내용타당도 검증을 실시하였다. 문항의 타당도 조사를 위해 가장 많이 사용되는 C.V.I.(content validity index) 방법을 사용하여 문항명료성과 문항타당성 각각에 대한 내용타당도지수(C.V.I)를 구하였다. 이를 위하여 1차와 2차에 참여한 신뢰 전문가들로 구성된 전문가 중 4명을 포함한 총 6명의 전문가 집단을 구성하였다. 이 중 최소 5명이 모두 100% 합의율을 나타내야 하는데(조서묵·조용국, 2017), 1차와 2차의 내용타당도 검증 단계에서 선정된 50문항 평정 집단 중 5명 이상이 100% 합의하여 모든 문항이 그대로 선정되었다.

2) 척도의 최종 문항 선정과 타당화 검사

(1) 연구 대상

중등학교 학부모가 바라보는 교사 신뢰를 측정하기 위하여 중등학교에 재학 중인 자녀를 둔 학부모를 연구의 모집단으로 하였다. 이 연구에서는 비확률 표집 방법 중의 하나인 스노우볼 표집(snowball sampling) 방법을 사용하여 온라인으로 설문을 실시하였다. 먼저, 본 연구진의 인맥을 활용하여 중학교와 고등학교 학부모들 중에서 중간 조력자 15명을 선정하여 온라인 설문 링크를 전달하였다. 15명의 학부모들은 자신이 알고 있는 다른 학부모들에게 연구에 대하여 설명을 하고 온라인 설문 링크를 배포하였다. 이와 같이 중등학교 학부모들에게 계속적으로 소개되고 배포되었다. 연구 수행을 위해 책임 연구자가 소속한 기관으로부터 IRB 승인을 받았으며, 설문 참여자들은 소정의 답례품을 지급받았다. 241명의 연구 대상자에 대한 구체적인 정보는 〈표 9-2〉에 제시되어 있다.

〈표 9-2〉 연구 대상자 정보 　　　　　　　　　　　　　　　　　　(N=241)

변인	항목	참여자 수	%
학부모 성별	여성	215	89.21
	남성	26	10.79
자녀 성별	여학생	111	46.06
	남학생	130	53.94
학교 수준	중학교	111	46.06
	고등학교	130	53.94

(2) 측정 도구

연구에서 사용된 조사 도구는, ① 참여자의 기본 정보와, ② 바람직한 학부모-교사 신뢰 관계의 두 부분으로 이루어져 있다. 참여자의 기본 정보는 성별, 자녀의 학교 급(중학교, 고등학교), 학교 소재지, 자녀의 성별을 묻는 질문이 포함되어 있다. 학부모가 신뢰하는 교사의 특성을 측정하기 위하여 연구진들이 개발한 설문 문항을 척도로 사용하였다. 문헌 연구와 내용타당도 및 안면타당도를 검증한 후 개발된 최종 예비 문항의 개수는 총 50문항이며, 자기보고식의 5점 리커트 척도를 사용하였다[1=전혀 중요하지 않다, 5=매우 중요하다. (예시 문항: 교사가 평소 나에게 하는 말과 행동은 일치한다)].

(3) 탐색적 요인 분석

수집된 자료는 의도적으로 표본 1과 표본 2로 나누었으며(MacCallum, Roznowski, & Necowitz, 1992), 표본 1(n=120)은 탐색적 요인 분석을 위해 사용되었고, 표본 2(n=121)는 확인적 요인 분석을 위해 사용되었다. 우선 수집된 설문 자료의 특성을 이해하기 위하여 표본의 평균, 표준편차, 왜도 및 첨도를 계산하였다. 다음으로, 표본 자료가 요인 분석에 적합한지를 알아보기 위하여 KMO의 표준적합도(Kaiser-Meyer-Olkin measure of sampling adequacy) 방법을 사용하여 표본 크기의 충분성을 검토하였고, Bartlett의 구

형성 검정 지표를 검토하였다(조서목·주용국, 2017; Field, 2009). 또한 상관 분석을 통해 해당 구인 내 상관계수와 다른 구인 내 상관계수의 크기를 비교함으로써 이론이 제시하는 방향인지 아닌지를 확인하였다.

다음으로, 주성분 분석을 실시하여 고윳값(eigenvalue)을 살펴보았다. 주성분 분석은 도구의 차원을 축소하거나 측정 도구의 요인 구조를 예측하기 위하여 탐색적 및 확인적 요인 분석을 실시하기 전에 선행적 방법으로 자주 사용된다(Kaufman, 1975). 또한 스크리도표를 생성하여 요인의 개수를 살펴보았다(Benson & Nasser, 1998).

마지막으로, 최대우도(maximum likelihood)법을 사용하여 탐색적 요인 분석을 실시하였으며 요인들 간의 독립성을 가정하는 직교회전 방법 중의 하나인 베리멕스(varimax) 회전 방법을 사용하였다(Mulaik, 2010). 다음으로, 요인적재량을 검토하였으며 요인적재량값이 0.4보다 낮거나 다른 요인에 교차로 걸린 경우 문항은 제거하였다. 이러한 과정을 반복하여 적합한 요인 구조가 나올 때까지 반복적으로 요인 분석을 실시하였으며 고윳값, 분산 비율, 스크리도표, 요인적재량, 이론적 배경 등을 기준하여 최종 요인의 수를 결정하였다. 이를 위하여 SPSS 23을 사용하였다.

(4) 확인적 요인 분석

개발된 도구의 구인타당도를 검증하기 위하여 두 번째 표본을 이용하여 확인적 요인 분석을 실시하였다. 이론 모형의 적합도를 평가하기 위하여 모형의 적합도지수 x^2를 검증하였다. 특히 지수 x^2는 표본 크기에 민감하고 귀무가설(null hypothesis)에 엄격하다는 한계가 있으므로(박화춘·권다남·한새롬·김대현, 2018), 이와 더불어 비교적합지수(Comparative Fit Index: CFI), 비표준적합지수(Tucker-Lewis Index: TLI), 표준잔차평균제곱근(Standardized Root Mean Square Residual: SRMR)의 모형적합도지수를 함께 검증하였다. 모델지수의 검토를 통해 이론을 바탕으로 개발된 문항들이 측정하려는 구인을 잘 대표하는지, 추출된 척도의 요인 구조가 다른 표본을 통해서도 적합한지 등 측정 도구의 모델을 평가하였다. 확인적 요인 분석은 최대우도 추정치 (maximum likelihood estimates) 방법을 사용하였으며 범주형 요인 분석에 적합한 Mplus 7을 이용하였다(Muthén & Muthén, 2006). 마지막으로, 요인 분석 결과를 경로 모형으로 제시하였다.

(5) 척도의 신뢰도 검증

탐색적 및 확인적 요인 분석을 통해 개발된 바람직한 학부모-교사 신뢰 관계 척도의 내적 신뢰도를 검증하기 위하여 신뢰도계수(Cronbach's α)를 사용하였다(Crocker & Algina, 1986). 이를 위하여 표본 1과 표본 2를 다시 합쳤으며(n=241), 학부모-교사 신뢰 척도 하위 요인 및 전체 척도에 대한 신뢰도 계수를 계산하였다(Cortina, 1993; Grayson, 2004). 전반적인 연구 절차는 〈표 9-3〉에 제시된 바와 같다.

〈표 9-3〉 연구 절차의 요약

1단계: 예비 문항 개발	
▶ 척도의 이론적 요인 구조 및 개념 설정	신뢰 관련 선행 연구 검토
▶ 신뢰 척도 문항 수집	신뢰 척도 선행 연구 검토 및 학부모 5명 면담
▶ 수집된 문항 유목화 및 예비 문항 선정	문항 유목화: 척도 개발 전문가 1명, 박사 수료생 2명, 현장 중등 교사 1명
▶ 비문항의 1차 내용타당도 검증 및 수정	신뢰 이론 전문가 1명, 척도 개발 전문가 1명, 박사 수료생 2명, 현장 중등 교사 1명, 교육 행정가 1명
▶ 예비 문항의 2차 내용타당도 검증 및 수정	신뢰 이론 전문가 1명, 척도 개발 전문가 1명, 중등학교 학부모 5명, 박사 수료생 2명, 교육 행정가 1명
▶ 예비 문항의 안면타당도 검증 및 수정	중등학교 학부모 5명이 설문 문항 검증
▶ 3차 내용타당도 검증 및 최종 예비 문항 구성	내용타당도지수(C.V.I.): 신뢰 이론 전문가 1명, 척도 개발 전문가 1명, 박사 수료생 2명, 현장 중등 교사 1명, 교육 행정가 1명

2단계: 본 검사 문항 개발	
▸ 예비 조사 실시 및 문항 분석	15명의 학부모
▸ 탐색적 요인 분석 실시	표본 1: 요인 구조 확인 및 추출, SPSS 23 사용
▸ 본 검사 문항 선정	각 하위 요인 문항 선정
3단계: 타당도 및 신뢰도 검증	
▸ 확인적 요인 분석	표본 2: Mplus 7 사용, 최대우도법 사용, 모델적합도지수 분석, 구조 모형 생성, 요인 간 상관관계 분석
▸ 신뢰도 검증	표본 1+표본 2, 내적 신뢰도 분석 (Cronbach's α)

4. 연구 결과

1) 척도의 예비 문항 개발

학부모가 신뢰하는 교사의 태도와 특성을 측정하는 척도 문항을 구성하기 위하여 문헌 연구 및 기존 신뢰 척도를 분석하였고, 학부모와의 면담을 실시하여 신뢰에 관한 문항 자료를 수집하였다. 각 자료를 분석한 후 이론적 하위 요인을 추출하고, 수집된 문항을 각 하위 요인에 유목화하였다. 예비 문항 개발 결과를 제시하면 다음과 같다.

(1) 문헌 연구를 통한 기존 신뢰 척도 분석 및 학부모 면담

중등학교의 학부모들이 교사를 신뢰하는지를 구체적으로 측정할 수 있는 구성 개념들을 이론적으로 정립하기 위하여 국내외에서 출판된 신뢰 관련 선행 문헌들을 분석하였다. 그 결과, 연구진은 교사에 대한 학부모의 신뢰를 "학교에서 학부모가 교사의 인지적·정서적·행동적 특성에 근거하여 자녀에게 긍정적인 혜택을 가져올 것이라는 확신을 가지고 교사에게 자녀를 맡기려는 의지"라고 정의하고 이를 이론적 기반으로 하였다. 선행 연구를 분석한 결과, 3개의 하위 요인을 도출하였다. 첫 번째 영역은 학부모가 교사를 신뢰하였을 때 나타나는 결과 영역으로서, 학부모의 교사 지지, 교사와 학부모의 동반자 의식, 학부모의 학교 활동 참여 등에 관한 내용을 묻는 문항들로 구성되었다. 두 번째 영역은 학부모-교사 간의 개방성, 협력, 이해, 소통, 언행일치, 비밀 유지를 측정하는 문항들로 구성되어 있다. 세 번째 영역은 학생-교사 간의 전문성, 공정성, 언행일치, 이해, 소통, 존중, 성실성, 개방성을 측정하는 문항들이다. 신뢰에 대한 개념 정의와 구성 개념을 바탕으로 신뢰 연구에 자주 사용되고 있는 척도 중 이숙정(2005)의 25문항, 이쌍철(2013)의 7문항, Currall과 Judge(1995)의 20문항, McAllister(1995)의 11문항, Hoy와 Tschannen-Moran(1999)의 48문항, Adams와 Christenson(2000)의 36문항을 이용하여 총 147문항의 기초 예비 문항을 작성하였다.

우리나라 중등학교 학부모가 신뢰하는 교사의 태도와 특성을 측정할 수 있는 문항을 개발하고자 B지역에 거주하는 중등학교 학부모 5명을 대상으로 개인 면담을 실시하여 80문항을 수집하였다. 학부모 면담을 통해 수집된 문항은 신뢰 이론 전문가 1명, 척도 개발 전문가 1명, 박사 수료생 2명, 현장 중등 교사 1명으로 이루어진 전문가에 의해 하위 요인별로 유목화하였다. 불일치되는 부분은 토의를 하면서 수정하였고 하위 요인에 해당되는 않는 문항은 삭제하였다. 이러한 과정에서 총 77개의 문항이 선정되었다.

(2) 예비 문항의 내용타당도 및 안면타당도 검증

연구의 1단계에서 내용타당도, 안면타당도 검증을 통하여 도출된 결과는 〈표 9-4〉에 제시되어 있다.

〈표 9-4〉 예비 문항 개발 결과

예비 문항 개발 결과	
▶ 척도의 이론적 요인 구조 및 개념 설정	학부모가 바라본 교사의 신뢰 정의
▶ 신뢰 척도 문항 수집	신뢰 척도 선행 연구: 147문항 수집 학부모 면담: 80문항 수집
▶ 수집된 문항 유목화 및 예비 문항 선정	3개의 이론적 하위 요인으로 유목화 77개의 예비 문항 선정
▶ 예비 문항의 1차 내용타당도 검증 및 수정	77개의 예비 문항 검토 및 수정
▶ 예비 문항의 2차 내용타당도 검증 및 수정	77개 문항 검토: 수정, 추가 및 삭제 후 50문항 선정
▶ 예비 문항의 안면타당도 검증 및 수정	중등학교 학부모 5명이 설문 문항 검증
▶ 3차 내용타당도 검증 및 최종 예비 문항 구성	50개 문항을 최종 예비 문항으로 선정

  기존 신뢰 척도에서 수집된 147문항과 중등학교 학부모들의 면담을 통해 개발된 77문항을 바탕으로 신뢰 이론 전문가 대학교수 1명, 척도 개발 전문가 교수 1명, 박사 수료생 2명, 현장 중등 교사 1명, 현장 교육 행정가 1명이 함께 기초 예비 문항을 작성하였다. 그 결과, 신뢰 형성의 결과를 나타내는 요인 7문항, 신뢰 형성의 원인으로 학부모-교사 간의 관계 요인 29문항, 학생-교사 간의 관계 요인 41문항으로 총 77문항을 1차 예비 문항으로 선정하였다. 1차 내용타당도 검증 과정에서 요인 1(신뢰 결과)의 문항 중 2개의 문항은 그대로 선정되었고, 3문항은 수정을 하였으며, 2개의 문항은 삭제가 되고 2개의 문항이 추가되었다. 요인 2(신뢰 형성 조건: 교사-학부모)의 문항 중 6문항은 그대로 선택되었고, 10문항은 수정을 했으며, 13문항은 삭제가 되었으며, 8문항은 새롭게 추가되었다. 요인 3(신뢰 형성 조건: 교사-학생)의 문항 중 9문항은 그대로 선택이 되었고, 8문항은 수정 후 선택이 되었고, 24문항은 삭제되었으며 2문항이 새로 추가되었다. 유목화된 초기 77문항에 대한 1차와 2차 내용타당도 검증 결과는 〈표 9-5〉에 요약 제시되어 있다.

〈표 9-5〉 초기 예비 문항의 내용타당도 검증 결과

하위 요인	세부 내용	문항	검증 사항
신뢰 결과 (7)	교사 지지	1. 나는 교사로부터 들은 조언에 대해 의심하지 않는다.	수정
		2. 나는 교사의 전문성을 지지한다.	삭제
	동반자 의식	3. 교사에게 허물없이 나와 자녀의 이야기를 솔직하게 의논할 수 있다.	수정
		4. 나는 안심하고 교사에게 자녀를 맡길 수 있다.	선정
		5. 나는 교사와 자녀 교육에 대한 가치관을 공유할 수 있다.	선정
	참여	6. 나는 학교에 언제든지 방문할 수 있다.	수정
		7. 나는 학교(학급)의 의사 결정에 참여할 수 있다.	삭제
신뢰 선행 요인 (학부모- 교사) (29)	개방성	8. 교사는 학교와 관련된 정보를 공지한다.	삭제
		9. 교사는 상담 시 내가 몰랐던 내 아이의 정보를 제공한다.	선택
		10. 교사는 나에게 교육에 관한 자신의 경험을 공유한다.	수정
		11. 교사는 내 아이의 진학에 도움이 되는 정보를 제공한다.	삭제
		12. 교사는 학생, 학부모를 위한 다양한 프로그램 정보를 제공한다.	삭제
		13. 교사는 내 아이의 진학에 도움이 되는 전문적 지식을 많이 가지고 있다.	삭제
		14. 교사는 내 아이의 진로에 도움이 되는 정보를 제공한다.	수정
		15. 교사는 내 아이의 진로에 도움이 되는 전문적 지식을 많이 가지고 있다.	삭제
	협력	16. 교사는 학교 행사를 추진하는 데 있어 학부모와 협력한다.	수정
		17. 교사는 학부모들이 교육 활동에 참여할 수 있는 제도를 알려 준다.	삭제
		18. 교사는 학생의 성장을 위해 학부모와 협력한다.	삭제
		19. 교사는 학부모들에게 학교 행사에 실질적으로 참여할 수 있는 기회를 제공한다.	수정
		20. 교사는 부모의 지지에 대해 중요하게 생각한다.	삭제
		21. 교사는 학생의 특성을 파악하기 위해 나에게 도움을 청한다.	수정
	이해	22. 교사는 부모의 입장에서 내 아이를 고려한다.	수정
		23. 교사는 학부모 상담 시 권위적인 태도를 취하지 않는다.	선택
		24. 교사는 상급 기관의 지시보다는 학생, 학부모의 입장을 우선시한다.	삭제

신뢰 선행 요인 (학부모- 교사) (29)	소통	25. 교사는 학급 목표를 설정할 때 학부모와 협의한다.	삭제
		26. 교사는 다양한 통로를 통해 부모와 소통한다.	수정
		27. 교사는 실제 교육 활동에 반영할 수 있는 학부모의 요구를 물어 본다.	수정
		28. 교사는 학부모의 요구 사항에 대해 귀 기울여 듣는다.	수정
		29. 교사는 학부모에게 학급에서 일어난 문제 상황을 즉시 전달한다.	선택
		30. 교사는 학생의 학습 효과를 높이기 위하여 학부모와 협의를 한다.	삭제
		31. 교사는 학부모와의 상담 결과를 실제 교육 활동에 반영한다.	삭제
		32. 교사와 공식적인 상담 주간 외에도 소통한다.	선택
	언행 일치	33. 자녀에게 들은 교사의 평소 언행과 내가 본 실제 교사의 언행이 일치한다.	선택
		34. 다른 학부모로부터 들은 교사의 언행과 내가 본 교사의 언행은 일치한다.	선택
	비밀 유지	35. 교사는 내가 털어놓은 비밀을 남에게 말하지 않을 것이다.	수정
		36. 교사는 학부모 상담 시 타인에 대한 정보를 누설하지 않는다.	삭제
신뢰 선행 요인 (학생- 교사) (41)	전문성	37. 교사는 가르치는 일에 대한 열정을 가지고 있다.	삭제
		38. 교사는 교과 지도를 위해 자기개발에 힘쓴다.	삭제
		39. 교사는 학생들이 알아듣기 쉽게 수업 내용을 전달한다.	삭제
		40. 교사는 학생에게 도움을 요청할 때 적절한 도움을 준다.	삭제
		41. 교사는 학생의 부족한 교과 내용에 대해 보충 지도를 한다.	삭제
		42. 교사는 학생의 학업 성취 결과에 대한 분석을 제공한다.	삭제
		43. 교사는 학생들이 스스로 공부할 수 있는 전략을 개발하도록 도 와준다.	삭제
		44. 교사는 사회적 요구에 맞게 자신의 수업 방식을 조정한다.	삭제
		45. 교사는 학급 내에서 발생하는 갈등을 적극적으로 중재한다.	수정
		46. 교사는 학생들에게 문제가 발생했을 때 해결 방안을 제시한다.	선택
	공정성	47. 교사는 학생들을 평가할 때 공정하다.	삭제
		48. 교사는 학생들에게 공정한 기회를 제공한다.	수정
		49. 교사는 성적에 관계없이 학생에게 관심을 갖는다.	삭제
		50. 교사는 성적에 관계없이 학생에 대한 태도가 공정하다.	수정
		51. 교사는 학생들에게 학급 활동 기회를 공정하게 제공한다.	수정

신뢰 선행 요인 (학생- 교사) (41)	언행 일치	52. 교사는 학기 초 학생들에게 약속한 규칙을 지킨다.	선택
		53. 교사는 평소에 본인이 한 말과 행동이 일관적이다.	선택
	이해	54. 교사는 학생 개개인의 특성을 파악하고 있다.	삭제
		55. 교사는 학생 개개인의 특성을 배려한다.	선택
		56. 교사는 충분한 시간을 가지고 학생들의 변화를 기다려 준다.	선택
		57. 교사는 학생을 이해하기 위해 별도의 노력을 한다.	삭제
		58. 교사는 내 자녀의 교우 관계에 대해서 관심을 가지고 있다.	삭제
		59. 교사는 학생들의 부족한 부분을 진심으로 격려해 준다.	삭제
	소통	60. 교사는 학생들과 소통을 자주 한다.	수정
		61. 교사는 학생들과 친밀한 관계를 맺고 있다.	선택
		62. 교사는 애정을 가지고 학생들을 대한다.	삭제
		63. 교사는 학생들에게 칭찬을 자주 한다.	삭제
		64. 교사는 학생의 노력에 대해 피드백을 제공한다.	삭제
		65. 교사는 내 자녀가 모르는 것을 질문했을 때 수용적인 태도를 취한다.	수정
	존중	66. 교사는 학생의 개개인이 가진 재능을 존중한다.	수정
		67. 교사는 학생의 개개인이 가진 능력을 존중한다.	삭제
		68. 교사는 학생들의 의견을 경청한다.	선택
		69. 교사는 타 학교와 비교하지 않는다.	삭제
		70. 교사는 타 지역과 비교하지 않는다.	삭제
	성실성	71. 교사는 수업 준비를 소홀히 하지 않는다.	삭제
		72. 교사는 학교 행사에 적극적으로 참여한다.	삭제
		73. 교사는 교육의 개선을 위해 학교 활동에 적극적으로 참여한다.	선택
		74. 교사는 학생들이 교과에 대해 흥미를 가질 수 있도록 노력한다.	선택
		75. 교사는 수업 시간에 학생들의 참여를 이끌어 내기 위해 힘쓴다.	수정
	개방성	76. 교사는 자신의 실수를 인정한다.	삭제
		77. 교사는 학급 목표를 설정할 때 학생과 협의한다.	삭제

　두 차례에 걸쳐 내용타당도를 검증하는 과정에서 초기 77개의 문항이 수정, 삭제, 추가 작업을 통하여 50개로 축소되었다. 다음으로, 5명의 학부모를 대상으로 개발된 50개 문항의 안면타당도를 검증하였다. 5명 모두는 문항

에 대해 수용하였지만, 측정 도구의 안내에서 학교에 있는 많은 교사 중에서 어떤 교사에 대하여 신뢰를 측정해야 하는지에 대한 지시 사항이 부족하다는 의견이 있었다. 이를 반영하여 자녀의 담임 선생님에 대한 신뢰를 측정하는 것으로 각 문항을 수정하였다. 안면타당도를 검증한 후 신뢰 이론 전문가 1명, 척도 개발 전문가 1명, 박사 수료생 2명, 현장 중등 교사 1명, 교육 행정가 1명으로 구성된 평정가로부터 내용타당도지수(C.V.I.)를 활용하여 내용타당도를 검증하였다. 모든 평정가가 50문항을 그대로 선정할 것에 합의를 하였다. 최종 선정된 예비 문항 50개는 〈표 9-6〉에 제시되어 있다.

〈표 9-6〉 최종 선정된 예비 문항

하위 요인	번호	문항
신뢰 결과 (7문항)	1	나는 도움이 필요하면 언제든지 학교를 방문한다.
	2	나는 현재 담임 교사의 교육 활동을 적극적으로 지지한다.
	3	교육에 있어 현재 담임 교사와 부모는 동등한 동반자이다.
	4	나는 현재 담임 교사에게 자녀에 대해 솔직하게 말한다.
	5	나는 안심하고 현재 담임 교사에게 자녀를 맡기고 있다.
	6	나는 현재 담임 교사의 말을 의심하지 않는다.
	7	나는 현재 담임 교사와 자녀 교육에 대한 가치관을 공유하고 있다.
신뢰 형성 조건: 교사-학부모	8	현재 담임 교사는 부모의 교육 참여를 중요하게 여긴다.
	9	현재 담임 교사는 학부모의 학교 방문을 반갑게 맞이한다.
	10	현재 담임 교사는 학생을 이해하기 위해 나에게 도움을 청한다.
	11	현재 담임 교사는 학부모를 교육 활동의 협력자라고 생각한다.
	12	현재 담임 교사는 학부모 상담 시 권위적인 태도를 취하지 않는다.
	13	현재 담임 교사는 충분한 시간을 가지고 학부모 상담을 한다.
	14	현재 담임 교사는 상담 시 교육에 관한 자신의 경험을 공유한다.
	15	현재 담임 교사는 상담 시 내가 몰랐던 내 아이의 정보를 제공한다.
	16	현재 담임 교사는 내가 털어놓은 비밀을 타인에게 말하지 않는다.
	17	현재 담임 교사는 나의 의견에 귀를 기울인다.
	18	현재 담임 교사는 학부모의 요구 사항을 실제 교육 활동에 반영한다.
	19	현재 담임 교사는 부모의 입장을 이해한다.
	20	현재 담임 교사는 부모와 소통하기 위해 다양한 방법을 활용한다.

	21	현재 담임 교사는 학기 초 학부모에게 약속한 규칙을 지키고 있다.
	22	현재 담임 교사와 공식적인 상담 주간 외에도 소통한다.
	23	현재 담임 교사는 모든 학부모를 공정하게 대한다.
	24	자녀에게 들은 현재 담임 교사의 평소 언행과 내가 본 담임 교사의 언행은 일치한다.
	25	다른 학부모로부터 들은 현재 담임 교사의 언행과 내가 본 담임 교사의 언행은 일치한다.
	26	다른 학부모들은 현재 담임 교사에 대한 긍정적인 평가를 내린다.
	27	현재 담임 교사는 내 아이의 특성을 면밀하게 파악하고 있다.
	28	현재 담임 교사는 자녀의 진로에 도움이 되는 정보를 제공한다.
	29	현재 담임 교사는 충분한 시간을 가지고 학생의 변화를 기다려 준다.
	30	현재 담임 교사는 학생 개개인의 특성을 배려한다.
	31	현재 담임 교사는 학생이 가진 잠재력을 존중한다.
	32	현재 담임 교사는 학생들의 의견을 경청한다.
	33	현재 담임 교사는 학생들에게 교육 활동의 기회를 공정하게 제공한다.
	34	현재 담임 교사는 학생들과 친밀한 관계를 맺고 있다.
	35	현재 담임 교사는 평소에 본인이 한 말과 행동이 일관적이다.
	36	현재 담임 교사는 자녀와 소통이 원활하다.
	37	현재 담임 교사는 학생들에게 모범적인 언행을 보인다.
신뢰 형성 조건: 교사-학생	38	현재 담임 교사는 성적에 관계없이 학생들을 공정하게 대한다.
	39	현재 담임 교사는 학부모에게 학급에서 일어난 문제 상황을 즉시 전달한다.
	40	현재 담임 교사는 학급 내에서 발생하는 갈등을 중립적으로 중재한다.
	41	현재 담임 교사는 학생들에게 문제가 발생했을 때 해결 방안을 제시한다.
	42	현재 담임 교사는 학기 초 학생들에게 약속한 규칙을 지킨다.
	43	현재 담임 교사는 교육의 개선을 위해 학교 활동에 적극적으로 참여한다.
	44	현재 담임 교사는 학부모와 함께 학교 행사를 운영한다.
	45	현재 담임 교사는 학부모가 교육 활동에 참여할 수 있는 기회를 제공한다.
	46	현재 담임 교사는 학생들이 교과에 대해 흥미를 가질 수 있도록 노력한다.
	47	현재 담임 교사는 수업 시간에 학생들의 참여를 유도한다.
	48	현재 담임 교사는 풍부한 교과 지식을 바탕으로 수업을 운영한다.
	49	현재 담임 교사는 학생들이 긍정적인 학습 태도를 가질 수 있도록 격려한다.
	50	현재 담임 교사는 학생이 모르는 것을 질문했을 때 수용적인 태도를 취한다.

2) 척도의 최종 문항 선정과 타당화 검사

(1) 탐색적 요인 분석 결과

50개 문항으로 구성된 예비 척도를 사용하여 수집된 표본 자료가 요인 분석에 적합한 자료인지를 이해하기 위하여 표본 자료의 평균, 표준편차, 왜도, 첨도를 산출하였다. 그 결과, 50개 문항의 전체 평균은 3.83이었으며, 그중 평균이 가장 큰 문항은 4.20이었고 평균이 가장 작은 문항은 3.50으로 나타났다. 50개 문항의 전체 표준편차 평균은 1.100으로 나타났으며, 편차가 가장 큰 문항의 표준편차는 1.247이었고 표준편차가 가장 작은 문항의 표준편차는 0.974로 나타났다. 연구진은 수집된 표본에 대하여, 측정 도구는 정규분포를 이루고 있다고 가정을 하는 데 어긋나는 문항은 최종 모델의 문항을 선택하고 삭제할 때 산출된 왜도와 첨도의 값을 고려하였다. 왜도의 경우, 절댓값이 2보다 작고 첨도의 절댓값이 7보다 작아야 정규분포를 이룬다고 볼 수 있다(배병렬, 2011). 모든 문항의 왜도와 첨도가 조건에 만족하여 정상분포성에 위배되지 않음을 확인하였다.

수집된 표본이 중등학교 학부모가 바라본 교사의 신뢰 척도의 요인 분석에 적합한지 살펴보기 위해 KMO(Kaise-Meyer-Olkin)와 Bartlett 검정을 실시하였다. 표본 크기가 적합한지를 알아보는 KMO지수가 .981로 나타나 표본적합도는 상당히 우수한 것으로 나타났다(Hutcheson & Sofroniou, 1999). 요인 분석 모형의 구형성 검증을 위한 Bartlett의 검증은 상관행렬이 주대각선이 전부 1이고 나머지 원소는 0을 값으로 갖는 단위행렬이라는 귀무가설을 검증하는 것으로, 귀무가설이 채택되면 변수들 간의 모든 상관계수는 '0'값이 되고 변수들 간에 상관은 존재하지 않아 요인 분석에 적합하지 않다(Field, 2009). 이 연구의 표본 자료에 Bartlett의 검증을 실시한 결과, x^2(253)=1273.725, p<.001로 귀무가설이 기각되어 원래의 행렬은 단위행렬이 아니고 변수들 간에 상관관계가 존재하여 탐색적 요인 분석이 가능한 것으로 나타났다(Field, 2009).

다음으로, 탐색적 요인 분석을 실시하였다. 고윳값(eigenvalue), 스크리 검사, 누적 분산의 퍼센트, 해석 가능성을 고려하여 요인 수를 결정하였다. 먼저, 척도의 기본 구조를 이해하기 위하여 주성분 분석(principal component analysis: PCA)을 실행하였다(Crocker & Algina, 1986). 그 결과, 주성분 분석 결과는 3개의 요인이 적절한 것으로 나타났다. 다음으로, 최대우도(ML), 주축 요인 분석 등을 사용하였으며, 그 결과 고유치가 1 이상인 요인은 두 가지 방법 모두 3개였다. 스크리 검사의 결과 역시 3개의 요인이 적절한 것으로 나타났다. 주성분 분석 결과 요인 부하량이 .40 이하인 문항과 최대우도 요인 분석 결과 요인 부하량이 .32 이하인 문항은 우선 제거하였다(Crocker & Algina, 1986; Mulaik, 2010). 다음으로, 요인 교차부하량의 차이가 .25 이하인 문항은 제거하였다(조서목 · 주용국, 2017). 문항 선택 기준에 맞지 않는 문항을 제거한 이후에도 문항의 요인 부하량, 요인별 문항 내용, 요인별 문항 수가 이론적 검토에 비추어 보았을 때 3개의 요인 구조가 가장 안정적이었다. 제2차 탐색적 요인 분석 결과 요인적재량의 절댓값이 .40 이하인 것은 없었으며, 다음으로 요인적재량의 절댓값이 .40 이상인 문항을 제거하였다. 두 개 이상의 요인에서 요인적재량이 동시에 .40 이상이며 교차부하량의 차이가 .25이하인 문항을 제거하였는데, 이 과정에서 2번, 5번, 6번, 7번, 9번, 12번, 15번, 16번, 17번, 18번, 19번, 21번, 23번, 27번, 28번, 39번, 43번, 46번, 47번, 48번을 삭제하였다. 그 결과, 요인 1의 18문항, 요인 2의 9문항, 요인 3의 3문항으로 총 30문항이 선정되었으며, 설명된 공통 분산은 78.135%로 50개 문항보다 상승되었다. 제3차 탐색적 요인 분석에서는 똑같은 잠재변수를 설명할 때 가능한 척도의 모델이 단순할수록 더 좋다는 원리(principal of parsimony)를 함께 고려하였다(Hu & Bentler, 1999; Marsh & Balla, 1994). 즉, 3개의 요인으로 구성되면서 각 문항을 추가 및 삭제를 반복하여 설명되는 분산의 퍼센트는 높이고 요인 구조는 가장 단순화하는 분석을 반복하였다. 이 과정에서 3개의 요인 구조를 만족시키는 최소한의 문항의 개수는 요인 1은 10문항 이상, 요인 2는 7문항 이상, 요인 3은 3문항

이상으로 총 최소 20문항이었다. 요인 1의 문항과는 관계없이 항상 요인 2를 구성하는 7개의 문항과 요인 3을 구성하는 3개의 문항을 고정한 상태에서 요인 1을 구성하는 10개의 문항들이 만들 수 있는 모든 모델을 탐색적 요인 분석으로 수차례 반복 실시하여 요인적재값, 설명되는 분산을 고려하여 요인 1을 구성하는 최적의 문항을 선별하였다. 이러한 과정에서 8번, 14번, 20번, 26번, 29번, 32번, 33번, 41번, 49번, 50번이 제거되었다. 다음으로, 최종 선택된 20개 문항의 탐색적 요인 분석을 실시하였다. 이를 위하여 KMO와 Bartlett 검정을 실시하였으며, 그 결과 KMO=.963, Bartlett's test of sphericity=5385.183(df=190), $p<.001$로 요인 분석이 가능한 자료인 것으로 나타났다(Hutcheson & Sofroniou, 1999). 20개 문항의 요인 구조를 살펴보기 위하여 최대우도법(maximum likelihood: ML)과 요인 간 상관을 가정하지 않은 직교회전 방식인 베리멕스(Mulaik, 2010)를 적용하여 초기 고윳값과 설명된 공통 분산, 누적 분산, 요인적재량을 산출하였다. 그 결과, 3개의 요인이 설명하는 설명된 공통 분산(common variance)은 74.373%로 나타났다. 최종 선정된 문항의 요인 구조는 〈표 9-7〉에 제시하였다.

〈표 9-7〉 최종 선정된 문항의 요인 부하량 (N=120)

문항 번호	요인 1	요인 2	요인 3
신뢰 35	.781	.379	.340
신뢰 24	.741	.283	.386
신뢰 42	.740	.409	.229
신뢰 34	.739	.407	.285
신뢰 37	.731	.400	.330
신뢰 40	.729	.432	.171
신뢰 38	.717	.404	.277
신뢰 36	.714	.403	.308
신뢰 30	.689	.299	.324

신뢰 25	.688	.291	.390
신뢰 45	.406	.738	.206
신뢰 44	.391	.720	.218
신뢰 8	.383	.706	.360
신뢰 11	.446	.694	.322
신뢰 10	.365	.667	.321
신뢰 13	.404	.638	.383
신뢰 22	.403	.630	.364
신뢰 1	.269	.205	.704
신뢰 4	.272	.252	.683
신뢰 3	.243	.327	.637
고윳값	13.567	1.167	1.005
설명 공통 분산(%)	33.316	25.779	15.278
설명 누적 분산(%)	33.316	59.095	74.373

추출 방법: 최대우도(maximum likelihood)
회전 방법: 베리멕스(varimax)

첫 번째 요인은 10개 문항으로 구성되었으며, 초기 고윳값은 13.567이었고 요인 1은 공통 분산의 33.316%를 설명하였다. 요인적재량은 최대 .781이고 최소 .688을 나타내었다. 요인 1이 측정하는 내용은 교사가 학생을 대하는 태도와 교사가 학생들에게 보이는 행동들을 근거하였다. 예를 들어, 교사가 학생에게 한 말과 행동이 일치하는지, 학생과 했던 약속을 잘 지키는지, 학생들을 공정하게 대하는지, 학생의 개개인의 특성을 배려하는지, 학생과 의사소통은 원활하게 하는지 등을 측정한다. 이러한 측정 내용을 고려하여 요인 1은 '신뢰 선행 조건: 학생-교사'로 명명하였다. 요인 1의 구성 문항, 요인적재량, 평균, 표준편차는 〈표 9-8〉에 제시되어 있다.

〈표 9-8〉 요인 1: 신뢰 선행 조건: 학생-교사 (N=120)

새 번호	문항	적재값	평균	표준편차
1	교사는 평소에 본인이 한 말과 행동이 일관적이다.	.781	3.88	1.052
2	자녀에게 들은 교사의 평소 언행과 내가 본 교사의 언행은 일치한다.	.741	3.98	.974
3	교사는 학기 초 학생들에게 약속한 규칙을 지킨다.	.740	3.92	1.016
4	교사는 학생들과 친밀한 관계를 맺고 있다.	.739	3.91	1.114
5	교사는 학생들에게 모범적인 언행을 보인다.	.731	3.90	1.050
6	교사는 학급 내에서 발생하는 갈등을 중립적으로 중재한다.	.729	3.79	1.068
7	교사는 성적에 관계없이 학생들을 공정하게 대한다.	.717	3.80	1.106
8	교사는 자녀와 소통이 원활하다.	.714	3.78	1.066
9	교사는 학생 개개인의 특성을 배려한다.	.689	3.72	1.138
10	다른 학부모로부터 들은 교사의 언행과 내가 본 교사의 언행은 일치한다.	.688	3.90	1.007

두 번째 요인은 7개 문항으로 구성되었으며, 초기 고윳값은 1.167이었고 요인 2는 공통 분산의 25.779%를 설명하였다. 요인적재량은 최대 .738이고 최소 .630을 나타내었다. 요인 2는 교사가 학부모에게 학교의 행사 및 교육 활동에 참여의 기회를 얼마나 제공하고 공유하는지를 측정하는 문항으로 구성되었다. 예를 들어, 학부모에 대한 교육 활동 참여 기회 제공, 학교 행사 공동 운영, 협력자 인식, 학부모와의 충분한 소통 등을 포함하였다. 요인 2가 측정하는 내용을 고려하여 요인 이름을 '신뢰 선행 조건: 학부모-교사'로 명명하였다. 요인 2의 구성 문항, 요인적재량, 평균, 표준편차는 〈표 9-9〉에 제시되어 있다.

〈표 9-9〉 요인 2: 신뢰 선행 조건(학부모-교사)   (N=120)

새 번호	문항	적재값	평균	표준편차
11	교사는 학부모가 교육 활동에 참여할 수 있는 기회를 제공한다.	.738	3.63	1.151
12	교사는 학부모와 함께 학교 행사를 운영한다.	.720	3.52	1.148
13	교사는 부모의 교육 참여를 중요하게 여긴다.	.706	3.76	1.126
14	교사는 학부모를 교육 활동의 협력자라고 생각한다.	.694	3.68	1.148
15	교사는 학생을 이해하기 위해 나에게 도움을 청한다.	.667	3.50	1.194
16	교사는 충분한 시간을 가지고 학부모 상담을 한다.	.638	3.75	1.178
17	교사와 공식적인 상담 주간 외에도 소통한다.	.630	3.67	1.247

요인 3은 3개 문항으로 구성되었으며, 초기 고윳값은 1.005였고 공통 분산의 15.278%를 설명하였다. 요인적재량은 최대 .704였고 최소 .637을 나타내었다. 요인 3은 학부모-교사 간에 신뢰가 형성되었을 때 나타나는 결과로서 학부모의 인식과 행동을 나타냈다. 예를 들어, 교사를 신뢰하는 학부모는 자녀의 교육에 대하여 도움이 필요하면 언제든지 학교를 방문할 수 있고, 교사에게 자녀에 대하여 솔직하게 말할 수 있고, 자녀 교육에 있어 학부모를 교사와 동등한 동반자라고 인식하는 것이었다. 요인 3이 측정하는 내용을 고려하여 요인 3 이름을 '신뢰 결과 요인'이라고 명명하였다. 요인 3의 구성 문항, 요인적재량, 평균, 표준편차는 〈표 9-10〉에 제시되어 있다.

〈표 9-10〉 요인 3: 신뢰 결과 요인 (N=120)

새 번호	문항	적재값	평균	표준편차
18	나는 도움이 필요하면 언제든지 학교를 방문할 수 있다.	.704	4.16	1.084
19	나는 교사에게 자녀에 대해 솔직하게 말할 수 있다.	.683	4.09	1.041
20	교육에 있어 교사와 부모는 동등한 동반자이다.	.637	4.20	1.020

(2) 확인적 요인 분석 결과

탐색적 요인 분석에서 추출된 3개의 요인 구조를 표본 2(n=121)를 활용하여 확인적 요인 분석을 실시하였으며 최대우도법을 사용하였다. 그 결과, 카이제곱(x^2)값은, x^2(167, n=121)=507.083, $p<.001$로 나타났다. 카이제곱(x^2)값이 작고 확률값이 크면($p>0.05$) 일반적으로 모델이 적합하다고 할 수 있으며, 카이제곱(x^2)값이 작아지면 p-value 값은 커진다(박화춘 · 권다남 · 한새롬 · 김대현, 2018). 그러나 카이제곱의 통계 확률값은 표본의 크기가 커지면 같이 높아지므로 카이제곱(x^2)값의 제한점을 극복하기 위하여 표준잔차평균제곱근(SRMR), 비교적합지수(CFI), 비표준적합지수(TLI)의 모델적합지수도 함께 검증하였다. 그 결과, SRMR=.029, TLI=.928, CFI=.937로 나타났다. 일반적으로 표준잔차평균제곱근(SRMR)은 .08 이하이면 좋은 적합도이고 .04 이하이면 우수한 적합도이며, 비교적합지수(CFI)의 값이 .90 이상이면 모형적합 정도가 좋은 것이며, 비표준적합지수(TLI)가 .90 이상이면 모델적합도가 우수하다(Bentler, 1990; Mulaik, 2010). 확인적 요인 분석을 통하여 산출한 모델적합지수는 우수한 모델의 기준을 만족시켰으며 각각의 값은 〈표 9-11〉에 제시되어 있다.

〈표 9-11〉 학부모가 바라본 교사의 신뢰 척도의 모델적합도지수   (N=121)

X^2(df)	SRMR	TLI	CFI
507.083(167)	.029	.928	.937

문항 수=20. p-value<.001.

교사에 대한 학부모의 신뢰 척도의 세 개 요인의 확인적 요인 분석 모형을 Mplus 7을 이용하여 작성하였으며 [그림 9-1]에 제시되어 있다. 다음으로, 세 개의 하위 요인 간의 상관을 〈표 9-12〉에 제시하였다.

〈표 9-12〉 학부모가 신뢰하는 교사 척도의 하위 요인 간의 상관 분석   (N=241)

	신뢰 선행 요인 (학생-교사)	신뢰 선행 요인 (학부모-교사)	신뢰 결과 요인
신뢰 선행 요인 (학생-교사)	1.000	–	–
신뢰 선행 요인 (학부모-교사)	.848*	1.000	–
신뢰 결과 요인	.650*	656*	1.000

*p<.001

(3) 척도의 내적 신뢰도 검증 결과

학부모가 바라보는 교사 신뢰 척도의 세 개 요인의 내적 신뢰도를 검증하였다. 이를 위하여 표본 1과 표본 2를 하나의 표본으로 합쳤으며, 각각 요인별 신뢰도계수(Cronbach's α)와 전체 문항의 신뢰도계수를 산출하였다 (Cortina, 1993; Grayson, 2004). 그 결과, 요인 1인 신뢰 선행 요인(학생-교사)의 Cronbach's α=.973, 요인 2인 신뢰 선행 요인(학부모-교사)의 Cronbach's α=.950, 요인 3인 신뢰 결과 요인의 Cronbach's α=.821로 우수한 내적 신뢰도를 나타내었다. Cronbach's α값은 표본의 크기에 민감하고 문항 수가 많으면 Cronbach's α값도 같이 상승한다(Hattie, Jaeger, & Bond, 1999)는 것을 고려하면 요인 3개의 내적 신뢰도는 우수하다고 해석할 수 있다. 각 하위 요인

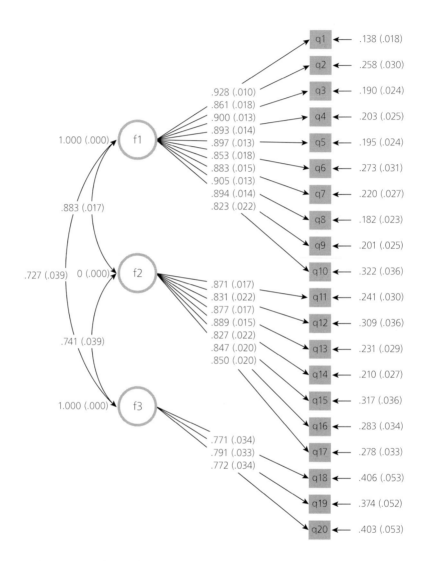

[그림 9-1] 3개 요인 구조의 확인적 요인 분석의 요인 간 상관관계 모형(최대우도법 사용)

* f1=신뢰 선행 조건: 학생-교사, f2=신뢰 선행 조건: 학부모-교사, f3=신뢰 결과 요인을 나타냄.
* Mplus7을 사용하여 작성함.

의 알파계수, 평균, 표준편차, 문항 수는 〈표 9-13〉에 제시되어 있다.

〈표 9-13〉 학부모가 바라본 교사의 신뢰 척도 내적 신뢰도   (N=241)

요인	Cronbach's α	평균	표준편차	문항 수
신뢰 선행 요인(학생-교사)	.973	3.86	1.06	10
신뢰 선행 요인(학부모-교사)	.950	3.64	1.17	7
신뢰 결과 요인	.821	4.15	1.05	3
전체	.974	3.83	1.096	20

5. 논의 및 결론

이 연구는 우리나라 중등학교 교사에 대한 학부모의 신뢰 척도를 개발하고 타당화하는 데 목적을 두었다. 여기서는 연구에서 밝혀진 결과를 바탕으로 우리나라 중등학교 교사의 신뢰 척도의 개발 및 타당화에 관하여 선행 연구와 관련 지어 논의하고, 이 연구의 제한점, 의의 및 향후 연구 과제를 제시하고자 한다.

먼저, 중등학교 교사에 대한 학부모의 신뢰 개념을 탐색하고 척도를 개발하기 위해 국내외 신뢰, 신뢰 척도에 관한 문헌 연구과 학부모와의 면담을 통하여 측정 도구의 이론적 요인 구조를 정립하고 이를 바탕으로 예비 문항을 개발하였다. 다음으로, 신뢰 연구 전문가, 척도 개발 전문가 및 교육 행정가로 구성된 평정가와 학부모들을 통하여 척도의 내용타당도와 안면타당도를 수차례 검증하였다. 마지막으로, 개발된 50개의 예비 문항을 사용하여 우리나라 중등학교에 재학 중인 자녀를 둔 학부모를 대상으로 설문을 실시하였으며, 최종 수집된 241명의 표본 자료를 활용하여 탐색적 및 확인적 요인 분석을 실시하였고 두 표본을 합쳐 내적 신뢰도를 검증하였다.

중등학교 교사에 대한 학부모의 신뢰 개념과 구성 요인에 대해 논의하면 다음과 같다. 첫째, 연구에서 개발된 중등학교 교사에 대한 학부모의 신뢰 척도에 근거하여 신뢰는 "학부모가 교사-학생, 교사-학부모 관계를 통해 교사에 대해 형성하는 믿음으로서, 자녀의 교육, 진로 및 생활 상담, 학교 교육 활동 등에 의지할 수 있는 원동력"으로 정의하였다. 이 연구에서는 중등학교 학부모가 바라보는 교사 신뢰의 구인을 탐색하기 위하여 신뢰의 하위 요인을 문헌 연구와 학부모 면담을 통해, ① 학생-교사의 관계, ② 학부모-교사 관계, ③ 신뢰 형성의 결과로 가정하고 문항을 개발 및 유목화하였다.

개발된 예비 문항을 사용하여 수집된 자료에 탐색적 요인 분석을 한 결과, 우리나라 중등학교 학부모가 신뢰하는 교사 척도의 구성 요인은 3개로 확인되었다. 이는 문헌 연구 및 학부모 면담을 통해 가정한 요인 수와 같은 구조였다. 요인 1은 학생-교사의 관계로서 10문항으로 구성되었고, 이는 측정 도구의 전체 문항의 50%를 차지하였다. 이는 이론적으로 가정한 요인 1의 문항 41개가 53.24%를 차지한 것과 비슷한 결과를 나타냈다. 이 결과는 학부모가 교사를 신뢰할 수 있는 근거로 교사가 학생을 어떻게 대하는지가 가장 중요한 근거가 된다는 것을 시사한다. 즉, 학부모는 교사를 제한적인 시간을 통해서만 만나고 관계를 맺기 때문에 학부모는 자녀를 통해서 교사를 인식하는 의존도가 높다고 할 수 있다. 교사의 수업 진행, 학급 운영 방식, 학생 개인 또는 집단으로 상담하는 태도와 방법, 학생 앞에서 보이는 언행 등에 근거하여 학부모는 교사에 대한 신뢰를 형성하게 된다고 할 수 있다.

요인 2는 학부모-교사 관계를 나타내었으며 7개 문항으로 구성되었다. 이는 전체 문항 수의 35%를 차지하였으며 이론적으로 가정한 것(37.66%)과 유사한 결과였다. 학부모가 교사와의 사회적 관계를 통하여 신뢰를 형성하는 조건으로는 교사가 학부모에게 교육에 참여할 수 있는 기회를 얼마나 부여하는지, 학부모가 교육에 참여하는 것을 얼마나 중요하게 여기는지, 학교 행사를 운영할 때 학부모와 협력하는지, 평소에 학부모를 협력자로 인식하는지, 학생을 이해하기 위하여 학부모의 도움을 요청하는지, 공식적인 상담 기간 이외에도 소통을 하는지 등이 있었다. 즉, 자녀의 교육에 있어서 교사가 학부모를 협력자나 동반자로 인식하고 학교공동체 내에서 학부모의 교육 활동을 지지하는지가 중요하였다. 이는 학생(자녀)의 교육 목표를 달성하기 위하여 학부모는 교사와 긴밀한 협력적 관계 맺기를 원한다는 것을 시사한다.

이 연구에서는 '학부모-교사' 요인과 '학생-교사' 요인의 상관이 .848로 비교적 높게 나왔다. 연구진이 수차례의 반복적인 탐색적 및 확인적 요인 분석을 한 결과, 두 요인을 합치는 것보다는 두 요인을 나누는 것이 학부모가 바라보는 교사의 신뢰를 보다 구체적으로 측정할 수 있을 것이라는 결론에 합의하였다. 이는 학부모가 교사를 신뢰하기 위하여 선행되는 판단 근거로서, 자녀인 학생을 통하여 간접적인 경험을 바탕으로 하는 것과 학부모가 학교 활동에 참여함으로써 겪은 교사에 대한 직접적인 경험을 바탕으로 하는 것을 의미상 구분하기 위함이다. 이는 최근에 더욱 강조되고 있는 학부모의 적극적인 학교 활동 참여가 학생의 학업 성취와 학생의 전반적인 학교생활에 긍정적인 영향을 미치는 연구 결과(Mendez & Swick, 2018)를 고려하였다. 또한 학부모의 직접적인 학교 활동 참여는 자녀의 학업 성적뿐만 아니라 지역 사회에 속한 학교의 공동체, 학교 문화, 학교 풍토, 학급 풍토를 보다 혁신하는 데 긍정적인 영향을 미친다(Terrence & Peterson, 2016)는 학자들의 주장을 적용하였다. 즉, 이 연구의 결과처럼 학부모들의 학교 활동 참여를 권장할 뿐만 아니라 향후 학부모들이 지역 사회에 속한 유치원, 초등학교, 중학교 및 고등학교에서 지속적으로 학교와 지역 사회에 관심을 가지고 교육 활동에 참여할 수 있는 방향을 제시할 수 있을 것으로 기대된다.

요인 3은 학부모가 교사를 신뢰하였을 때 나타날 수 있는 신뢰 형성 결과 요인이었다. 요인 3은 3개의 문항으로 구성되었으며 전체 문항의 15%를 차지하여 이론적 가정(9.10%)보다 구성 비율이 높았다. 학부모가 교사를 신뢰하게 된다면 학부모는 교사 또는 학교로부터 도움이 필요할 때 수시로 학교를 방문하고, 자녀에 대하여 솔직하게 말할 수 있으며, 자녀의 교육에 있어 교사를 부모와 동등한 동반자로 인식하게 되었다.

연구에서 개발된 학부모가 바라본 교사의 신뢰 척도는 총 20개 문항의

5점 Likert 척도이며 3개의 하위 요인은 설명된 공통 분산의 74.373%를 설명하였다. 모델적합지수로 x^2(167, n=121)=507.083, p<.001, SRMR=.029, TLI=.928, CFI=.937은 우수한 적합지수를 나타내었다. 척도의 내적 신뢰도를 Cronbach's α를 사용하여 검증한 결과, 요인 1, 요인 2, 요인 3의 Cronbach's α가 각각 .973, .950, .821로 우수한 내적 신뢰도를 나타내었다.

이 연구는 그동안 국내에서 연구된 학교공동체 구성원 간의 신뢰를 측정하는 연구들의 부족한 부분을 채웠다는 데에서 의의가 있다. 앞서 언급하였듯이 기존 학교에서의 신뢰를 측정하는 연구들은 교사가 바라본 교장에 대한 신뢰, 동료 교사의 신뢰, 학생에 대한 신뢰 등 신뢰자를 주로 교사로 두고 있었다. 이에 반해, 이 연구는 주된 연구 대상을 학교공동체의 중요한 구성원인 학부모로 확대하였다. 그 결과, 학부모가 인식하는 교사의 신뢰 구성요인을 도출하여 제시하였다는 점에서 다른 신뢰에 관한 선행 연구와 구별된다. 이는 교육공동체의 목표를 달성하기 위하여 학부모-학교 간, 학부모-교사 간의 신뢰가 더욱 중요하게 인식되고 있는 시기에, 학부모-교사 간 교육적 관계의 특성을 이해하고 중등학교 학부모들의 교사 신뢰를 측정하는 데 유용한 도구로 활용될 수 있을 것이다.

또한 연구에서 개발된 도구로 측정한 신뢰 수준을 바탕으로 중등학교 현장에서는 학부모의 교사 신뢰를 높이기 위한 학교 활동, 행사, 및 프로그램을 개발하는 데 활용할 수 있을 것이다. 마지막으로, 예비교사 양성 기관 및 교사 연수 기관에서는 학부모와의 관계를 맺는 전략, 방법, 태도 등 교사 전문성 함양을 위한 프로그램 개발의 기초 자료로 활용할 수 있을 것이다.

연구 결과의 의의에도 불구하고 이 연구는 몇 가지 제한점을 가지고 있다. 첫째, 이 연구는 중등학교 학부모를 대상으로 하였으나, 연구의 표본이 우리나라 중등학교 학부모의 전체를 대상으로 일반화할 수는 없다. 즉, 다른 표본과 다른 크기의 표본을 활용하여 연구를 할 경우 다른 결과가 나타날 수 있다. 또한 측정 도구 개발과 탐색적 요인 분석은 연구자의 주관에 따라 다른 결과를 도출할 수 있다는 것을 고려하여 연구 결과를 주의 깊게 해석하고 활용해야 할 것이다(Park & Hill, 2018). 또 다른 제한점은 연구에서 개발된 측정 도구는 선행된 연구에서 개발된 신뢰 척도 중에서 학부모가 바라보는 교사의 신뢰를 측정하는 도구를 찾지 못하여 준거타당도를 검증하지 못하였다. 따라서 교사에 대한 학부모의 신뢰와 관련 있는 다른 척도를 활용하여 수렴타당도를 검증하는 연구, 교사에 대한 학부모의 신뢰 도구와 전혀 다른 도구를 함께 사용하여 상관관계를 살펴보는 등 연구에서 개발된 도구의 변별타당도를 검증하는 연구들이 이어질 필요가 있다.

　연구가 가지고 있는 제한점에도 불구하고 연구 결과를 바탕으로 향후 교육공동체에서의 신뢰에 대한 더 많은 연구가 진행될 수 있을 것이다. 현재 연구진은 후속 연구로서 우리나라 초등학교 학부모들이 바라보는 교사의 신뢰 척도 연구를 진행하고 있다. 이 외에도 특수학교, 유치원, 및 보육센터 등에서 학부모가 바라보는 교사에 대한 신뢰 연구를 진행할 수 있을 것이다. 또한 학부모가 요구하는 교사의 신뢰 수준과 교사의 신뢰 실행 수준을 비교하는 연구도 후속 연구로서 의의가 있을 것이다.

제10장
학생에 대한 교사의 신뢰[*]

1. 서론

학교는 교사와 학생이 끊임없이 상호 작용하며, 그들이 맺는 관계의 질이 교육 목표의 달성에까지 영향을 미치는 공간이다. 그렇기 때문에 학교에서 진정한 배움이 실현되고 구성원들의 행복한 삶을 보장하기 위해 학교가 하나의 공동체가 되어야 한다는 주장은 오래전부터 제기되어 왔다. Sergiovanni(1994)는 효과성과 효율성을 강조하는 다른 일반 조직과 학교를 구별 짓고, 학교를 구성원들의 연대감과 헌신에 기초한 공동체적 접근이 필요한 조직임을 강조하였다. 그와 같은 인식을 바탕으로 국내·외에서 공동체적 접근을 통해 학교를 개혁하고자 하는 노력이 다양하게 시도되어 왔다 (강명희·임병노, 2002; 사토 마나부, 2006; 김대현, 2007; 강영택, 2009; 한대동 외, 2009; 박한숙 외, 2015; 이상수 외, 2015).

학교가 공동체가 되기 위해 필요한 조건으로, 강영택(2009)은 자발적인 학교 문화 형성, 지역 사회와 협력적인 관계, 교사·학생·학부모 간의 신뢰,

* 출처: 최류미·김대현(2016). 학생에 대한 교사의 신뢰 인식과 실천. 교육사상연구, 30(3), 177-197.

수단적 기능보다는 본질적 기능을 우선시할 것을 주장하고 있다. 최근 박한숙 등(2015), 이상수 등(2015)의 연구에서는 한국적 맥락에 맞는 교육공동체의 지향점을 '따뜻한 교육공동체'로 설정하고, 이를 구성하는 요인을 탐색하였다. 초등 교사의 인식을 바탕으로 교육공동체 구성 요인을 탐색한 박한숙 등(2015)은 관계적 돌봄, 민주적 참여, 공유된 비전, 연대적 협력 요인을, 중등 교사와 학생의 인식을 바탕으로 한 이상수 등(2015)은 인격적 관계, 민주적 참여 구조, 공유된 비전과 목표, 협력, 헌신, 정서적 유대감을 교육공동체를 구성하는 요인으로 밝혀냈다.

이와 함께 선행 연구들은 교육공동체의 구성 요인을 구조적 · 문화적 · 관계적인 측면에서 다각적으로 밝히고 있으며, 현재 학교에서 발생하는 이기적인 경쟁 풍토와 구성원 간의 갈등을 해결하기 위해 무엇보다 학교 구성원 사이의 관계에 주목하고 있다. 특히 교육적 관계의 중심 주체인 교사와 학생 사이에 '신뢰'를 회복하는 것은 개인적인 삶을 위해서도, 나아가 공동체를 유지하고 발전시키는 데 있어서도 중요한 과제로 파악하고 있다(이숙정 · 한정신, 2004; 이숙정, 2005; 송연주 · 이상수, 2015; Hoy & Tschannen-Moran, 1999; Bryk & Schneider, 2002; Uslaner, 2002).

그동안 진행되어 온 학교에서의 신뢰 연구는 신뢰의 개념과 구성 요소를 탐색한 연구, 신뢰의 결과를 밝히고, 신뢰 증진 방안을 제안한 연구로 정리해 볼 수 있다.

신뢰는 연구자들마다 조금씩 그 개념을 달리하고 있는데, Hoy와 Tschannen-Moran(1999)에 따르면 신뢰를 "상대방이 너그럽고, 믿음직하고, 능력 있고, 개방적이면서 정직할 것이라는 확신을 바탕으로 상대방에게 취약해질 수 있는 것"이라 정의하였다. 이숙정(2005)은 학교 맥락과 관계의 특성을 고려하여 학교에서의 신뢰를 관계적 신뢰라 규정하고, 이를 "학교공동체의 구성원들이 상대방의 인지적 · 정의적 · 도덕적 성향에 기초하여 서로 의심 없이 긍정적인 관계를 형성하고 유지하려는 태도"라 보고 있다. 그리고 강기수(2003)는 아동에 대한 교육자의 신뢰를 "타인에게 기대하는 특정한 능력이나 성과를 믿기보다는 인간 전체를 믿는 것"이라 하였다.

　사람들의 관계 속에서 형성되는 신뢰는 누가 누구를 신뢰하느냐에 따라 신뢰를 구성하는 요소가 달라질 수 있다. 기존의 학교에서의 신뢰 연구는 구성원 전체(Hoy & Tschannen-Moran, 1999; 이숙정, 2006), 교사와 학생(Bollnow, 1970; 강기수, 2003; 이숙정 외, 2004; 김의철 외, 2004), 교사와 관리자(강경석·강경수, 2007; 홍창남 외, 2010; 이쌍철 외, 2011), 교사와 동료 교사(강경석·강경수, 2007; 이쌍철 외, 2013) 관계를 중심으로 진행되어 왔다. 이러한 관계에서 신뢰를 구성하는 요소로 자주 언급되는 개방성, 성실성, 능력, 믿음, 친밀감, 존경 등을 보면, 상대방을 신뢰하는 데에는 인지적·정서적·도덕적 차원의 요인들이 복합적으로 작용하는 것을 알 수 있다(원숙연, 2001; 이숙정, 2006; 이쌍철, 2013).

　마지막으로, 신뢰로 인한 결과를 밝히거나 신뢰 회복 방안을 제안한 연구는 다음과 같다. 학교 구성원 간 신뢰는 학생들의 학업 성취 수준을 높이고(이쌍철 외, 2010; Bryk & Schneider, 2002; Goddard et al., 2009), 교사 효능감과 조직 시민 행동에 긍정적인 영향을 주며(이쌍철 외, 2013), 사회경제적 지위의 영향력을 감소시키고(Tschannen-Moran, 2014), 구성원 간 협력(Tschannen-Moran, 2001)에 긍정적인 영향을 주는 것으로 나타났다. 또한 교육인간학적 관점에서 교육자의 신뢰를 연구한 강기수(2003)는 교육자의 신뢰로 인해 아동은 타인과 일반적인 삶에 대한 신뢰를 형성하고 안정감을 느끼게 될 것이라 하였다. 그리고 이상수 등(2015)의 연구는 학교에서 신뢰를 구축하는 방안으로 구성원 각자의 역할 인식에서 비롯된 상호 존중, 의사소통 능력 증진, 정서적 유대감 증진, 성실함을 근거로 한 도덕성 배양, 구성원 능력 함양을 언급하였다.

　기존의 연구들은 학교에서 교사와 학생의 신뢰를 기반으로 한 교육적 관계가 학생의 지적·사회적·인격적 성장을 돕는 전제 조건이라는 점에 동의하고 있다. 그러나 이들 연구에서 교사는 신뢰자(truster)이기보다는 학생으로부터 신뢰를 받는 신뢰 대상자(trustee)로만 간주되어 왔다. 관계의 양방향적인 특성을 감안할 때, 직접적인 신뢰 당사자인 교사의 입장에서 학생을 신뢰하는 것이 무슨 의미이며, 여기에 대해 어떤 인식을 가지고 있는지 살펴볼 필요가 있다.

한편, 신뢰에 관한 연구는 주로 신뢰를 느끼도록 하는 신뢰 대상자의 특성을 중심으로 문항을 구성해 구성 요소나 효과를 밝히거나, 철학적 관점에서 교육자가 지녀야 할 자질로서 신뢰를 강조하는 데 집중되어 왔음을 알 수 있다. 이에 반해, 실제 학생을 마주하는 교사의 입장에서 학생을 신뢰하는 데에는 어떤 인식이 영향을 미치고, 학생과의 신뢰를 형성하고 유지하는 과정에서 실제 교사들의 겪는 경험이 무엇인지 밝히는 질적 연구는 드물다고 볼 수 있다.

따라서 이 연구는 면담을 통해 학생에 대해 교사가 가지고 있는 신뢰 인식을 이해하고, 이에 따른 학생과 신뢰를 형성 및 유지하기 위한 교사의 노력 과정을 알아보고자 한다. 이를 통해 학생과 교사에게 신뢰가 주는 교육적 의미를 알아보고, 학생과의 신뢰를 위해 교사에게 요구되는 자질을 제시함으로써 교사와 학생의 신뢰 관계 발전에 기여할 것이다. 이 연구에서 다루고자 하는 연구 문제는 "교사들은 학생에 대한 신뢰에 관해 어떤 인식을 하고 있으며, 이에 따른 그들의 실천 경험은 어떠한가?"이다.

2. 연구 방법

이 연구는 교사가 가지고 있는 학생에 대한 신뢰 인식과 실천 경험을 이해하기 위해 근거 이론 방법을 적용하였다. 근거 이론이란 상징적 상호 작용론을 배경으로 복잡한 사회 현상을 연구하기 위해 Glaser와 Strauss(1967)에 의해 개발된 연구 방법이다. 다른 질적 연구 방법이 사실의 발견이나 기술에 초점을 둔다면, 근거 이론은 자료로부터 추상화된 범주를 도출해 내고 이에 기반을 둔 이론 개발을 추구한다(김석우 외, 2015: 407)는 점에서, 기존에 명확하게 드러나지 않았던 학생에 대한 교사의 신뢰 인식과 실천 과정을 살펴보는 데 적합한 접근법이라 판단하였다.

1) 연구 참여자

연구 참여자들은 B지역에 위치한 학교에서 근무하고 있는 교사들 가운데 연구의 목적에 부합되며, 정보 활용에 동의한 18명의 교사를 선정하였다. 연구 참여자를 선정할 때는 Glaser와 Strauss(1967)가 근거 이론의 특징적 방법으로 강조한 바 있는 이론적 표본추출(theoretical sampling) 방법을 적용하였다. 이론적 표본추출이란 질적 연구에서의 의도적 표집(purposive sampling)의 일종으로, 가설적 이론 개발 중 필요한 의사 결정을 위해 자료 수집 초기 단계에서부터 자료 분석 시기까지 지속적으로 샘플링을 실시하는 방법이다.

연구 참여자로 선정된 18명의 교사가 가진 배경을 살펴보면, 학교 급에 따라 초등학교 8명, 중학교 6명, 고등학교 4명의 교사가 선정되었다. 또한 경력별로는 15년 미만의 경력을 가진 교사 8명과 15년 이상의 경력을 가진 10명의 교사가 선정되었다. 이 중 추가 면담에 동의한 6명의 교사에게는 앞서 진행한 면담 내용에 대한 정리 및 보완을 하고, 자료 수집 과정에서 추가된 질문을 바탕으로 2차 면담을 실시하였다. 면담에 참여한 연구 참여자의 정보를 정리한 결과는 〈표 10-1〉과 같다.

〈표 10-1〉 연구 참여자 정보

이름	학교 급	경력(년)	비고
교사 1	고등학교	2	
교사 2	초등학교	15	추가 면담 실시
교사 3	초등학교	17	추가 면담 실시
교사 4	중학교	3	
교사 5	초등학교	9	
교사 6	초등학교	19	추가 면담 실시

교사 7	중학교	26	추가 면담 실시
교사 8	중학교	1	
교사 9	고등학교	26	추가 면담 실시
교사 10	초등학교	16	추가 면담 실시
교사 11	중학교	8	
교사 12	초등학교	17	
교사 13	고등학교	4	
교사 14	초등학교	6	
교사 15	고등학교	18	
교사 16	중학교	11	
교사 17	초등학교	20	
교사 18	중학교	15	

2) 자료 수집

자료 수집은 연구 참여자와의 개별 면담을 통해 이루어졌다. 면담은 연구 참여자가 연구 참여 동의서와 인터뷰 질문을 사전에 읽고, 연구자가 전반적인 면담 과정을 안내한 후 자연스럽게 이어 나갔다. 선행 연구 검토와 면담을 통한 자료 수집은 2015년 7월부터 2016년 6월까지 11개월 동안 이루어졌고, 주로 연구자의 연구실이나 참여자가 편안함을 느낄 수 있도록 그들이 근무 중인 학교에서 최소 1시간에서 최대 2시간 동안 진행되었다.

면담은 연구의 목적과 진행 절차, 모든 면담 자료 활용 시 익명 처리가 될 것을 사전에 안내하는 것으로 시작하였으며, 참여자들의 표현을 빠짐없이 기록하기 위해 동의를 구한 뒤 녹음기를 이용하여 녹취를 하였다. 면담은 반구조화된 인터뷰 형식을 적용함으로써, 연구 참여자가 막연해하지 않고 편안하게 본인의 경험을 이야기하도록 유도하였다. 그리고 비교적 발언이 적은 질문 내용에 대해서는 충분한 시간을 제공하여 참여자의 심리적 부담을 덜어 주기 위해 노력하였고, 상황에 따라 준비한 질문 내용을 수정, 제외 또는 추가하였다.

그리고 면담을 마무리할 때는 학생에 대한 신뢰 인식과 교사의 실천 경험에 대한 내용을 정리하고, 면담 도중에 발견되었던 모호한 표현을 메모해 두었다가 다시 한번 연구 참여자에게 확인하는 작업을 거쳤다. 면담을 마친 후에는 자료의 소실을 방지하기 위해 면담을 실시한 3일 이내에 모든 언어적 표현과 최대한의 비언어적 표현까지 전사 작업을 완료하였다. 그리고 전사 과정 중에 발견된 명확하지 않거나 누락된 부분을 보완하기 위해 전화 면담이나 이메일을 통해 연구 참여자에게 다시 한번 확인 작업을 거치기도 하였다.

연구자는 학생에 대한 신뢰와 관련된 교사의 경험을 이끌어 내기 위해 학교에서의 신뢰 개념과 특성 등을 다룬 선행 연구를 바탕으로 미리 질문지를 작성하였다. 질문의 내용은 연구자 간의 지속적인 논의와 현장 경험이 풍부한 초등 교사 2인, 중등 교사 1인에게 예비 인터뷰를 실시하면서 얻은 조언을 바탕으로 최종 수정되었다. 이렇게 수정, 보완 작업을 거친 면담 질문지의 내용은 〈표 10-2〉와 같다.

〈표 10-2〉 면담 질문 내용

질문 내용
한 반에서 (특히) 믿을 만한 학생이 있나요?
학생에 대한 믿음을 갖기까지는 어느 정도 시간이 걸리나요?
학생을 믿을 때, 어떤 특성들이 영향을 주나요?
한번 학생을 믿게 되면 이 믿음이 계속 지속되나요?
초임 시절에 비해 학생을 믿을 때 영향을 미치는 요인이 달라졌나요?
학생과 서로 신뢰하면서 나타나는 변화가 있나요?
학생에 대한 믿음이 중간에 무너진 경우가 있나요?
학생들은 나를 믿고 있다고 생각하시나요?
아무런 조건이나 이유 없이 학생을 신뢰하는 것이 가능하나요?

3) 자료 분석 방법

수집된 면담 자료는 사이키 그레이그 힐 시게코(戈木クレイグヒル滋子)의 분석 절차에 따라 개방코딩, 축코딩, 선택코딩 순으로 분석하였다. 그녀의 접근법은 각 코딩의 단계가 중복적이면서 나선적으로 진행되는 특징이 있고, 연구의 성격에 따라 하나의 패러다임으로 끝나거나 이후 두세 개의 패러다임으로 이어질 수 있다는 특징을 가지고 있기 때문에(최종혁, 2011: 63), 학생에 대한 교사 신뢰의 다양한 의미를 드러내는 데 적합하다고 판단하였다.

먼저, 개방코딩(open coding) 단계에서는 인터뷰 내용이 담긴 전사본과 메모, 면담 일지 등의 자료를 주의 깊게 읽으면서 면밀히 검토하였다. 이후 자료를 절편화하여 자료가 지닌 속성과 차원을 찾고, 비슷한 성질을 묶어 보다 높은 수준의 범주명을 부여하는 과정을 거쳤다. 여기에서 속성이란 범주의 특성이나 의미 등을 뜻하며, 하나의 속성에도 다양한 범위의 차원이 존재하게 된다. 또한 주로 근거 이론에서 활용하는 스트라우스의 방법과 구별되는 시게코의 근거 이론이 갖는 특징은 속성과 차원에서 나온 개념을 범주명을 부여할 때부터 적극적으로 활용할 수 있다는 것이다(최종혁, 2011: 53). 이 과

〈표 10-3〉 속성과 차원을 활용한 범주 생성

데이터	속성	차원	범주
백 프로 신뢰하지 않기 때문에⋯ 늘 어느 정도 경계의 마음을 가지면서⋯ 이 아이들이 언제든 나를 배신할 수 있다⋯ 그런 걸 전제한 신뢰이기 때문에⋯ 그런 상황에 대비가 되는 거죠. 전적으로 마음으로 다 줬다가, 배신당하면 상처가 크죠. 어떤 게 발생해도 수용하겠다, 경계하겠다는 마음이 있어요. 신뢰라는 게 어쩌면 따뜻하고 의리 있고 인간적이고 그런 것일 수도 있지만⋯ 제 입장에서는 전략적인 신뢰가 더 맞을 것 같네요.	신뢰의 특성	전적인 신뢰는 아님	교사의 기대를 배신할 수 있다는 여지를 남겨 둠
	학생에 대한 심정	경계를 함, 배신을 당할 수 있음	
	변화된 학생에 대한 감정	상처가 큼	
	일반적인 신뢰	따뜻함, 의리	
	교사가 느끼는 신뢰	전략적인 신뢰	

정에 대한 실례는 〈표 10-3〉과 같다.

다음으로, 축코딩(axial coding) 단계에서는 앞서 발견된 범주들을 속성과 차원에 따라 관계 잇기를 하여 현상의 구조와 과정을 설명하는 단계이다. 이때 조건, 행위/상호 작용, 귀결 세 부분으로 구성된 패러다임에 기초하여 이들 개념들이 어떠한 맥락을 가지는지 확인하였다. 여기에서 '조건'이란 특정 현상에 관련하여 언제, 어디서, 어떻게라는 질문에 답하는 것이며, '행위/상호 작용'은 그 현상으로 인해 발생하는 사실이나 상황에 대해 누가 어떻게 대응하는가와 관련이 있다. 또한 '귀결'은 행위/상호 작용으로 인한 긍정적 혹은 부정적인 결과로서 무엇이 일어났는가를 나타내는 것이다(최종혁, 2011: 63).

면담 자료를 분석한 결과 학생에 대한 교사의 신뢰에는 크게 '당위적 신뢰' '판단적 신뢰' '포괄적 신뢰'라는 총 세 가지 패러다임이 발견되었다. 이 과정에 관한 구체적인 실례를 제시하면 〈표 10-4〉와 같다.

〈표 10-4〉 범주들의 관계 잇기(예: '포괄적 신뢰'의 '조건')

개념	하위 범주	상위 범주	구분
학생에 대한 신뢰가 무너질 때의 절망감	학생에 대한 신뢰가 무너질 때의 힘듦	한 번 속으면 학생 잘못, 두 번 속으면 내 잘못	
달라진 학생의 모습을 보고 상처를 받음			
교사의 기대를 배신할 수 있다는 여지를 남김	학생을 신뢰할 때 여지를 남겨 둠		
언행으로 드러나지 않는 면까지 이해해야 함	학생의 말과 행동으로 드러나지 않는 부분이 있음	언행으로만 학생에 대한 신뢰를 판단하기 어려움	조건
겉으로 드러나지 않는 면까지를 발견할 수 없음			
말과 행동에 의해 신뢰가 무너지는 경우가 많음	학생에게 신뢰가 무너지는 경우가 많음		
신뢰롭지 않더라도 1년 동안 학생을 책임져야 함	학생에 대한 책임감		
어른의 기준으로만 신뢰를 판단해서는 안 됨	교사의 기준이 학생들에게는 엄격할 수 있음	신뢰를 포기할 정도의 절대적인 기준은 없음	
신뢰를 판단하는 기준은 다양함			
학생의 기준과 교사의 기준이 다름			

마지막으로, 선택적 코딩(selective coding)은 범주를 통합시키고 정교화하는 과정이다. 통합의 첫 과정은 중심범주 혹은 핵심범주를 결정하는 것인데, 이는 연구 자료 속에서 빈번하게 등장하고 여러 자료들을 연결 지을 수 있는 특성을 가지고 있다. 이후 중심범주(핵심범주)를 중심으로 보조적인 범주들을 연관시키기 위한 도해(mapping)나 이야기 구성(storyline)을 진행하면서 이론을 정교화하는 과정을 거치게 된다.

4) 연구의 신뢰도와 타당도

이 연구에서는 연구자가 가지고 있는 편협한 관점을 지양하고, 자료 수집과 해석 과정에서 신뢰도와 타당성을 높이기 위한 다음의 절차를 수행하였다. 연구자는 중립성을 확보하기 위해 사전에 어떤 결과나 시각을 증명하려는 의도 없이 연구를 시작하였으며, 면담에서 나타난 그대로를 파일에 담아 실제의 상황을 왜곡하지 않고 객관성을 유지하기 위해 노력하였다. 면담을 실시하는 과정에서 연구자는 연구 참여자의 주관적 반응을 확인하고 기술하는 메모를 지속적으로 작성하였다. 또한 자료를 분석할 때는 인터뷰 내용뿐 아니라 인터뷰 중 작성된 메모나 면담 일지 등을 포함시킴으로써 자료의 삼각측정법(triangulation)을 실시하였다. 자료의 분석 과정을 거친 후에는 연구 참여자들 중 초등학교 교사 3인, 중학교 교사 2인, 고등학교 교사 1인을 선발하여 잠정적인 결과를 안내하고 그들의 피드백을 받아 수정·보완하는 참여자 감수(member checks)를 실시하였다. 이런 과정을 거쳐 도출된 잠정적인 결과를 근거 이론을 활용한 논문을 작성한 경험이 있는 관련 연구 분야 연구자 3인에게 검토(peer debriefing)를 받음으로써, 자료에 대한 해석의 일관성을 높이고자 하였다.

3. 학생에 대한 교사의 신뢰 인식과 이에 따른 실천

연구 참여자들과의 면담을 통해, 교사가 학생을 신뢰한다고 할 때에는 세 가지 인식이 있음을 알 수 있었다. 이는 학생에 대한 교사의 신뢰 경험과 연관되어 있으며, 각 패러다임은 학생에 대한 신뢰 인식에 영향을 미치는 '조건', 이를 바탕으로 한 교사의 '행위/상호 작용'과 긍정적 혹은 부정적 '결과'로 구성하였다. 교사가 학생에 대해 가지고 있는 세 가지 인식과 실천 과정을 정리한 결과를 그림으로 나타내면 [그림 10-1]과 같다.

[패러다임 1] 당위적 신뢰	[패러다임 2] 판단적 신뢰	[패러다임 3] 포괄적 신뢰
[조건]	**[조건]**	**[조건]**
• 교육에 있어 교사-학생 관계 맺음은 필수적임 • 교사로서 학생에게 먼저 다가가야 한다는 의무감	• 시간이 지나면서 학생들의 다양한 모습을 발견함 • 학생들의 말과 행동에 따라 신뢰의 정도가 달라짐 • 학생에 대한 교육적 기대를 가지게 됨	• '한 번 속으면 학생 잘못, 두 번 속으면 내 잘못' • 겉으로 드러난 언행으로만 학생에 대한 신뢰를 판단하기 어려움 • 학생에 대한 신뢰를 포기할 정도의 완벽한 기준은 없음
↓	↓	↓
[행위/상호 작용]	**[행위/상호 작용]**	**[행위/상호 작용]**
• 관계 맺음을 위해 교사가 의도적으로 다가감 • 학생에 대한 꼬리표를 절대적으로 믿지는 않음 • 학생들을 신뢰하고 있다는 신호를 보냄	• 성적보다는 인성을 보고 학생에 대한 신뢰를 판단함 • 교사가 지닌 교육적 기대를 지속적으로 언급함 • 교사도 학생에게 일관적인 말과 행동을 지키려 함	• 학생이 처한 상황의 이면까지도 이해하려 함 • 학생에 대한 신뢰를 판단하는 데 충분한 시간을 가짐 • 교사의 기준뿐만 아니라 학생의 기준에도 관심을 기울임

[귀결]	[귀결]	[귀결]
• 학생들도 교사를 믿고, 마음을 열기 시작함 • 수업이 원활하게 진행됨 • 교사와 학생 사이에 개방적인 의사소통이 가능해짐 • 학생들과의 호흡으로 수업의 질이 향상됨	• 교사의 교육적 기대를 충족시킬 때, 학생에 대한 신뢰가 깊어짐 • 기대를 충족시키기 위해 학생이 노력하는 과정을 지켜봄 • 교사가 아닌 친구나 가정에서 보이는 학생들의 이중적인 모습에 실망함 • 학생들의 변화를 지속적으로 이끌어 내지 못했다는 절망감	• 학생에 대한 신뢰가 쉽게 무너지지 않음 • 교사와 학생이 서로의 진심을 의심하지 않음 • 서로의 실수를 보듬어 주고, 약점을 인정하는 관계로 발전함

[그림 10-1] 학생에 대한 교사의 신뢰 인식과 실천

1) 당위적 신뢰

'당위적 신뢰'에서는 교사로서 해야 할 가장 중요한 과업은 교과 지도라 생각하고, 이를 진행하는 데는 교육 내용이나 방법보다도 교사와 학생 간 긴밀한 관계 맺음이 우선시되어야 한다는 생각을 가지고 있다. 학생들은 교사를 '그들의 적' 혹은 '감시자'(교사 13)로 인식하는 경향이 있기 때문에 처음부터 쉽게 마음을 열기 어려운 반면, 교사들은 '내가 교사니깐' '어른이니깐' 학생에게 먼저 신뢰하고 다가가야 한다는 의무감을 가지고 학기 초에 학생들을 대하는 것으로 나타났다.

학생을 믿는다는 건, 저는 감히 백 프로라고 말하거든요. 그 아이들의 작은 실수나 행동이 항상 일관적이지 못하더라도 아이를 믿지 못하는 원인이된다고는 생각 안 해요. 나도 실수를 하고, 일관적이지 못할 때도 있는데 그걸 요구하는 건 말이 안 되는 거고… 아이를 믿지 못하면 가르칠 수 없죠.

– 교사 6

작년에는 1학년을 했어요. 그럼에도 불구하고 신뢰할 만하다 하는 애들이 몇 명 있었냐면… 거의 대부분은 신뢰할 만해요. 굳이 그렇게 애의 행동에 좌지우지해서 신뢰하기보다는 내가 먼저 신뢰를 줘야 한다 생각하기 때문에… 그러면 애들이 믿거든요. 아이들과의 신뢰는 막연한 건 아니고, 나의 노력에 대한 결과인거 같아요. 그래서 시작은 백이에요.　　　　- 교사 12

　이때 교사는 현재 학생이 지닌 특징이나 가치를 자세히 파악하지 못하더라도, 교사라면 당연히 학생들을 먼저 신뢰해야 한다는 인식을 가지게 된다. 이는 상대방을 잘 믿는 개인적인 성향이기보다는 교사로서 학생들을 먼저 믿고, 그들에게 믿음을 줘야 한다는 의무감에서 비롯된다고 볼 수 있다. 이러한 인식을 바탕으로 교사들은 교실 안팎에서 아이들에게 지속적으로 관심(교사 17)을 가지고, '나는 너희를 믿고 있다'는 신호를 끊임없이 말과 행동(교사 2, 교사 3, 교사 14)을 통해 보내려고 시도하였다. 그리고 새 학기를 시작하기 전부터 담당 학생에게 붙은 꼬리표는 대략적으로 알고 있지만, 그 학생을 직접 겪어 보기 전까지 꼬리표만 가지고 학생을 판단해서는 안 된다는 생각(교사 7)을 가지고 있었다.

　나는 내가 학생을 신뢰하는 것에 비중을 많이 둬요. 왜냐하면 사랑도 그렇잖아. 내가 좋아해서 더 많이 정성을 보여야 상대방도 감동을 보이고. 특히나 학교에서는 3월 초에는 내가 너희를 얼마나 좋아하고 소중하게 여기는지 보여 줘야지. 그래야 애들도 전적으로 나를 믿지. 그리고 내가 그런 마음이 커져야 얘네(학생)가 오는 게 느껴지거든. 내가 마음이 작으면 신뢰로 안 느껴지더라고.　　　　- 교사 3

　아이들에게 칭찬을 하면, 특히 저학년이기 때문에 격려해 주고 장점을 찾아서 칭찬해 주면 더 잘하려고 노력하거든. 내가 신뢰한다는 사인을 자꾸 주면 아이들도 날 더 신뢰하고 선생님에게 신뢰받으려고 더 노력하는 거 같아.

－교사 2

그 결과, 학생들도 교사가 본인을 의심하거나 통제하는 존재가 아니라 믿을 만한 보호자(교사 13)라는 생각을 하고, 서서히 교사에게 마음의 문을 열게 된다. 이로 인해 교사와 학생 간 소통이 원활해지고, 학생들은 본인이 가지고 있는 고민이나 어려움까지도 교사에게 솔직하게 털어놓게 된다. 또한 기본적으로 교사와 학생이 서로 신뢰하는 분위기에서는 동일한 내용으로 수업을 하더라도 교육이 더 '먹혀들어 감'(교사 3, 교사 7)을 느끼며, '탱탱한 고무줄처럼'(교사 17) 수업 내용과 흥미로운 이야기가 오고 가는, 양과 질이 풍성한 수업 운영이 가능한 것으로 나타났다.

신뢰가 형성되면 수업도 잘 되고… 그런 거 같아요. 교사는 수업이잖아요. 모든 포커스가. 신뢰가 형성된 반, 좋은 인간관계가 형성된 반은 수업도 풍성해져요. 그렇지 못한 반은 수업도 빈약해지고, 뭐랄까… 좋은 자료만 많이 제시했다고 좋은 수업이 아니잖아요. 서로 이야기가 오고 가면서 뭔가가 형성되어야 하는데… 껍데기는 많이 있는데 알맹이가 없고. 여기(신뢰가 형성된 반)는 그렇게 큰 자료가 없이 몇 마디 말 가지고도 수업이 되고. 신뢰에 따라서….

－교사 17

나타나는 변화는 수업 태도도 좋아지고. 그래도 애들 입장에서는 나랑 친하고 믿어 주는 선생님이 있으면 막 나가지는 않거든. 막 나가더라도 사과는 해. 그런 변화는 있는 거 같고… 생활 지도를 하더라도 크게 반발하지는 않아. 자기가 믿는 선생님이면, 지적을 해도 수긍을 해 애들이… 그런 게 있는 거 같고.

－교사 1

2) 판단적 신뢰

'판단적 신뢰'는 교사들이 초기에 발견하지 못했던 학생들의 좋고 나쁜 모습을 보기 시작하면서, 그들의 말과 행동을 기준 삼아 학생을 신뢰하는 정도가 달라지는 것과 관련 있다. 이때 주목할 것은 학생에 대한 교사의 신뢰는 일반적인 관계에서처럼 누구를 신뢰하거나 불신하는 문제가 아니라, 누구를 더 신뢰하고 덜 신뢰한다는 '정도'의 차이라는 것이다. 이는 Van Manen(1986: 50-51)이 말했던 학생들과 거리를 두고 그들이 가지고 있는 한계와 가능성까지 헤아리기보다는, 교사의 교육적 기대(예를 들어, 바른 수업 태도, 원만한 교우 관계, 성실함, 책임감 있는 역할 수행, 타인의 의견을 경청하는 등)를 학생들이 얼마나 충족하는지를 두고 피상적인 판단을 하는 것과 연관된다.

> 신뢰라고 생각해 보니깐⋯ 제가 학생이든 학부모든 동료 교사든 기대하는 게 있잖아요. 기대하는 것을 그 대상들이 얼마나 충족하는지⋯ 얼마나 잘 실행하는지⋯ 거기에 따라서 그게 합치가 되면 신뢰하는 거 같아요. 제가 저희 반 학생들에게 기대하는 게 있잖아요. 너희가 바른 태도로 경청하고 숙제 잘 해 오고 준비물 잘 챙겨 오면 좋겠다는 그런 기대감이 있을 때⋯ 학생들이 잘 실행하고 잘 수행하면서 나의 기대감을 충족시키면 신뢰하게 되는 거 같아요.   – 교사 5

> 내가 가르쳤을 때 아이가 나아지는 모습을 보일 때 교사는 계속 신뢰를 할 수 있거든요. 아까도 얘기했지만 신뢰를 하는 거랑 유지하는 거랑은 다른 거 같아요.   – 교사 6

교사가 학생에 대한 신뢰를 판단할 때, 성적은 신뢰를 가늠하는 중요한 기준이 아니며 오히려 성적보다는 학생의 됨됨이가 중시되는 것으로 나타났다. 그리고 교사들은 학생들이 본인 앞에서 보이는 말과 행동이 그들이 보지 않는 가정이나 친구 사이에서도 일관되기를 기대하였고, 이러한 교사의 기대를 학생들에게 솔직하게 털어놓기도 했다. 또한 학생들의 언행이 일관적이기를 원함과 동시에 교사들도 학생들에게 신뢰받기 위해 말과 행동을 일치시키려는 노력을 하는 것으로 나타났다.

> 음… 학생들도 다른 인간관계랑 마찬가지인 거 같아요. 학생들은 매일매일 7~8시간을 보니깐 그 아이들의 인성이라든지 생활 태도가 보이거든요. 그래서 공부는 중요한건 아닌 거 같고요. 그 아이의 음… 그냥 인성이 좋은 아이를 신뢰하는 거 같아요. — 교사 11

> 내가 너한테 기대감이 있었는데… 내가 생각했던 친구는 이런 친구였는데 이러면서 얘기를 하는 편이고. 그러면 학생들도 선생님이 나에게 기대감이 있었는데 나도 좀 잘해야겠다고 생각하고…. — 교사 5

그 결과, 교사들은 학생에게 가지고 있는 교육적 기대(바른 수업 태도, 원만한 교우 관계, 성실함, 책임감 있는 역할 수행 등)가 충족될 때 그들에 대한 신뢰가 깊어짐을 느꼈다. 그리고 학생이 교사의 기대를 완벽하게 충족시키는 것도 중요하지만, 기대를 충족시키기 위해 부단히 노력하는 과정을 지켜보면서도 신뢰의 정도가 달라짐을 경험하였다. 반면, 교사가 없는 곳(친구, 가정 등)에서 이중적인 모습을 보일 때는 배신감과 안타까움을 느꼈으며, 교사의 기대에 부합하는 긍정적인 변화가 1년 내내 지속되지 못하고 중간에 어긋날 때는 교사로서 학생들을 완전히 변화시키지 못했다는 무력감과 한계를 느끼는 것으로 나타났다.

> 신뢰가 한번 무너지면 병원을 간다 해도 못 믿고, 학원 보충이 있다 해도 학원 선생님이랑 전화해야 하고. 근데 신뢰를 한번 구축해 놓으면 어떤 얘

기를 해도 걔가 절대 도망가지 않는다는 걸 아니깐… 그럴 경우에는 흔쾌히 아파서 그러는 거구나. 한번 신뢰가 구축됐으면 계속 가는 거고.   - 교사 13

걔를 1학년 때부터 봤어요. 근데 2학년 와서 얘가 정말 열심히 한 거예요. 결석이 없을 정도로…. 공부를 잘하는 건 아니지만 수업도우미도 하고. 갈수록 신뢰가 쌓였는데. 여름방학 직전부터 얘가 다시 원래 성질을 못 이겨 냈다고 해야 하나? 가출이라든지… 거짓말이라든지… 하니깐 신뢰가 떨어졌죠.
                                                                    - 교사 4

음… 보통 그런 경우는 앞이랑 뒤랑 다른 학생들이 종종 있거든요? 그러면 평소에는 조용하고, 자기 할 일 잘 하는 줄 알았는데. 알고 보니깐 뒤에서 친구를 괴롭힌다든지. 아니면 작은 일인데 안 혼나려고 반복적으로 거짓말한다든지, 그런 경우는 괜찮게 봤다가도 신뢰가 깨지는 경우죠.   - 교사 11

3) 포괄적 신뢰

'포괄적 신뢰'는 교사들이 학생에 대한 신뢰를 판단할 만한 완벽한 기준이 없고 성장기 학생들이 당연히 교사의 기대에 어긋난 행동을 할 수 있다는 것을 인정한 결과, 신뢰를 판단할 때 학생의 내면과 변화 가능성까지 인식하게 되는 것이다. 교사가 이런 인식을 갖게 된 이유는 기대에 어긋난 학생의 문제 행동을 보면서 '한 번 속으면 학생 잘못, 두 번 속으면 내 잘못'이란 감정을 느끼고, 표면적으로 드러나는 언행으로만 신뢰를 판단하기는 한계가 있다는 것을 받아들였기 때문이다. 이러한 신뢰는 한 인간의 개별적인 특성이나 미덕을 신뢰하는 것이 아니라 인간 자체를 신뢰하고(Bollnow, 1970: 77), 교사의 기대가 배반될 위험에도 불구하고 항상 학생에 대한 신뢰를 간직하려는 모험(강기수, 2003)과 관련 있다고 볼 수 있다.

교사 입장에서 봅시다. 그러면 신뢰하는 입장에서 자기 마음대로 신뢰를 했다가 신뢰를 깼다가 실망이야, 막 배신감 느낀다 하는데. 저는 그렇게는 안 해요. 일단 신뢰를 하고. 신뢰가 깨지는 순간들이 발생하겠죠? 그때는 신뢰가 깨진 게 아니고, 순간적으로 애들이 잠시 잠깐에 실수했구나 하지. '배신감 느낀다.', 저는 이렇게 생각 안 합니다.   - 교사 18

나는 그 표현을 도를 닦는다고 생각해. 내가 젊었을 때는 정말 울화통이 치밀었는데, 생각을 바꿨어… 이 아이들은 어린아이들이야, 그러니깐 어른처럼 화내면 안 돼. 항상 하는 말이 화내면 진다, 때리면 진다 그렇게 생각하거든요. 그 원칙을 두고 하는데, 안 되는 경우도 있어요.   - 교사 7

이러한 인식을 바탕으로 겉으로 드러나는 언행으로만 학생에 대한 신뢰를 성급하게 판단 내리지 않기 위해 학생이 문제 행동을 할 수밖에 없었던 이유를 진심으로 귀 기울여 듣고, 학생이 가지고 있는 그대로의 모습과 변화 가능성을 발견하기 위해 충분한 시간을 가지려고 했다. 또한 신뢰롭지 못한 행동을 하는 학생들을 이해하기 위해 별도의 공부를 하거나 동료 교사와 경험을 공유하면서 학생에 대한 독자적인 판단으로 흘러가지 않게 주의하였다. 그리고 학생과 교사의 삶의 경험이 양과 질적으로 다르기 때문에, 교사의 기준으로만 학생들을 판단하지 않고 학생들이 가지고 있는 기준과 조율하려고 노력하였다.

아, 얘 말은 진짜 믿음직해. 아, 이 말은 거짓말인거 같아. 그렇게 안 하고, 말하면 일단 듣고… 일단 그렇구나, 수용하고. 일단 내가 믿고 있기 때문에… 일단은 판단을 중지하는 면에서 신뢰라고 봐야 할 거 같아요.

                    - 교사 18

이해하려고 책도 많이 봐요. 왜냐하면 진짜 이게 신뢰가 있으려면… 얘
를 이해해야 할 거 아니에요. 그러면 어떤 문제가 생겼을 때 사례도 많이 찾
아보고. 사례를 찾는 건 해결 방안을 위한 사례가 아니라 이 아이의 행동이
얘만의 문제가 아니라는 걸 확인하는 거지. 그리고 내가 극복할 수 있는 문
제로 생각할 수 있도록. 또 선배들한테 물어보기도 하고. 그렇게 문제를 이
야기하면서 저런 문제가 우리 반만의 문제가 아니고… 별거 아니네 하게 되
고. 얘 하나의 문제가 크게 다가오면 얘를 못 믿거든.　　　　　- 교사 3

　그 결과, 학생의 입장에서는 본인의 이야기를 의심 없이 들어 주고 그들이
처한 상황을 최대한 객관적으로 보려고 노력하는 교사에게 인간으로서 존
중받고 있음을 느끼게 된다. 반면, 교사의 입장에서는 학생에게 가지고 있는
신뢰가 겉으로 드러나지 않는 부분에까지 이어지면서 학생의 말과 문제 행
동으로 인해 신뢰가 순식간에 무너질 때 받는 상처를 덜 경험하는 것으로 나
타났다. 이와 같이 교사와 학생이 신뢰로운 관계로 발전된다면, 상대방의 말
과 행동에 담긴 진심을 의심하지 않고, 본인의 실수나 약점을 서로에게 개방
하면서 상대방의 취약함까지 보듬어 줄 수 있는 사이로 발전하게 된다.

　학생들은요… 귀신같이 알거든요? 이 선생님이 자기들을 위해 주는지 아
닌지. 그래서 자기들을 진심으로 생각한다, 이런 기분을 받으면 아무리 혼이
나고 벌을 서도 절대로 반항하지 않아요. 그냥 그거를 받아들이고… 그런
게 좀 있더라고요.　　　　　- 교사 11

　저는 솔직히 제 얘기를 해요. 수업 시간에 모르는 건 모르겠다고 얘기를
해요. 그러면 애들이 뭐지 전문성이 떨어지나 그게 아니고… 내(선생님)가
다 알지는 못한다, 처음 듣는다고 말하고. 왜냐하면 모르는 걸 안다고 하는
걸 애들이 알거든요. 숨기는 걸. 그거는 안 하려는 편이예요.　　-교사 15

신뢰가 형성이 되면 뉴스에 나오는 얘기나 행동을 해도 이해를 해요. 사랑해서 때린다는 걸 알아요. 근데 신뢰가 형성이 안 되면 그냥 폭력인 거예요. 욕을 하면 욕설이고. 신뢰가 형성이 되면 내가 하는 사회적 기준에서 나쁜 행동들이 진심인 걸 알아요.   – 교사 15

4. 결론

지금까지 학교에서 발생하는 구성원 간 상호 불신, 지나친 경쟁의식, 소외 등의 문제를 해결하기 위해 학교를 공동체로 변화하려는 시도는 많이 있었다. 공동체적인 학교를 만들기 위해서는 제도적 · 문화적인 접근도 필요하지만, 무엇보다도 사랑, 신뢰, 배려 등을 바탕으로 한 교육적 관계의 회복이 그 출발점이라 볼 수 있다. 왜냐하면 교사와 학생의 신뢰를 바탕으로 한 교육적 관계는 그 자체가 학생들이 삶을 살아가면서 배워야 할 가치 있는 목표이자 내용이기 때문이다. 그러나 "교사는 학생을 당연히 믿어야 한다." "학생은 교사를 무조건 믿고 따라야 한다." 식의 선언만으로는 신뢰의 의미가 무엇이고 왜 필요한지, 나아가 어떻게 신뢰를 증진시킬지에 관한 충분한 논의를 이끌어 내기에 한계가 있다.

따라서 이 연구는 교사들의 경험을 통해 학생에 대한 신뢰에 영향을 주는 조건, 교사의 실천 과정과 그 결과를 전반적으로 알아보았다. 교사의 학생에 대한 신뢰 경험을 사이키 그레이그 힐 시게코가 제시한 근거 이론 방법에 따라 분석한 결과, 교사에게는 학생에 대한 세 가지 신뢰 인식이 있음을 알 수 있었다. 이 연구에서 밝힌 연구 결과를 간략하게 정리하면 다음과 같다.

첫째, 교사들은 교사이기 때문에 먼저 학생들을 믿으면서 다가가야 한다는 의무감에서 비롯된 '당위적 신뢰'를 인식하였다. 이러한 인식을 바탕으로 교사는 학기가 시작될 무렵 학생에게 달린 꼬리표를 알고 있더라도 이것을 '절대적으로' 믿지 않으려 하고, 학생을 신뢰하고 있다는 신호를 지속적으로 보내면서 관계 맺기를 먼저 시도하였다. 이러한 실천으로 인해 학생들은 교사에게 서서히 마음의 문을 열고, 교과 지도나 생활 지도를 할 때에도 교사의 지도 방식을 수용하는 것을 알 수 있었다.

둘째, 교사들은 미처 알지 못했던 학생들의 모습을 발견하면서, 학생의 말과 행동을 기준으로 신뢰를 가늠하는 '판단적 신뢰'를 인식하였다. 이때, 학생에게 가지고 있는 교사의 교육적 기대가 학생의 말과 행동으로 얼마나 충족되어 드러나는지가 중요한 판단 기준이라 볼 수 있다. 이와 같은 인식을 바탕으로 학생을 신뢰할 때는 교사가 가진 기대가 우선시되고, 이러한 기대가 충족되었으면 하는 바람을 학생들에게 털어놓았다. 그 결과, 본인의 기대에 부합하는 방향으로 학생들의 언행이 나타날 때는 신뢰가 깊어지지만, 기대에 합치되지 않는 학생의 모습을 보면서는 실망과 동시에 교사로서 학생을 변화시키지 못했다는 무력감을 느끼기도 했다.

셋째, 교사들은 학생에 대한 신뢰를 판단하는 데 완벽한 기준이 없고, 성장기 학생들이 당연히 교사의 기대에 어긋난 행동을 할 수 있다는 걸 인정한 결과, 학생의 내면과 변화 가능성까지 염두한 '포괄적 신뢰'를 인식하게 된다. 교사는 학생에 대한 판단을 성급하게 내리지 않기 위해 어느 정도 거리를 유지하면서 학생의 처한 상황을 이해하고자 했다. 이렇게 형성된 신뢰로 인해 교사는 학생들에게 상처를 덜 받게 되고, 학생들은 한 인간으로서 교사에게 존중받고 있음을 느끼게 되었다.

이러한 학생에 대한 신뢰 인식과 실천은 모든 교사가 동일하게 경험하기보다는 교사나 상황마다 그 차이가 있을 수 있다. 개별 교사의 경험을 통해 학생에 대한 교사의 세 가지 신뢰 인식과 실천이 갖는 특성을 살펴보면 다음과 같다.

첫째, 교사들은 학기 초 학생들을 처음 마주할 때는 당위적 신뢰를 주로 인식하지만, 일 년 전체를 놓고 보면 교사의 기대를 기준 삼아 학생에 대한 신뢰 정도를 가늠하는 판단적 신뢰를 학생에 대한 신뢰로 인식하는 교사(교사 2, 교사 4, 교사 5, 교사 10, 교사 11, 교사 13)가 있었다. 한편, 학생의 내면과 변화 가능성까지 고려한 포괄적 신뢰를 학생에 대한 주된 신뢰로 인식하는 교사(교사 15, 교사 18)도 있었다.

둘째, 일부 교사들은 학생에 대한 경험과 경력이 많아짐에 따라 학생을 신뢰한다는 인식이 당위적 신뢰에서 판단적 신뢰로, 더 나아가 포괄적 신뢰(교사 6, 교사 7, 교사 9, 교사 17)로 시간의 흐름에 따라 변화하는 것을 경험하기도 하였다.

그렇다고 해서 모든 교사가 당위적 신뢰에서 포괄적 신뢰로 순차적인 경험을 한다고 보기는 어려웠다. 예를 들어, 같은 반 안에서도 어떤 학생은 판단적 신뢰로, 어떤 학생은 포괄적 신뢰로 인식하는 바가 다를 수 있고(교사 7), 포괄적으로 학생들을 신뢰하는 데까지 나아갔더라도 여전히 학기 초에는 모든 학생에게 당위적인 의미에서 신뢰를 하는 경우(교사 3, 교사 6, 교사 12)를 볼 때, 교사들마다 가지는 독특한 차이를 알 수 있다. 따라서 세 가지 신뢰 인식과 실천은 모든 교사가 순차적으로 겪는 과정이나 수준이라기보다는 상호 관련성 있는 '유형'으로 이해해야 한다. 학생에 대한 교사의 세 가지 신뢰 인식은 학생을 바라보는 관점, 학기 상황, 학생과의 개인적인 경험 등의 차이로 인해 달라질 수 있으며, 동일한 상황이나 같은 학생에 대해서도 하나 혹은 그 이상의 신뢰가 자유롭게 넘나들 수 있는 특성을 알 필요가 있다.

연구 결과를 보면 교사는 수많은 학생들과 마주하는 한 인간으로서 학생을 당연히 신뢰해야 한다는 의무감도 있지만, 기대에 어긋난 행동이나 일관적이지 못한 학생의 모습을 보면서 그들에 대한 신뢰가 흔들리고 다시 이를 극복하려는 실천 과정을 이해할 수 있다. 본 연구를 통해 밝혀낸 학생에 대한 교사의 신뢰와 관련하여 다음과 같은 교육적 시사점을 제시할 수 있다.

첫째, 교사는 학생을 신뢰한다고 할 때 본인의 기준만 가지고 판단하기보다는 학생이 처한 이면의 상황과 그들의 변화 가능성까지 고려한 신뢰로 나아갈 필요가 있다. 일반적으로, 교사가 학생에게 갖는 기대로는 바른 학습 태도, 원만한 교우 관계, 말과 행동의 일관성, 교사에 대한 수용적 태도 등이 있다. 하지만 모든 학생이 교사의 기대를 완벽하게 달성하는 것은 불가능하고, 과연 그 기대가 학생에 대한 신뢰를 판단할 수 있는 절대적인 기준이 될 수 있는지를 스스로 고민해 봐야 할 것이다. 아동에 대한 교육자의 신뢰를 하나의 '모험'이라 비유한 Bollnow(1970: 80)의 말처럼, 교사들은 예측할 수 없는 성장기 아동을 헤아려 '알면서도 속아 주고'(교사 10), '도를 닦는 심정으로'(교사 7) 언제든지 본인의 기대를 배신당할 수 있음을 전제한 모험을 준비해야 한다.

둘째, 교사로부터 받은 신뢰는 학생이 학교생활을 원만하게 하고, 향후 삶을 살아가는 데에도 필요한 가치 있는 경험이라 볼 수 있다. 그들이 교사에게 신뢰받고 있음을 진심으로 느끼게 되면, 교사와 좀 더 솔직한 소통이 가능해지고 본인이 가진 어려움이나 고민에 대해 교사에게 도움을 구할 수 있게 된다. 또한 본인의 실수와 약점까지도 교사에게 이해받는다면 어떤 조건이나 가치가 아닌 인간 그 자체로서 존중받음을 느끼게 될 것이다. 이를 토대로 학생들은 자신에 대한 신뢰감을 갖게 되고, 주변 관계를 점차 이해하면서 타인을 신뢰하려는 노력을 감내하게 될 것이다. 따라서 성장기 과정의 학생들에게 신뢰 경험이 주는 중요성을 깨닫고, 교사가 먼저 학생을 신뢰하기 위해 다가갈 필요가 있다.

셋째, 학생을 신뢰하는 것과 교사가 학생에게 신뢰받는 것 사이의 밀접한 연관성을 이해해야 한다. 학생에 대한 신뢰가 깊어짐에 따라 수업과 생활 지도가 원활하게 진행되고, 교사로서 늘 모범적인 모습을 보이기보다는 한 인간으로서 지닌 약점을 학생들에게 솔직하게 개방하는 사이로 발전하게 된다. 반면, 학생에게 가졌던 신뢰가 무너지게 된다면 믿었던 학생에 대한 배신감, 본인의 기준으로만 학생을 판단하려 했다는 자책감, 교사로서 학생을 완벽하게 변화시키지 못했다는 한계에 부딪히게 될 것이다. 따라서 학생에 대한 신뢰는 학생의 삶을 위해서도 중요하지만, 그들과 상당한 시간을 같이 보내는 교사에게도 중요하기 때문에 신뢰는 어느 누구만을 위한 미덕이 아님을 알 필요가 있다.

교사와 학생의 관계에서 요구되는 미덕에는 여러 가지가 있지만, 그중 신뢰는 교육적 관계를 시작하는 출발점이면서 관계의 발전시키는 데 필요한 촉진제라고 생각한다. 이 연구를 통해 학생에 대한 교사의 신뢰 인식과 그에 따른 상호 작용 과정 및 결과를 총체적으로 살펴봄으로써 신뢰의 개념화나 효과 검증에 머물렀던 기존 연구를 보완할 수 있을 것이다. 그렇지만 학생에 대한 교사의 목소리만으로 신뢰의 특성을 단정 짓기는 힘들며, 교사에 대한 학생의 신뢰 혹은 교사와 학부모, 교사와 관리자 등 다른 학교 구성원들이 생각하고 있는 신뢰의 의미를 검토하여 학교에서의 신뢰 연구를 보완할 필요가 있다. 또한 같은 교사라 할지라도 경력 교사와 초임 교사, 담임 교사와 교과 담당 교사, 초등 교사나 중등 교사 사이에서도 학생, 학부모, 관리자 등에 대한 신뢰 인식에 차이가 있는지 살펴보는 후속 연구 또한 필요하다고 본다. 이러한 후속 연구를 통해 일반 인간관계에서 찾아볼 수 없는 교육적 관계에서 드러나는 신뢰의 특성을 이해하고, 신뢰 관계를 지원할 수 있는 실질적인 관계적·문화적·제도적 방안을 마련해야 할 것이다.

제II부 참고문헌

| 제3장 | 교장의 자율권과 그 행사 방식에 대한 두 가지 시선

강경석·강희경(2010). 학교장의 자율성과 책무성, 교사의 임파워먼트가 학교 조직 효과성에 미치는 영향. 한국교원교육연구, 27(3), 531-558.

김경회·박수정(2012). 학교 자율화에 대한 교육감과 학교장의 인식 분석. 지방행정연구, 26(1), 249-270.

김경회·윤성현·김주영(2011). 단위 학교 자율 책임 경영체제 구축을 위한 학교장의 권한 법제화 방안 연구. 법교육연구, 6(2), 23-55.

김병주·정일환·서지영·정현숙(2010). 학교 자율화 수준에 대한 교원의 인식 분석. 한국교원교육연구, 27(2), 73-96.

김병찬(2010). 교장의 직무 수행 과정에 대한 질적 분석 연구. 교육연구, 18(2), 185-222.

김재웅(2006). 학교 운영 자율권 및 다양성 제고를 위한 이론적 탐색. 지방교육경영, 11, 21-47.

김천기(2012). 한국 교육의 신자유주의화 과정과 그 성격: 학교의 입시학원화와 '자율적 통치성' 강화. 교육종합연구, 10(1), 119-149.

김홍주(2008). 초.중등학교 자율화 정책 방향과 과제. KEDI 창립 제36주년 학술세미나 자료집.

박균열(2010). 학교 자율 경영제 관점에서의 학교 자율화 정책 분석. 교육행정학연구, 28(2), 1-25.

박상완(2011). 초등학교의 학교 내 자율권 특성 분석. 교육행정학연구, 28(1), 155-184.

서정화·이윤식·이순형·정태범·한상진(2003). 교장론. 서울: 한국교육행정학회.

신재철·이영길·이용환·이지헌(2003). 교육 개혁조치에 따른 학교의 자율적 경영에 관한 연구. 교육행정학연구, 21(2), 329-357.

오세희(2010). 학교 자율화 정책의 학교현장 영향 조사. 교육과학기술부.

정금현(2007). 교장의 권한 확대가 학교 변화 및 혁신에 미치는 영향: 초빙공모교장제 운영에 관한 교장들의 인식을 중심으로. 교육행정학연구, 25(1), 119-139.

정태범(2000). 학교 경영론. 서울: 교육과학사.

최만덕(2009). 학교 자율화 추진방안에 관한 교원 인식 분석. 교육행정학연구, 27(4),

109-138.

한국 교육연구네트워크(2013). 교장제도 혁명: 학교 혁신의 지름길. 서울: 살림터.

한국 교육평가학회(2004). 교육평가용어사전. 서울: 학지사.

Adamowski, S., Therriault, S. B., & Cavanna, A. P. (2007). *The autonomy gap.* American Institutes for Research.

Cheng, Y. C., & Chan, M. T. (2000). Implementation of school-based management: A multi-perspective analysis of the case of Hong Kong. *International Review of Education, 46*(3-4), 205-232.

Chubb, J. E. (1990). *Politics, markets, and America's schools.* Brookings Institution Press.

Connelly, G. (2009). Balancing accountability with autonomy and authority. http://www.naesp.org/resources/2/Principal/2009/M-A_p64.pdf

Cranston, N. C. (2009). Collaborative decision-making and school-based management: Challenges, rhetoric and reality. *The Journal of Educational Enquiry, 2*(2), 1-24.

David, J. L. (1989). Synthesis of Research on School-Based Management. *Educational Leadership, 46*(8), 45-53.

Dworkin, A. G., Saha, L. J., & Hill, A. N. (2003). Teacher burnout and perceptions of a democratic school environment. *International Education Journal, 4*(2), 108-120.

Forman, J. & Damschroder, L. (2008). Qualitative Content Analysis. In Jacoby, L. & Siminoff, L. A. (2008). *Empirical Methods for Bioethics: A Primer.* CA: Elsevier Ltd.

Fullan, M., & Watson, N. (2000). School-based management: Reconceptualizing to improve learning outcomes. *School effectiveness and school improvement, 11*(4), 453-473.

Gawlik, M. A. (2008). Breaking Loose Principal Autonomy in Charter and Public Schools. *Educational Policy, 22*(6), 783-804.

Glass, S. R. (1997). Markets and myths: Autonomy in public and private schools. *Education Policy Analysis Archives, 5*(1), n1.

Kagitcibasi, C. (1996). The autonomous-relational self. *European Psychologist, 1*(3), 180-186.

Mayring, Philipp (2000). Qualitative Content Analysis. Forum: Qualitative Social Research, 1(2), Art. 20, http://nbn-resolving.de/urn:nbn:de:0114-fqs0002204.

Rinehart, J. S., Short, P. M., Short, R. J., & Eckley, M. (1998). Teacher empowerment and principal leadership: Understanding the influence process. *Educational Administration Quarterly, 34*(1 suppl), 630-649.

Sackney, L. E., & Dibski, D. J. (1994). School-Based Management: A Critical Perspective. *Educational Management and Administration, 22*(2), 104-12.

Shen, J. (2001). Teacher and Principal Empowerment: National, Longitudinal, and Comparative Perspectives. *Educational Horizons, 79*(3), 124-29.

Sigerson, T. Ames, K., Levey, E., Murphy, M., Morote, E-S., & Inserra, A. (2011). Plantosubmitto. One Voice International Conference and Forum.

Smyth, J. (Ed.). (1993). *A socially critical view of the self-managing school.* Routledge.

Triant, B. (2001). *Autonomy and innovation: How do Massachusetts charter school principals use their freedom.* Thomas B. Fordham Foundation.

Wohlstetter, P. (1995). Getting school-based management right: What works and what doesn't. *The Phi Delta Kappan, 77*(1), 22-26.

| 제4장 | 교장에 대한 교사의 신뢰

강경석 · 강경수(2007). 교장의 학교장 신뢰와 동료 교사 신뢰가 학교 조직 효과성에 미치는 영향. 교육문화연구, 13(1), 35-64.

권동택(2007). 초등학교 교장의 리더십이 교사의 조직헌식 및 집단응집에 미치는 영향. 학습자중심교과교육연구, 7(1), 41-61.

김대현 · 최류미(2016). 초등학교 교사들의 동료에 대한 신뢰 형성의 근거와 결과. 교육혁신연구, 26(3), 63-81.

김도기 · 문영진 · 문영빛 · 권순형(2016). 초등학교 학교장의 직무역량 요구분석. 교육행정학연구, 34(5), 437-462.

김성열(2019). 학교장의 직무수행과 리더십: 지향과 현실, 그리고 과제. 교육행정학연구, 37(1), 1-29.

김석우 · 최태진 · 박상욱(2015). 교육연구방법론 (제2판). 서울: 학지사.

김영천(2013). 질적 연구 방법론 I: Bricoleur (제2판). 경기: 아카데미프레스.

김이경·김도기·김갑성(2008). 우수 학교장의 리더십 특성에 관한 질적 사례 연구. 교육행정학연구, 26(3), 325-350.

류방란·이혜영(2002). 초등학교 교사의 생활과 문화. 한국 교육개발원 연구보고 RR, 2002-5.

문지윤·김병찬 (2019). 초임 공모교장(초빙형)의 적응 과정에 대한 질적 사례 연구. 학습자중심교과교육연구, 18(21), 1201-1231.

박상완(2019). 학교 행정가 전문성의 개념과 개발 방안. 교육행정학연구, 37(2), 61-87.

손성호·류광모·이한진(2019). 지속가능한 혁신 교육확산을 위한 학교장의 역량 탐색. 학습자중심교과교육연구, 19(14), 87-107.

성낙돈(2008), 초등학교장의 핵심 역량에 대한 교사 인식 조사 연구. 한국교원교육연구, 25(3), 325-348.

송은석(2012). 신뢰중심의 조직관리. 서울: 탑북스.

오영재(2010). 한국 초등학교 교사 문화의 특성과 교육 행정적 함의. 교육실천연구, 9(2), 111-136.

이기용(2017). 초등학교장의 오센틱 리더십이 학교 조직 효과성에 미치는 영향: 학교 조직 문화의 매개효과를 중심으로. 한국교원교육연구, 34(4), 1-22.

이쌍철·홍창남·송영명(2011). 교사-교장 신뢰가 교사의 사기 및 학교 만족에 주는 효과에 관한 탐색적 연구. 초등교육연구, 24(1), 43-63.

이숙정(2005). 교사가 지각한 신뢰 척도의 타당화. 교육평가연구, 18(3), 117-134.

이숙정(2006). 관계적 신뢰에 의한 도덕적 교육공동체 형성 가능성. 도덕교육연구, 18(1), 157-177.

주영효(2019). 질적 연구 방법을 활용한 교장의 진정성 리더십 의미 구조 분석. 교육행정학연구, 37(1), 31-62.

주현준(2016). 교육리더십 연구의 재조명. 교육행정학연구, 34(1), 25-45.

최류미·김대현(2016). 학생에 대한 교사의 신뢰 인식과 실천-따뜻한 교육공동체 구축을 지향하며. 교육사상연구, 30(3), 177-197.

최윤정(2007). 초등 교사가 지각한 교장의 교육과정 리더십과 학교 교육과정 질과의 관계. 초등교육연구, 14(2), 179-195.

한홍진(2012). 신뢰받는 학교의 7가지 미덕. 서울: 두남.

허은정·윤지영 (2018). 학교장의 리더십 행동 양상과 변화지향적 학교 풍토 간 구조적 관계 분석: '수업 지원 노력'과 '정책의 필요성에 대한 인식'을 중심으로. 학습자중심교과교육연구, 18(17), 359-383.

홍창남 · 이쌍철 · 정성수(2010). 교사-교장 간 신뢰가 학생의 학업 성취에 미치는 영향에 관한 탐색적 연구. 교육행정학연구, 28(4), 327-350.

Bryk, A., & Schneider, B. (2002). *Trust in School*. Russell Sage Foundation.

Fullan, M. (2015). *The New Meaning of Educational Change* (5th ed.). 이찬승 · 은수진 역(2017). 학교개혁은 왜 실패하는가. 서울: 21세기 교육연구소.

Gimbel, P. A. (2003). *Solutions for promoting principal-teacher trust*. 정성수 · 홍창남 · 박상완 · 이쌍철 역(2010). 학교 경영과 신뢰-교장과 교사 간 신뢰 증진 방안. 서울: 원미사.

Hoy, W. K., & Tschannen-Moran, M. (1999). Five Faces of Trust: An Empirical Confirmation in Urban Elementary Schools. *Journal of School Leadership, 9*(1), 184-208.

Tschannen-Moran, M. (2001). Collaboration and the Need for Trust. *Journal of Educational Administration, 39*(4), 308-331.

Tschannen-Moran, M. (2009). Fostering Teacher Professionalism in Schools: The Role of Leadership Orientation and Trust. *Educational Administration Quarterly, 45*(2), 217-247.

Mayring, P. (2000). Qualitative Content Analysis. *Forum: Qualitative Social Research, 1*(2), 1-10.

| 제5장 | 교사에 대한 교장의 신뢰

Benson, J. & Nasser, F. (1998). On the use of factor analysis as a research tool. *Journal of Vocational Education Research, 23*(1), 13-33.

Bentler, P. M. (1990). Comparative fit indexes in structural models. *Psychological Bulletin, 107*, 238-246.

Bryk, A. S. & Schneider, B. (1996). *Social Trust: A Moral Resource of School Improvement*. Chicago: University of Chicago, Center for School Improvement.

Bryk, A. S. & Schneider, B. (2002). *Trust in School: A Core Resource for improvement*. The Russell Sage Foundation, New York, NY.

Choi, R. M. & Kim, D. H. (2016). The grounds and consequences of the elementary school teachers' trust formation on peers. *Journal of Educational Innovation Research, 26*(3), 63–81. (in Korean).

Comrey, A. L. & Lee, H. B. (1992). *A First Course in Factor Analysis* (2nd ed.). Hillsdale, NJ: L. Erlbaum Associates.

Cortina, J. M. (1993). What is coefficient alpha? An examination of theory and applications. *Journal of Applied Psychology, 78*, 98–104.

Crocker, L. M. & Algina, J. (1986). *Introduction to Classical and Modern Test Theory.* New York, NY: Holt, Rinehart, and Winston.

Fan, X. & Sivo, S. A. (2007). Sensitivity of fit indices to model misspecification and model types. *Multivariate Behavioral Research, 42*(3), 509–529.

Field, A. (2009). *Discovering Statistics Using SPSS.* Sage publications.

Gambetta, D. (1988). Can We Trust? In D. Gambetta(Ed). *Trust: Making and Breaking Cooperative Relations.* Cambridge, MA: Basil Blackwell.

Goddard, R. D., Tschannen-Moran, M. & Hoy, W. K. (2001). A multilevel examination of the distribution and effects of teacher trust in students and parents in urban elementary schools. *The Elementary School Journal*, 3–17.

Grayson, D. (2004). Some myths and legends in quantitative psychology. *Understanding Statistics, 3*(1), 101–134.

Hong, C. N., Lee, S. C. & Jung, S. S. (2010). A study on the impact of the teacher-principal trust relations on students' academic achievement. *Korean Journal of Educational Administration, 28*(4), 327–350. (in Korean).

Hoy, W. K. & Tschannen-Moran, M. (1999). Five faces of trust: An empirical confirmation in urban elementary schools. *Journal of School Leadership, 9*(1), 184–208.

Hwang, J. H. (2010). The study on trust's determinants in organization. *Journal of the Korean Data Analysis Society, 12*(6), 3207–3222. (in Korean).

Jeon, J. H. (2015). The impact of organizational justice on trust in top management: centered on the mediating effect of perceived organizational support. *Journal of the Korean Data Analysis Society, 17*(6), 3225–3242. (in Korean).

Kang, K. S. & Kang, K. S. (2007). Effects of teachers' trust in principals and colleagues on school organizational effectiveness. *Journal of Education & Culture, 13*(1), 35–64. (in Korean).

Kaufman, A. S. (1975). Factor analysis of the WISC-R at 11 age levels between 6

& 1/2 and 16 & 1/2 years. *Journal of Consulting and Clinical Psychology,* *43*(2), 135–147.

Kim, J. H. (2009). *Trust in East and West.* Seoul: Acanet. (in Korean).

Kim, M. Y. (2009). A study on the effects of behavior factors (cognitive factors and affective factors) on the trust in supervisor. *Journal of the Korean Data Analysis Society, 11*(5), 2555–2568. (in Korean).

Kwon, D. N. & Park, H. S. (2016). Needs analysis on members of elementary school for building 'Ddadeutan' educational community. *Journal of the Korean Data Analysis Society, 18*(3), 1637–1653. (in Korean).

Lee, S. J. (2005). Validation of the trust scale for teachers. Journal of Education Evaluation, 18(3), 117–134. (in Korean).

Lee, S. J. (2006). Relational trust and moral communities in schools. *The Journal of Moral Education, 18*(1), 157–177. (in Korean).

Lee, S. J. (2008). The mediation effect of teacher trust between school climate and teacher efficacy in Korean middle schools. *Korean Journal of Educational Research, 46*(1), 31–51. (in Korean).

Lee, S. C. & Hong, C. N. (2013). An analysis of the effects of teacher–teacher trust on teacher's efficacy and organizational citizenship behavior. *The Journal of Korean Teacher Education, 30*(2), 147–169. (in Korean).

Lee, S. C., Hong, C. N., & Song, Y. M. (2011). An inquiry study of the effects of teacher–principal trust on teachers` morale and school satisfaction. *The Journal of Elementary Education, 24*(1), 43–63. (in Korean).

Lee, M. S., Park, J. H., Kim, J. M., & Lim, H. J. (2017). Development and validation of an instrument to measure school innovation culture: focusing on the Incheon metropolitan office of education. *Korean Journal of Educational Administration, 35*(1), 441–470. (in Korean).

Lewicki, R. J., McAllister, D. J., & Bies, R. J. (1998). Trust and distrust: new relationships and realities. *Academy of Management Review, 23*(3), 438–458.

Lewis, J. D. & Weigert, A. (1985). Trust as a social reality. *Social Forces, 63*(4), 967–985.

Lim, H. C., Lee, B. S., & Park, K. K. (2005). The effects of subordinate's characteristics on superior's reaction and subordinate's attitude. *Korean Academy of Organization & Management, 29*(3), 1–30. (in Korean).

MacCallum, R. Roznowski, M., & Necowitz, L. B. (1992). Model modifications in covariance structure analysis: The problem of capitalization on chance. *Psychological Bulletin, 111*(3), 490-504.

Mayer, R. C., Davis, J. H., & Schoorman, F. D. (1995). An integrative model of organization trust. *Academy of Management Review, 20*(3), 709-734.

Mcallister, D. J. (1995). Affect and cognition-based trust an foundations for interpersonal cooperation in organizations. *Academy of Management Journal, 3991*, 24-59.

Mulaik, S. A. (2010). *Foundations of Factor Analysis* (4th ed.). Boca Raton, FL: Chapman and Hall/CRC.

Park, T. H. (1999). A critical analysis of trust conceptualization for reconstruction. *Korean Association of Governmental Studies, 33*(2), 1-17. (in Korean).

Park, S. W. (2017). A study on the conceptual structure of educational policy trust. *Korean Journal of Educational Administration, 35*(2), 123-160. (in Korean).

Park, H. & Hill, R. B. (2016). Employability skills assessment: Measuring work ethic for research and learning. *Career and Technical Education Research, 41*(3), 175-192.

Ryu, S. M. (2008). A field study of some antecedents and consequences of a leaders trust in a subordinate and the subordinates trust in the leader. *Doctoral Dissertation*. Seoul National University. (in Korean).

Song, K. O. & Choi, J. Y. (2014). Analysis of structural relationships among teacher trust, teacher collaboration and school effectiveness. *The Journal of Educational Studies, 45*(4), 245-273. (in Korean).

Tak, J. G. (2007). *Psychological Test*. Seoul: Hakjisa.

Won, S. Y. (2001). Does regionalism affect the workplace? factors affecting trust-in-subordinate. *Korean Public Administration Review, 35*(1), 161-180. (in Korean).

Yoon, S. J. (2015). A qualitative approach to the dynamics of teacher autonomy at S innovative elementary school. *The Journal of Korean Teacher Education, 32*(3), 109-135. (in Korean).

| 제6장 | 교사들의 동료 신뢰

강경석 · 강경수(2007). 교사의 학교장 신뢰와 동료 교사 신뢰가 학교 조직 효과성에 미치는 영향. 교육문화연구, 13(1), 35-64.

김석우 · 최태진 · 박상욱(2015). 교육연구방법론. 서울: 학지사.

박통희(1999). 신뢰의 개념에 대한 비판적 검토와 재구성. 한국행정학보, 33(2), 1-17.

송경오 · 최진영(2014). 교사 신뢰, 교사 협력과 학교 효과성 간의 구조적 관계 분석. 교육과학연구, 45(4), 245-273.

원숙연(2001). 신뢰의 개념적 · 경험적 다차원성: 신뢰 연구에 갖는 함의. 한국정책학회보, 10(3), 63-86.

이동성(2007). 철새초등학교 동 학년 연구실의 교사 문화에 대한 해석적 분석. 교육인류학연구, 10(2), 101-129.

이숙정(2005). 교사가 지각한 신뢰 척도의 타당화. 교육평가연구, 18(3), 117-134.

이숙정(2006). '관계적 신뢰'에 의한 도덕적 교육공동체 형성 가능성. 도덕교육연구, 18(1), 157-177.

이쌍철 · 홍창남 · 송영명(2011). 교사-교장 신뢰가 교사의 사기 및 학교 만족에 주는 효과에 대한 탐색적 연구. 초등교육연구, 24(1), 43-63.

이쌍철(2013). 학교 구성원 간 신뢰에 영향을 주는 요인 분석. 부산대학교 대학원 박사학위논문.

이쌍철 · 홍창남(2013). 교사 간 신뢰가 교사 효능감과 조직 시민 행동에 주는 효과 분석. 교원교육연구, 30(2), 147-169.

이은주 · 김병찬(2013). 초등학교 교사 문화에 대한 문화기술적 사례 연구. 초등교육연구, 26(2), 1-28.

이진원 · 조주영 · 박세훈(2009). 교사가 지각한 조직공정성과 신뢰의 관계. 교육종합연구, 7(1), 73-95.

최류미 · 김대현(2016). 학생에 대한 교사의 신뢰 인식과 실천-따뜻한 교육공동체 구축을 지향하며. 교육사상연구, 30(3), 177-197.

홍창남 · 이쌍철 · 정성수(2010). 교사-교장 간 신뢰가 학생의 학업 성취에 미치는 영향에 관한 탐색적 연구. 교육행정학연구, 28(4), 327-350.

한대동 · 김대현 · 김정섭 · 안경식 · 유순화 · 주철안 · 손우정 · 전현곤(2016). 배움과 돌봄의 학교공동체. 서울: 학지사.

Bryk, A., & Schneider, B. (2002). *Trust in schools: A core resource for improvement.*

Russell Sage Foundation.

Goddard, R. D., Tschannen-Moran, M., & Hoy, W. K. (2001). A multilevel examination of the distribution and effects of teacher trust in students and parents in urban elementary schools. *The Elementary School Journal, 3*-17.

Hoy, W. K., & Tschannen-Moran, M. (1999). Five faces of trust: An empirical confirmation in urban elementary schools. *Journal of School leadership, 9,* 184-208.

Krippendorff, K. (2004). *Content analysis: An introduction to its methodology.* CA: Sage Publications.

Lewicki, R. J., McAllister, D. J., & Bies, R. J. (1998). Trust and distrust: New relationships and realities. *Academy of management Review, 23*(3), 438-458.

Lewis, J. D., & Weigert, A. (1985). Trust as a social reality. *Social forces, 63*(4), 967-985.

Lortie, D. (1975). *School Teacher: A Sociological Study.* 진동섭 역(1993). 교직 사회: 교직과 교사의 삶. 서울: 양서원.

Uslaner, E. M. (2002). *The moral foundations of trust.* Cambridge University Press.

| 제7장 | 교사에 대한 학생의 신뢰

강경석 · 강경수(2007). 교사의 학교장 신뢰와 동료 교사 신뢰가 학교 조직 효과성에 미치는 영향. 교육문화연구, 13(1), 35-64.

강혜진 · 이민이(2019). 사회신뢰와 대인신뢰가 행복에 미치는 영향에 관한 연구. 한국정책학회보, 28(1), 329-360.

김동일 · 류지영(2002). 학교 규율에 대한 청소년들의 인식과 저항운동. 청소년학연구, 2, 233-254.

노자은(2015). 청소년의 신뢰: 구체적 신뢰, 일반 신뢰, 공적신뢰. 중앙대학교 대학원 박사학위논문.

박상완(2017). 신뢰의 개념 구조 및 교육 행정 연구에의 적용. 교육행정학연구, 35(2), 123-160.

박혜숙(2019). 아동 · 청소년의 자아존중감 변화양상에 대한 종단연구. 학습자중심교과 교육연구, 19(4), 907-928.

신지승·김규태(2016). 교육책무성 정책에 따른 집단적 교사 효능감, 교사 신뢰, 조
직공정성 변화에 대한 초등 교사 인식 분석. 교육정치학연구, 23(4), 43-71.

양석곤(2018). 신뢰객체의 신뢰성, 신뢰 주체의 신뢰와 행위성과 간의 관련성에 대한
연구. 박사학위논문. 영남대학교 대학원 박사학위논문.

이현주·배상훈(2018). 대안학교 교장의 변혁적 리더십이 신뢰와 의사소통을 매개로
교사의 조직 몰입에 미치는 영향. 열린교육연구, 26(1), 1-29.

이쌍철·홍창남·송영명(2011). 교사-교장 신뢰가 교사의 사기 및 학교 만족에 주는
효과에 관한 탐색적 연구. 초등교육연구, 24(1), 43-63.

최혜란 (2019). 청소년의 자아존중감 수준에 따른 스트레스 및 스트레스 대처 방식
분석. 문화와 융합, 41(3), 997-1024.

Aslan, D. (2016). Primary School Teachers' Perception on Parental Involvement:
A Qualitative Case Study. *International Journal of Higher Education, 5*(2),
131-147.

Balyer, A. (2017). Trust in School Principals: Teachers' Opinions. *Journal of
Education and Learning, 6*(2), 317-325.

Braun, V., & Clarke, V. (2006). Using thematic analysis in psychology. *Qualitative
Research in Psychology, 3*(2), 77-101.

Bryk, A. S., & Schneider, B. (2002). *Trust in Schools: A core resource for
improvement.* New York: The Russell Sage Foundation.

Bronfenbrenner, U., & Morris, P. A. (1998). Chapter 14: The ecology of
developmental processes. In W. Damon & R. M. Lerner (Eds.), *Handbook
of child psychology: Theoretical models of human development* (pp. 993-
1028). Hoboken, NJ: John Wiley & Sons Inc.

Combs, J. P., Edmonson, S., & Harris, S. (2013). T*he trust factor: Strategies for
school leaders.* New York: Routledge.

Guest, G. S., McQueen, K. M., & Namey, E. (2020). *Applied thematic analysis.*
Thousand Oaks: California: Sage Publications, inc.

Jussim, L., & Harber, K. D. (2005). Teacher Expectations and Self-Fulfilling
Prophecies: Knowns and Unknowns, Resolved and Unresolved Controversies.
Personality and Social Psychology Review, 9(2), 131-155.

Mayer, R. C., Davis, J., & Schoorman, F. D. (1995). An integrative model of organizational trust. *The Academy of Management Review, 20*(3), 709-734.

Samkange, W. (2015). The role of labelling in education: A focus on an expetional learners. *Global Journal of Advanced Research, 2*(9), 1419-1424.

Skinner, L., & Belmont, M. (1993). Motivation in the classroom: Reciprocal effect of teacher behavior and student engagement across the school year. *Journal of Educational Psychology, 85*(4), 571-581.

| 제8장 | 초 · 중학교 교사에 대한 학부모의 신뢰

권정숙 · 임선희(2009). 저소득층 학부모의 교육권 한계와 권한 강화 방안. 교육종합 연구, 7(3), 159-181.

김대현 · 최류미 · 박화춘(2018). 중등학교 교사에 대한 학부모의 신뢰 척도 개발. 교 육 혁신연구, 28(4), 73-99.

김숙희 · 정성수(2016). 초등학교 학교 운영위원회의 운영 실태 및 특성 분석. 지방교 육경영, 19(1), 22-47.

김장중(2017). 왜 학부모는 교육주체로서 힘을 발휘하지 못하나?: 학부모의 지위와 역할의 재검토. 학부모연구, 4(2), 147-172.

박상완(2017). 신뢰의 개념 구조 및 교육 행정 연구에의 적용. 교육행정학연구, 35(2), 123-160.

박선형(2016). 교육정책에 대한 신뢰: 개념 구조와 적용에 대한 토론. 2016년 한국 교 육 행정학회 연차학술대회자료집, 176-183.

박화춘 · 김대현 · 최류미(2019). 학교 급과 혁신학교 여부에 따른 학부모의 교사 신 뢰 차이. 열린교육연구, 27(2), 243-258.

서현석 · 김월섭 · 진미정(2015). 학부모-교사 간 협력 관계 증진을 위한 교사 연수의 방향. 학습자중심교과교육연구, 15(10), 283-307.

안우환 · 김경식(2005). 가족 내 사회적 자본을 통한 학부모의 교육열. 중등교육연구, 53(1), 29-50.

오경희 · 한대동(2009). 학부모들의 학교 교육에 대한 인식과 열망에 관한 이해. 열린 교육연구, 17(3), 127-148.

오재길(2017). 학부모의 교육주체성 강화 방안 탐색. 학부모연구, 4(1), 57-74.

원숙연(2001). 신뢰의 개념적 · 경험적 다차원성 신뢰 연구에 갖는 함의. 한국정책학회 보, 10(3), 63-85.

이쌍철(2013). 학교 구성원 간 신뢰에 영향을 주는 요인 탐색. 부산대학교 대학원 박사학위논문.

이숙정(2008). 신뢰와 학교 교육. 서울: 한국학술정보.

이종각(2013). 한국 학부모 교육열의 정책적 시사점과 새 연구 방향의 탐색. 한국 교육, 40(4), 121-153.

조석훈(2006). 학부모 교육권의 내용과 한계. 교육행정학연구, 24(3), 367-390.

황연성(2011). 학교장의 인사공정성, 행동특성, 교사의 학교장에 대한 신뢰 및 학교 조직 효과성 간의 관계. 건국대학교 대학원 박사학위논문.

황철형 · 최류미 · 김대현(2019). 학부모의 학교 교육 참여에 대한 초등 교사의 시선. 학습자중심교과교육연구, 19(4), 105-127.

Adams, K. S., & Christenson, S. L. (2000). Trust and the Family-School Relationship Examination of Parent-Teacher Differences in Elementary and Secondary Grades. *Journal of School Psychology, 38,* 477-497.

Bryk, A. S., & Schneider, B. (2002). *Trust in Schools: A Core Resource for Improvement.* New York: Russell Sage Foundation.

Erikson, E. H. (1963). *Childhood and Society.* New York: Norton.

Kikas, E., Poikonen, P. L., Kontoniemi, M., Lyyra, A. L., Lerkanen, M. K., & Niilo, A. (2011). Mutual Trust between Kindergarten Teachers and Mothers and its Associations with Family Characteristics in Estonia and Finland. *Scandinavian Journal of Educational Research, 55*(1), 23-37.

Kikas, E., Lerkanen, M. K., Pakarinen, E., & Poikonen, P. L. (2016). Family-and Classroom-Related Factors and Mother-Kindergarten Teacher Trust in Estonia and Finland. *Educational Psychology, 36*(1), 47-72.

Lerkkanen, M. K., Kikas, E., Pakarinen, E., Poikonen, P. L., & Nurmi, J. E. (2013). Mothers' Trust toward Teachers in Relation to Teaching Practices. *Early Childhood Research Quarterly, 28*(1), 153-165.

Mayer, R. C., Davis, J. H., Schoorman, F. D. (1995). An Integrative Model of Organizational Trust. *The Academy of Management Review, 20*(3), 709-734.

Maxwell, J. A. (2013). *Qualitative Research Design: An Interactive Approach.* Los Angeles: Sage.

Payne, C. M., & Kaba, M. (2001). So Much Reform, So Little Change: Building Level Obstacles to Urban School Reform, In L. B. Joseph(Ed.). *Education*

Policy for the 21ˢᵗ Centry: Challenges and Opportunities in Standard-based Reform, Chicago: University of Chicago Press.

Santiago, R. R., Garbacz, S. A., Beattie, T., & Moore, C. L. (2016). Parent-Teacher Relationships in Elementary School: an Examination of Parent-Teacher Trust. *Psychology in the Schools, 53*(10), 1003-1017.

Tschannen-Moran, M. (2014). *Trust Matters: Leadership for Successful Schools.* San Francisco: Jossey-Bass.

| 제9장 | 중등학교 교사에 대한 학부모의 신뢰

김대현·최류미(2016). 초등학교 교사들의 동료에 대한 신뢰 형성의 근거와 결과. 교육혁신연구, 26(3), 63-81.

문형구·최병권·내은영(2011). 국내 신뢰 연구의 동향과 향후 연구방향에 대한 제언. 경영학연구, 40(1), 139-186.

박화춘·권다남·한새롬·김대현(2018). 중등학교 교사에 대한 교장의 신뢰 척도 개발. *Journal of the Korean Data Analysis Society, 20*(4), 2015-2037.

이숙정·한정신(2004). 교사 신뢰 척도(Trust Scale)의 개발 및 타당화 연구. 교육심리연구, 18(3), 23-39.

이숙정(2005). 교사가 지각한 신뢰 척도의 타당화. 교육평가연구, 18(3), 117-134.

이숙정(2006). '관계적 신뢰'에 의한 도덕적 교육공동체 형성 가능성. 도덕교육연구, 18(1), 157-177.

이쌍철(2013). 학교 구성원 간 신뢰에 영향을 주는 요인 분석. 부산대학교 대학원 박사학위논문.

이종각(2014). 학부모학 연구의 필요성과 의의. 학부모연구, 1(1), 1-20.

조서목·주용국(2017). 한국노인의 지혜 척도 개발과 타당화. 교육혁신연구, 27(4), 281-308.

최류미·김대현(2016). 학생에 대한 교사의 신뢰 인식과 실천. 교육사상연구, 30(3), 177-197.

Adams, K. S., & Christenson, S. L. (1998). Differences in parent and teacher trust levels: Implications for creating collaborative family-school relationships. *Special Services in the Schools, 14*(1/2), 1-22.

Benson, J., & Nasser, F. (1998). On the use of factor analysis as a research tool. *Journal of Vocational Education Research, 23*(1), 13–33.

Bryk, A., & Schneider, B. (2002). *Trust in Schools: A Core Resource for Improvement*. Russell Sage Foundation.

Brown, P. (1990). The 'Third Wave': education and the ideology of parentocracy. *British Journal of Sociology of Education, 11*(1), 65–85.

Cortina, J. M. (1993). What is coefficient alpha? An examination of theory and applications. *Journal of Applied Psychology, 78*(1), 98–104.

Crocker, L. M., & Algina, J. (1986). *Introduction to classical and modern test theory*. New York, NY: Holt, Rinehart, and Winston.

Currall, S. C., & Judge, T. A. (1995). Measuring Trust between Organizational Boundary Role Persons. *Organizational Behavior and Human Decision Processes, 64*(2), 151–170.

DeCarlo, L. T. (1997). On the meaning and use of kurtosis. *Psychological Methods, 2*(3), 292–307.

Field, A. (2009). *Discovering Statistics Using SPSS*. Sage publications.

Grayson, D. (2004). Some myths and legends in quantitative psychology. *Understanding Statistics, 3*(1), 101–134. doi:10.1207/s15328031us0302_3.

Hattie, J., Jaeger, R. M., & Bond, L. (1999). Persistent methodological questions in education testing. *Review of Research in Education, 24*(1), 393–446.

Hoy, W. K., & Tschannen–Moran, M. (1999). Five faces of trust: An empirical confirmation in urban elementary schools. *Journal of School Leadership, 9*(1), 184–208.

Hu, L. T., & Bentler, P. M. (1999). Cutoff criteria for fit indexes in covariance structure analysis: Conventional criteria versus new alternatives. *Structural Equation Modeling: A Multidisciplinary Journal, 6*(1), 1–55.

Hutcheson, G. D., & Sofroniou, N. (1999). *The Multivariate Social Scientist: Introductory Statistics Using Generalized Linear Models*. Thousand Oaks, CA: Sage.

Kaufman, A. S. (1975). Factor analysis of the WISC–R at 11 age levels between 6 & 1/2 and 16 & 1/2 years. *Journal of Consulting and Clinical Psychology, 43*(2), 135–147. doi:10.1037/h0076502.

Mayer, R. C., Davis, J. H., & Schoorman, F. D. (1995). An Integrative Model of Organization Trust. *Academy of Management Review, 20*(3), 709–734.

McAllister, D. J. (1995). Affect- and Cognition-Based Trust as Foundations for Interpersonal Cooperation in Organizations. *The Academy of Management Journal, 38*(1), 24-59.

MacCallum, R., Roznowski, M., & Necowitz, L. B. (1992). Model modifications in covariance structure analysis: The problem of capitalization on chance. *Psychological Bulletin, 111*(3), 490-504.

Marsh, H. W., & Balla, J. (1994). Goodness of fit in confirmatory factor analysis: The effects of sample size and model parsimony. *Quality and Quantity, 28*(2), 185-217.

Mendez, J. L., & Swick, D. C. (2018). Guilford parent academy: A collaborative effort to engage parents in children's education. *Education & Treatment of Children, 41*(2), 249-268.

Mulaik, S. A. (2010). *Foundations of factor analysis* (3rd ed.). Boca Raton, FL: Chapman and Hall/CRC.

Muthén, B. O., & Muthén, L. K. (2006). *Mplus: Statistical analysis with latent variables, version 4.1.* Los Angeles, CA: Muthén & Muthén.

Park, H., & Hill, R. B. (2018). Psychometric properties of the Korean employability skills assessment and Korean work ethic. *Career and Technical Education Research, 43*(1), 19-40. doi:10.5328/cter43.1.19.

Schoorman, F. D., Mayer, R. C., & Davis, J. H. (2007). An intergrative model of organizational trust: Past, present and future. *Academy of management Review, 32*(2), 344-354.

Terrence, E. D., & Peterson, K. D. (2016). *Shaping School Culture: The Heart of Leadership.* San Francisco, CA: Jossey-Bass Education.

| 제10장 | 학생에 대한 교사의 신뢰

강경석·강경수(2007). 교사의 학교장 신뢰와 동료 교사 신뢰가 학교 조직 효과성에 미치는 영향. 교육문화연구, 13(1), 35-64.

강기수(2003). 교육자의 신뢰에 관한 교육인간학적 연구. 한국 교육사상연구회 학술논문집. 27, 1-13.

강명희·임병노(200). 미래를 준비하는 학교. 서울: 학지사.

강영택(2009). 우리나라 두 고등학교에서의 공동체적 경험과 갈등. 교육학연구, 47(2), 79-104.

김대현(2007). 배움과 돌봄 학교공동체의 이념 탐색과 교육과정 운영 방안. 교육사상연구, 21(2), 101-122.

김석우 · 최태진 · 박상욱(2015). 교육연구방법론. 서울: 학지사.

박한숙 · 이상수 · 김대현 · 황순영 · 이유나 · 송연주 · 권다남(2015). 초등 교사 인식에 근거한 교육공동체 개념 요인 탐색. 초등교육연구, 28(4), 171-192.

손우정 역(2006). 수업이 바뀌면 학교가 바뀐다. 서울: 에듀케어.

송연주 · 이상수(2015). 학교 교육 붕괴 현상의 생태학적 탐색을 통한 극복방안 모색: 교육공동체 내 신뢰 회복을 중심으로. 열린교육연구, 23(4), 285-309.

원숙연(2001). 신뢰의 개념적 경험적 다차원성: 신뢰 연구에 갖는 함의. 한국정책학연구, 10(3), 63-85.

이상수 · 김대현 · 황순영 · 박한숙 · 이유나(2015). 중등학교 교사와 학생들이 인식하는 따뜻한 교육공동체 구성 요인 탐색. 교육공학연구, 31(4), 811-834.

이숙정 · 한정신(2004). 교사 신뢰 척도(Trust Scale)의 개발 및 타당화 연구. 교육심리연구, 18(3), 23-39.

이숙정(2005). 교사가 지각한 신뢰 척도의 타당화. 교육평가연구, 18(3), 117-134.

이쌍철 · 홍창남 · 송영명(2011). 교사-교장 신뢰가 교사의 사기 및 학교 만족에 주는 효과에 대한 탐색적 연구. 초등교육연구, 24(1), 43-63.

이쌍철 · 홍창남(2013). 교사 간 신뢰가 교사 효능감과 조직 시민 행동에 주는 효과 분석. 교원교육연구, 30(2), 147-169.

최종혁(2011). 질적 연구 방법론. 서울: 신정.

한대동 · 김대현 · 김정섭 · 안경식 · 유순화 · 주철안 · 손우정 · 전현곤(2009). 배움과 돌봄의 학교공동체. 서울: 학지사.

홍창남 · 이쌍철 · 정성수(2010). 교사-교장 간 신뢰가 학생의 학업 성취에 미치는 영향에 관한 탐색적 연구. 교육행정학연구, 28(4), 327-350.

佐藤學(2000). 授業を変える學校が変わる―總合學習からカリキュラムの創造へ. 小學館.

Bollnow, O. F. (1970). *Die pädagogische Atmosphäre*. 강기수 역(2013). 교육적 분위기. 경기: 양서원.

Bryk, A., & Schneider, B. (2002). *Trust in schools: A core resource for improvement. Russell Sage Foundation.*

Gimbel, P. A. (2003). *Solutions for promoting principal-teacher trust.* 정성수 · 홍창남 · 박상완 · 이쌍철 역(2010). 학교 경영과 신뢰. 서울: 원미사.

Glaser, B. S., & Strauss, A. L. (1967). The discovery of grounded theory. *Strategies for qualitative research.* London: Weidenfeld and Nicolson.

Goddard, R. D., Salloum, S. J., & Berebitsky, D. (2009). Trust as a Mediator of the Relationships Between Poverty, Racial Composition, and Academic Achievement Evidence From Michigan's Public Elementary Schools. *Educational Administration Quarterly, 45*(2), 292–311.

Hoy, W. K., & Tschannen-Moran, M. (1999). Five faces of trust: An empirical confirmation in urban elementary schools. *Journal of School leadership, 9,* 184–208.

Sergiovanni, T. J. (1994). *Building community in schools.* 주철안 역(2004). 학교 공동체 만들기. 서울: 에듀케어.

Tschannen-Moran, M. (2014). *Trust matters: Leadership for successful schools.* John Wiley & Sons.

Uslaner, E. M. (2002). *The moral foundations of trust.* Cambridge University Press.

Van Manen, M. (1986). The tone of teaching. 정광순 · 김선영 역(2012). 가르친다는 것의 의미. 서울: 학지사.

찾아보기

〈인명〉

〈내용〉

저자 소개

김대현(Kim, Dae-Hyun)

부산대학교 교수
부산대학교 사범대학 교육학과 학사, 석사, 박사

現 한국교육과정학회 회원, 한국교육학회 회원
　　부산광역시교육청 교육과정위원회 위원
　　교육부 교육과정운영위원회 위원
　　대통령직속 정책기획위원회 위원
前 한국교육과정학회 회장
　　부산대학교 사범대학장
　　부산대학교 교육대학원장
　　부산대학교 교무처장
　　교육혁신위원회 전문위원
　　교육부 초등교육발전위원회 위원
　　교육부 대학발전기획단 위원
　　교육부 대학수학능력개선위원회 위원
　　국가교육회의 위원
　　한국교육학술정보원 비상임 이사

[저서 및 역서]
교육과정 및 교육평가(5판, 공저, 학지사, 2018)
교육과정의 이해(2판, 학지사, 2017)
교육과 교육학(공저, 학지사, 2015)
국제이해교육의 이론과 실제(공저, 학지사, 2012)
국제이해교육과 신식민주의 비평(공저, 학지사, 2012)
국제사회의 이해(공저, 학지사, 2011)
배움과 돌봄의 학교공동체(공저, 학지사, 2009)
교과경계선 허물기(공역, 학지사, 2001)
프로젝트 학습의 운영(공저, 학지사, 1999)
열린수업의 이론과 실제(공저, 학지사, 1998)
열린교육의 철학(공역, 학지사, 1998)
교과의 통합적 운영(공저, 문음사, 1997)
학교중심의 통합교육과정 개발(공저, 양서원, 1995)
지식과 교육과정(교육과학사, 1994)
표상형식의 개발과 교육과정(공역, 교육과학사, 1994)
교육과 권리(공역, 양서원, 1991)
교육과 지식의 가치(공역, 배영사, 1987)

따뜻한 교육공동체 구축을 위한
학교에서의 신뢰
Trust in Schools

2021년 1월 15일 1판 1쇄 인쇄
2021년 1월 25일 1판 1쇄 발행

지은이 • 김대현
펴낸이 • 김진환
펴낸곳 • (주) **학지사**

04031 서울특별시 마포구 양화로 15길 20 마인드월드빌딩
대표전화 • 02)330-5114   팩스 • 02)324-2345
등록번호 • 제313-2006-000265호

홈페이지 • http://www.hakjisa.co.kr
페이스북 • https://www.facebook.com/hakjisa

ISBN 978-89-997-1951-6 93370

정가 18,000원

출판 · 교육 · 미디어기업 학지사

간호보건의학출판 **학지사메디컬** www.hakjisamd.co.kr
심리검사연구소 **인싸이트** www.inpsyt.co.kr
학술논문서비스 **뉴논문** www.newnonmun.com
원격교육연수원 **카운피아** www.counpia.com